概説国際法

加藤信行・萬歳寛之・山田卓平 編

伊藤一頼・岡田陽平・瀬田 真・竹村仁美・前田直子・川岸 伸 著

有斐閣

はしがき

　本書は，大学で教育研究に携わる9人の執筆者が，おもに大学で国際法を学ぶ皆さんのために作成した概論書である。壮大な国際法をひととおり概説した教科書として活用されることをめざし，学部の専門科目としての国際法の修得に必要な事項を，初学者にも理解しやすい記述によって，一冊にまとめたものである。

　本書は，杉原高嶺・水上千之・臼杵知史・吉井淳・加藤信行・高田映著『現代国際法講義』（有斐閣）に代わる教科書として企画された。同書は，1992年に初版が刊行されて以来，長く国際法の概論書として広く愛読され，版を重ねてきた（2017年には韓国語翻訳版も出版された）が，第5版（2012年）を最後に改訂されていない。そこで私たちは，同書を実質的に継承するような概論書を新たにつくりたいと考えた。同書の出版を主導された杉原先生と話し合い，同書に親しんできた次世代の国際法研究者が中心となって，新たな教科書を執筆することになった。こうして，同書執筆者の1人を含む編者3名に，6名の研究者が加わって作成したのが，本書『概説国際法』である。

　国際法の規律事項はきわめて広範囲にわたるが，本書では，国際法学が培ってきた標準的な章立てをもとに全体を構成し，国際法全般をなるべく過不足なく記述するように努めた。また，国際法の各分野で多様な変化・発展がみられるが，主要論点を漏らすことがないように意を用いるとともに，可能な限り関連判例に言及するよう努めた。各章の記述は，各担当者の責任によるが，編者の担当章も含めて，9人全員による忌憚のない議論をふまえた校正と全体の統一性を図るための調整が施されている。

　国際法は，国際社会で適用されるための法規範として，現実の対立や協調の中で諸国によって生み出されてきた。多様で複雑な利害関係を調整し，あるいは共通の課題に取り組んできた先人たちの，努力と英知の賜物といってよい。今日のグローバル化した世界において，国際法は，国内法と複雑に絡み合いな

がら，我々の生活と密接にかかわるようになっており，その重要性はますます高まるばかりである。国際法を学ぶことは，日本の社会を，そして自分自身を相対化し，客観視することにも通じるであろう。国際法は，これからも国際社会の要請に応じて進化を続けていくが，まずは，先人たちが築き上げてきた現在の実像を理解する必要があろう。本書がその一助となれば幸いである。

なお，国際法を学ぶ上で，条約集と判例集は不可欠である。本書では，条約の略称や判決名の記載は基本的に『国際条約集　2024 年版』（有斐閣）に依拠した。また，関連判例で『国際法判例百選〔第 3 版〕』（有斐閣，2021 年）に掲載されているものは，その通し番号を注記することで，学習の便宜を図った。その他は，凡例を見てほしい。

杉原高嶺先生（京都大学名誉教授・北海道大学名誉教授）には，本書の企画の段階で大変お世話になった。私たち執筆者は，これまでも直接，間接に先生のご指導と学恩にあずかってきた。この場を借りて改めて感謝申し上げるとともに，先生のご健康をお祈り申し上げたい。

有斐閣京都支店の一村大輔さんには，最初の企画から完成にいたるまで，5 年の長きに及び全面的にお世話になった。一村さんがいなければ本書の刊行は実現しなかったであろう。また，島袋愛未さん，竹之内彩さんには，極めて厳密な校正作業などにより，法律書編集のプロとして貴重なご助力をいただいた。この場を借りて心よりお礼申し上げたい。

2024 年 11 月

編者を代表して

加 藤 信 行

執筆者紹介

編　者

加藤信行　*Nobuyuki KATO*
北海学園大学教授

第1章　執筆

萬歳寛之　*Hiroyuki BANZAI*
早稲田大学教授

第2章，第8章　執筆

山田卓平　*Takuhei YAMADA*
龍谷大学教授

第3章，第13章　執筆

執筆者

伊藤一頼　*Kazuyori ITO*
東京大学教授

第4章，第12章　執筆

岡田陽平　*Yohei OKADA*
京都大学教授

第5章，第11章　執筆

瀬田　真　*Makoto SETA*
早稲田大学准教授

第6章，第7章　執筆

竹村仁美　*Hitomi TAKEMURA*
一橋大学教授

第9章，第16章　執筆

前田直子　*Naoko MAEDA*
京都女子大学教授

第10章　執筆

川岸　伸　*Shin KAWAGISHI*
静岡大学教授

第14章，第15章　執筆

凡　例

1　裁判例等の引用については，以下のように統一を図った。

(1)　事件名を記載する場合，『国際法判例百選〔第3版〕』（有斐閣，2021年）掲載の裁判例等については原則として同書に従った。

(2)　裁判例等の出典は本文中の括弧内に明記した。

(3)　日本の判例の引用頁は判例集の最初の頁を示し，その他の裁判例等の引用頁は原則として本文に引用または参照した箇所の頁を示した。

(4)　『国際法判例百選』掲載の裁判例等については，以下のように略語を用い，より新しい版を優先して事件番号を併記した。

　　［百選〈第1版〉］：『国際法判例百選』（2001年）

　　［百選〈第2版〉］：『国際法判例百選〔第2版〕』（2011年）

　　［百選］：『国際法判例百選〔第3版〕』（2021年）

2　条約およびその他の法的文書の名称は，原則として『国際条約集　2024年版』に従った。また，本文中の括弧内で表記される法令名は，原則として『六法全書』の略語例に従った。

3　本文中の文献・判例等の出典引用は，以下の略語による。

　　　　All ER……All England Law Reports

　　　　BGE……Entscheidungen des Schweizerischen Bundesgerichtes

　　　　BVerfG……Bundesverfassungsgericht

　　　　ECHR Series A……The European Court of Human Rights, Series A

　　　　F.3d……Federal Reporter（3d series）（US）

　　　　ICJ Reports……International Court of Justice, Reports of Judgments, Advisory Opinions and Orders

　　　　ICSID Reports……The International Convention on the Settlement of Investment Disputes Reports

　　　　ILR……International Law Reports

　　　　ITLOS Reports……International Tribunal for the Law of the Sea, Reports of

Judgments, Advisory Opinions and Orders

P.2d……Pacific Reporter（2d）

PCIJ Series A……Permanent Court of International Justice, Collection of Judgments

PCIJ Series B……Permanent Court of International Justice, Collection of Advisory Opinions

PCIJ Series A/B……Permanent Court of International Justice, Judgements, Orders and Advisory Opinions〔1931 年以降〕

RIAA ……United Nations Reports of International Arbitral Awards

UKSC……The Supreme Court of the United Kingdom

UN Doc.……United Nations Document

U.S.……United States Supreme Court Reports

民集……最高裁判所民事判例集，大審院民事判例集

刑集……最高裁判所刑事判例集

行集……行政事件裁判例集

集民……最高裁判所裁判集民事

高刑集……高等裁判所刑事判例集

下民集……下級裁判所民事裁判例集

訟月……訟務月報

判時……判例時報

判タ……判例タイムズ

裁判所ウェブ……裁判所ウェブサイト（http://www.courts.go.jp/）

法時……法律時報

YOLJ……有斐閣 Online ロージャーナル

目　次

はしがき　i

執筆者紹介　iii

凡　例　iv

第1章　国際法の特徴と歴史 —————————————————————— 1

Ⅰ　国際法の概念と特徴 ……………………………………………………… 1

　1　国際法の概念 (1)　　2　国際法の法的特徴 (3)

Ⅱ　国際法の歴史 ……………………………………………………………… 9

　1　ヨーロッパ国際法の形成 (9)　　2　19世紀における国際法の発展 (12)

　3　現代国際法の形成と発展 (14)

Ⅲ　国際法と国内法の関係 …………………………………………………… 19

　1　一般理論の展開 (19)　　2　国際法体系における国内法の地位 (21)

　3　国内法体系における国際法の地位 (23)

Ⅳ　国際法主体 ………………………………………………………………… 28

　1　国家と限定的国際法主体 (28)　　2　個人の国際法主体性 (29)

Column　1-1　ユス・ゲンティウム（*jus gentium*）とユス・インテ
　　　　　　　　ル・ゲンテス（*jus inter gentes*）(2)

Column　1-2　国際礼譲（international comity）(7)

第2章　国際法の法源 —————————————————————————— 35

Ⅰ　法源とは …………………………………………………………………… 35

　1　合意規範としての国際法 (35)　　2　法源の種類 (36)

Ⅱ　国際法の存在形式 ………………………………………………………… 38

　1　国際司法裁判所規程38条1項 (38)　　2　裁判準則 (38)

Ⅲ　条　約 ……………………………………………………………………… 39

　1　条約とは (39)　　2　条約の種類 (39)

vi

目　次

IV　慣習国際法 ……………………………………………………………… 41

　1　慣習国際法とは（41）　　2　国際司法裁判所規程 38 条 1 項 b の「国際
慣習」の意味（41）　　3　慣習国際法の成立要件（42）　　4　一般慣行（43）
　5　法的信念（44）　　6　一貫した反対国（45）

V　法の一般原則 …………………………………………………………… 45

　1　法の一般原則とは（45）　　2　法の一般原則の適用（46）

VI　裁判上の判決・学説 …………………………………………………… 47

　1　法則決定の補助手段とは（47）　　2　国際司法裁判所の法創造機能（48）

VII　国際立法と慣習国際法 ………………………………………………… 49

　1　条約の慣習法化（49）　　2　慣習法の条約化（50）　　3　慣習国際法
の認定（52）

VIII　その他の法源――衡平と一方的行為 ………………………………… 55

　1　衡平とは（55）　　2　一方的行為とは（57）

Column　2-1　シリアの化学兵器の事例（54）

第 3 章　条約法 ――――――――――――――――――――― 61

I　条約とは ………………………………………………………………… 61

II　条約の締結および効力発生（発効）…………………………………… 65

　1　締結・発効の手続（65）　　2　同意または条約自体の無効（69）
　3　法的効果の個別的変更――留保（72）

III　条約の適用と解釈 ……………………………………………………… 77

　1　適　用（77）　　2　解　釈（78）

IV　条約の改正 ……………………………………………………………… 82

V　条約からの脱退，条約の終了・運用停止 …………………………… 83

Column　3-1　国連総会の決議（64）

Column　3-2　ICJ ジェノサイド条約の留保事件（74）

Column　3-3　条約実施機関による解釈の位置づけ（81）

Column　3-4　条約法条約 60 条とナミビア問題（83）

第4章　国　家 ——————————————————— 87

Ⅰ　国際法主体 ·· 87

　1　国家の構成要素（87）　　2　国家承認（88）　　3　政府承認（92）

　4　自決権（93）

Ⅱ　国家承継・政府承継 ·· 96

　1　国家承継（96）　　2　政府承継（99）

Ⅲ　国家の基本的権利義務 ·· 99

　1　主権概念と国際法の関係（100）　　2　主権平等原則（101）

　3　内政不干渉原則（101）

Ⅳ　国家管轄権 ·· 104

　1　国家管轄権の行使範囲（104）　　2　国家管轄権の拡張的行使の根拠（105）

　3　管轄権の拡張的行使と対抗力（109）

第5章　国際法上の免除 ————————————————— 111

Ⅰ　国家免除（主権免除）　111

　1　国家免除を規律する国際法（111）　　2　絶対免除主義と制限免除主義

（112）　　3　免除を援用することができない裁判手続（115）

　4　重大な人権侵害行為に対する責任の追及（122）　　5　裁判権免除と裁

判を受ける権利（124）　　6　裁判手続に関連する強制措置からの免除

（執行免除等）（126）

Ⅱ　政府職員等の免除 ·· 127

　1　事項的免除と人的免除（127）　　2　刑事管轄権からの免除と民事裁判

手続における免除（128）　　3　事項的免除の対象となる公的行為（128）

　4　人的免除を援用しうる政府高官（130）　　5　軍隊・軍艦（132）

Ⅲ　外交関係・領事関係 ·· 133

　1　外交関係（133）　　2　領事関係（137）

Column　5-1　国家免除を援用することができる「国」（114）

Column　5-2　戦闘機の購入は商業的行為か（118）

Column　5-3　ジョージア州港湾局事件（120）

Column　5-4　韓国慰安婦訴訟における国家免除（124）

目　次

Column　5-5　エンリカ・レクシー号事件 (129)

Column　5-6　国際刑事裁判所（ICC）と国家元首の免除 (131)

Column　5-7　外交官の民事裁判権免除と「現代の奴隷」問題 (136)

第6章　国家領域・空域・国際区域 ——————————— 139

Ⅰ　国家領域 ·· 139

　1　領域主権 (139)　　2　国際法による領土紛争の解決 (142)

Ⅱ　空　域 ·· 152

　1　シカゴ条約体制の確立 (152)　　2　空法の発展 (153)

Ⅲ　国際区域 ·· 154

　1　国際河川 (154)　　2　国際運河 (155)　　3　極　域 (157)

　4　宇宙空間 (162)

第7章　海洋法 ——————————————————————— 167

Ⅰ　海洋法の特徴と機能 ··· 167

　1　海洋法の歴史と海洋法条約 (167)　　2　海洋法の原則と機能 (169)

Ⅱ　水域区分と航行規則 ··· 171

　1　海洋法における陸地（基線と島）(172)　　2　国家管轄権内の水域 (174)

　3　国家管轄権外の水域 (180)

Ⅲ　海洋境界画定と資源利用 ··································· 181

　1　海洋境界画定 (181)　　2　資源利用 (185)

Ⅳ　共通利益の保護 ··· 189

　1　秩序維持 (189)　　2　人の保護・規律 (191)　　3　環境保全 (193)

Ⅴ　海洋法条約上の紛争解決制度 ···························· 195

　1　第15部における紛争解決手続 (195)　　2　早期釈放制度 (198)

　3　暫定措置 (199)

第8章　国際環境法 ——————————————————————— 201

Ⅰ　国際環境法の基本原則 ······································ 201

　1　持続可能な開発 (201)　　2　主要原則 (202)　　3　WTO における貿

易と環境の相互関係 (203)

Ⅱ 環境に関する越境損害の防止 ………………………………… 203

1 実体的原則 (203)　2 手続的原則 (205)

Ⅲ 国際水路非航行的利用条約 ………………………………… 207

1 衡平利用原則 (207)　2 環境損害防止原則 (209)　3 手続的原則 (210)　4 パルプミル事件 (210)

Ⅳ 損害賠償責任に関する条約制度 ………………………………… 211

1 汚染者負担原則 (211)　2 無過失責任（厳格責任）(212)

Ⅴ 地球環境の保護 ………………………………… 214

1 地球環境条約の発展形態 (214)　2 地球環境条約レジーム──生物多様性の保全 (217)　3 地球環境条約レジーム──気候変動対策 (220)　4 パリ協定 (223)

第9章　国際法と個人 ———————————————————— 227

Ⅰ 現代国際法と個人 ………………………………… 227

Ⅱ 国　籍 ………………………………… 227

1 国籍の決定 (227)　2 国籍の得喪 (228)　3 国籍の抵触 (230)　4 法人・船舶・航空機の国籍 (232)

Ⅲ 外国人の法的地位 ………………………………… 232

1 外国人と国家の義務 (232)　2 外交的保護権 (234)　3 難　民 (234)

Ⅳ 国際犯罪の取締り ………………………………… 240

1 国際犯罪 (240)　2 犯罪人引渡し (241)　3 国際法違反の犯罪に対する国際的な刑事裁判制度 (244)　4 国際刑事裁判所 (247)　5 混合法廷 (251)

Column 9-1 ミャンマーのロヒンギャ問題とウクライナの避難民問題 (239)

Column 9-2 ジェノサイド条約に基づく国際司法裁判所での訴訟 (252)

目　次

第 10 章　国際人権法 ———————————————————— 255

Ⅰ　国際人権保障の発展 ·· 255

1　第二次大戦前の国際法上の個人の保護（255）　　2　第二次大戦後の発展（256）　　3　国連人権諸条約の特色（259）

Ⅱ　保障される人権と国家義務 ·· 261

1　国際人権規範に関する国家義務の範囲（261）　　2　平等・無差別原則（262）

3　人権概念の展開（264）　　4　自決権や新しい人権（266）

Ⅲ　国際人権保障の実施措置 ·· 267

1　国内的実施（267）　　2　国際的実施（270）

第 11 章　国際機構 ——————————————————————— 277

Ⅰ　国際法における国際機構の位置 ·· 277

1　国際機構とは（277）　　2　国際機構法の基本原理（280）

Ⅱ　法人格 ·· 283

1　国際機構の国内法人格（284）　　2　国際機構の国際法人格（285）

Ⅲ　権　能 ·· 287

1　明示的権能と黙示的権能（287）　　2　国際機構がもつ権能の具体例（288）

3　権限内の推定と専門性原理（289）

Ⅳ　組　織 ·· 290

1　構成国（290）　　2　機　関（293）　　3　職　員（293）　　4　意思決定（294）

Ⅴ　特権免除 ·· 295

1　形式的根拠（295）　　2　実質的根拠（296）　　3　特権免除の内容と射程（296）　　4　国際機構の裁判権免除と裁判を受ける権利（297）

Ⅵ　国際責任およびアカウンタビリティ ································ 298

1　国際機構の責任（298）　　2　国際機構の構成国の責任（299）

3　国際機構のアカウンタビリティ（300）

Ⅶ　グローバル公私パートナーシップ ···································· 300

1　グローバル公私パートナーシップとは（300）　　2　法的地位（301）

3　財政および意思決定（302）　　4　正統性問題（302）

xi

Column 11-1 国際すず理事会事件 (284)

Column 11-2 米国による WHO からの脱退通告 (291)

Column 11-3 欧州評議会からのロシアの「除名」(292)

Column 11-4 代替手段テスト (297)

第12章 国際経済 ——————————————— 305

I 国際通商 ·· 305

1 WTO 体制 (305)　　2 紛争解決制度 (308)　　3 基本原則 (310)

4 貿易救済制度 (311)　　5 価値調整 (313)　　6 地域経済統合 (315)

II 国際投資 ·· 317

1 外国人財産の法的保護をめぐる歴史 (317)　　2 投資協定における紛争解決制度 (318)　　3 国際投資保護の基準 (321)　　4 ISDS 改革 (322)

III 通貨・金融 ·· 324

1 通貨に関する国際制度 (324)　　2 世界銀行による開発援助 (327)

3 国際金融システムの安定性確保 (327)　　4 マネー・ロンダリング規制 (328)

Column 12-1 ビジネスと人権 (329)

第13章 国家責任 ——————————————— 331

I 序　論 ··· 331

II 国家責任法の歴史と特徴 ····································· 332

1 歴　史 (332)　　2 国内法と比べた特徴 (333)

III 国家責任の発生 ··· 334

1 要　件 (334)　　2 要件1——行為の国家への帰属 (334)

3 要件2——国際義務の違反 (338)　　4 例外——違法性阻却事由 (339)

IV 国家責任の内容 ··· 341

1 責任国の義務 (341)　　2 違法行為の停止・不反復保証 (342)

3 賠　償 (342)　　4 強行規範違反の場合 (346)

V 国家責任の追及 ··· 346

1 国家による追及 (346)　　2 国家以外のアクターによる追及 (351)

　　　　　　　　　　　　　　　　　　　　　　　　　　　目　次

　　Ⅵ　国家責任追及の実効性を高める手段 ························· 352
　　　1　機構的手段 (352)　　2　一方的手段──報復 (354)　　3　一方的手段
　　──対抗措置 (354)

第14章　紛争の平和的解決 ─────────────────── 359
　　Ⅰ　紛争の平和的解決義務 ································· 359
　　　1　紛争の平和的解決義務の成立 (359)　　2　紛争の平和的解決手段 (360)
　　Ⅱ　非裁判手続 ······································· 361
　　　1　交　渉 (361)　　2　周旋・仲介 (362)　　3　審　査 (363)
　　　4　調　停 (364)　　5　国際連合による紛争解決 (365)
　　Ⅲ　裁判手続 ··· 367
　　　1　仲裁裁判と司法的解決 (367)　　2　仲裁裁判 (367)
　　Ⅳ　司法的解決──国際司法裁判所をめぐって ················· 370
　　　1　司法的解決の展開 (370)　　2　国際司法裁判所の構成 (371)
　　　3　国際司法裁判所の管轄権 (373)　　4　国際司法裁判所の訴訟手続 (377)
　　　5　国際司法裁判所の付随手続 (378)　　6　国際司法裁判所の判決 (385)
　　　7　国際司法裁判所の勧告的意見 (387)

第15章　安全保障 ─────────────────────── 391
　　Ⅰ　武力行使禁止 ····································· 391
　　　1　武力行使禁止の歴史的展開 (391)　　2　武力行使禁止の内容 (395)
　　Ⅱ　集団安全保障 ····································· 396
　　　1　勢力均衡から集団安全保障へ (396)　　2　国際連盟の集団安全保障 (397)
　　　3　国際連合の集団安全保障 (398)
　　Ⅲ　自衛権 ··· 402
　　　1　武力行使禁止の例外 (402)　　2　自衛権の歴史的展開 (403)
　　　3　個別的自衛権 (405)　　4　集団的自衛権 (411)
　　Ⅳ　平和維持活動 ····································· 413
　　　1　伝統的平和維持活動 (413)　　2　冷戦終結後の平和維持活動 (414)

　　　　　　　　　　　　　　　　　　　　　　　　　　　　　　　　xiii

第16章　武力紛争 ———————————————————— 417

Ⅰ　武力紛争法とその適用 ……………………………………………… 417

　　1　戦争法から武力紛争法へ（417）　　2　国際人権法との関係性（418）

　　3　国際刑事法との関係性（419）

Ⅱ　武力紛争の定義と適用 ………………………………………………… 419

　　1　武力紛争の定義（419）　　2　武力紛争の烈度と空間別アプローチ（421）

　　3　武力紛争法の適用の終期（422）　　4　占領地における武力紛争法の適
用（422）

Ⅲ　戦闘手段・方法の規制 ………………………………………………… 423

　　1　武力紛争法の基本原則（423）　　2　戦闘手段の規制（424）

　　3　戦闘方法の規制（428）

Ⅳ　武力紛争犠牲者の保護 ………………………………………………… 434

　　1　傷病者（434）　　2　捕　虜（435）　　3　文　民（437）

Ⅴ　武力紛争法の履行確保 ………………………………………………… 438

　　1　戦時復仇（438）　　2　国家責任（439）　　3　戦争犯罪人処罰（439）

　　4　利益保護国（440）　　5　事実調査制度（440）

Ⅵ　中立法 ………………………………………………………………… 440

　　1　伝統的国際法における中立制度（440）　　2　現代国際法と中立（441）

Ⅶ　軍備管理・軍縮 ……………………………………………………… 443

　　1　軍備管理と軍縮の意味（443）　　2　核軍縮（443）

Column　16-1　ウクライナとロシアの武力紛争（418）

事項索引　　449

判例・事例索引　　462

条約索引・その他　　468

xiv

第1章 国際法の特徴と歴史

Ⅰ 国際法の概念と特徴

1 国際法の概念

(1) 国際社会と国際法

　世界には，現在，約200の国家が存在する。国の面積，人口，統治形態など
は極めて多様であるが，いずれの国家も主権を有し，独立かつ対等な**主権国家**
として存在している。各主権国家の国内社会（国家社会）には，憲法をはじめ
とする国内法（国家法）が存在する。主権国家を基本的な構成単位とする国際
社会には，国際社会に固有の法体系として，国際法が存在する。そこで，国際
法は国際社会の法である，といわれる。

　規律対象の観点からみると，国際法は，主に国家間の関係を規律する法であ
る。しかし現在の国際法は，国家間の関係だけでなく，**国際連合**（**国連**）など
の**国際機構**（**国際組織**。第11章参照）と国家，国際機構相互間，国家と個人など
の関係をも規律するようになっている。

　国際法上の権利義務の直接の帰属者のことを，**国際法主体**（Ⅳ参照）という。
19世紀の頃は，国家のみが国際法主体とされ，国際法は，もっぱら国家間の
権利義務関係を設定するものであった。しかし現在では，国際機構にも限定的
な国際法主体性が認められ，また，個人の限定的な国際法主体性が認められる
こともある。

　法源（第2章参照）は多義的な概念であるが，ふつう，法の成立形式あるい
は存在形態という意味で用いられる。国際法は，主に**条約**や**慣習国際法**（**国際慣**

第1章　国際法の特徴と歴史

習法）の形で存在する。つまり，国際法の主な法源は，条約や慣習国際法である。なんらかの規則が国際法の規則として認められるためには，その規則が条約や慣習国際法などの形で存在する必要がある。

(2)　国際法の名称

　国際法を意味する語の起源となったラテン語に，①ユス・ゲンティウム（*jus gentium*）と②ユス・インテル・ゲンテス（*jus inter gentes*）がある（**Column 1-1**参照）。英語では，①に対応する言葉（law of nations）もあるが，一般的には②に由来する International Law が使われている。同様に，フランス語（droit international），イタリア語（diritto internazionale），スペイン語（derecho internacional）などでも，②に起源をもつ言葉が一般に使われている。他方，ドイツでは①に由来する言葉（Völkerrecht）が定着している。

　国際法の観念が万国公法の名で日本に導入されたのは，幕末期である。1864年，国際法に関する英語の本を漢訳した『万国公法』が中国で出版され，これが翌年日本に伝わった。幕末から明治初期にかけて，この名称がよく使われたが，1873 年に箕作麟祥が「国際法」という用語を使い始めたのを機に，その後これが定着して今日に至っている。

Column 1-1　ユス・ゲンティウム（*jus gentium*）と
ユス・インテル・ゲンテス（*jus inter gentes*）

　jus は，法または権利，正義を意味し，*gentium* と *gentes* は，語尾は異なるが，民族または国家といった同じ意味をもつ。両者の違いは，*inter*（「間」）が入っているかどうかによる。

　ユス・ゲンティウムは，もともとは，古代ローマが拡大する過程において，ローマ市民相互間に適用される市民法（*jus civile* ユス・キウィーレ）とは別に，外国人がかかわる問題に適用されるローマ法の一分野として発達したもの（「万民法」）を意味する概念であった。しかし近代初期になると，このラテン語は，ヨーロッパ社会に共通して妥当するような「国際社会の法」（国際法）を意味する概念（「諸国民の法」）として使用されるようになった。また，17 世紀半ばには，英国の法学者ズーチ（R. Zouche）が，国際社会の法を指す言葉として初めてユス・インテル・ゲンテス（「国家間の法」）の語を用いた。さらに 18 世紀末，

2

英国のベンサム（J. Bentham）が，ユス・インテル・ゲンテスに対応する英語としてInternational Lawを使用し始めた。Internationalという英単語は，ベンサムによる造語である。

(3) 国際法関係の法分野

国際法の中に国際公法と国際私法があるわけではない。**国際私法**とは，狭義では，渉外的要素を含む私法的法律関係に適用される法（準拠法）を決定するための法をいう（広義では国際民事訴訟法を含む）。これは各国の国内法として存在する私法の一種であり，国際法とは異なる法分野である。日本の国際私法にあたる法律としては「法の適用に関する通則法」（法適用通則法）4条以下がある。これに対し，**国際公法**は国際法と同じ意味で使われる。なお，司法試験の選択科目として，「国際関係法（公法系）」と「国際関係法（私法系）」がある。ここでいう「国際関係法（公法系）」は国際法（＝国際公法），「国際関係法（私法系）」は広義の国際私法を意味する。

国際法の規律対象の拡大に伴い，現在では，**国際環境法**（第8章参照），**国際人権法**（第10章参照），**国際刑事法**（第9章Ⅳ参照），**国際経済法**（第12章参照）など，国際法の各法分野が形成され，発展している。ただし，これらの概念は，各法分野における国内法の国際的側面を意味するものとして使われることがある。たとえば，国際刑事法の概念は，刑事に関する国際法を意味する場合が多いが，国内刑法の国際的側面を規律する法という意味で使われることもある。

2 国際法の法的特徴

(1) 国際社会の特徴

一般に，国内社会においては，国家権力を背景として，国内法が一元的に制定・適用され，強制的に執行される。立憲主義国家では，国家権力の濫用を防ぐために三権分立の制度が採用されており，国の立法機関が法律を制定し，国の行政機関が法律を執行し，国の司法機関が法を適用して紛争を処理する。

これに対して，**国際社会**は，独立・対等な**主権国家**が横並びで並存する社会である。個々の主権国家が権力主体であり，国際社会には，主権国家の上位に

第1章 国際法の特徴と歴史

立つような中央集権的権力主体は存在しない。各国の議会や政府に相当するような世界議会や世界政府は存在しないし，国家を一般的・強制的に裁判にかける国際裁判所も存在しない。国際法の制定（定立）・適用・執行の役割を担ってきたのは，主として国家である。国際社会の組織化に伴い，国際機構もこのような役割を担うようになっているが，現在でも，上位権力を背景として国際法を強制的，統一的に制定・適用・執行するような仕組みは，整っていない。

(2) 国際法の分権的性格

　国内法では，立法・司法・行政の三権分立に対応する形で，法の制定（定立）・適用・執行を区別することができるが，国際法では，この区別が必ずしも明瞭ではない。とくに，主に行政府が担当すべき「法の執行」と，主に裁判所が紛争の処理において有権的に行うべき「法の適用」との区別は不明瞭である。また，国際裁判所の判決が実質的に法定立機能をはたす場合もある。しかし，法のいずれの側面においても，国内法との比較において，国際法には次のような**分権的性格**が認められる。

(a) **国際法の定立**

　国際社会には統一的な立法機関は存在しない。国際連合（国連）総会は「世界の議会」と呼ばれることがあるが，国内議会のような立法機関ではない。国際法は，立法機関が一元的・強制的に制定するのではなく，諸国が合意によって条約を締結し，あるいは諸国の慣行を基礎として慣習国際法が生成されることで，多元的・重層的に形成される。したがって国際法は，国家の意思と行動を基礎とし，主に条約または慣習国際法の形をとり，多元的・重層的に存在する。

　海洋法に関する国際連合条約（国連海洋法条約，海洋法条約）や国及びその財産の裁判権からの免除に関する国際連合条約（国連国家免除条約）など，国連で採択され，国連の名が付された条約も，国連が立法機関として制定したものではなく，これを条約として受け入れるかどうかは各国の意思に依存する。国際社会の一般的な法規範を設定する条約を**立法条約**（law-making treaty）といい，国際機構などを通じて行われる立法条約の定立を「国際立法」ということがある。国際立法では，条約案の作成にいたる一連の過程において，国際機構が主

4

導的な役割を果たしており，とくに**国連国際法委員会**は，「**国際法の漸進的発達及び法典化**」（国連憲章13条1項(a)）の任務を遂行するための中心的機関として貢献している。しかし，条約案を条約として成立させる主体は国家であり，諸国の同意なしに国際立法は実現しない。

(b) 国際法の適用と裁判

各国は，日々の活動において国際法を解釈し，適用する。国際法の解釈・適用をめぐる国際紛争は，当事国間で解決できないような場合，中立的な第三者である裁判所の客観的な判断（裁判）によって解決されることが望ましい。しかし，各国の国内裁判所が強制的に裁判を行う権限を与えられているのとは異なり，**国際司法裁判所**（**ICJ**）などの国際裁判所は，国家間の法的紛争に対して強制的に裁判を行う権限（**強制管轄権**）を持たず，すべての**紛争当事国の同意**（consent）がなければ，国際裁判は行われない。もっとも，当事国の同意は，条約や宣言によって，紛争発生前に予め与えられる場合もある。

裁判が成立し，判決が下された場合，判決は紛争当事国を法的に拘束する。つまり，当事国は判決を履行すべき国際法上の義務を負う。しかし，履行を強制する仕組みは整っておらず，実際の履行は基本的に当事国に委ねられている。国連安全保障理事会（安保理）はICJ判決を執行するための措置をとることができる（国連憲章94条2項）が，これは安保理の裁量に委ねられた制度であり，判決の執行制度としては限界がある（第14章 IV 6⑷参照）。

(c) 国際法の執行

国際社会には，中央集権的な世界政府は存在せず，統一的な法執行機関も存在しない。「法の執行」の具体的内容は多様であるが，警察権の行使や民事強制執行のように，実力を用いて法の内容を強制する統一的な仕組みは，整っていない。そのため，個別国家による**自力救済**（自助）が，一定の条件の下で許容される。他国の違法行為に対する自力救済は，伝統的に，報復（retorsion）と**復仇**（reprisal）に区別されてきた。報復は，被害国が本来適法になしうる措置をいい，復仇は，それ自体は本来違法であるが，先行する相手国の違法行為により違法性が阻却される措置をいう。復仇は，国家責任法上の**対抗措置**（countermeasure）とほぼ同義の概念である。また，違法な武力攻撃に対しては，国家固有の権利としての**自衛権**の行使が認められる（国連憲章51条）。

第1章　国際法の特徴と歴史

　実力を用いて法を執行する国際的な枠組みとしては，「平和に対する脅威，平和の破壊及び侵略行為」の事態に対して国連が実施する制裁（非軍事的および軍事的**強制措置**）の制度（国連憲章第7章41条，42条）がある。しかし，国連安保理常任理事国の意思が一致しなければ発動されないし，常任理事国に対する発動は期待しがたい。軍事的強制措置に関しては，これを実施するための軍事力を国連自身が有しているわけではなく，国連憲章が予定した形で発動された例は一度もない（第15章Ⅱ参照）。

　そのほか，国際機構や多数国間条約体制では，しばしば，国際法上の義務の履行を確保するための措置（**履行確保制度**）を定め，国際法の履行状況を監視・審査し，義務違反に対しては釈明要求や是正勧告などを行う。たとえば，国際人権保障関係条約における義務履行状況の報告とこれに対する審議・勧告の制度，原子力の平和利用や軍縮関係条約における検証・査察の制度などである。このような制度も，国際法の執行形態の一種に位置づけることができる。もっとも，これらは国家の同意と協力の下に実施される措置であり，国家による義務の履行を実力で強制するものとはいえない。

(3)　国際法の強制力と実効性

(a)　国際法の強制力と拘束力

　国家権力を背景とした強制力を有する近代の国内法と比較すると，国際法は，現実の物理的な強制力に乏しい。そのため，法の本質を物理的な強制力に求める立場から，国際法は法ではない，少なくとも国内法と同じ意味における法ではない，とする議論が有力に主張されてきた。なかでも，19世紀英国の分析法哲学者オースティン（J. Austin）が説いた「実定国際道徳」論は有名である。彼は，法を「制裁（強制）を伴う主権者の命令」と定義したうえで，この定義にあてはまらない国際法は法ではなく，実定的な道徳にすぎないとした。しかし，古代や中世のヨーロッパ国内法では制定法よりもむしろ慣習法が中心であったことなどに鑑みると，このような見解は，近代以降の国内法を前提とする狭い法概念に依拠するものといえよう。法は，その拠って立つ社会を投影した姿をとると考えられ，社会基盤が異なれば法の姿も異なりうる。国際法が近代の国内法とは異なる姿をもつからといって，国際法の実定法規性を否定する理

由とはできないであろう。

　現実の国際社会は，国際法を，拘束力を有する法として認識してきた。個々の国際法規則の存在が争われることはあっても，国際法の法としての拘束力そのものを否定する国はない。国際法は，現実の国際社会において，拘束力を有する法規範として制定・形成され，解釈・適用され，執行されている。たとえば国際司法裁判所は，厳格に「国際法」に従って裁判を行う（ICJ 規程 38 条 1 項）。裁判所が適用する規範は，単なる道徳規範や政治上の原則ではなく，法規範そのものである。国際法はさらに，ふつう，各国の国内社会でも国内法的効力を付与され，解釈・適用される。たとえば日本の場合，日本国憲法上，「日本国が締結した条約及び確立された国際法規」の誠実遵守義務が定められている（98 条 2 項）。この規定は，条約および慣習国際法が日本の国内法体系において，少なくとも法律よりも上位の法的効力をもつことを意味するものと解されている。道徳規範としてではなく，憲法や法律と同様に法規範として，日本の国内法の一部をなすと考えられている（Ⅲ参照）。

┨ Column 1-2　国際礼譲（international comity）┠

　　儀礼的・便宜的・恩恵的考慮に基づいて遵守される国際社会の慣例をいう。法規範ではなく，その不遵守は国際違法行為を構成せず，国家責任の問題を生じない。条約で国際礼譲に従って協力すべき義務を定めている場合もある（日米独禁協力協定 5 条，6 条など）。また，かつては国際礼譲であったものが国際法規範に変化することもある。外交官に対する課税免除はその例である。逆に，慣習国際法が国際礼譲に変化する場合もある。海上礼式がその例である。公海上で他国の軍艦同士が遭遇したとき，かつては実弾で礼砲を放つことが慣習国際法上要求された。しかしその後，軍艦の発達などにより，海上礼式は実質的な意味を失って国際礼譲にすぎないものとなり，礼砲も実弾は使わなくなった。

⒝　国際法の実効性

　中国敗訴の判決を下した南シナ海事件仲裁裁判（2016 年［百選 36］）につき，中国政府は報道声明において「判決文は単なる紙切れにすぎない」と述べた。

第1章　国際法の特徴と歴史

また，第一次大戦時にドイツ軍がベルギーの永世中立を侵犯したことにつき，当時のドイツ首相が議会演説の中で「重大な国家利益の前では，条約は単なる紙切れにすぎない」と述べたことは有名である。このような言説に接すると，国際法は強制力がないため破られやすく，あまり遵守されないと感じる人も少なくない。実際，ロシアによる対ウクライナ武力侵攻（2022年）のように，国家が自国の短期的な利益のために，あえて国際法に明白に違反する行動に出ることもあるであろう。

　しかし，国内法上の犯罪や違法行為も，頻繁に発生している。国内法違反行為は日常茶飯事といえるが，報道では取り上げられず，あるいは報道されても例外的な出来事として受け取られがちである。それに対して，国際法違反として報道される出来事は，違反行為か否か不明のようなものも含めて，世界の人々の注目を引き，あたかも違反が常態であるかのような印象を与えがちである。実際には，米国の国際法学者ヘンキン（L. Henkin）が「ほぼすべての国家は，ほぼ常に，ほぼすべての国際法を遵守している」と述べたとおり，国際法は全体としてみると，国内法と比べてとくに破られやすいとはいえない。個々の国際法上の原則・規則の解釈適用をめぐる争いは，絶えず発生する。日々報道される出来事の違法性の判断にあたっても，慎重な検討を要することに注意する必要があろう。

(c)　国際法遵守の要因

　では，強制力が乏しいにもかかわらず，なぜ諸国は国際法を遵守するのであろうか。その理由としては次のような要因が考えられる。

　第1に，国際社会は，約200の領域主権国家によって構成されている。国内社会の構成員と比べてはるかに少数であり，その意味では小さな社会である。領域を基盤とする存在であるから，国家は自国領域から逃げ出すことはできないし，匿名性に乏しい。そのため，国際法違反を行えばその悪名はついて回り，国際社会の信用を得られがたい。国際社会の相互依存関係がさまざまな形で緊密化している今日ではとくに，国際法を遵守しなければ，他の関係にも影響し，国際交流を円滑に進められない。したがって，短期的な利益を求めて違法行為を行っても，長期的な利益は得られがたい。

　第2に，条約は，各締約国が同意を与えた**合意法規範**である。もともと各国

の利益が反映されており，自国の利益に反する規則は設けられていないはずである。したがって，条約締約国が条約に違反するような動機をもつことは多くない。慣習国際法についても，諸国の利益に反するような規則が形成される可能性は低く，条約と同様に考えることができよう。

第3に，国際法上，自力救済としての対抗措置が一定の条件の下で認められることから，他国の利益を害する国際法違反行為に対しては，被害国から同種の違法行為による仕返し（復仇）を受ける可能性がある。いわんや，報復を受ける蓋然性は極めて高い。とりわけ外交関係など，二国間で双務的な関係が設定されている場合には，**相互主義**の原則が義務違反の抑止機能を果たしている。

II 国際法の歴史

1 ヨーロッパ国際法の形成

「社会あるところ法あり」といわれるように，複数の政治共同体（＝国家）が成立すると，ある種の国際社会が形成され，国家相互間に，時代と地域に応じた社会規範がつくられてきた。古代四大文明における国家相互間，あるいは古代ギリシャの都市国家相互間では，和平の誓いや国境線の約束が交わされるなど，互いの接触・交流を通じた社会規範の形成がみられた。また，19 世紀にいたるまで，東アジア世界は中国を中心とする華夷秩序の下にあり，イスラム世界ではイスラム法学に基づく固有の国際秩序観が発達した。

しかし，これらは現在の国際法と歴史的な連続性を有するものではなく，国際法の直接的起源は，中世のキリスト教的封建秩序が崩れていった 16 〜 17 世紀頃のヨーロッパに求めることができる。立憲的意味の憲法が近代ヨーロッパ社会の歴史的産物であるのと同様に，国際法は，近代ヨーロッパにおいてヨーロッパ公法として形成され，これが発展と変容を遂げながら全世界に広まったものである。

(1) ウェストファリア体制の成立

中世のヨーロッパは，キリスト教に基づく普遍的な秩序が支配する封建社会

第 1 章　国際法の特徴と歴史

であった。キリスト教会ではローマ教皇が頂点に君臨し，世俗的には神聖ロー
マ皇帝が最大の権力者であって，国王（君主）は，これら二大権威・権力に服
する存在であった。しかし，ルネサンスを経て宗教改革が進むと，教皇の権威
は失墜し，中世の社会秩序は徐々に崩壊していく。この過程で国王への権力集
中が進み，国王を頂点とする近代国家が誕生した。16 世紀，フランスのボダ
ン（J. Bodin）は，国家の最高権力（「国家の絶対的かつ永久の権力」）すなわち**主権**
は国王にあるとし，主権概念によって国王権力を理論的に根拠づけた。1618
年に宗教戦争として始まった三十年戦争は，ヨーロッパ全土を巻き込む大戦争
になったが，これを終結させた**ウェストファリア条約**（1648 年）は，神聖ロー
マ帝国からのスイス，オランダの独立を正式に承認するとともに，帝国内の各
領邦国家が宗教の自由を有し独立した地位にあることを認めた。こうして，独
立・対等な主権国家が並存する社会構造が徐々に形成された。このような近代
ヨーロッパの社会構造を，**ヨーロッパ主権国家体系**，あるいは**ウェストファリア
体制**という。そこでは，中世の秩序に代わる新しい法秩序が求められた。ヨー
ロッパ主権国家体系の誕生に伴い，主権国家間の関係を規律する法として，国
際法（近代国際法）が形成され始めたのである。

(2)　国際法の英雄時代

　国際法の形成には，学者が大きな役割を果たした。絶対主義国家相互間で戦
争や紛争が絶えない中，多くの学者が，自然法やローマ法の諸原則に依拠しつ
つ国際法の存在を説き，その理論化・体系化に貢献したのである。これらの諸
学者を「**国際法の創始者**」といい，国際法の創始者を多く輩出した 16 〜 18 世
紀は，「国際法の英雄時代」ともいわれる。

(a)　ローマ法と自然法

　国際法の創始者たちがその論拠として用いた法的資料は，主として**ローマ法**
と**自然法**であった。中世後期のヨーロッパで復活・継受され，知識人に共通の
知的遺産となっていたローマ法は，「書かれた理性」（*ratio scripta*）ともいわれ，
国家間の関係にも適用しうる諸原則として援用された。また，中世の神学の下
で育まれた自然法（natural law）の観念は，時や場所を超えて普遍的に妥当す
る規範として，国際法の主たる根拠とされた。もっとも，関連する国家実行や

II 国際法の歴史

先例が存在するような分野では，これらを法の根拠として重視する**法実証主義**が採用された。大まかな歴史的流れとしては，初期の頃は自然法論が主流であり，時代が下り実定法が充実するにつれて，法実証主義が有力化して主流となる。

(b) 国際法の創始者

「国際法の父」と呼ばれるオランダの**グロティウス**（Hugo Grotius, 1583-1645）は，『自由海論』（1609年）で海の自由を説いたことでも有名であるが，主著は，悲惨な三十年戦争の最中に書かれた『戦争と平和の法』（1625年）である。本書においてグロティウスは，スペインの神学者ビトリア（F. de Vitoria, 1483?-1546），スアレス（F. Suárez, 1548-1617），イタリア出身で英国の法学者ゲンティリ（A. Gentili, 1552-1608）などによる先駆的業績をふまえつつ，戦争の規制の問題のみならず，広く国際法全般にわたり体系的に論じた。その際グロティウスは，中世の神学的自然法論に代えて，人間の本性あるいは理性を基礎とする合理的自然法論を展開した。つまり，自然法を神の権威から切り離し，世俗化され普遍化された自然法によって，国際法を根拠づけた。こうしてグロティウスは，国際法の形成に極めて大きな影響を与えた。

グロティウス以後の著名な国際法の創始者としては，英国のズーチ（Zouche, 1590-1660），オランダのバインケルスフーク（C. van Bynkershoek, 1673-1743），ドイツのプーフェンドルフ（S. Pufendorf, 1632-1694），ヴォルフ（Ch. Wolff, 1679-1754），スイスの**ヴァッテル**（E. de Vattel, 1714-1767），ドイツのモーゼル（J. J. Moser, 1701-1785）などがいる。なかでも，ヴァッテルの『諸国民の法（国際法）』（1758年）は，国家の主権的な自由・独立を基調とし，近代国際法の特質を明快に示した著作として広く参照され，後世にも長く大きな影響を与えた。

(c) 自然法論と法実証主義

国際法の創始者たちは，おおむね自然法論者と法実証主義者に大別される。もっとも，この区分は相対的なものであり，自然法論者が先例や国家実行を考慮しなかったわけではなく，法実証主義者が人間の理性を根拠としなかったわけではない。なかでも18世紀のヴァッテルは，自然法としての国際法を肯定しつつ，諸国の意思や条約，慣習からなる実定国際法を中心に論じた法実証主義者と位置づけることができる。

第1章　国際法の特徴と歴史

とくに大きな関心事項であった**戦争**の問題について，国際法の創始者たちはほぼ共通して**正戦論**（正当戦争論）（第15章 I 1 (1)参照）の立場を採用した。これは，戦争を，正当原因に基づく正しい戦争と不正な戦争とに2分し，正しい戦争のみが許容されるとする考え方である。ビトリアは，スペインによる新大陸（アメリカ大陸）征服戦争について，自然法の普遍的妥当性を肯定しつつも，自然法上の交際・交通の権利に対する侵害を正当原因のひとつに挙げ，結果的にこの戦争を正当化する立場をとった。またグロティウスは，防衛，失われた権利の回復，刑罰を正当原因とした。正戦論はもともと自然法上の考え方であるが，法実証主義者とされる学者も含めて，少なくとも18世紀半ばにいたるまで採用された。

2　19世紀における国際法の発展

(1)　国際法の非ヨーロッパ世界への拡大

(a)　**ヨーロッパ列強の世界進出**

19世紀より前の時代の世界では，ヨーロッパが力の上でとくに突出した地域だったとはいえない。ヨーロッパ諸国は，大航海時代から18世紀にかけて，アメリカ大陸，アフリカ沿岸部，大部分のアジア地域を**植民地化**したものの，東アジア文化圏には中国を中心とする独自の国際秩序（華夷秩序）が長く維持されていたし，オスマン・トルコ帝国をはじめとするイスラム教文化圏は，しばしばキリスト教世界を脅かした。しかし，産業革命を経て圧倒的な工業力と軍事力を手に入れたヨーロッパ列強諸国は，武力を背景として海外への進出を強め，それとともに近代国際法も，非ヨーロッパ世界に拡大していった。18世紀後半には米国が，また19世紀初頭を中心に中南米諸国が独立を達成し，国際法の主体に加わったが，これらはいずれも，植民地時代以来キリスト教が普及した諸国であり，ヨーロッパとの文化的同質性を備えていた。

しかし19世紀半ばからは，非キリスト教国であるトルコ（イスラム教）がヨーロッパ公法への参加を正式に認められ，また，中国，日本も，国際法が適用される社会の一員として承認される。その際，これらの諸国は「不完全主権国」とみなされ，不平等条約の締結を余儀なくされた。のみならず，これらの諸国以外の地域（アジア太平洋・アフリカ地域）の国々は，大部分が国際法の主

体とみなされることなく植民地化され，**無主地先占**や**征服**の法理（第6章 I 1(2)参照）によって列強の国家領域に編入された。

(b) 「文明国間の法」としての国際法

こうして，キリスト教的同質性を有するヨーロッパ諸国の法秩序として形成され，「ヨーロッパ公法」とも称された国際法は，力を背景として非キリスト教世界へと拡大し，「**文明国**間の法」へと発展していった。概念上，「文明国」（Civilized Nations）であることは，必ずしもキリスト教文明国であることを意味しない。キリスト教以外の非ヨーロッパ諸国であっても，ヨーロッパ型の国家に類する実質を備えることによって，対等な「文明国」になる道が開かれていた。日本の明治政府が，富国強兵と殖産興業を標榜しつつ，ヨーロッパ法の継受と司法制度の整備を急いだのは，不平等条約の改正のためには日本が「文明国」としての実質を備える必要があったからである。

(2) 近代国際法の確立と進展

産業革命による国際交流の飛躍的な増大に伴い，19世紀には，条約の締結や先例の蓄積が進んだ。第1に，**ウィーン会議**（1814-1815）後の**ヨーロッパ協調体制**の下，国家間の政治的安定と勢力均衡を保つための諸条約（国境画定条約，犯罪人引渡条約，同盟条約など）や通商関係の安定と拡大をはかるための諸条約（通商航海条約，領事条約，船舶の航行に関する条約など）が数多く結ばれた。さらに，通信，郵便，公衆衛生などの行政的・技術的な事項に関しては，事項ごとに多数国間条約が結ばれ，組織的には未熟であるものの，国家とは別の組織体として，国際機構が設立された（第11章参照）。19世紀後半に登場したこれらの国際機構を総称して，**国際行政連合**という。これは，諸国が相互依存関係を認識したうえで，一定の共通目的に向けて協力するようになったこと，そして，そのような協力の下で新たな国際法規範が形成されていくことを意味する。

第2に，戦争の規制について，国際法上重要な変化がみられた。国際法の創始者たちがほぼ一貫して採用してきた正戦論は，これを実際に適用することは極めて困難であるため，18世紀後半以降は影響力を失い，原因の正否を問わず，国家が**戦争に訴える自由**を容認するようになった（第15章 I 1(2)参照）。ひ

第1章　国際法の特徴と歴史

とたび戦争が発生すると，交戦当事国は互いに対等な立場にあるものとみなされるとともに，第三国は中立の地位に置かれるものとされた（第16章 VI 参照）。こうして19世紀には，戦争状態において適用される交戦法規および中立法規を内容とする**戦時国際法**が発達し，その多くが，2度の**ハーグ平和会議**（1899年，1907年）で法典化された。国際法全体の体系は，平時国際法と戦時国際法との2つの分野からなるものと構成され，この二元的な体系は，20世紀半ばまで維持された。

　第3に，国家間の紛争を処理する手段として，紛争当事国の合意に基づき，**国際仲裁裁判**が広く行われるようになった（第14章 III 2 参照）。仲裁裁判を通じて紛争が平和的に解決され，国際法の具体的な解釈・適用の先例が生まれるようになったことの法的意義は大きい。

　方法論上は，科学的な思考の発達によって，先験的で主観的な自然法論の説得力が弱まり，客観的に認識できる条約や先例に法を基礎づける立場（法実証主義）が主流となった。こうして国際法は，諸国の実際の行動に基づいて形成される実定法としての性格を強め，国家間の関係を規律する法としての**近代国際法**（伝統的国際法）が19世紀に確立した。

3　現代国際法の形成と発展

　19世紀に完成したとされる近代国際法は，20世紀における2度の世界大戦の経験と**国際連盟**（1920年），**国際連合**（1945年）の設立を契機として，現在の国際法（**現代国際法**）へと変化した。主権国家相互の関係を規律する近代国際法の基本的な枠組みが維持されつつも，国際社会の**組織化**および**普遍化**を背景として，次のような現代的変容がみられる。

(1)　戦争の違法化と武力不行使原則の確立

　20世紀になると，戦争を制限する動きが始まる。第一次大戦後，国際連盟は，一定の場合，戦争に訴えることを禁止するとともに，これに違反して戦争に訴えた連盟国は他のすべての連盟国に対して戦争を行うものとみなし，集団で制裁を加えることとした（国際連盟規約16条）。戦争に訴える主権的自由を制限し，新たに**集団安全保障制度**を導入したのである。さらに，国際連盟の枠を

越えて諸国が締結した**不戦条約**（1928年）では，「国家ノ政策ノ手段トシテノ戦争」を一般的に禁止した（第15章Ⅰ1参照）。

それでも第二次大戦を防げなかった反省から，国連は，集団安全保障制度を強化するとともに（国連憲章第7章），「戦争」の概念を用いず，「**武力による威嚇又は武力の行使**」を一般に禁止した（国連憲章2条4項）。**自衛権**（「個別的又は集団的自衛の固有の権利」）に基づく武力行使は，一定の要件を満たす場合，例外的に認められるにとどまる（国連憲章51条）。この**武力不行使原則**（第15章Ⅰ1参照）は，**国際紛争の平和的解決義務**（国連憲章2条3項），征服による領有権の否認，武力的強制の結果結ばれた条約の無効（条約法条約52条）などのルールを派生させている（友好関係原則宣言第1原則参照）。

(2)　自決権と脱植民地化

近代国際法の下では列強諸国による植民地支配が容認されたが，第二次大戦後，アジア・アフリカ諸国が**自決権**を根拠に続々と独立を達成し，対等な主権国家として国際社会に参加するようになった。他方では，第二次大戦後社会主義国がその数を増し，自由主義・資本主義諸国と対峙する勢力となった。こうして国際法は，同質的な文明諸国の法から，多様な国々で構成される普遍的な国際社会の法へと進化した。

民族自決の主張と**脱植民地化**（非植民地化）に向けた動きは，第一次世界大戦時に始まる。ロシア革命（1917年）で登場した初の社会主義国ソ連は，自由主義・資本主義と激しく対立する一方，政治的に民族自決の原則を主張した。この主張を反映して，東欧に新国家が誕生するとともに，国際連盟は，敗戦国ドイツ，トルコの植民地・従属地域を連盟の**委任統治**地域とし，その「人民ノ福祉及発達ヲ計ル」ため，連盟の委任を受けた受任国が連盟の監督の下で統治した（国際連盟規約22条）。

国連は，その目的の1つとして「**人民の同権及び自決の原則の尊重**」に基づく友好関係の発展（国連憲章1条2項）を掲げ，委任統治制度に代えて信託統治制度（国連憲章第12章）を設けるとともに，「非自治地域」の施政国に対し，住民の福祉および自治の促進を求めた（国連憲章73条）。さらに，1960年に国連総会で採択された**植民地独立付与宣言**（植民地諸国及びその人民に対する独立の付

第1章　国際法の特徴と歴史

与に関する宣言）は，植民地主義の無条件の終焉を謳い，すべての人民が有する権利としての**自決権**を明記した。こうして**脱植民地化**が本格的に進行し，現在ではほぼ達成されつつある（第4章I4参照）。

　新たに国際社会に加わった発展途上諸国は，数の上で先進国を大幅に上回り，1970年代を中心に，国際法の基本的な枠組みとなる原則（たとえば主権平等の原則）を受け入れつつも，南北間格差の是正と「**天然資源に対する恒久主権**」の概念に基づく「**新国際経済秩序**」（NIEO）の樹立を求め，既存のルールの見直しを迫った。その結果既存のルールが修正，改変され，あるいは新たなルールが形成された国際法の分野は少なくない。

(3)　国際人権保障と国際刑事裁判の発達

　近代国際法の下では，人権保障の問題は国内管轄事項とされ，各国の国内法による規律に委ねられた。第一次大戦後も，国際労働機関（ILO）による労働者の保護，中東欧地域における条約による少数者保護など，人権保障が国際化された分野は限られていた。

　しかし第二次大戦後，**国際人権保障**が著しく発達する。国連は，その目的のひとつに「人権及び基本的自由」の尊重を掲げており（国連憲章1条3項），**世界人権宣言**（1948年）の採択の後，**国際人権規約**（1966年）をはじめとするさまざまな普遍的人権条約制度を成立させた。人権規範の発展は，現代国際法における最も顕著な特徴のひとつであり，他のあらゆる国際法分野に影響を与えているといってよい（第10章参照）。戦時法（戦争法）も，人道的考慮を強化し，現代的な**武力紛争法**（**国際人道法**）へと進化，発展を遂げている（第16章参照）。

　個人は，他方において，国際法に基づいて直接個人としてその国際（刑事）責任を追及されうる存在となった。近代国際法では，国際法上の責任を負うのは，もっぱら国際法主体である国家であった（第13章参照）。個人の犯罪を裁く刑罰権は，国家に専属する権能であった。しかし，第二次大戦後設置されたニュルンベルクおよび極東国際軍事裁判所が戦争指導者個人の犯罪を裁いた後，冷戦終結後には，臨時の裁判所として旧ユーゴおよびルワンダ国際刑事裁判所，そして常設の**国際刑事裁判所**（ICC）が設立された（第9章IV4参照）。もっとも，重大な国際犯罪といえども，ICCの管轄権は，国家の刑事裁判権との関係では

II 国際法の歴史

補完的なものにとどまり，国家の刑事裁判権が否定されるわけではない。

(4) 国際裁判の発展

第一次大戦後，国家間の紛争を処理する常設的な司法裁判所として，オランダのハーグに**常設国際司法裁判所**（PCIJ）が設立された（1920年）。現在の**国際司法裁判所**（ICJ）は，これを実質的に引き継いだ裁判所である。第二次大戦後には，ほかにも，さまざまな国際裁判所が常設されている。世界的な裁判所としては，国連海洋法条約上の紛争を処理する**国際海洋法裁判所**（ハンブルク），個人の重大な国際犯罪を裁く**国際刑事裁判所**（ハーグ）などがある。世界貿易機関（WTO）における紛争処理手続の中心をなすパネル手続は，司法裁判ではないが，紛争処理機関が中立の立場で採択する報告は紛争当事国を拘束するものと解されており，準司法手続といえる。

加えて，国家間だけでなく，**投資仲裁**など，国家と外国人（私人）の間の国際仲裁（混合仲裁）が頻繁に行われている。仲裁裁判のための裁判官名簿リストを常備している**常設仲裁裁判所**（PCA）は，現在では混合仲裁にも開かれている（第14章III 2参照）。

こうした国際裁判所の増加は，現代的な「紛争解決の司法化」をもたらし，地域的な裁判所（欧州司法裁判所，欧州人権裁判所，米州人権裁判所など）も含めて，多様な国際裁判例を生み出している。異なる裁判所相互間の判断の食い違いによる「国際法の断片化」を危惧する意見もあるが，国際裁判が紛争の平和的解決および国際法の内容の解明に大いに貢献していることは確かである。

(5) 規律空間の拡大と地球環境の保護

科学技術の発達と人類の活動領域の増大に伴い，国際法の規律空間は，**南極条約**（1959年）の成立により地表を覆い尽くし，さらに垂直方向へと拡大した。

第一次大戦後に**領空主権**の原則が確立したが，さらに第二次大戦後，米ソによる宇宙開発が始まり，1966年には宇宙の基本法にあたる**宇宙条約**が採択され，宇宙空間と天体に関する国際法（**宇宙法**）が急速に形成された。近時，宇宙活動の多様化，商業化が進み，宇宙法の重要性は増すばかりである（第6章III 4参照）。

第1章 国際法の特徴と歴史

　古い歴史をもつ**海洋法**も，第二次大戦後，全面的に見直され，大きな変容と複雑な発展を遂げている。とくに海底鉱物資源の開発利用が可能となったことから，新たに，大陸棚に関する条約（1958 年，大陸棚条約）で**大陸棚**制度，**国連海洋法条約**（1982 年）で深海底制度が成立した（第 7 章参照）。近時，これまで未知であった深海底生物資源の存在とその有用性が注目され，「海洋法に関する国際連合条約」の下の**国家管轄権外区域の海洋生物多様性**（BBNJ）の保全及び持続可能な利用に関する協定（2023 年）が成立した。

　人類の活動領域の拡大は，他方では，深刻な環境問題を引き起こし，気候変動対策，オゾン層の保護，生態系の保全など，地球規模で環境を保護，保全することが，国際社会全体の利益にかかわる重要課題となった。**国連人間環境会議**（1972 年），**国連環境開発会議**（1992 年）などを契機に，地球環境保護のための各種の条約が成立しており，今日，これらを中心とした**国際環境法**と呼ばれる新たな法分野が形成されつつある（第 8 章参照）。

(6)　普遍的な性格を有する国際法規範の発展

　国際法の基本的な役割は，国家間の相互的な利益を調整すること（私法的役割）にある。伝統的国際法は，もっぱらこの役割を果たしてきた。しかし現代国際法においては，この役割に加えて，国際社会全体の利益を達成するという役割（公法的役割）をも果たすようになっている。そのため，「一般国際法の**強行規範**（*jus cogens*）」の存在が認められ，また，国家には「**国際社会全体に対して負う義務**」（obligations *erga omnes* **対世的義務**）が課されるようになっている（第 3 章，第 13 章参照）。

　強行規範は，国際社会全体が承認している普遍的な規範であって，これに違反する条約は無効とされる（条約法条約 53 条）。また，対世的義務は，普遍的義務ともいわれ，この義務については，理論上，その違反の直接の被害国のみならず，すべての国が法的利益を有し，責任追及の権利を認められる（国家責任条文 48 条 1 項(b)）（第 13 章参照）。国際社会全体の利益は，主にこの種の普遍的な規範の適用を通じて実現されることになる。

III 国際法と国内法の関係

1 一般理論の展開

(1) 法の抵触と一般理論

　一般に，同一の事項を規律する 2 つの法規範が存在し，それらの規範相互間に**法の抵触**（食い違いや矛盾）がみられる場合，この抵触を処理する必要が出てくる。条約と国内法の間にも，法の抵触が生じうる。これをどのように理解すべきか，そして一般に，国際法と国内法はいかなる関係にあるのか。この問題は，歴史的には，19 世紀に自然法論が衰退し，国際法の妥当根拠（拘束力の根拠）を自然法以外のものに求める議論の中で論じられてきた。時代順に学説を整理すると，**国内法優位の一元論，二元論，国際法優位の一元論，調整（等位）理論**が提唱されてきたが，論争の中心は，二元論（dualism）と国際法優位の一元論（monism）の対立にある。

(2) 二元論と国際法優位の一元論との対立

　まず，19 世紀後半のドイツ公法学において，**国内法優位の一元論**が登場した。ヘーゲル哲学の影響の下，この学説は，法の妥当根拠を「国家意思」に求め，国際法の妥当根拠も，国内法と同様に，国家意思にあるものと考えた。たとえば条約（国際法）は，各国の憲法（国内法）によって授権された国家代表が国家の単独の意思に従って締結し，国家意思の限度でのみ拘束力を有する，と考えた。国際法を国内法の延長とみなし，対外的な国内法にすぎないものと位置づける立場である。この見解は，結局は国際法の自立的存在を否定する立場であることから，今日では支持されない。

　次に，ドイツのトリーペル（H. Triepel）が，その主著『国際法と国内法』（1899 年）で本格的にこの問題を追究し，**二元論**を提唱した。彼によれば，国内法と国際法は，妥当根拠も規律対象も異なる。国内法が，国家の単独の意思に基づき，個人相互間または個人と国家の関係を規律するのに対して，国際法は，諸国の意思の合致（共同意思）を根拠に，国家間の関係を規律する。両者

第1章　国際法の特徴と歴史

は全く異なり，別個独立の法秩序をなすものであるから，法理論上，両者の間に真の意味での「法の抵触」はありえない。したがって，国際法の規則が国内法秩序において自動的に法としての効力を与えられることはなく，国内法としての効力が認められるためには，国内法に固有の法形式に**変型**されることが必要となる。このような二元論の考え方は，アンチロッティ（D. Anzilotti）などによっても説かれ，多くの学者が支持した。

　第一次大戦後，国際関係の緊密化に伴い，国内法と国際法の規律事項が重複する場合が増大し，また，国際連盟の創設により国際協調主義が高まる中，ケルゼン（H. Kelsen），フェアドロス（A. Verdross）などのウィーン学派に属する学者たちは，二元論を批判し，**国際法優位の一元論**を唱えた。論者によって理由付けはさまざまであり，主張の細部には相違がみられるが，この説によれば，国際法と国内法は同一の法秩序をなし，国際法が国内法に優位する。したがって，理論上，国際法は国内においても当然に効力を有し，当然に法の抵触が生じうる。国際法と抵触する国内法はその効力を否認されることになる。

(3)　実際の法関係と調整理論

　以上の一般理論の対立は，国際法の妥当根拠を明らかにするとともに，国際法および国内法を総体としてとらえ，両者の効力関係や適用関係を論理的に解明するために展開された，学理的な論争といえる。それゆえ，いずれの理論によっても，実際の国際法と国内法の関係を十分に説明し尽くすことができない。二元論は，多くの点で実際の法関係を説明しうると解されるものの，国によっては，国際法が「変型」されることなく自動的に国内的効力を認められるという実際の法関係は，二元論と相容れがたい。他方，国際法優位の一元論は，国際法に抵触する国内法もその国内的効力を否定されるわけではないという実際の法関係と相容れない。

　このように，二元論も国際法優位の一元論も，それぞれに難点を含んでいることが指摘される。いずれも極端な形では受け入れがたく，「現実はその中間にある」ともいわれる。英国のフィッツモーリス（G. Fitzmaurice）やフランスのルソー（Ch. Rousseau）が提唱した**調整理論**は，そうした中間的な立場と位置づけることができる。日本では，山本草二がこれを**等位理論**と称して紹介し，

この説に与した。

調整理論によれば，国際法と国内法は，それぞれの固有の分野で最高独立であり，法体系としては相互間に抵触も優劣関係も生じない。しかし，国家が国際法上の義務を国内で履行できないなど，**「義務の抵触」**は生じうる。この場合，国際的平面では，国家責任の追及という形で**「調整」**が行われるにとどまり，国際法上の義務と抵触する義務が当然に無効となるわけではない。

この見解は，基本的に二元論の立場といえるが，「義務の抵触」が生じることを認めている点で，むしろ一元論の立場に近いともいえる。理論としては折衷的であり，理論的な追究というよりも現実的であることをめざした見解であるとも評されている。義務の抵触の場合になされる「調整」の方法などに対して疑問も提起されているが，今日，この見解は多くの支持を得ている。

各国の国内社会には，憲法を頂点とする国内法（国家法）の法体系が存在し，国際社会には，国際社会に固有の法秩序として，国際法の法体系が存在する。実定法上確認できる法規範相互の関係（国際法と国内法の関係）は，この2つの法体系によって異なるため，両者を区別して考察する必要がある。

2 国際法体系における国内法の地位

(1) 国際関係における国内法援用禁止の原則

国家は，国際関係においては，自国の国内法上の不備を理由として国際法上の義務の履行を免れることができない。この原則（**国内法援用禁止の原則**）は，1872年アラバマ号事件仲裁判決（RIAA, Vol. 29, p.131［百選6］）が認めて以来，PCIJやICJの判例で繰り返し確認されており，「〔条約〕当事国は，条約の不履行を正当化する根拠として自国の国内法を援用することができない」（条約法条約27条）ことは，十分に確立している。この意味において，「国際法が国内法に優位することは，国際法の基本原則である」（国連本部協定事件勧告的意見，ICJ Reports 1988, p. 34, para. 57）。

(2) 国内法に基づく行為の国際的効力

領海や海洋管轄水域の設定，国籍の付与などは，各国が，その国内法に基づいて行う。これら国内法に基づく行為が国際関係においても有効か否かは，国

第1章　国際法の特徴と歴史

際法に照らして判断される。

　たとえば，漁業事件判決（1951 年）で ICJ は，国は自国の国内法に基づいて領海を画定する権限を有するが，「他の諸国に対する当該画定行為の有効性は，国際法に依存する」（ICJ Reports 1951, p. 132〔百選 4〕）と述べた。本件では，ノルウェーの国内法に基づく領海画定の国際的な有効性が肯定された。他方，漁業管轄権事件判決（本案・1974 年）では，漁業管轄水域を一方的に拡大したアイスランドの国内法（1972 年規則）は，公海自由の原則および英国との条約に反し，「英国には対抗できない」とした（ICJ Reports 1974, p. 29, para. 67〔百選〈第 1 版〉41〕）。本件では，当時の国際法に照らし，紛争当事国たる英国との関係に限定してではあるが，当該国内法に基づく行為の国際的有効性が否認された。

　また，各国は，国内法に基づいて人に国籍を付与し，自国民とする。一般に，国籍付与の国際的効果として，自国民が他国の国際違法行為によって損害を被った場合，国籍国は加害国に対して国際請求（外交的保護）を行う資格を有する。しかし，ノッテボーム事件で ICJ は，自国との実質的な結びつきがないノッテボームに国籍を付与したリヒテンシュタインが，実質的な結びつきの強いグアテマラに対して行う国際請求資格，すなわち国内法に基づく国籍付与の国際的効果を，否認した（ICJ Reports 1955, p. 26〔百選 69〕）。もっとも，その国内法上の有効性，すなわち国籍の付与自体を否認したわけではない。

(3)　国際裁判における国内法の事実性

　国際裁判所は，国際法を適用して裁判を行う（ICJ 規程 38 条 1 項参照）。国際裁判手続では，特段の場合（紛争当事国が国内法を適用することに合意した場合など）を除き，国内法それ自体は「事実」として扱われる（1926 年ポーランド領上部シレジアのドイツ人の利益事件〔本案〕，PCIJ Series A, No. 7, p. 19〔百選〈第 1 版〉57〕）。事実としての国内法については，「裁判所は法を知る」（*jura novit curia*）の格言は妥当せず，これを主張する当事国が立証責任を負う。たとえば，国際法上の国内救済完了原則の適用にあたり，被告国国内法上の救済手段が完了したかどうかが争われる場合，未完了の国内救済手段がなお存在することを立証する責任は，被告国にある（シシリー電子工業会社事件，ICJ Reports 1989, p. 46, para. 59 [百選〈第2版〉68])。

　国際裁判所は，国際法の解釈・適用にあたり，必要な場合には，国内法上の概念や制度を参照し，尊重する。カナダで設立された会社の多数株主の国籍国ベルギーが第三国スペインに対する請求権をもち原告適格を有するか，が争点となったバルセロナ・トラクション会社事件において，ICJは，これを判断するための国際法の規則は存在せず，現実からの乖離を避ける必要があることを理由として，国内法上の株式会社制度を参照した。参照されたのは，特定国の国内法ではなく，国内法体系で一般に承認された規則である（ICJ Reports 1970, p. 37, para. 50 [百選71])。

3　国内法体系における国際法の地位

(1)　国際法の国内的実施

　国家は，それぞれの国内法体系の下で，たとえば領海を設定して主権を行使し，あるいは人権条約上の義務を履行するなど，国際法上の権利を行使し，義務を履行する。国内法を通じて国際法の規範内容を実現することを，国際法の国内的実施という。国際法の国内的実施の過程では，(a)国際法規範に国内法としての効力（**国内的効力**）を与える方法（**国内的編入の方法**），(b)階層構造をなす国内法体系内での国際法規範の位置づけ（**国内的効力順位**），(c)具体的事案に対する国際法規範の適用（**国内的適用**），が問題となる。国内的実施の過程は，原則として各国の裁量に委ねられており，各国内法体系によって異なる。また，成文法たる条約と不文法たる慣習国際法は，区別して扱われる。

(2)　慣習国際法の国内的実施

(a)　国内的編入

　慣習国際法の国内的編入について，諸国は，特段の手続をとることなく，自動的に国内的効力を認めている（**自動的受容方式**）。英国や米国では，判例上，「慣習国際法は国内法の一部をなす」ことが確立している（米国連邦最高裁パケット・ハバナ号事件，175 U.S. 677（1900), p. 700など）。他の多くの諸国でも，憲法の明文規定（ドイツ憲法25条，イタリア憲法10条，韓国憲法6条1項，ロシア憲法15条4項など）または憲法慣行で（フランス，スイスなど），慣習国際法の国内的

第1章　国際法の特徴と歴史

効力を認めている。

　日本国憲法98条2項は，「日本国が締結した条約及び確立された国際法規」の誠実遵守義務を定めている。通説は，ここでいう「確立された国際法規」は慣習国際法を意味し，かつ，本規定はその国内的効力を認めたものと解している。オデコ・ニホン事件判決は，本件発生当時（1970年代前半），大陸棚に対する沿岸国の主権的権利が慣習国際法として確立していた，と認定するとともに，「確立された国際法規は，なんらそれに副った国内法の制定をまたずとも当然に国内的効力を有する」と判示した（東京高判1984〔昭和59〕年3月14日行集35巻3号231頁〔百選32〕）。

(b)　効力順位

　慣習国際法の国内的効力順位について，法律（狭義）よりも上位またはこれと同じ効力を与える国は少なくない。ドイツでは，憲法規定上，法律よりも上位であるが，憲法解釈上，憲法よりも下位とされている。日本でも，憲法98条2項を根拠に，憲法との関係については異論もあるものの，少なくとも法律よりは上位と解されている。

　他方，英国では，慣習国際法はコモン・ローの一種として扱われ，議会制定法（法律）の効力がコモン・ローに優先することから，慣習国際法は法律よりも下位の効力をもつ。米国では，連邦憲法より下位，州法よりは上位と解されているが，連邦法との関係については学説上争いがある。

(c)　国内的適用

　一般に，慣習国際法は，国内的効力を有し，国内的に適用されうる。米国の前掲パケット・ハバナ号事件判決によれば，国際法は「裁判所によって確認され適用〔執行administer〕されなければならない」。日本でも，前掲オデコ・ニホン事件判決は，慣習国際法上の大陸棚に対する主権的権利を根拠に，国の課税権の行使としての法人税法の適用を肯定した。また，パキスタン貸金請求事件最高裁判決（最判2006〔平成18〕年7月21日民集60巻6号2542頁〔百選20〕）は，主権免除に関する制限免除主義が慣習国際法であることを根拠に，国の裁判権行使を肯定した。

　もっとも，慣習国際法の規則が個人に対する国家の義務を課している場合であっても，一般的，抽象的な義務にとどまり，これを国内で直接適用して個人

の請求権を認めることはできない場合が多い。シベリア抑留補償請求事件東京
高裁判決は，自国民捕虜補償原則の慣習国際法としての成立そのものを否定し
たが，仮にこれが肯定された場合の**国内適用可能性**について論じ，個人の権利
の実体的および手続的要件や既存の国内制度との整合性等，「細部にわたり詳
密に規定されていない場合には，その国内適用可能性は否定せざるを得ない」
と判示した（東京高判 1993〔平成 5〕年 3 月 5 日訟月 40 巻 9 号 2027 頁［百選 8 参
照]）。

(3)　条約の国内的実施

(a)　国内的編入

　条約を国内的に編入する方法は，国によって異なるが，従来，**変型**方式と**一
般的受容（自動的受容）**方式に大別されてきた。近時は，**承認法による受容**方式
をこれらと区別し，3 つに分類する考え方も有力である。

　変型方式とは，条約を国内法上の法形式に「変型」することによって，国内
的に編入する方式であり，英国および多くの英連邦諸国，スカンジナビア諸国
で採用されている。これらの国では，条約は，議会の立法措置によって個別に
国内法として受容される。議会制定法によって「変型」されない限り，条約の
形式のままでは国内法の一部をなさず，国内で適用されない。なお，「変型」
概念の理解が混乱を招きかねないことから，この方式を**個別的受容**ということ
がある。

　一般的受容（自動的受容）方式とは，締結された条約が国内で公布されると，
条約自体が自動的に国内的効力を与えられる方式をいう。米国では，合衆国が
締結した条約は，連邦の憲法・法律と同様に最高法規をなし，国内的効力を与
えられる（連邦憲法 6 条 2 項）。日本では，憲法上，国内的効力について明記し
た規定はないが，98 条 2 項によって条約の国内的効力が認められると解され
ており，「条約は批准・公布によりそのまま国法の一形式として受け入れられ，
特段の立法措置を待つまでもなく国内法関係に適用され」る（受刑者接見妨害国
家賠償請求事件・高松高判 1997〔平成 9〕年 11 月 25 日判時 1653 号 117 頁［百選 52]）。
国内的効力発生のための手続として，条約の公布（憲 7 条 1 号）が行われる。
日本が締結する条約は，憲法上，国会の承認を経るべき条約（狭義の条約。憲

第1章　国際法の特徴と歴史

73条3号）と内閣が外交関係の処理（同条2号）の一環として締結する行政取極とに分類できるが，いずれも公布によって国内的効力をもつと解される。

　承認法による受容方式は，条約締結の国内手続において要求される議会の承認が，法律の形式によって与えられ，かかる法律（承認法）によって条約に国内的効力を認める方式をいう。ドイツやイタリアなど，少なからぬ欧州諸国で採用されている。この方式は，形式上，条約ではなく法律（承認法）が国内的効力を与えられるため，「変型」方式ともみられうるが，承認法は条約文をそのまま添付した構成をなす文書であり，実質的な「変型」とはいいがたいことから，多数説はこれを一般的受容方式に類する方式とみる。

(b)　効力順位

　条約の国内的効力順位も国によって異なる。フランス，ロシアなど，多くの国で，条約に法律よりも上位の効力を与えている。日本でも，憲法98条2項は「条約が一般の法律に優位する効力を有することを定めている」（前掲受刑者接見妨害国家賠償請求事件判決）と解するのが通説，判例である。米国では，条約は，州法には優位し，連邦の法律と同位の効力をもつとされている。したがって，米国内では，連邦法と条約が内容上抵触する場合，相互間の適用関係は，後法優先の原則や特別法優先の原則によって処理され，その結果，もしも条約に反する法律が適用される場合には，国際関係において条約義務不履行の責任を負う可能性が生じうる。米国のほか，韓国は憲法規定で，ドイツは憲法解釈上，条約は法律と同位とされている。

　憲法との関係では，条約は国の基本法たる憲法よりも下位とされる国が多い。日本でも，学説上対立があるものの，憲法優位説が多数説あるいは通説である。もっとも，旧日米安全保障条約（1951年）の違憲性が争点となった砂川事件最高裁判決によれば，高度の政治性を有する条約については，「一見極めて明白に違憲無効であると認められない限り」，違憲審査の対象とされない（最大判1959〔昭和34〕年12月16日刑集13巻13号3225頁［百選〈第1版〉105]）。

　少数ながら，条約に憲法と同等以上の効力を与える国もある。オランダ憲法は，条約によって憲法と異なる定めを置けるものとし（91条3項，94条），憲法に対する条約の優位を認めている。もっとも，条約の締結には，議会で3分の2以上の賛成による承認を要し，憲法改正と同等の厳格な手続がとられる。

26

III 国際法と国内法の関係

(c) 国内的適用

国際法の**国内的適用**は，概念上，「国内的効力」とは明確に区別されるようになっている（前掲シベリア抑留補償請求事件高裁判決など）。慣習国際法と同様に，条約も，国内的効力を認められる以上，国内の事案における裁判規範として機能し，国内法令の解釈基準となる。

しかし，裁判所や行政府が条約規定をそのままの形で国内の事案に**直接適用**できるとは限らない。たとえば，航空機不法奪取防止条約は，ハイジャック行為について「重い刑罰を科す」ことを締約国に義務づけている（2条）が，この条約義務を履行するためには，処罰を具体化する国内法令が必要となる。また，経済的，社会的及び文化的権利に関する国際規約（社会権規約）は「社会保障についてのすべての者の権利」を定めている（9条）が，この権利を実現させるためには，これを具体化した国内法令が必要となろう。これらの場合，条約（規定）は国内的に直接適用できない。米国では，条約の**自動執行**（self-executing）の概念が用いられ，自動執行的ではない条約（規定）は，裁判所によって適用されない。**フジイ事件**においてカリフォルニア州最高裁は，人権の尊重と遵守のための協力を定めた国連憲章の諸規定（55条，56条）は，実施立法（implementing legislation）なしには執行できず，自動執行的ではないとして，その適用を否定した（Sei Fujii v. State of California 242 P.2d 617（Cal. 1952），620-621）。

(d) 直接適用可能性の基準

条約（規定）が直接適用可能であるための要件として，判例・学説では一般に，①規範内容が**明確であり**，国家の**裁量の余地**がないこと（客観的要件），②条約締約国が直接適用可能であることを意図していたこと（主観的要件），が挙げられてきた。①は，裁判所や行政府が立法府の立法権を尊重し（三権分立），法的安定性（予見可能性）を確保するために求められる要件と考えられ，その要件性に異論はない。②は，PCIJ**ダンチッヒ裁判所の管轄権事件**勧告的意見（PCIJ Series B, No. 15, pp. 17-18［百選43］）がこれを決定的な要件であると述べて以来，多くの判例・学説が採用する要件であるが，締約国の意思は立証困難な場合も多く，その要件性を否定する見解も有力である。

したがって，一般的には，上記①が基本的な要件であり，必要条件と解され

第1章　国際法の特徴と歴史

る。しかし①は十分条件ではない。直接適用可能性の可否は，これを否定する締約国の意図が明確であるような場合を除き，国際的に一律に決まるものではなく，各国の国内法によって異なりうる（豚肉差額関税事件・東京高判 2013〔平成 25〕年 11 月 27 日高刑集 66 巻 4 号 1 頁［百選 9］）。また，同じ条約規定であっても，たとえば，国に対する給付請求の根拠としては直接適用が否定されるが，行政処分の違法確認の根拠としては肯定されるなど，訴訟の請求形態によっても異なると考えられる。

なお，裁判所が事案に国内法令を適用するにあたり，条約をその解釈基準として参照することがあり，このような適用方法を**間接適用**という。これは，憲法の人権規定を私人間の関係に間接的に適用するのと類似の手法であり，人権訴訟などでしばしば用いられる（第 10 章 III 1 ⑵参照）。

IV　国際法主体

1　国家と限定的国際法主体

⑴　国家の国際法主体性

法学上一般に，権利義務の帰属者を法主体（legal subject）という。法主体は法人格（legal personality）を有する。**国際法主体**とは，国際法上の権利義務の帰属者をいう。

国家は国際法主体である。国際法上の権利義務は，主に国家に帰属する。19 世紀の頃は，国家が唯一の国際法主体であると考えられ，欧米諸国は，「文明国」のみを国際法主体たる主権国家とみなした。しかし現在は，いずれの主権国家（sovereign State）も，等しく国際法主体性を有する。主権国家であれば，当然に，国際法上のあらゆる権利義務の帰属者たりうる。その意味で，国家は**生得的（一次的）**かつ**包括的**な国際法主体である。国家はまた，国際法を定立し，自ら国際法上の権利義務を設定することができる。その意味で，能動的な国際法主体であるといわれる。

(2) 非国家行為体の国際法主体性

　国際社会における国家以外のさまざまな行為体を総称して非国家行為体 (non-State actor) という。非国家行為体も，さまざまな形で国際法の形成や実現の過程に関与しており，国際法の関与者 (participants) であるといえる。ある種の非国家行為体は，諸国の意思に基づき，特定の事項に限って国際法上の権利義務を取得すると考えられ，その意味で**派生的**（**二次的**）かつ**限定的**な国際法主体性を付与される。

　国連などの**国際機構**（政府間機関）（第11章参照）は，国家に次ぐ主要な国際法主体（国際法人格）となっている。また，**個人**，さらには自決権の享有主体としての**人民**，**先住民族**なども，限定的な国際法主体性を有すると考えられる。さらに，**非政府組織**（NGO）の中には，赤十字国際委員会（ICRC）など，国際法の形成や実現過程に大きく貢献しているものも少なくなく，その国際法主体性を論じる余地がある。

　国際法主体性が認められる基準について最も論じられてきた非国家行為体は，個人と国際機構である。国際機構については本書第11章に委ね，以下では個人の国際法主体性の問題を取り上げる。

2　個人の国際法主体性

(1)　個人の法的地位の発展

　国際法は，国家の権利義務関係を設定する中で，同時に個人（自然人または法人）の権利義務をも定めることがある。しかし，18世紀から20世紀初頭まで，個人は，国際法の主体ではなく，客体（object）とみなされた。たとえば，二国間の通商航海条約で相手国国民に入国，居住，営業などの権利を認めた場合，各締約国の国内法令が認める範囲において個人に一定の処遇（最恵国待遇，内国民待遇）を確保すべき国家の義務を設定したものであって，個人に帰属する国際法上の権利を設定したものとはいえなかった。個人が通商航海条約で規定された権利を侵害された場合，その救済を求める国際請求権（**外交的保護権**）（第13章V参照）は，当該個人が所属する国家に帰属し（外交的保護条文2条），伝統的には，国際法上，国家が「国家自身の権利を主張する」ものと理論構成された（マヴロマティス・パレスタイン事件判決，PCIJ Series A, No. 2, p.12 [百選

第1章 国際法の特徴と歴史

67])。個人は，国際法の規則によって利益を付与される受益者（beneficiaries）ではあっても，国際法上の権利主体とはみなされなかった。

20世紀になると，国際裁判所における**個人の出訴権**（最初の例は1907～1918年まで存在した中米司法裁判所である）や国際機構への**個人の申立権**を認める条約制度が登場した。とくに第一次大戦後，平和諸条約に基づいて設置された混合仲裁裁判所が敗戦国に対する戦勝国国民の損害賠償請求を処理し，国際労働機関（ILO）が加盟国の条約不遵守に対する民間団体の申立権を認めた。このような時代背景の下，個人の国際法主体性に関する論争が展開された。

第二次大戦後，個人の権利を国際法が直接承認する場合が格段に広がり，その国際法上の地位は著しく向上した。国際人権条約が人間に固有の権利としての**個人の人権**を定めるのみならず，個人が自らその救済を求める**国際的手続能力**（条約実施機関への申立権・通報権や地域的人権裁判所への出訴権）を付与される制度も普及した（第10章参照）。また，国際投資協定に基づき，投資家個人と他の締約国を対等な当事者とする**投資仲裁**が盛んに行われている。こうしてICJも，「国際法が個人に付与する権利に関するここ数十年の実質的な発展」により，「外交的保護の事項的範囲は，とりわけ国際的に保障される人権を含むように広がっている」（ディアロ事件先決的抗弁判決，ICJ Reports 2007, p. 599, para. 39）と述べた。

(2) 個人の国際法主体性とその基準

個人にかかわる以上のような国際法の状況に鑑み，今日の学説は，おおむね，個人の限定的な国際法主体性を認める。しかし，これが認められるための基準について学説は一致せず，**実体法基準説**と**国際手続基準説**が対立してきた。

(a) 実体法基準説と国際手続基準説

実体法基準説は，実体的な権利とそれを実現する手続上の権利とを区別し，国際法が個人の実体的な権利を明確に定めている場合に個人の国際法主体性を認める見解であり，日本では横田喜三郎や山手治之が主張した。

これに対し，国際手続基準説は，実体法上の権利義務が設定されるのみならず，個人が自らその権利を実現するための国際的な手続あるいはその義務違反を追及される国際的な手続が設定される場合にのみ，国際法主体性を認める。

つまり，国際裁判またはこれに準ずる国際手続における当事者資格が個人に付与されることを，国際法主体性の基準とする。田畑茂二郎，岩沢雄司などがこの説に立ち，日本で最も有力な学説となっている。原爆判決（下田事件・東京地判 1963〔昭和 38〕年 12 月 7 日下民集 14 巻 12 号 2435 頁〔百選 113〕）もこの立場をとった。

(b) 両説に対する批判

実体法基準説に対しては，通商航海条約で個人の権利が明確に設定されたとしても，その国際的な実現可能性は本国国家の裁量による外交的保護の行使に委ねられていることから，個人は，国家相互の権利義務の反射的効果として「受益者」たる地位が付与されたにすぎず，国際法の権利主体となるとはいえない，といった批判が投げかけられる。

他方，国際手続基準説にも難点がある。たとえば，市民的及び政治的権利に関する国際規約（自由権規約）は「人間の固有の尊厳に由来する」権利（同規約前文など）としての個人の実体的権利を定めているが，その国際手続（個人通報権）は自由権規約第 1 選択議定書の締約国となった国の管轄下にある個人にしか付与されない。この場合，実体法上は明らかに個人に帰属する権利であっても，その国際法主体性の存否がもっぱら同議定書の締約国であるか否かによって異なることになるのは不自然である。

また，個人の義務に関して，ジェノサイド条約（1948 年）は，ジェノサイド罪が「国際法上の犯罪」（1 条）であることを確認するとともに，その管轄裁判所として国内裁判所または国際刑事裁判所を指定している（6 条）。しかし，国際刑事裁判所が実際に設置されたのは冷戦終結後であるから，国際手続基準説によれば，個人がジェノサイド罪の国際法上の義務の主体となったのは冷戦終結後ということになろう。他方で国内裁判所は，条約の成立時から，国際法上設定された個人の義務の執行という，国際刑事裁判所と同一の機能を担ってきたと考えることができる。同じことは，現在の国際刑事裁判所（ICC）の管轄対象である国際犯罪が国内裁判所の手続に付される場合にもいえる。このように，個人の国際法上の権利義務の実現・執行に関して国内裁判所が国際裁判所と同じ機能を果たす場合があることに鑑み，**手続基準説**と呼ばれる見解が有力に主張されている。

第1章　国際法の特徴と歴史

(c)　手続基準説

　ダンチッヒ裁判所の管轄権事件勧告的意見（1928年）でPCIJは，条約それ自体は個人の直接の権利または義務を創設しえないとの主張を退け，「条約締約国は，その意図により，『国内裁判所で執行可能な個人の権利義務』を創設する確定的な規則を採択できる」と述べた（PCIJ Series B, No. 15, pp. 17-18［百選43]）。手続基準説は，この判例に依拠する見解であり，個人の権利義務を明確に規定した国際法の規則が，国内裁判所において国内法を媒介とせずに直接適用される場合を含めて，**手続的能力**（procedural capacity）が個人に付与された場合に，国際法主体性を認める。この場合，国内裁判所は，国際法を適用する機関として，個人の国際法上の権利義務を実現する機能を果たすものと性格づけられる，とみる。このような見解を手続基準説と名付けて提唱したのは杉原高嶺であるが，類似する見解は，山本草二などの先行業績でも確認できる。前述のように，自動執行可能性（直接適用可能性）の基準は国によって異なりうるため，この説によれば，個人の国際法主体性も国によって異なることになろうが，このような難点は，国際手続基準説にも同様にあてはまるであろう。

● 参考文献

山手治之『国際法論序説』（法律文化社，1962年）

田畑茂二郎『国際法〔第2版〕』（岩波書店，1966年）

岩沢雄司『条約の国内適用可能性』（有斐閣，1985年）

大沼保昭編『戦争と平和の法――フーゴー・グロティウスにおける戦争，平和，正義〔補正版〕』（東信堂，1995年）

石本泰雄『国際法の構造転換』（有信堂高文社，1998年）

大沼保昭編『国際社会における法と力』（日本評論社，2008年）

明石欽司『ウェストファリア条約――その実像と神話』（慶應義塾大学出版会，2009年）

柳原正治『グロティウス〔新装版〕』（清水書院，2014年）

西平等『法と力――戦間期国際秩序思想の系譜』（名古屋大学出版会，2018年）

松田浩道『国際法と憲法秩序――国際規範の実施権限』（東京大学出版会，2020年）

中井愛子『国際法の誕生――ヨーロッパ国際法からの転換』（京都大学学術出版会，

2020 年）

小畑郁「戦間期における個人の国際法主体論の再検討──日本の国際法理論の継承と発展のために」国際法外交雑誌 109 巻 2 号（2010 年）1-21 頁

小栗寛史「国際法と国家の同意──歴史からのアプローチ」国際法学会エキスパート・コメント No. 2024-6（2024 年 6 月）(https://jsil.jp/wp-content/uploads/2024/05/expert2024-6.pdf)

第2章 国際法の法源

　国際法の法源とは，国際法の①存在形式と②形成過程を意味する。①は，拘束力をもって国際法主体の行動を規制し，国際法主体がこれに反する行動をとった場合，違法として，責任を課されたり（第13章参照），無効と判断されたりするような規範のカテゴリーを特定するための議論と関係する。このような規範のカテゴリーに属するものとしては，主に，成文の条約と不文の慣習法を挙げることができる。②について，条約の締結過程は，手続として条約法条約（1969年）で定められている（第3章参照）。これに対し，慣習国際法は，どのように生まれ，いつから法としての効力を有するようになるのか，不文法ゆえ，その形成過程が手続として明確化されているわけではない。それゆえ，法源論として②の意味の国際法の形成過程に取り組む場合は，主に，慣習法の形式で存在している国際法（以下，慣習国際法）の形成過程について議論することになる。

I　法源とは

1　合意規範としての国際法

(1) *pacta sunt servanda*（合意は守られなければならない）原則

　集権化された国内社会では，法は憲法上の立法手続に従って，通常は国会や議会といった立法機関で制定される。これに対し，統一的上位機関の存在しない国際社会では，法は，平等な主権国家同士の**合意**によって形成されることになる。それゆえ，国際法の基礎を成している根本規範は，*pacta sunt servanda* **原則**に求められることになる。

35

第2章　国際法の法源

　国際法上，国家を法的に拘束する合意規範は，主に，条約と慣習法として存在する。条約とは，交渉・署名・批准等の一定の手続に則って締結され，かつ国際法によって規律される文書の形式による国際的な合意である。条約における当事国間の合意は，当該条約に参加する当事国のみを拘束する，いわば特別法を生み出す。これに対し，国際社会全体を拘束する一般法は慣習法の形式をとり，国際社会の必要性を反映する形で自然発生的に形成されるものと考えられている。

(2)　一般法と特別法の関係

　条約は特別法であり，慣習国際法は一般法であるといっても，両者に効力の差はなく，上位と下位の関係にあるわけでもない。しかし，条約と慣習国際法が同一事項を規律しながらも，お互いに異なる規則内容を有している場合，条約当事国間では，**特別法優先の原則**の下で条約が適用されることになる。ちなみに，特別法優先の原則は，慣習国際法相互間，条約相互間でも妥当する。ただし，ある個別の事案において，特別法が適用されたとしても，それが当然に一般法の効力を否定することにはならない。適用の優先性と規範の効力は分けて考えなければならないからである。

2　法源の種類

(1)　形式的法源と実質的法源

　国際法の法源とは，国際法の存在形式と形成過程を意味することは前述した。この意味における法源は，より正確にいうと，**形式的法源**（formal sources）と呼ばれる。これに対して，国際法上の拘束力を有する規範の存在の証拠を提供するものを**実質的法源**（material sources）と呼ぶ。

(2)　実質的法源の多様性

　条約は，書面にあらわされる国家間の明示的合意に基づくものであるため，その存在を証明するための証拠を検討する必要はない。これに対し，慣習国際法は，不文法として存在するため，その存在を証明するための証拠が必要となる。慣習国際法上の規則の存在を主張する国家は，当該規則に対して諸国間に

一般的合意があることの証拠を示さなければならない。その際，条約が慣習国際法の存在の証拠とみなされることもある。そのほかにも，国際裁判所や国内裁判所の判決，国際連合等の国際機構の決議および学説等が慣習国際法の存在の証拠として用いられることもある。これらは，それ自体が慣習国際法ではないが，慣習国際法の存在の証拠として重要視されることになる。たとえば，条約の当事国の多寡，条約の発効・未発効，決議の拘束力の有無，裁判所の判決の履行状況等が証拠の説得性を左右する場合もある。しかし，重要な点は，慣習国際法上の規則の存在を立証できるような，当該規則に対して諸国の一般的合意が存在する証拠を示すことができるか否かにある。その意味で，実質的法源は実に多様であり，また，問題となっている慣習国際法上の規則が生まれてきた背景に応じて，実質的法源とみなされる文書や資料等も変わりうるため，何が実質的法源に該当するかを包括的・固定的に示すことは適切ではない。

(3) ソフト・ローの法源性

　国際機構の決議には，たとえば，人間環境宣言（1972年）をはじめ，**持続可能な開発**を掲げた環境と開発に関するリオ宣言（1992年）のように，その後の国際環境法の基調をなす概念を提唱した文書も存在する（第8章参照）。これらの決議は，拘束力がなくとも，国際社会の現実的要請を反映し，国際法全体の発展の促進要因となったりすることから，これに一定の規範性を認めようとする考えも存在する。すなわち，**ソフト・ロー論**である。国際司法裁判所（ICJ）は，ナミビア事件（ICJ Reports 1971, p. 31, para. 52 ［百選60］）において，非自治地域に関する制度が慣習国際法の発展による影響を受けないはずはないとしつつ，この慣習国際法の発展に際して，拘束力のない総会決議である植民地独立付与宣言（1960年）が「一層重要な段階」を構成したと評価している。しかし，ICJは，植民地独立付与宣言の法規範性を認めたわけではない。国際機構の決議が，実質的法源として慣習国際法の発展に寄与してきたことと，形式的法源として法規範性を有することとは別問題である。ハード・ロー（法）とソフト・ロー（非法）の相対化が進むと国際法の規範性を曖昧にし，法的安定性を損ねる危険を招きかねないので，ソフト・ロー論に対しては慎重な姿勢が必要である。

第2章　国際法の法源

II　国際法の存在形式

1　国際司法裁判所規程 38 条 1 項

　国際法の存在形式に関する議論の出発点として，常設国際司法裁判所規程および国際司法裁判所規程（ICJ 規程）の 38 条 1 項に列挙されている**裁判準則**に言及するのが一般的である。

　　第 38 条 1　裁判所は，付託される紛争を国際法に従って裁判することを任務とし，次のものを適用する。
　　　a　一般又は特別の国際条約で係争国が明らかに認めた規則を確立しているもの
　　　b　法として認められた一般慣行の証拠としての国際慣習
　　　c　文明国が認めた法の一般原則
　　　d　法則決定の補助手段としての裁判上の判決及び諸国の最も優秀な国際法学者の学説……。

2　裁 判 準 則

　ICJ 規程 38 条 1 項は，その柱書において，裁判所は「国際法に従って」紛争を解決することを任務とするとしつつ，裁判所が適用する国際法として，上記の a〜d の 4 つの種類の裁判準則を挙げている。これらは裁判準則を超えて国際法の法源を列挙したものと評価される場合がある。これに対し，38 条 1 項は法源の語を用いておらず，直接的には，裁判所の任務としての紛争解決にあたって適用する裁判準則を規定したものと解釈するのが相当であるとする学説もある。いずれの解釈をとるにしても，38 条 1 項は訴訟当事国の行動の適否を判断したり，訴訟当事国間に妥当している現行法を確認したりする規準として用いられることに変わりはない。以下では，裁判所が，国家間の紛争を解決するにあたって，訴訟当事国間に妥当する国際法をどのように認識し適用してきたのか，a〜d の順に，それぞれの適用の実践を検討していくことにする。

III 条　　約

1　条約とは

(1)　文書による国際的な合意としての条約

　条約は，文書，すなわち，成文の形式でなされる国際的な合意である（第3章参照）。たとえば，国連憲章（1945年）2条4項は，「すべての加盟国は，その国際関係において，武力による威嚇又は武力の行使を，いかなる国の領土保全又は政治的独立に対するものも……慎まなければならない」と規定する。こうした成文の形式で規則内容を定めている条約は，六法全書にあるような国内法令の条文規定になじんでいる人たちには理解しやすいかもしれない。しかしながら，我が国において一般的な効力をもつ国内法令とは異なり，条約はそれに同意した当事国に対してしか拘束力をもたないという特徴がある。それゆえ，条約は，原則として，当事国以外の第三国を拘束することはない（条約法条約34条）。

(2)　口頭による国際的な合意

　東部グリーンランドの法的地位事件（1933年）において，口頭による約束も関係国間において法的拘束力を有することが認められた（PCIJ Series A/B, No. 53, p. 71 [百選〈第1版〉33]）。条約法条約も，文書の形式によらない国際的な合意については適用されないとしつつ，文書の形式によらない合意の法的効力までも否定するものではないとしている（3条(a)）。

2　条約の種類

(1)　条約の名称

　条約というカテゴリーには，条約という名前の文書のほか，協定・取極・憲章・規程・規約・議定書・交換公文など様々な名称のものがある。たとえば，国連憲章のように憲章という名前のものもあるし，気候変動に関するパリ協定（パリ協定），人権に関する自由権規約等もあるが，効力に差はない。

39

第 2 章　国際法の法源

(2)　条約の適用範囲

　国際社会の大多数の国が参加している国連憲章のような普遍的条約もあれば，地域的な包括的経済連携協定（RCEP 協定）（2020 年）のような地域的条約もあり，また，日米安全保障条約（1960 年，日米安保条約）のような二国間条約も存在する。

　ICJ 規程 38 条 1 項 a も「一般又は特別の国際条約」に言及するが，当事国の多寡による違いはあっても，条約としての効力に差はない。そして，すべての紛争当事国が，ある条約の当事国である場合，ICJ は，当該条約を「係争国が明らかに認めた規則」として適用することになる。

(3)　立法条約と契約条約

　慣習国際法のような一般法の形成に対する貢献の観点から，講学上，条約を**立法条約**（law-making treaty）と**契約条約**（contract treaty）に区別することがある。前者は，国際社会全体に妥当する慣習国際法の形成を目指して作成される条約である。これは，条約規定と同じ内容の慣習国際法を発展させる，すなわち，条約を慣習法化させる形で第三国に法的効果を及ぼそうとする試みである（VII 参照）。これに対し，後者は，特定の国家間の個別の利害関係を調整することを目的とし，そこでの規則内容を一般化する意図のない条約のことをいう。

(4)　条約の派生法としての国連決議

　国連には総会や安全保障理事会のような機関が設置されているが，それぞれの機関は決議を採択して一定のルール形成を行っている。たとえば，北朝鮮の核兵器・ミサイル問題に関する安保理決議や植民地支配の違法性に関する総会決議がある。これらは，国連憲章という条約の派生法と位置づけられる。前者は，特定の問題に関して国連加盟国を直接拘束するのに対し，後者は，国連加盟国を直接拘束しないものの，国連加盟国を超えて国際社会全体に妥当する慣習国際法の存在の証拠として重要な役割を果たすこともある。

IV 慣習国際法

1 慣習国際法とは

　慣習国際法とは，諸国の個別的な行為の蓄積を待って自生的に生成し，不文の形式で存在する法である。国家が他国との関係において，自国の利益や主張を実現するためにとった行動が基礎となっており，一方の国家の行為が他方の国家の行為を排除し，一定の方向に収斂していくような形で形成されていく点に特徴がある。こうした力の要素を背景とすることで，慣習国際法は実効性を確保し，国際社会に定着していくことができるようになると考えられている。その意味で，慣習国際法の形成過程は，将来において必要とされる法規制を意識的に創り出していく立法的活動とは性格を異にするといえるのである。

2 国際司法裁判所規程 38 条 1 項 b の「国際慣習」の意味

(1) 庇護事件

　慣習国際法の構成要素について明文の形で言及しているものとして，先述のICJ 規程 38 条 1 項 b がある。ICJ 規程において，慣習国際法は「法として認められた一般慣行の証拠としての国際慣習」と規定されている。この規定ぶりに対しては批判があるものの，国際慣習という不文の形式の法は，法として認められた一般慣行という諸国の意思と行動を通じて，その存在が推定されるとの立場を示した規定であると解することができる。

　国際司法裁判所は，庇護事件（ICJ Reports 1950, pp. 276-277）において，同規定の解釈を行っている。ICJ は，まず，外交的庇護に関する慣習法の存在を主張するコロンビアに対し，「自身が援用する規則が，諸国により実行されてきた，一貫した画一的な慣行に合致しており，しかも，この慣行が庇護国に属する権利と領域国に係る義務を表していることを立証」しなければならないと述べる。そのうえで，この立証の要求こそが，ICJ 規程 38 条 1 項 b の帰結であるとしている。ICJ によれば，同規定は，単に慣習国際法の構成要素を述べたものではなく，紛争当事国に「慣習が他の当事国を拘束するように確立されて

第2章　国際法の法源

いること」の立証を求めるものとされている。

(2) 地域的慣習国際法

本件では，外交的庇護に関するラテンアメリカ諸国間における**地域的慣習国際法**が問題となっていたが，ICJ は，一般法としての慣習法と区別することなく，38 条 1 項 b の解釈を行っている。そして，慣習国際法の存在を立証する当事国は，諸国間で形成されてきた一貫した画一的な慣行が，規則として，他方の当事国も拘束し，当事国双方の権利義務関係を設定するような形で確立していることを示さなければならないとしている。

なお，本件では地域的慣習国際法が問題となっていたため，慣習国際法との関係で問題となる国家実行の実質的な性格（一貫した画一的な慣行）に力点が置かれており，国家実行の妥当範囲（一般性）には触れられていない。

3　慣習国際法の成立要件

(1) 北海大陸棚事件

では，いかなる過程を経て諸国間の一般的合意が形成され，一般法としての慣習国際法が確立し，紛争当事国を拘束するとみなされることになるのであろうか。この点の考察の出発点となるのが国際司法裁判所の北海大陸棚事件（ICJ Reports 1969, pp. 43-44, paras. 73, 77［百選 2］）である。本件では，大陸棚条約（1958 年）6 条に規定されている大陸棚の境界画定に関する等距離原則が，慣習国際法としての性格を有し，同条約の非当事国にも適用できるか否かが争われた。

(2) 慣習国際法の形成における時間的要素

大陸棚条約 6 条は，起草の経緯からも，現行法（*de lege lata*）ではなく，あるべき法（*de lege ferenda*）として提案された規定である。そこで，本件では，このような性格を有する条約規定が基点となって，等距離原則が，条約の採択から 10 年程度で，条約の非当事国をも拘束するような形で，慣習国際法の規則として成立するのに十分な国家実行を引き出すことになったのかどうかが問題となったのである。まず，ICJ は，時間の経過がごく短いとしても，それが，

42

必然的ないし自動的に，元々完全に条約上の規則であったものに基づいて，新しい慣習法の規則が形成されることを妨げるものではないとする。つまり，ICJ は，国際法における慣習法は，慣習という言葉にもかかわらず，必ずしも長期間にわたる実行の蓄積を必要とせず，短期間でも成立しうるとの立場を示したのである。

(3) 一般慣行と法的信念

そのうえで，ICJ は，慣習国際法の成立にとって不可欠な要件として，①特別影響国を含む諸国の国家実行が広範かつ画一的で定着したものであること，そして②当該実行が法的・必要的信念（*opinio juris sive necessitatis*）の観念に含まれる義務的規範意識を伴っていることを挙げている。この 2 つの要件は，講学上，①**一般慣行**の成立と②**法的信念**の存在として定式化されている。

北海大陸棚事件における国際司法裁判所の判断は，慣習国際法の形成過程を手続として定式化したとまではいえないものの，慣習国際法の成立を判断するための要件を明確化したものと評価することができる。

4　一 般 慣 行

(1) 一般慣行の構成要素

庇護事件と北海大陸棚事件に鑑みると，慣習国際法との関係において問題となる一般慣行の構成要素は，一貫性，画一性，定着性および一般性であった。また，この国家実行の関与者について，ICJ は特別影響国を含むと述べているが，講学上，これに大国を含めて考える者もある。それゆえ，慣習国際法の成立へと導く国家実行は，単発のものや，少数の国だけで行われているものではなく，慣行として一般化しているレベルに達していることが求められ，この一般慣行の成立には，大国や特別影響国を含む諸国の実行において，特定の事項に関する同一の作為・不作為が繰り返し行われるといった形で，一貫性と画一性と定着性が広範に認められていることが必要とされているのである。

(2) 抗議の欠如と一般慣行の成立

ただし，一般慣行は，特定の事項について諸国が同一の行為を反復すること

第2章　国際法の法源

のみを意味するのではなく，特定国の国内措置に対する諸国の一般的な反応を通じて確立していくことも含む。とくに，抗議の欠如が諸国による受入れを推定させる場合には，少数国の実行が一般的価値をもった国家実行とみなされていく余地はあるのである。

5　法的信念

(1)　慣習国際法と国際礼譲

慣習国際法の成立にあたっては，一般慣行の成立だけでなく，一般慣行が法の規則によって義務づけられているという信念の証拠，法的信念の存在も求められることになる。この法的信念を伴っていない単なる一般慣行は，拘束力のない**国際礼譲**にとどまる（**Column 1-2**参照）。

(2)　ローチュス号事件

慣習国際法の成立において義務意識の存在が必要であることに言及した司法判断としては，常設国際司法裁判所（PCIJ）のローチュス号事件（1927年）がある。本件は，フランス籍の船舶がトルコ籍の船舶に公海上で衝突した事故において，トルコがフランス籍の船に刑事管轄権を行使したことが国際法に違反するか否かが争われた事件である。フランスは，トルコによるフランス籍の船舶への刑事管轄権の行使が認められるためには，当該管轄権の行使を許容する規範の存在が立証されなければならないとの立場を示した。そのうえで，公海上の船舶衝突事故において，船籍国（旗国）以外の国家の訴追が少ないのは，諸国が訴追を抑制していることの表れであり，トルコの刑事管轄権の行使を許容する規範は成立していないと主張した。これに対し，PCIJは，刑事管轄権の行使を禁止する規範が存在しなければよいとの立場をとった。そのうえで，訴追の例が少ないだけでは，「諸国が抑制するよう義務づけられていると自ら認めていたことにはならない」とし，諸国の刑事管轄権の行使の抑制が，「義務意識に基づいている場合にのみ，国際慣習について語ることができる」と述べてフランスの主張を否定した（PCIJ Series A, No. 10, p. 28［百選17］）。

⑶　主権の制限に関する義務意識

　本件では，国際法の本性上，国家の独立への制限は推定できないので，トルコの刑事管轄権の行使が違法とされるためには，刑事管轄権の行使が禁止されているという諸国の義務意識の存在を立証してはじめて慣習国際法の成立を主張できるとされた。

　上記の常設国際司法裁判所や国際司法裁判所の判断からは，国際裁判の場で問題となる慣習国際法の成立要件とは，あくまで，一方の当事国の主張する規則内容が，他方の当事国を法的に義務づけるような形で存在していることを立証するための考慮要因として検討されるべきとする姿勢が読み取れるのである。

6　一貫した反対国

　慣習国際法の形成途上の段階から一貫して反対してきた国家は，当該慣習法が成立した後であっても，これに拘束されることはないとするのが**一貫した反対国**の理論である。国際司法裁判所は，漁業事件（ICJ Reports 1951, p. 131［百選 4］）において，湾口 10 海里規則の慣習法性を否定する一方で，あわせて「いずれにせよ，湾口 10 海里規則は，ノルウェーがこの規則を適用する試みに対して常に反対してきたがゆえに，同国に対しては適用されない」と述べている。この部分の ICJ の言明は，一貫した反対国の理論との関係でしばしば学説上も参照され，国際法委員会の慣習国際法の同定に関する結論（結論 15）においてもこの立場が採用されることになった。

Ⅴ　法の一般原則

1　法の一般原則とは

⑴　法の一般原則の導入の背景

　ICJ 規程 38 条 1 項 c に規定されている「文明国が認めた法の一般原則」とは，各国で共通に認められる国内法上の一般原則であって，国家間に適用可能なものをいう。「文明国が認めた」という語句は，今日では，特別の意味がないものとされ，独立国の法制度と読み替えるべきことを主張する学説もある。

第2章 国際法の法源

法の一般原則が導入された背景としては，ICJ に付託された紛争を解決するための適用法規を条約と慣習国際法の中から見出せない場合に，**裁判不能**（*non liquet*）を回避する目的があったと説明される。

(2) 法の一般原則の適用例

法の一般原則は，条約と慣習国際法の補充的・補完的役割を果たすものとして，独自の法源としての地位を認めない学説も存在する。確かに，常設国際司法裁判所と国際司法裁判所は，法の一般原則に明示的に言及して，これを適用した例はない。しかし，杉原高嶺は，裁判所は実際に法の一般原則を適用してきたとの認識を示しており，その適用例として，責任発生の諸原則，権利濫用の原則，エストッペル（禁反言），信義誠実の原則，証拠能力の原則，訴えの利益，既判力の原則等を挙げている。確かに，ホルジョウ工場事件の管轄権判決（1927 年）において，常設国際司法裁判所は，一方の当事者（X）が自らの違法行為によって他方当事者（Y）の義務の履行や権利の行使を妨げた場合には，X は Y の義務の不履行や権利の不行使を援用できないとする考えは，国際仲裁裁判所や国内裁判所の判決で一般に認められている原則だとしている（PCIJ Series A, No. 9, p. 31［百選 66］）。

(3) 国際法の一般原則

このほかに，**信義誠実**（第 8 章 II 2 (3) (a) 参照）や**相互主義**などのように，様々な国際法規則に共通・通底するものから抽出され，もはや個々の国家実行に直接的に結びつけて考えることのできない，あるいは考える必要のないほど長期間にわたって一般に認められてきた原則を，国際法の一般原則と呼び，法の一般原則と位置づける議論もある。しかし，国際法の一般原則として議論されている概念は，様々な法源から抽出されたものでもあるので，どれか特定の法源に分類することは適切ではないといえる。

2　法の一般原則の適用

(1) 国内法上の原則の国際法体系への受容

確かに，法の一般原則は，元々，各国の国内法に共通する一般原則であり，

主権国家間の合意によって形成されたものではない。しかし，そのことを理由に，法の一般原則が国際法の存在形式に含まれないとするのには問題がある。法の一般原則は，元々，国内法に出自をもつものであったとしても，その適用のために，国内法体系から国際法体系への**受容**が行われることにより，国際法の原則として紛争当事国間の法的関係を確定する役割を果たすことになるからである。ICJ 規程 38 条 1 項の柱書にいう「付託される紛争を国際法に従って」裁判を行い，当該紛争の解決のために法の一般原則を「適用する」こととは，国内法体系から国際法体系への受容に基づく適用であると理解しなければならない。それゆえ，法の一般原則の適用は，国際法平面における国内法の受容という「国際法と国内法の関係」の観点から考察されるべき論点を含んでいるといえるのである（第 1 章参照）。

(2) バルセロナ・トラクション会社事件

バルセロナ・トラクション会社事件（ICJ Reports 1970, p. 37, para. 50〔百選71〕）も法の一般原則の適用事例といわれることがある。本件は，国家の行為によって会社の権利に対して損害が発生し，その結果，株主の利益にも影響が出た際，株主の本国が外交的保護権を行使できるか否かが問題となった事件である。国際司法裁判所は，株式会社を承認している国内法体系によって一般に認められた規則を参照して，株主の利益の権利性を否定し，株主の本国の外交的保護権を認めなかったが，これを法の一般原則の適用例とする学説がある。しかし，ICJ は，この規則を適用ではなく，参照するだけにとどめており，あくまで国内法体系に属する規則として取り扱っているにすぎない。このように，本件は，国内法体系から国際法体系への受容を伴った適用ではない点で，法の一般原則の適用事例とみなすのは適当でない（第 1 章 III 2(3)参照）。

VI　裁判上の判決・学説

1　法則決定の補助手段とは

ICJ 規程 38 条 1 項 d は法則決定の補助手段として，裁判上の判決と学説を

第2章　国際法の法源

挙げている。裁判上の判決には，国際裁判所と国内裁判所の判決が含まれる。本規定上，ICJ が適用するのはあくまで「法則」である。つまり，裁判上の判決と学説は，この法則の存在や内容を決定する補助手段として位置づけられているのである。しかし，決定されるべき法則の内容を確認するにあたって，これまでの先例や学説を参照することは重要である。学説を参照した例としては，ノッテボーム事件（ICJ Reports 1955, p. 22［百選 69］）において，国家実行と並んで国際法学者の学説にも言及する形で二重国籍者の保護に関する判断がなされた。国内裁判所の判決に関しては，セルビア公債事件（1929 年）において，常設国際司法裁判所は，諸国の国内裁判所の慣行に合致させる形で，債務の実質と債務の支払方法に分けて，公債契約の準拠法の指定を行っている（PCIJ Series A, No. 20, p. 41）。

2　国際司法裁判所の法創造機能

(1)　紛争の司法的解決と法の発展

　国際司法裁判所の判決は，ICJ 規程 59 条上，当事国間と，特定の事件限りにおいて拘束力をもつにすぎない。こうした形式論に対し，国際司法裁判所の判決に一定の法創造機能を認める見解もある。確かに，ICJ は立法機関ではないが，特定の事件において適用される法規則の解釈・宣言・発見等を通じて，新しい条約規則の作成や慣習国際法の形成・発展に寄与することがある。

(2)　裁判を通じた法の発見

　一連の海洋境界画定に関する衡平原則の適用事例の蓄積に加えて（第 7 章参照），たとえば，コルフ海峡事件（1949 年），ジェノサイド条約の留保事件（1951 年），漁業事件（1951 年），およびニカラグア事件（1986 年）等が注目される。コルフ海峡事件（ICJ Reports 1949, p. 22［百選 30］）において，国際司法裁判所は，人道の基本的考慮，海上交通自由の原則，領域使用の管理責任という一般的で十分に承認された原則に基づき，自国領海内の航行上の危険を知っている場合には，その危険を一般に通報し，当該危険にさらされている特定の船舶に対して警告を行う義務を導き出した（第 8 章 II 2 (2)参照）。この判断が基礎になって，後の領海及び接続水域に関する条約（1958 年，領海条約）15 条 2 項

と国連海洋法条約（1982年）24条2項につながっていった。漁業事件（ICJ Reports 1951, p. 139［百選4］）で直線基線の方式が認められ，同方式が領海条約4条と国連海洋法条約7条で規定されることになった（**VIII** 2 (3)参照）。また，ジェノサイド条約の留保事件（ICJ Reports 1951, p. 24［百選57］）では条約の趣旨および目的との両立性という留保の許容性に関する原則が提示され，ニカラグア事件（本案）（ICJ Reports 1986, p. 105, para. 199［百選107］）では集団的自衛権の要件が定式化され，それまであまり認識されていなかった法規則の内容が裁判を通じて明確化されたりしている。

(3) 裁判を通じた法の発展の課題

判決のもつ規範的権威の下で，国際司法裁判所は，常設国際司法裁判所や自らの判決を援用することが多くなっている。ただし，判決理由を構成する法的推論だけでなく，バルセロナ・トラクション会社事件（ICJ Reports 1970, p. 32, para. 33［百選71］）における対世的義務への言及のように傍論であっても，後の国際義務の分類や国家責任法の発展に大きな影響を及ぼしたものもある（第13章 V 1 (4)参照）。判決理由と傍論の区別の必要性の有無や先例拘束性が制度的には認められていない中での判例法形成のあり方など，国際司法裁判所の法創造機能については，理論的に整理すべき課題は残されている。

VII　国際立法と慣習国際法

1　条約の慣習法化

(1) 立法条約を通じた慣習国際法の形成

慣習国際法は，原則として，諸国の個別的な行為の蓄積を待って自生的に生成するとされる。その意味で，一定の事項に関して，将来において必要とされる法規制を意識的に創り出していく立法的活動とは性格を異にすると考えられてきた。しかし，現在では，本来は当事国のみを拘束する条約を通じて，一般国際法を意図的に創り出そうとする動きがみられるようになった。すなわち，立法条約を通じた慣習国際法の形成である。一般国際法は慣習法の形式として

49

第2章　国際法の法源

存在するとされるがゆえに，現代国際法においては，この意図的な一般国際法の創造過程も慣習国際法の名の下で行わざるを得ず，法源論にとって新しい課題が突き付けられることになったのである。

(2)　国連憲章の慣習国際法化

　現代国際法の主要な特徴は，国連憲章における自決の原則の承認と武力不行使原則の導入に求めることができる。しかし，これは，第二次世界大戦前に国家体制選択の自由や包括的な武力の行使の禁止に関する規範が確立されていたことを意味するのではなく，国連が第二次世界大戦後の国際秩序を構築していくにあたって，まずはこうした考え方に賛同する国家の間で履行する約束をするにとどまっていたと解するのが適当である。換言すると，第二次世界大戦末期の1945年に国連が創設された時点では，限られた仲間の中で履行する新しい内容をもった約束事であったとしても，いずれはすべての国の間で自決の原則と武力不行使原則が認められる国際社会を作っていきたいという問題意識が国連の原加盟国の間にあったといえるのである。こうして，国連憲章という条約を通じて，一般法である慣習国際法の形成を目指す動きが出てきたのである。実際，国際司法裁判所は，自決の原則については，チャゴス諸島事件（ICJ Reports 2019, p. 132, para. 150［百選13］）において，植民地独立付与宣言採択時には慣習法化していたと判断しているし，武力不行使原則の慣習法性については，ニカラグア事件（本案）（ICJ Reports 1986, pp. 99-100, para. 188［百選107］）で友好関係原則宣言（1970年）に依拠しながら認めている。これらの事例では，慣習法化の証拠として，植民地独立付与宣言や友好関係原則宣言のように，それ自体としては拘束力を有していない総会決議が用いられており，条約上の規則から慣習国際法上の規則に発展するにあたって国際機構の決議が重要な役割を果たすことが認められるような事例も現れてきているのである。

2　慣習法の条約化

(1)　国際法の漸進的発達と法典化

　国連は，第二次世界大戦前から存在していた慣習法を新しい時代に適応した形で改善・修正することにも取り組んできている。国連憲章13条1項(a)で総

会は「国際法の漸進的発達及び法典化を奨励する」任務を負うとされている。そして，総会はこの国際法の**法典化**と**漸進的発達**の作業を行う補助機関として**国際法委員会**を設置した。ここでいう法典化とは，不文の慣習法をそのまま成文化することを意味し，漸進的発達は既存の慣習法を改善・修正したり，生成途中にある未成熟の慣習を規則化したりするという一定の立法的要素を含む活動のことを意味する。しかし，実際には両者を完全に区別することはできず，何らかの形で立法的要素が入ることになるので，2つの概念をひっくるめて広義の意味における「法典化」と一言でいうことがある。

(2)　国際法委員会の成果

　　これまで，国際法委員会は，外交官等の特権免除（第5章参照），条約の締結や解釈などの条約法（第3章参照），海洋の区分や船舶の地位等に関する海洋法（第7章参照）等の分野で，第二次世界大戦前から存在していた慣習法の法典化作業に取り組んできた。こうした不文の慣習法の法典化という作業は，とくに，アジア・アフリカ諸国が1960年以降大量に独立してから，重要性を増すことになった。また，第二次世界大戦前から存在していた慣習法は，植民地をもっていた欧米を中心に作られたものなので，第二次世界大戦後は，旧植民地地域で新たに独立したアジア・アフリカ諸国からあらためて同意を取り付けるためにも，こうした同意を明確に示すことのできる条約という手段が有用と判断されたのである。

(3)　条約を通じた一般法の形成

　　このように，現代国際法では，条約を通じて新しい慣習法を形成しようとする動きと条約を通じて既存の慣習法を新しい時代に適応させるような改善・修正をする動きの2つがあり，前者を**条約の慣習法化**と呼び，後者を**慣習法の条約化**と呼ぶ。そして，条約の慣習法化であれ，慣習法の条約化であれ，条約を通じた慣習法の形成・発展を目指しており，こうした目的で締結される条約を立法条約と呼ぶことがある。すでに述べたように，立法条約とは，国際社会全体に必要な新しい法を定立する条約という意味である。国際社会には，国内の立法機関に相当する統一的な立法機関は存在しないが，その間隙を埋め合わせ

第2章　国際法の法源

る役割を担っているのが立法条約であるとされる。ここでいう立法の「法」とは，一般法として妥当する規則という意味であるので，実質的には，慣習国際法として妥当する規則内容をもった条約を目指しているものを立法条約と呼ぶことになるのである。このように，条約の中には，形式は当事国のみを拘束する条約であっても，将来的にその規則内容を一般法として国際社会全体に妥当させることを目指すものが登場してきている（III 2(3)参照）。その意味で，立法条約の慣習法性をどのように立証していくのかが，慣習国際法理論の現代的課題になっているといえるのである。

3　慣習国際法の認定

(1)　慣習国際法の認定方法の多様性

　立法条約の慣習法性の立証を検討するにあたって，前述の北海大陸棚事件をあらためて取り上げていくことにする。北海大陸棚事件で明確化された一般慣行と法的信念という慣習国際法の成立のための2要件は，大陸棚条約の採択時には純粋な条約上の規則としての地位にあった等距離原則（大陸棚条約6条）が，非当事国にも適用できるか否かを判断する文脈で定式化されたものである。国際司法裁判所は，この2要件に照らして，大陸棚条約6条の慣習法性を否定している。これに対し，ICJ は，同じ大陸棚条約の1条～3条については，2要件に明示的に触れることなく，慣習法性を認定している。大陸棚条約1条～3条は，大陸棚の限界，沿岸国の権原の法的特徴，行使しうる権利の性格，当該権利が関係する天然資源の種類，大陸棚の上部水域である公海の法的地位の完全な維持，公海の上空の法的地位といった大陸棚の基本制度を定めている。そのうえで，これら3つの条文は「明らかに，当時，大陸棚に関する慣習国際法の受容された，あるいは少なくとも，現れつつある規則を反映し具体化するものとみなされていた」とだけ述べて，その慣習法性を認定しているのである。

(2)　慣習国際法の認定要素

　ニカラグア事件（本案）（ICJ Reports 1986, pp. 98-117 [百選 107]）においても，武力不行使原則（paras. 187-192），自衛権（paras. 193-201），不干渉原則（paras. 202-211），領空・領海を含む領域主権（paras. 212-214），その他の分野で慣習国

際法の存在に関する認定の仕方に違いがみられる。確かに，国際司法裁判所は，一般論として，慣習国際法の成立のためには一般慣行と法的信念の2要件が必要であると確認してはいる。しかしながら，ICJは，たとえば，武力不行使原則の慣習法性については法的信念を重視し，これをとくに友好関係原則宣言に対する「当事国双方の態度ならびに諸国家の態度から推論できる」(para. 188) として，主に国連等の国際会議において国家が示した声明や意見表明を含む態度に慣習国際法の存在の証拠を求めている。こうした国際司法裁判所による慣習国際法の存在の認定の特質について，田中則夫は，ICJは問題となる国際法規則に関する**多数派の国家意思**を判別することに関心を向ける傾向にあると評価している。

(3) 多数派の国家意思の存在の認定

(a) 宣言的効果，結晶化効果，創設的効果

　講学上，当時すでに慣習国際法として受容されているものを条文化している部分については，既存の慣習法を宣言したものという意味で，**宣言的効果**を有する規定と呼ぶ一方で，現れつつある規則を反映し，具体化して条文化している部分については**結晶化効果**を有する規定と呼んでいる。とくに，大陸棚条約のなかでも，大陸棚の基本制度を規定する1条～3条は，結晶化効果との関係で，トルーマン宣言，国際法委員会の条約草案の作成，国連総会第6委員会（法律委員会）での討論，そして大陸棚条約に関する外交会議での討論といった一連の立法過程を通じて，諸国の法意識が高まり，条約の採択・署名をもって慣習法として凝固した例として考えられている。他方で，大陸棚条約6条のように，条約の採択・署名時には純粋な条約上の規則であった規定が慣習法化する場合，新たな慣習法の創設を促進するという意味で，**創設的効果**が問題になるとされている。同一事件において同一の条約を扱うにしても，条約規定の性格によって，慣習国際法の成立・存在の認定において問題となる効果は異なりうる。

(b) 慣習国際法の認定と3つの効果

　こうした国際司法裁判所による慣習国際法の存在の認定の特質を背景としつつ，講学上は，宣言的効果，結晶化効果，創設的効果を立法条約の慣習法性を

第2章　国際法の法源

分析するための概念として用いていくことになった。宣言的効果については，たとえば，公海条約（1958年）の前文に「国際法の確立した原則を一般的に宣言しているものとして次の規定を採択した」とあり，これは既存の慣習国際法を条約化した例としてみなされている。他にも，ジェノサイド条約1条は，締約国は「集団殺害が……国際法上の犯罪であることを確認し」ていると規定しており，これは，慣習国際法上のジェノサイド罪を条約化したものと評価されている。結晶化効果については，条約ではなく国連総会決議ではあるが，前述のとおり，チャゴス諸島事件（ICJ Reports 2019, p. 132, para. 150［百選13]）では，植民地独立付与宣言の採択時に自決の原則が慣習法化したとされている。なお，国際司法裁判所の漁業管轄権事件（ICJ Reports 1974, p. 23, para. 52［百選〈第1版〉41]）では，結晶化を通じた漁業水域概念の慣習法化が問題とされている。第二次国連海洋法会議において「領海6海里＋漁業水域6海里」とする提案が1票差で否決されたが，本件では，会議における漁業水域概念に関する一般的コンセンサスと当該コンセンサスから発展した実行の双方を勘案して慣習法化が認められているので，結晶化という言葉を使っていても，本件は創設的効果の例としてとらえるのが適切である。

(c)　諸国の一般的合意の存在の推定

　以上の検討から，条約の慣習法化であれ，慣習法の条約化であれ，条約が慣習国際法の存在の証拠として用いられていることからも，条約は当事国に対して拘束力を有する規範であるとともに，慣習国際法の存在の証拠としても重要な役割を果たしているということができる。さらに，条約の派生法である国際機構の決議もあわせて慣習国際法の存在の証拠として用いられており，なかでも総会決議のように拘束力のない決議も慣習国際法の存在の認定において決定的な役割を担うこともある。つまり，条約であれ，決議であれ，その拘束性の有無よりも，諸国の一般的合意，すなわち，上記(2)の田中の言葉を借りれば，多数派の国家意思を推定できるか否かが慣習国際法の存在の証拠としての価値を左右するといえるのである。

┤Column 2-1　シリアの化学兵器の事例├

　アサド政権下のシリアでは，内戦が長期化し，化学兵器の使用により多くの

市民が殺害されたとの報道もなされている。化学兵器禁止条約（1993 年）は，内戦時も含めて，いかなる場合にも化学兵器の使用を禁止している（1 条）。化学兵器禁止条約以前に内戦時における化学兵器の使用を禁止した条約は存在せず，この部分は新規立法となる。2013 年に化学兵器が使用された時，シリアは化学兵器禁止条約の当事国ではなかった。それゆえ，シリアにおける内戦時の化学兵器の使用が違法であると主張するためには，1993 年から 2013 年までの間に化学兵器禁止条約 1 条が慣習法化していることを立証する必要があった。イギリスは，毒ガス等禁止議定書（1925 年）以来の条約や国家実行の発展に照らして化学兵器禁止条約 1 条の慣習法化を立証しようとした。その一方で，アメリカは，化学兵器禁止条約の当事国の人口をあわせた数が全人類の 98 ～ 99％に上り，ほぼすべての人類が賛同しているので，化学兵器禁止条約は「十分に確立した国際規範」（well-established international norms）であり，シリアの内戦時における化学兵器の使用は違法であると批判した。英米の主張は，創設的効果の観点から，化学兵器禁止条約 1 条の慣習法化を立証しようしたものといえるが，その立証の方法には違いが見受けられる。なお，ロシアの外交上の仲介もあって，シリアは，化学兵器禁止条約の当事国（2013 年 9 月 14 日加入，同年 10 月 14 日発効）となり，いったん事態は沈静化したものの，その後もシリアで化学兵器の使用が確認されるなど，問題は解決していない。

VIII　その他の法源——衡平と一方的行為

1　衡平とは

(1)　衡平の法源性

　衡平（equity）について，これを法の一般原則との関係で議論をする学説もあるが，一般に，衡平は独立の形式的法源を構成するとはみなされていない。しかし，衡平は，国際裁判の推論過程の一部として，条約や慣習国際法の解釈において重要な役割を果たすことがある。

第2章　国際法の法源

(2)　衡平の種類

国際司法裁判所は，ブルキナファソ゠マリ国境紛争事件（ICJ Reports 1986, pp. 567-568, para. 28［百選5]）において，衡平を3つに分類した。すなわち，①**法の下にある衡平**（equity *infra legem*），②**法の外にある衡平**（equity *praeter legem*），③**法に反する衡平**（equity *contra legem*）である。岩沢雄司によれば，①は実定法を解釈する際に最も正義にかなった解釈を選ぶことで妥当な結果をもたらすために用いられ，②は法が存在しないか明確でない場合に，法を補充するために用いられ，③は法の適用が不合理な結果となる場合に，正義にかなった解決をもたらすために法に代わって用いられるとされている。

ICJ規程38条2項は，裁判の両当事国の合意があるときにのみ，「衡平及び善に基いて（*ex aequo et bono*）裁判をする権限を害するものではない」と規定するが，本件では当事国の合意がないので，③の衡平に依拠することはできないとされた。また，詳細な理由を示さずに，ICJは，②の衡平も適用しないとしている。このことからも，③の衡平はICJ規程38条2項の「衡平及び善」に相当するものといえるが，②の衡平については解釈の余地が残るものとなっている。

(3)　衡平の役割

このように，ICJは，3つの衡平の分類を行ったものの，それらの内容と考慮の条件を明確化しておらず，衡平を用いた際の結果の予見可能性について問題を残しているといえる。なお，本件では，地図を含めた各種証拠が明確でなかったという事情もあり，係争地域の国境線を引くにあたって，対立する当事国の主張のうち，いずれの主張が適切な証拠に基づいたものかを相対的に決めざるを得なかった。そのため，判決全体を通じて，様々な原則や規則を適用するにあたり，ICJは，①を考慮して，妥当な結果を目指すことになったのである。

大陸棚の境界画定における衡平原則は，北海大陸棚事件（ICJ Reports 1969, p. 47, para. 85［百選2]）やチュニジア゠リビア大陸棚事件（ICJ Reports 1982, p. 60, para. 71）等において，国際法の一部であるとされており，①の衡平の一種ということができる（第7章Ⅲ1参照）。

VIII その他の法源

2 一方的行為とは

(1) 一方的行為の種類

　一方的行為とは，1国ないし1国際機構の意思表示により国際法上の法的効果が発生する法律行為である。一方的行為には，①条約や慣習国際法上，要式行為や法的効果が定められている制度的なものと，②条約や慣習国際法が不明確な中でも，特定の条件を備えているがゆえに，特別に法的効果の発生が認められるものとがある。一方的行為が，独立の形式的法源として，国際法上の制度を生み出すことができるのか否かが問題となるのは②である。

(2) 国際法律行為としての一方的行為

　①のタイプの一方的行為には，承認，抗議，放棄，そして条約の批准・留保・解釈宣言等がある。慣習国際法上の承認の例としては，たとえば，国家承認がある。国家承認とは，新国家が誕生した際に，その国際法主体性を認める意思表示として，既存の国家の側から，新しい国家に対して行われる一方的行為である。この承認は，新国家の側の受諾は必要ない（第4章Ⅰ2参照）。条約上の例としては，たとえば，条約の署名・批准時に特定の条約規定の法的効果の排除や変更を意図してなされる留保は一方的行為として行われるが，条約に特段の定めのない限り，留保国は留保を認めた他の当事国のみと条約関係に立つことになる（条約法条約20条4項(a)）。これは，他の当事国の受諾を必要としない解釈宣言とは異なる（第3章Ⅱ3参照）。他にも条約上の放棄の例としては，奄美・小笠原・沖縄の各返還協定がある。ここでは，一般に返還とはいうものの，法的には，アメリカが日本に施政権を返して，それを日本が受け取るという形にはなっていない。アメリカは，一方的に当該地域に関する施政権を放棄するわけであり，その放棄の効果として日本が自動的に完全な主権を回復するという方式になっている。これは，アメリカによる施政権の放棄の結果として，当該地域が無主地になった後に日本が再取得したのではなく，当該地域は残存主権を保有していた日本の領土であり，日本国との平和条約（サンフランシスコ平和条約，対日平和条約）3条によって潜在化していた権限がアメリカの施政権放棄によって復活・顕在化したと考えなければ成り立たない論理である

第2章 国際法の法源

（第6章 I 2(2)(c)参照）。このように，条約上の一方的行為の法的効果の発生については，一定の双務性を前提としているような場合も存在している。

(3) 特別な法的効果を生み出す一方的行為

(a) 自己拘束型の一方的行為

②のタイプの一方的行為には，行為国が一方的な宣言等を通じて自らを拘束するような法的義務を創設するものと，他国の権利に影響を及ぼすような形で新しい国際法の形成を促進するものとがある。前者は核実験事件で，後者は漁業事件で問題となった。核実験事件（ICJ Reports 1974, pp. 265-272, paras. 34-41, 43, 46, 59［百選98］）は，オーストラリアとニュージーランドが南太平洋におけるフランスの大気圏内核実験の差止めを求めた事件である。仮保全措置が出ても，フランスは，大気圏内核実験を行ったが，その後，大統領の発出したコミュニケや記者会見での発表，ニュージーランド外務省にフランス大使館が送付した公文，外相による国連総会での演説等において，大気圏内核実験を終了し，地下核実験に移ることを述べていた。国際司法裁判所は，これらの一連の言明は，公に拘束される意思をもった法的約束の性格をもつため，信義誠実の原則に基礎を置く形で，法的義務を創設する効果をもつと判断し，利害関係国は当該義務の尊重を行為国に要求できるとした（Ⅴ1(3)参照）。そのため，オーストラリアとニュージーランドの請求目的は消滅することになると判断されたのである。この種の宣言の拘束力については，国際法委員会の一方的宣言に関する指導原則（2006年）1項でも認められており，見解の対立はあるものの，国際法の形式的法源のひとつと認める説は多い。

(b) 法形成型の一方的行為

漁業事件（ICJ Reports 1951, pp. 132-133, 138-139［百選4］）は，複雑な海岸線をもつノルウェーが国内法令により領海画定の際に一部採用した直線基線の有効性が争われた事件である。当時，直線基線を採用している国は少なく，直線基線自体が慣習国際法上の基線の方法として確立していたということはできない状況にあった。その意味で，ノルウェーの主張は，特殊な地理的状況を背景とした新しい法の形成にかかわるといえるものであった。国際司法裁判所は，まず，海域確定は一方的行為であるとしつつ，その有効性は国際法によって判断

VIII　その他の法源

されるとする。そのうえで，低潮線に沿った基線が一般的規則であるとするイ
ギリスの主張を退けて，基線に関する一般的規則は「基線は沿岸の一般的な方
向性から相当程度離れるような形で引いてはならない」というものであるとし，
その範囲であれば直線基線は国際法に反するものではないとした。

(c)　**一方的行為の対抗性**

　本件において，ICJ は，直線基線が普遍的に承認されるべき慣習法上の基線
の方法と判断したのではなく，ノルウェーの直線基線のイギリスに対する相対
的有効性のみを認めている。直線基線が確立した基線の方法でない中で，ノル
ウェーの直線基線に関しては，①イギリス自身がこれに異議申立てを行ってこ
なかっただけでなく，②諸国からも一般的に容認されて歴史的に凝固しており，
また，③あくまで一般的規則の枠内で新しい基線のあり方を主張するものであ
ったため，その有効性が認められたということができる。本件の直線基線に関
するノルウェーの国内法令は，法が不明確な中で，自国民のみならず，他国や
他国民にも向けられたものであったが，これを「法の外の衡平」に基づいて**対
抗力**を具備したものとみなし，この種の現状変更的な措置を一方的国内措置と
して概念上一方的行為と区別すべきことを主張する説もある。いずれにしても，
この措置自体を独立の形式的法源とみなすことはできない。他方で，本件がき
っかけとなって，後に領海条約や国連海洋法条約で直線基線の方式が採用され
ることになったことは前述した（Ⅵ 2(2)参照）。

(d)　**条約締結の促進要因としての一方的行為**

　ベーリング海オットセイ事件（1893 年）において，仲裁裁判所は，アメリカ
は，オットセイ保護のためとはいえ，排他的な国家管轄権を通常の領海 3 海里
を超えて一方的に行使することはできないと述べた。しかし，同裁判所は，オ
ットセイ保護の緊急性に鑑み，宣言を付して，米英の領海外でのオットセイ漁
の規制に関する規則を条約の形式で示すことになった（RIAA, Vol. 28, pp. 269-
271）。そして，1957 年には日米加ソ間の条約の締結にまで至ったのである。
本件が，元々は国際法違反の一方的行為であっても，正当な利益に基づいて，
国際法の漸進的発達を実現したものであるのか，議論を深めていく必要がある。

第 2 章　国際法の法源

● 参考文献

小寺彰ほか編『講義国際法〔第 2 版〕』（有斐閣，2010 年）第 2 章「法源」〔小森光夫〕

江藤淳一『国際法における欠缺補充の法理』（有斐閣，2012 年）

杉原高嶺『国際法学講義〔第 2 版〕』（有斐閣，2013 年）第 4 章「国際法の法源」

小森光夫『一般国際法論序説』（信山社，2022 年）

岩沢雄司『国際法〔第 2 版〕』（東京大学出版会，2023 年）第 2 章「国際法の法源」

兼原敦子「現代の慣習国際法における『慣行』概念の一考察」国際法外交雑誌 88 巻 1
　号（1989 年）6-37 頁

田中則夫「慣習法の形成・認定過程の変容と国家の役割」国際法外交雑誌 100 巻 4 号
　（2001 年）505-534 頁

萬歳寛之「国際法における法典化概念の特質──国連国際法委員会を中心として」駿河
　台法学 18 巻 1 号（2004 年）1-138 頁

山田卓平「慣習国際法の意義」法学教室 491 号（2021 年）10-14 頁

第3章 条約法

I 条約とは

　本章は，条約（treaty）の締結や適用，終了などについての規則（「条約法」と総称される）について解説する。条約法の諸規則の多くは，**条約法に関するウィーン条約（条約法条約）**で規定されている（1969年署名，1980年発効）。そこで，本章は，主に条約法条約の規定内容について解説する（本章内で条文番号のみの場合は，すべて条約法条約の条文を指す）。なお，国際機構を当事者とする条約についての規則は，国際組織条約法条約が規定する（1986年採択，未発効）。

　国家は他国との間で数多くの合意を結ぶが，それらの国際的な合意のすべてが条約に当たるわけではない。国際合意には国際法上の法的拘束力があるものとないものがある。後者の法的拘束力がない国際合意は，1972年の日中共同声明，2002年の日朝平壌宣言など極めて多数に上る。中には，2015年の慰安婦問題に関する日韓合意共同記者会見のように，文書形式によらない合意もある。外交実務ではこれらの非拘束的合意も重視され，国際政治学では条約と峻別されずに論じられることが多い。国際法から見ても，非拘束的合意の中の具体的規定が法的意味を持つことがある（たとえば日中共同声明2項の中華人民共和国政府の承認は政府承認を意味する）。それ以外にも，非拘束的合意は，条約規定の解釈の際に参照されたり，慣習国際法の内容を特定する際の証拠として参照されたりする点で重要である。

　他方で，本章が扱う「条約」は，法的拘束力のある国際合意に含まれる。条約法条約の適用上，条約とは，**国家（または国際機構）により文書形式で締結され，国際法で規律される国際的な合意**である（条約法条約2条1項(a)，国際組織条

第3章 条約法

約法条約2条1項(a))。法的拘束力があっても，文書形式でない口頭または黙示の合意や国家・国際機構以外のアクターを当事者に含む合意（たとえば，国家が外国人と結ぶ国家契約）には，条約法条約は適用されない。

図表3-1　国際合意の分類

	国家（国際機構）間 ＋文書形式	非文書形式	国家・国際機構以外の アクター含む
法的拘束力あり	**条約**		
法的拘束力なし			

　条約の名称は「〇〇条約」とは限らない。「協定（agreement）」，「議定書（protocol）」，「憲章（charter）」，「規約（covenant）」，「規程（statute）」などの名称の条約も数多くある。したがって，ある国際合意が法的拘束力のある「条約」か否かが争われることがある。この判断は，文書の性格，文言，作成時の具体的状況などに照らして個別になされる（ICJエーゲ海大陸棚事件判決，ICJ Reports 1978, p. 39, para. 96）。ICJカタール・バーレーン海洋境界・領土問題事件では，両国の外相が署名した1990年ドーハ議事録が裁判義務を設定した条約かどうかが問題となった。ICJは，署名者の主観的意図を問わずに，客観的な状況判断から同議事録を条約と認定した（ICJ Reports 1994, p. 121, paras. 24-26［百選〈第1版〉90］）。日本外務省は，1956年日ソ共同宣言（批准条項があり，国連事務局にも登録）を条約と扱う一方で，1972年日中共同声明（批准条項なし）を条約とは扱っていない。

　条約は，国際法のもっとも主要な存在形式であり，今までに数えきれないほどたくさん結ばれている。日本は年平均で300ぐらいの条約を締結している。条約は，国内社会の構成員が結ぶ契約に似ている。ただし，国内法上，契約は多様な権利または義務を生み出すものの，それ自体では「法」とは通常呼ばれない。他方で，条約はまさに国際法の中心的な形式とされる。その理由は，国家機関が整備されている国内社会と異なり，国際法が適用される国際社会は国家より上位の権力を持たない，つまり世界政府のようなものがない社会だからである。この点をもう少し詳しく説明しよう。

I 条約とは

　国内法（特にドイツ，フランス，日本などの成文法主義の国）と国際法において，権利や義務を生み出す方式は**図表 3-2** のようなイメージになる。

図表 3-2　権利・義務の生成方式

	立法機関などが定める	社会の慣行から生まれる	個々の社会構成員が結ぶ
国内法	制定法	慣習法	契約
国際法		慣習国際法	**条約**

　国内法では立法機関や行政機関が法令を制定する。それに対して国際社会では，国内におけるような立法機関は設置されていない。皆さんは議会に似たものとして国際連合の総会（国連総会）を思い浮かべるかもしれない。確かに 193 もの国連加盟国の代表が投票権を持ち，テレビのニュースで映し出される様子もまるで議会のような外観である。しかし，そこで採択される決議には法的な拘束力がなく，勧告にすぎない。つまり，各国の議会が作る制定法とまったく同じものは国際社会では存在しえない。したがって，国際法において権利や義務を生み出そうとしても，制定法には頼れない。そこで条約が重要な役割を果たすことになる。国際社会では立法機関がない以上，その構成員である国家（または国際機構）がそれぞれ結ぶ条約を国際法の主要な構成要素とせざるを得ないのである。多くの国がおびただしい数の条約を結んでいるので，諸国は条約の網の目により法的な規制を受けている。国家の国際法上の権利や義務のほとんどは，条約により与えられまたは課されている。

　条約の多くは 2 国間で結ばれている（二国間条約）が，地域または全世界で共通のルールを作るために 3 か国以上の国の参加を想定した条約（多数国間条約）も増えている。社会権規約や自由権規約などの人権条約，国連海洋法条約や世界貿易機関協定（WTO 協定）など，その数は多い。近年ではますます，国際会議や国際機関において多数国間条約が作成されることが増えている。

　多数国間条約の草案を作ることなどのために，1947 年に国連総会の補助機関として設置されたのが，**国連国際法委員会（ILC）**である。ILC は，任期 5 年の 34 名の委員で構成される。ILC の役割は，現行の慣習国際法などを法典化（codification）したり，新しい規則を提案して国際法の漸進的発達（progressive

第3章　条約法

development）に貢献したりすることである。ILC で採択された草案がその後の
多数国間条約に繋がったものとして，以下のような例がある。

- 領海及び接続水域に関する条約（領海条約），公海に関する条約（公海条約），大陸棚に関する条約（大陸棚条約）（1958 年）
- 外交関係に関するウィーン条約（外交関係条約）（1961 年）
- 領事関係に関するウィーン条約（領事関係条約）（1963 年）
- 条約法に関するウィーン条約（条約法条約）（1969 年）
- 条約についての国家承継に関するウィーン条約（条約承継条約）（1978 年）
- 国際刑事裁判所に関するローマ規程（国際刑事裁判所規程，ICC 規程）（1998 年）
- 国及びその財産の裁判権からの免除に関する国際連合条約（国連国家免除条約）（2004 年）

ILC 以外のフォーラムで作成される多数国間条約も数多くある。たとえば，以下のような条約がある。

- 経済的，社会的及び文化的権利に関する国際規約（社会権規約），市民的及び政治的権利に関する国際規約（自由権規約）（1966 年，国連人権委員会）
- 海洋法に関する国際連合条約（国連海洋法条約）（1982 年，第三次国連海洋法会議）
- 気候変動に関する国際連合枠組条約の京都議定書（京都議定書）（1997 年，気候変動枠組条約の締約国会議）
- 化学兵器の開発，生産，貯蔵及び使用の禁止並びに廃棄に関する条約（化学兵器禁止条約）（1993 年，ジュネーブ軍縮委員会）

┃Column 3-1　国連総会の決議┃

　国際機構の決議は，たとえ条約と同じように国家に一定の行動を指示する内容のものであっても，一般的には勧告にとどまり法的拘束力はない。したがって，違反しても国家責任は生じない。代表的な例が国連総会の決議である。国連総会では，国連加盟国がそれぞれ 1 つの投票権を有し，国際の平和および安

全の維持などのような重要問題に関する決議は 3 分の 2，その他の問題の決議は過半数により採択される。採択された決議はそれ自体では法的拘束力はない。

だからといって，国際法から見て国連総会決議が重要でないわけではない。たとえば，決議が現行条約の解釈を示すことがある。国連憲章規定の解釈を示した友好関係原則宣言（1970 年）や侵略の定義に関する決議（1974 年）がその例である。また，天然資源に対する恒久主権に関する決議（1962 年）や拷問禁止宣言（1975 年）のように，慣習国際法の内容を確認したり明確化したりする場合がある。将来の慣習法形成を導く諸国の法的信念を示すこともある。さらには，世界人権宣言（1948 年）や深海底原則宣言（1970 年）のように，その後の条約作成の布石となった決議もある。

それでは，条約はどのような手続で締結されるのだろうか。また，脱退や終了はできるのだろうか。以下，これらについて，条約法条約の規定内容を中心に解説する。

II 条約の締結および効力発生（発効）

1 締結・発効の手続

(1) 締 結

全権委任状を提示する者が条約の締結手続で国を代表することができる（条約法条約 7 条 1 項(a)）が，近年の実務では全権委任状はあまり重視されず，7 条も委任状の提示について柔軟な規定ぶりである。特に，元首，政府の長，外務大臣は，委任状を提示しなくても締結に関するあらゆる行為が可能である（7 条 2 項(a)）。採択された条約文は，通常は作成に参加した国の代表者の署名により確定される（10 条(b)）。

この段階ではまだ条約文が確定されただけである。国は条約に拘束されることに同意をしない限り，その条約に拘束されない。拘束されることの同意の表明は，署名，批准，（批准よりも簡略な）受諾や承認などによる（11 条）。どの方法によるかは，条約規定や交渉国の合意などによる（12 条〜15 条）。条約に別

第3章 条約法

図表 3-3 国会承認条約の締結手続

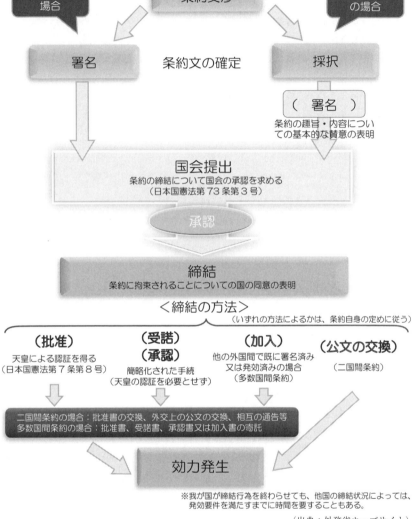

(出典:外務省ウェブサイト)

II 条約の締結および効力発生（発効）

段の定めがなければ，批准書などの交換や寄託で国の同意が国際的に確定する（16条）。

　条約締結は各国の行政機関が主導するが，民主的統制のために議会の承認が求められることがある。議会承認なしに締結できる条約の範囲は国際法で決まっておらず，国により異なる。日本において国会の承認が必要な条約は，①法律事項を含む（つまり新規立法や法律改正などが必要な）国際約束，②財政事項を含む（つまり既に予算・法律で認められている以上に財政支出を伴う）国際約束，③国家間の基本的関係を法的に規定するという意味で政治的に重要な国際約束の3種である（第72回国会衆議院外務委員会会議録第5号1974年2月20日2頁〔大平正芳外務大臣答弁〕）。このような国家承認条約は，年間10〜20本ほどである。実際に日本が締結する条約のほとんどは，国会承認を経ない「行政取極」であり，近年は年間300本ほどである。

(2) 発　　効

　条約の効力発生は，条約が定めるまたは交渉国が合意する態様による。態様が定まっていない場合は，条約の拘束力への同意が全交渉国について確定的になったら発効する（24条）。同意表明の方法や効力発生の要件を規定する条文として，以下のような例がある。

第3章 条約法

図表3-4 同意表明方法や発効要件の例

	同意表明方法	条約自体の効力発生	既発効条約への加入国についての効力発生
自由権規約 (1966年12月 16日採択)	批准または加入（48条）	35番目の批准書・加入書の寄託日から3か月後（49条1項）（実際には1976年3月23日）	批准書・加入書の寄託日から3か月後（49条2項）（日本については1979年9月21日）
国連海洋法条約 (1982年4月 30日採択)	批准，正式確認または加入（306条，307条）	60番目の批准書・加入書の寄託日から12か月後（308条1項）（実際には1994年11月16日）	批准書・加入書の寄託日から30日後（308条2項）（日本については1996年7月20日）
日米安保条約 (1960年1月 19日署名)	批准（8条）	批准書交換日（8条）（実際には1960年6月23日）	

発効した条約は**当事国を拘束**する。当事国は条約を誠実に履行しなければならないし（26条），自国の国内法を理由として条約不履行を正当化できない（27条）。これは，「合意は遵守されなければならない（*Pacta sunt servanda*）」という法原則（本原則は慣習国際法の地位を持つと説明されることが多い）に基礎づけられる。だとすれば，理論的には慣習国際法こそが条約の法的拘束力を説明しているのである。

(3) 第三国に対する効力

逆に言えば，条約は当事国でない国（第三国）を拘束しない（34条）。「合意は第三者を害しも益しもせず（*Pacta teriis nec nocent nec prosunt*）」の原則に基づく。これは，すべての国を拘束する慣習国際法との大きな違いである。ただし，第三国に義務を課す条約でも当該第三国が書面で明示的に受け入れる場合には，第三国はその義務を負う（35条）。また，第三国の権利を規定する条約の場合は，当該第三国が同意すれば（不同意の意思表示がない場合は同意推定）権利を取得する（36条）。たとえば，スエズ運河条約（1888年）1条は「全ての商船及び軍艦に対して，常に自由であり，かつ，開放される」と規定しており，同条約の当事国でなくても運河の使用権を有している（第6章Ⅲ参照）。さらに，条約規定が慣習法規則である場合は，第三国も慣習法の拘束力を通して実

質的に同規定に拘束されることになる（38条）。

(4) 未発効条約の地位

条約法条約18条によれば，条約の効力が発生する前でも，署名した国および拘束に同意した国（たとえば批准国）は，当該条約の趣旨および目的を失わせる行為を禁じられる。ただし，署名国が当事国とならない意図を明らかにした場合や，拘束に同意した国については効力発生が不当に遅延する場合を除く。2000年に国際刑事裁判所規程に署名した米国は，2002年に寄託者の国連事務総長に対して，当事国になる意図がないため署名から生じるいかなる法的義務も負わないと通知した。

(5) 条約の登録

国連憲章102条1項は，国連加盟国が締結するすべての条約を国連事務局に登録するよう定める（条約法条約80条は国連非加盟国にも登録を求める）。登録しなくても条約は効力を発生するが，にもかかわらず登録を求めるのは，秘密協定を防ぐためである。登録された条約は「国連条約集」（United Nations Treaty Series）として刊行される（現在は国連公式ウェブサイトで閲覧できる）。登録されていない条約は，国連機関（ICJなど）において援用できない（国連憲章102条2項）。ただし，実際に登録される条約は一部にとどまる。日本は国会承認条約は登録しているが，行政取極は原則として登録していない。

2　同意または条約自体の無効

(1) 無 効 原 因

条約が締結されても，極めて例外的ながら，条約に拘束されることへの同意または条約そのものが効力を発生しない（つまり無効となる）場合がある。条約法条約は以下の8つの場合を規定する。

① 条約締結権限に関する重要な国内法の明白な違反（条約法条約46条）
② 国家代表者の権限逸脱（権限への制限が他の交渉国に通告されている場合のみ）（47条）

69

第3章 条約法

③ 錯誤 (48条)

④ 詐欺 (49条)

⑤ 国家代表者の買収 (50条)

⑥ 国家代表者に対する強制 (51条)

⑦ 武力の威嚇または行使による国家への強制 (52条)

⑧ 一般国際法の強行規範に抵触する条約 (53条)

以下，⑥〜⑧についてもう少し説明しよう。⑥の51条が規定するように，国家代表者に対する強制が当該国家の同意を無効にすることは，古くから認められてきた。ただし，代表者への強制を証明するのは容易ではない。具体的に争われてきた例として，日韓保護条約の効力問題がある。日本は，大韓帝国との間で1905年11月17日に署名された第二次日韓協約（日韓保護条約）により，同帝国の外交権を奪って保護国化した。さらに日本は，1910年8月22日署名の韓国併合条約により，朝鮮半島を自国に併合し同帝国を消滅させた。これらの条約がそもそも有効であったかについて議論がある。特に，日韓保護条約の署名の際には日本側による皇帝や大臣への威圧があったとして，国家代表者への強制ゆえに無効だとの見解がある。この点は，日韓両国の国交を正常化した日韓基本条約（1965年）の締結交渉で問題となった。最終的に同条約2条では，1910年8月22日以前に両国間で締結された条約は「もはや（already）無効であることが確認される」と規定され，併合以前の条約の失効時期は曖昧なまま残された。

次に，⑦の52条は武力による国家への強制を無効原因とするが，伝統的国際法においては，国家代表者への強制はともかく，国家そのものへの強制により結ばれた条約は無効とみなされなかった。さもないと戦争終結の際の講和条約が無効となる懸念があったからである。しかし，国連憲章2条4項で武力行使が禁止され，発展途上国が武力による強制により結ばされた条約の無効を主張するようになり，52条に結実した。ICJアイスランド漁業管轄権事件管轄権判決（1973年）は，「国連憲章が含意し条約法条約52条が認めるように，現代国際法において武力の威嚇または行使の下で締結された合意は無効」だと述べる（ICJ Reports 1973, p. 14, para. 24 [百選61]）。

II 条約の締結および効力発生（発効）

　同条は「国際連合憲章に規定する（embodied in）国際法の諸原則に違反する武力（force）」と規定し，国連憲章に違反する武力とは規定しない。したがって，国連憲章以前に締結された条約も遡及的に無効になりうる。もっともいつまで遡及するかは不明である。

　52条の起草過程では，'force' の意味について議論があった。'force' は日本語公定訳で「武力」と訳されている。このような狭義説（主に先進国が支持）は日本政府および日本の判例（供託金還付請求却下処分取消等請求事件・東京地判 2004〔平成 16〕年 10 月 15 日訟月 52 巻 2 号 405 頁）も支持する。他方で，'force' には武力のみならず政治的または経済的圧力も含むという広義説（主に途上国・社会主義国が支持）もある。条約法条約の採択時には，妥協策として，「条約の締結における軍事的，政治的又は経済的強制の禁止に関する宣言」（1969 年）が採択された。

　最後に，⑧の53条での**強行規範**（ユス・コーゲンスとも呼ばれる）とは，いかなる逸脱も許されないと国際社会全体が認める規範である。強行規範に反する条約は無効となる。その点で，強行規範はそれ以外の国際法規範よりも上位に位置づけられる。具体的にどのような規則が強行規範に当たるかについては議論がある。ICJ は，ジェノサイドの禁止（コンゴ領域における軍事活動事件〔対ルワンダ〕管轄権・受理可能性判決，ICJ Reports 2006, p. 32, para. 64）や拷問禁止（訴追か引渡しかの義務事件判決，ICJ Reports 2012, p. 457, para. 99）を強行規範と認めている。

(2)　手　　続

　ここまで無効原因について説明してきたが，条約法条約の規定上，上記①〜⑧のいずれかの事実の存在をもって，同意または条約そのものが自動的に無効になるわけではない。①〜⑤（46条〜50条）は，「同意を無効にする根拠として援用することができる（できない）」と規定する。つまり，自国の同意に瑕疵があると考える国がそれを主張しない限りは，同意は有効と扱われ続ける。他方で，⑥の51条（「同意の表明は……いかなる法的効果も有しない」）および⑦⑧の52条，53条（「条約は，無効である」）は，無効主張がなくても同意または条約自体が自動的に無効になるような文言である。しかし，65条が規定する手続

第3章 条 約 法

に照らせば，⑥の場合は自国代表が強制の対象となった国が，⑦⑧の場合は条約当事国が無効を主張しなければ，実際上は有効と扱われ続けることになる。

もっとも，以上は条約法条約の規定上の話であり，慣習国際法上の条約法規則があれば，それに基づいて異なる結論もありうる。たとえば，条約非当事国による⑧の主張が認められるべき場合があるかもしれない。A国とB国が第三国Cへの違法な武力行使を許す条約を締結した場合，C国が強行規範との抵触を理由に条約の無効を主張できるべきだろう（イタリアのカッセーゼ〔A. Cassese〕の議論）。

無効主張についての規則として，①〜⑤については部分的無効が可能である（44条3項・4項）。同意に瑕疵がある当事国による条約の有効性についての同意・黙認があれば，無効原因は主張できなくなる（45条）。他方で，⑥〜⑧については部分的無効は不可能である（44条5項）。条約の有効性について同意・黙認した国も主張資格を失わない（45条）。

3 法的効果の個別的変更——留保

(1) 留 保 と は

国や国際機構は，ある条約の当事者になる際に，特定の条約規定の法的効果を排除または変更することを宣言できる。これを**留保**という（条約法条約2条1項(d)参照）。留保は原則として多数国間条約についてのみ認められる（二国間条約への「留保」の申出は条約改正の提案とみなされる）。

留保は多数国間条約の当事国数を確保するために認められてきた制度である。たとえば，ある国が100か条からなる条約のたった1か条に同意できないために当事国になるのをためらう場合，他の当事国にしてみればその国へ同条への留保という「特別扱い」を認めて当事国になってもらった方が，条約が適用される国が増えるメリットがある。

現在のところ日本は，人種的優越主義に基づく思想の流布，差別の扇動，扇動する団体などの処罰立法義務を定める人種差別撤廃条約4条(a)(b)について，憲法上の集会，結社，表現の自由その他の権利と抵触しない限度で履行するとの留保を付す（第10章Ⅱ2）。また，社会権規約についても留保を付し，7条(d)の「公の休日についての報酬」の保障と，8条1項(d)の同盟罷業（スト

ライキ）権（批准時に日本法令により権利が付与されている部門を除く）に拘束され
ないとしている。後者の留保は，国家公務員法 98 条 2 項や地方公務員法 37 条
1 項で公務員のストライキが禁止されていることと整合させるためである。な
お，複数の解釈が可能な条約規定の解釈を特定する宣言であり，同規定の法的
効果を排除・変更しないものは「**解釈宣言**」と呼ばれ，留保とは区別される
（ただし実際には区別が難しい例もある）。日本による例としては，労働基本権の制
限を認める社会権規約 8 条 2 項と結社の自由の制限を認める自由権規約 22 条
2 項の「警察の構成員」には日本の消防職員が含まれるとの解釈宣言がある。
日本を含めた各国が付した留保や解釈宣言は，国連公式サイト内の 'United
Nations Treaty Collection' で閲覧できる。

　なお，留保を付した国は，後にその留保を撤回できる。たとえば日本は，社
会権規約 13 条 2 項(b)および(c)が中等・高等教育での無償教育の漸進的導入
を定める部分に拘束されないとの留保をしていたが，2012 年に撤回した。

(2)　留保についての規則

　しかし，どの当事国も自由に留保を付せるなら，その条約の規律を骨抜きに
する内容の留保がなされるおそれがある。そこで留保を規制する規則が必要と
なる。留保を無制限に付すことが許されるのか。留保に対する他の当事国の異
議はどのような効果を持つか。

　留保規則については，国際連盟時代に争いがあった。国際連盟理事会決議
（1927 年）は全員一致原則を採用した。つまり，他の全締約国の受諾がない限
り留保国は締約国になりえない。これは条約の一体性を重視する立場である。
他方で汎米連合（Pan American Union）の運営委員会（Governing Board）決議
（1932 年）は，留保受諾国とは留保によって修正された形で条約関係が成立し，
異議申立国とは条約関係が成立しないとの立場である。これは条約の締約国数
の確保を重視するものである。

　このような対立の解消に向けて注目されるのが，**ICJ ジェノサイド条約の留
保事件勧告的意見**（1951 年）である。本意見において ICJ は，留保表明・異議
申立ての際の基準として「当該留保と条約の趣旨および目的との両立性」とい
う基準（両立性基準）を示した（ICJ Reports 1951, p. 24 [百選 57]）。いくら条約の

第3章 条約法

当事国数を確保するためとはいえ，条約全体の意味をなくすような留保を認めるべきではないからである。

▌Column 3-2　ICJ ジェノサイド条約の留保事件▐

　1948年に国連総会で採択されたジェノサイド条約は，国民的，人種的，民族的または宗教的な集団の全部または一部を破壊する意図での殺害行為などを処罰する義務を定めている。1950年までに発効に必要な20の批准書または加入書が寄託され，1951年1月に発効した。しかし，旧ソ連など8か国が同条約9条（同条約の解釈適用紛争のICJへの付託条項）を中心に留保を付していたため，一部の署名国が異議を申し立てた。そこで国連総会は，①一部当事国により異議を申し立てられた場合に留保国は当事国となれるか，②当事国になれる場合に異議国や受諾国との間で留保はいかなる効果を持つかなどについて，ICJに勧告的意見を求めた。

　これに対してICJは，①留保が条約の趣旨および目的と両立する場合に留保国は当事国となれる，②条約の趣旨・目的との不両立を理由に異議を申し立てた国は留保国を非当事国とみなせるが，両立するとして受諾した国は留保国を当事国とみなせる，などと回答した。この見解は，全員一致を不要とする点で国際連盟決議と，留保表明・受諾の基準を提示する点で汎米慣行とそれぞれ異なる。

　なお，後にICJは，ジェノサイド条約9条の留保は同条約の趣旨および目的と両立すると判断した（コンゴ領域における軍事活動事件〔対ルワンダ〕管轄権・受理可能性判決，ICJ Reports 2006, p. 32, para. 67）。

　その後，条約法条約でこの両立性基準が採用された。19条によれば，当該条約が留保の可否について定めている場合はその規定に従う。たとえば，国連海洋法条約309条や気候変動枠組条約24条，化学兵器禁止条約22条，世界貿易機関を設立するマラケシュ協定（WTO設立協定）16条5項などでは留保を付すことができない旨が規定されているので，これらの条約への留保は禁止される。また，欧州人権条約57条は「法律がこの条約の特定の規定と抵触する」

場合のみ留保を許しているので，その場合に限らない一般的留保は禁じられることになる。以上のような留保についての規定がない場合，留保の可否は**条約の趣旨および目的と両立するかどうかにより判断**される（条約法条約 19 条(c)）。

　その上で，条約法条約は，留保国と他の条約当事国との法的関係について**図表 3-5** のように規定する（20 条，21 条）。

図表 3-5　留保国と他の条約当事国との法的関係

	留保に異議を申し立てた条約当事国		その他の条約当事国 （＝留保受諾国）
	留保国との間での 条約効力拒絶を表明	左以外	
条約の適用	不適用 （20 条 4 項(b)ただし書）	適用 （20 条 4 項(b)本文）	適用 （20 条 4 項(a)）
留保対象規定の 扱い	不適用	留保部分のみ不適用 （21 条 3 項）	留保による変更 （21 条 1 項）

　以上のような条約法条約の留保規則には課題もある。第 1 に，条約の趣旨・目的との両立性（19 条(c)）の判断は，結局は他の締約国の異議（20 条，21 条）次第ではないかということである。そうすると，第三者機関による判断がある場合（たとえば，ジェノサイド条約 9 条・人種差別撤廃条約 22 条の適用を除外する留保は両立すると判断した，ICJ コンゴ領域における軍事活動事件〔対ルワンダ〕管轄権・受理可能性判決，ICJ Reports 2006, pp. 32, 35, paras. 67, 77）を除いて，両立性基準は実際上ほとんど無意味になる。人種差別撤廃条約 20 条 2 項は，3 分の 2 以上の締約国から異議があれば非両立と判断すると定める。

　第 2 に，特定条文の適用を全面的または部分的に排除する留保の場合は，受諾国についても異議申立国についても法的効果が同じ（＝留保の適用排除）になり，異議の有無にかかわらず留保国の希望が実現することになる。

(3)　条約実施機関による許容性判断

　上述のとおり，条約法条約 20 条・21 条は，他の締約国による留保の受諾またはそれへの異議を通じて留保の許容性を決定する仕組みである。しかしこの仕組みは国家間の権利義務関係を相互的に定める条約では機能しても，相互的

第3章 条約法

でない条約——たとえば客観的義務を定める人権条約——で機能するか。人権条約への留保に対する異議申立国は，異議によって留保国の国民に対する自らの条約上の義務を免れることはできないし，また条約関係を認めないとの異議が制裁として機能するわけでもない。ゆえに許容性に疑義があっても他国はあまり異議を申し立てないので，人権条約機関が留保の許容性を決定せざるを得ないとの考えがある。しかし，そうすると締約国が受諾していったん有効に成立したはずの留保が後に条約機関の判断で無効となる可能性があり，条約法条約の留保規則の根底にある同意原則が揺らぐとの懸念がある。それでは，条約機関による留保の許容性についての判断はどのように位置づけられるか。

ブリロ（ベリロス）事件欧州人権裁判所 1988 年判決（ECHR Series A, No. 132 [百選58]）は，欧州人権条約 6 条へのスイスの解釈宣言は留保の効果があり，一般的性格の留保を禁ずる規定（欧州人権条約現 57 条）に違反するので無効だと判断した。その上で，スイスの批准は有効であり，同国は留保利益なしに条約に拘束されるとした。

司法機関でない条約機関の判断についてはどうか。この点で注目されたのが，自由権規約委員会の一般的意見 24（1994 年 11 月）である。同意見で委員会は，国家間の相互性がなくかつ条約機関が存在するという人権条約の特殊性を理由に，条約法条約の留保規定の適用可能性には限界があると述べ，委員会が両立性を判断するのにふさわしく，かつ両立しない留保をした国は留保利益なしに条約全体に拘束される（可分性論）と述べた。その後，ロウル・ケネディ事件（1999 年）で，委員会は自由権規約第 1 選択議定書 1 条へのトリニダード・ドバゴの留保（死刑宣告者からの通報受理を拒否）を無効とする一方で，同国が引き続き議定書に拘束されると判断した（これに不満の同国は後に選択議定書から脱退）。またパキスタンの自由権規約 40 条（国家報告制度）への留保に関する自由権規約委員会声明（2011 年）は，40 条の委員会の審査権限が「規約の存在理由に不可欠（essential to the raison d'être of the Covenant）」だと述べたため，同国は留保を撤回した。

しかし自由権規約の一般的意見 24 に対して，英米仏が強く反論していた。三国によれば，留保の有効性の判断権は委員会ではなく締約国にあり，留保が許容されない場合はその留保が無効となるだけでなく，条約による拘束への同

意も無効となるという（不可分性論）。このような反対論も考慮しつつ，ILC「条約の留保に関する実行の指針」（2011年）は折衷的な立場をとる。同指針は，条約機関がその権限の範囲内で留保の許容性を評価できると述べつつ（パラ3.2），留保が非許容と評価された場合に留保国が留保利益なしに条約に拘束されるかは同国の意図次第とする（パラ4.5.3）。

III 条約の適用と解釈

1 適 用

　条約の適用についてまず重要なのが，**不遡及の原則**である（条約法条約28条）。つまり，条約の効力は，発効前の行為や事実には及ばない。ただし，遡及適用を許す意図が条約上または他の方法で確認されるときは，その条約が遡及適用されることもある。たとえば，条約承継条約は，7条2項で一定の場合に遡及適用されることを規定する。

　複数の条約間において，適用の優先関係はどうなるか。すでに述べたように，各国は数多くの条約を締結している。そうすると，複数の条約の間で矛盾する義務を負うことがある。たとえばA国がB国およびC国とそれぞれ矛盾する内容の2国間条約を結んでいるとき，A国がB国との条約を履行すれば，C国との条約に違反してしまう。そこで条約法条約は，矛盾する内容を規定する条約間の適用優先関係について，いくつか規定する。第1に，国連憲章に基づく義務と他の条約義務が抵触するときは，前者が優先する（30条1項，国連憲章103条）。国連憲章上の義務には国連安保理決定上の義務を含む（ICJロッカビー事件仮保全措置命令，ICJ Reports 1992, p. 126, para. 42［百選〈第2版〉105］）ので，たとえば安保理決定による禁輸義務はWTO協定に優先する。第2に，ある条約が他の条約に従うことを自ら規定している場合，後者の条約が優先する（30条2項）。たとえば，南極環境保護議定書4条は，同議定書より南極条約および同条約に関連する国際文書が優先することを定める。第3に，ある条約の全当事国が新条約を締結し，かつ前者の旧条約が終了または運用停止しない場合は，旧条約は新条約と両立する限度でのみ適用される（30条3項）。これは

第3章 条約法

「後法は前法を破る」との原則による。

　しかし，矛盾する義務を定める2つの条約の当事国の顔ぶれが同じではない場合には調整が難しい。30条4項は，両条約の当事国間では3項と同じく旧条約は新条約と両立する限度でのみ適用され，両条約の当事国と一方条約のみの当事国の間では，これらの国が共に当事国となっている条約を適用すると規定するのみである。結局，一方の条約の違反による国家責任の発生の可能性は排除できない（30条5項）。このような事態を招かないように，各国政府は条約を締結する際に，既存の条約で負っている義務と矛盾しないようにできるだけ注意する必要がある。

2　解　　釈

(1)　条約法条約における解釈についての規定

　法の条文は，どんな場合にも対応できるように抽象的な言葉で定められる。ゆえに，具体的な事案に当てはめるためには，その規定の内容を明らかにする必要がある。これを「解釈」という。国際法では特に条約規定の解釈が問題となる。

　条約の解釈方法をめぐる学説では，文言を重視する立場，条約当事国の意思を重視する立場，条約の目的を重視する立場の争いがあった。そのような対立を受けて作成されたのが，条約の解釈についての主な規則を定める条約法条約31条と32条である。以下に見るようにこれらの規定は各説のいずれをも盛り込んだこともあり，国内外の裁判所で依拠され，多くの点で既存の慣習法の法典化と考えられている（1989年7月31日の仲裁判断事件判決，ICJ Reports 1991, p. 70, para. 48 など）。

　ただし，解釈する条約の種類によっては，さらに特別の考慮要素が加わることがある。たとえば国際機構の設立条約を解釈する際には，機構を創設するという性質そのもの，創設者が与えた機構の目的，任務の効果的な遂行の要請，機構自身の実行などに特別な注意を払う（武力紛争時の核兵器使用の合法性〔WHO諮問〕勧告的意見，ICJ Reports 1996, p. 75, para. 19 ［百選40］，第11章参照）。

78

III　条約の適用と解釈

(2)　一 般 規 則

31条は解釈についての一般規則を定める。条文の解釈は，「文脈によりかつ
その趣旨及び目的に照らして与えられる用語の通常の意味に従い，誠実に」な
される（31条1項）。条文の「通常の意味に従い」ということで条文テキスト
を出発点としつつ，同時に文脈や条約の趣旨・目的も参照される。つまり，文
理解釈に加えて，体系的解釈や目的論的解釈も許している。ここでの「文脈」
とは，前文や附属書を含む条約文のほかに，条約の締結に関連して全当事国間
でされた関係合意や，条約の締結に関連して一部当事国が作成した文書で他当
事国が条約の関係文書と認めたものを含む（31条2項）。逆に言えば，一部当
事国が一方的に作成した文書は含まれない。

　文脈とともに，条約の解釈適用について当事国間で後にされた合意（31条3
項(a)）や，適用につき後に生じた慣行であって，解釈についての当事国の合
意を示すもの（同項(b)）も考慮される。3項(a)(b)でいう「合意」とは，法的
拘束力は要しないものの，すべての条約当事国の共通理解を示すものでなけれ
ばならない。一部当事国が異なる立場のときは，「合意」があるとはみなされ
ない（ILC「条約解釈に関する後にされた合意及び後に生じた慣行に関する結論」10.1,
同注釈パラ2, 3）。ただし，3項(b)にいう「慣行」には，すべての当事国が積極
的に関与している必要はない。関与していない国の沈黙や不作為が他国の慣行
の受諾とみなされることがある（ILC「同結論」10.2, 同注釈パラ12）。3項(a)の
合意の例として，第19回南極条約協議国会議の決定1（1995年）がある。1961
年に発効した南極条約の9条は，協議国会議が条約の原則・目的を助長する措
置を勧告することを定める。従来はこの勧告の法的拘束力について統一した見
解がなかったが，上記の決定が「措置」には法的拘束力があると位置づけた。
3項(b)の慣行の例として，（条約法条約の採択前だが）国連憲章27条3項につい
ての解釈慣行がある。同項は，非手続事項に関する安保理の決定に「常任理事
国の同意投票を含む9理事国の賛成投票」が必要と規定する（第11章IV 4参
照）。明文上は5つの常任理事国すべての賛成票が必要にも読める。しかし，
常任理事国の自発的棄権は決議採択の障害とはならないことが一貫した一様な
解釈であり，国連加盟国によって一般に受け入れられ，国連の一般慣行である
（ICJナミビア事件勧告的意見，ICJ Reports 1971, p. 22, para. 22［百選60］）。

第3章 条約法

　合意・慣行に加えて，当事国間の関係で適用されるいかなる関連国際法規則も考慮される（31条3項(c)）。異なる分野や目的で数多くの条約が作られて国際法の「断片化」が懸念される中で，3項(c)の手法による「体系的統合」が期待される。ただし，同号での「当事国（the parties）」が指すのが，解釈対象の条約の全当事国か，紛争の全当事国のみなのかが問題となる。EC遺伝子組換食品事件2006年WTOパネル報告は，前者の立場を採った（WT/DS291, 292, 293/R, para. 7.70）。つまり，WTO協定の解釈で考慮されるのはWTO全加盟国を拘束する条約のみとの立場から，生物多様性条約および生物の多様性に関する条約のバイオセーフティに関するカルタヘナ議定書（カルタヘナ議定書）の考慮を求めるECの主張を退けた。確かにこの立場だと，ある条約の当事国が，本来は拘束されない別の条約規則に事実上拘束されてしまう事態を防ぐことができる。しかし，この立場に対しては，条約解釈の際に考慮できる他の条約がほとんど存在しなくなるとの批判がある。

　用語は，当事国がこれに特別の意味を与えることを意図した場合には，その意図に基づいて解釈する（31条4項）。

(3)　補足的手段

　以上の一般規則に続いて，32条は解釈のための補足的な手段を定める。つまり，31条の一般規則による解釈手法で得られた意味を確認するため，または，なお意味が曖昧・不明確だったり（32条(a)）非常識・不合理な結果になったり（32条(b)）する場合には，条約の準備作業（起草過程）や条約締結の際の事情を補足的な資料として参照できる。この2つは例示なので，他の事実が参照されることもありうる。すべての条約当事国の共通理解を示すような締結後の慣行が考慮される（31条3項(b)）と上で述べたが，一部当事国の慣行が全当事国の共通理解を示すほど一致したものでなかったとしても，なお補足的に参照される可能性がある（ILC「条約解釈に関する後にされた合意及び後に生じた慣行に関する結論」4.3，同注釈パラ23）。

(4)　正文が複数言語の場合

　なお，条文の解釈は当該条約が定める正文によらなければならないので，日

III　条約の適用と解釈

本が当事国となっている条約で日本語公定訳があっても，条文解釈の際は正文を見なければならない。複数言語が正文のときは，それぞれが等しく権威を持つ（33条1項）。たとえば，国連憲章は中国語，フランス語，ロシア語，英語，スペイン語のテキストが等しく正文とされている（国連憲章111条）。

　各正文で用語に違いがあるときは，同一の意味を持つと推定される（33条3項）。解釈についての一般規則（31条）および補足的手段（32条）を駆使しても解消されない意味の相違があるときは，条約の趣旨・目的を考慮した上で，各正文について最大の調和が図られる意味を採用する（33条4項）。

┤Column 3-3　条約実施機関による解釈の位置づけ├

　条約機関が示す解釈は，たとえそれ自体に法的拘束力がなくても，「有権（authoritative）」解釈として尊重すべきと主張される。自由権規約委員会が採択する「一般的意見（general comment）」や国家報告に対する「総括所見（concluding observation）」，個人通報に対する「見解（view）」などがその例である。

　しかし，有権解釈と扱われることを条約法条約の解釈規則でいかに根拠づけるかは，必ずしも明確ではない。条約機関の解釈がすべての条約当事国の共通理解となったことを示す慣行がその後に確立すれば，31条3項(b)に根拠づけることができる。問題は，当事国の一部が条約機関の当該解釈に反対している場合である。その場合でも32条にいう補足的手段として参照することは可能だろうが，31条の一般規則に従って得られた解釈がなお曖昧な場合などに補足的に参照されるのみという限界がある。

　1つの例を考えてみよう。自由権規約12条4項は，「何人も，自国に戻る（enter his own country）権利を恣意的に奪われない」と規定する。ここでの「自国」が国籍国のみなのか，より広く永住国などまで含むのかが争われてきた。これに対して自由権規約委員会は，1999年11月の一般的意見27において，「自国」とは国籍国のみならず，「密接かつ永久的な繋がり（close and enduring connections）」がある国，つまり永住国なども含むとの解釈を示した。この解釈は，その後の個人通報事例（2011年のNystrom対オーストラリア事件およびWarsame対カナダ事件）での見解においても支持されている。

　それでは，「自国」に永住国なども含む委員会解釈は，自由権規約の全当事国の共通理解となっているか。この一般的意見の後に国家報告手続の下で各当事

第3章 条約法

国が委員会に提出した数多くの報告書を見る限り，委員会解釈への明示的批判は見られない。自由権規約の起草段階から「自国」を市民籍国に限定することを主張していたカナダは，その後に立場を変えて，現在では委員会解釈を受け入れている。他方で日本は，起草段階から「自国」を国籍国に限定解釈してきた。在日コリアン（特別永住者）も再入国許可を要することが，第4回報告書への総括所見（1998年）で自由権規約12条4項違反と批判された。しかし，日本が第5回以降の報告書で，特別永住者の再入国許可において日本での生活安定に配慮していることや，再入国許可の事前取得を不要とする「みなし再入国許可」の導入を知らせたゆえか，その後は総括所見での批判は見られない。つまり，日本も委員会解釈を実質的には尊重していると言えるかもしれない。

これらの事実に照らせば，委員会解釈が自由権規約の全当事国の共通理解となっており，公権（authentic）解釈として当事国を拘束するとみなせるかもしれない。たとえそれが難しいとしても，委員会解釈を自由権規約12条4項解釈の補足的手段として参照することはできる（以上について，山田卓平「日本による北朝鮮への独自措置——日本の国際義務に適合するか」龍谷法学51巻3号（2019年）178-196頁参照）。

Ⅳ　条約の改正

条約規定の改正は，原則として当事国間の合意による（条約法条約39条）。当事国が事前に改正手続に合意しているとき，つまり条約の中に改正手続を定めた規定があるときは，その規定に従う。多数国間条約では，一定数の当事国の合意で改正が成立すると規定するものが増えている。条約当事国の中でも，改正合意への参加国は改正により変更された条約規定に拘束されるが，そうでない国は改正の影響を受けず，変更前の条約規定に拘束され続ける。改正合意の参加国と非参加国との間では，改正前の条約が適用される（40条4項）。

V 条約からの脱退，条約の終了・運用停止

条約当事国が，条約からの脱退や条約自体の終了または運用停止（＝効力の一時的な停止）を望むことがある。しかし，安易にそれを認めると，意に沿わない条約からの脱退や条約自体の終了・運用停止が横行し，条約の地位は不安定になってしまう。それでは条約法条約はどのように規定しているか。

原則として，脱退や終了・運用停止は，当事国間の合意による。具体的には，第1に当該条約に設けられた特別規定による方法である（条約法条約54条(a)，57条(a)）。たとえば，国際連盟規約1条3項は，2年の予告による脱退を認めており，かつて日本はこの規定に基づいて連盟から脱退した。また日米安保条約10条は，効力が10年間存続した後は終了通告ができ，通告の1年後に終了すると規定する。第2は，全当事国の同意による方法である（条約法条約54条(b)，57条(b)）。第3に，ある条約の全当事国が同じ事項について新たに条約を締結した場合に，前者の条約が終了または運用停止とみなされることがある（59条）。

その一方で，極めて例外的ながら，ある当事国が一方的に終了などを主張できる場合がある。それは次のような場合である。

① 他の当事国による重大な違反がある場合（条約法条約60条）
② 条約実施に不可欠の対象の消滅や破壊により履行不能になる場合（61条）
③ 条約締結の不可欠の基礎だった事情が根本的に変化する場合（62条）
④ 条約が新たに成立した強行規範と抵触する場合（64条）

┤ **Column 3-4 条約法条約60条とナミビア問題** ├

アフリカ南部に位置するナミビア（1968年までは「南西アフリカ」と呼称）は，第一次大戦後に南アフリカ連邦（以下，南ア）を受任国とする国際連盟のＣ式委任統治地域となった。第二次大戦後，旧委任統治地域は，独立が認められた地域とパレスチナを除いて，すべて国際連合の信託統治制度の下に置かれた。しかし，南アは，国連総会による新制度への移行勧告を拒否した。さらに

第3章　条約法

南アは，連盟解散により委任統治制度に基づく受任国の義務は消滅したので，同地域についての報告提出も中止すると通告し，同地域の併合を企てた。

総会の要請に応えて，ICJ は 3 度勧告的意見を出し（1950 年，55 年，56 年），同地域が依然として委任統治地域であり，南アは受任国としての義務を負うことなどを確認した。1966 年，総会は，同地域の委任統治を終了させ，国連の直接統治下に置くことを決定した。さらに安保理も，南アに委任統治終了と施政の撤廃を要請し（1969 年，決議 264），南アの居座りの違法性などを宣言した（1970 年，決議 276）。しかし，南アはこれらを拒絶した。

そこで安保理は，南アの居座りの法的効果につき，ICJ に勧告的意見を要請した。ICJ は 1971 年の勧告的意見において，居座りは違法であり南アは直ちに施政権を放棄して占拠を終了する義務を負うこと，他の国連加盟国は居座りの違法性と無効を承認し南アへの援助を控える義務を負うことなどを結論した。その際に ICJ は，条約法条約 60 条は慣習国際法の法典化であると述べ，総会が委任統治を終了させたのは，条約の性格をもつ国際約束である委任状の義務の南アによる不履行ゆえであり，重大な違反による条約の終了に当たると述べた（ICJ Reports 1971, p. 47, paras. 94-95 [百選 60]）。

その後の国際世論の後押しもあり，ナミビアは 1990 年に独立し，国連に加盟した。

● 参考文献

国際法事例研究会『日本の国際法事例研究(5) 条約法』（慶應義塾大学出版会，2001 年）

濵本正太郎「法律行為」「国際法秩序における国際法の適用(1)——適用されるべき法規範の確定」酒井啓亘ほか『国際法』（有斐閣，2011 年）第 2 編第 1 章，第 4 編第 1 章

坂元茂樹『人権条約の解釈と適用』（信山社，2017 年）

阿部克則「条約解釈における『後の合意』と『後の慣行』に関する ILC 結論草案」寺谷広司編『国際法の現在——変転する現代世界で法の可能性を問い直す』（日本評論社，2020 年）第 7 章

岩沢雄司『国際法〔第 2 版〕』（東京大学出版会，2023 年）第 3 章「条約法」

坂元茂樹『条約法の理論と実際〔第 2 版〕』（東信堂，2024 年）

V 条約からの脱退，条約の終了・運用停止

岩沢雄司「自由権規約委員会の規約解釈の法的意義」世界法年報 29 号（2010 年）50-85 頁

松田誠「実務としての条約締結手続」新世代法政策学研究 10 号（2011 年）301-330 頁

中野徹也「人権概念と条約の留保規則」国際法外交雑誌 111 巻 4 号（2013 年）29-50 頁

坂元茂樹「条約制度多元化への対応──条約の立法技術と解釈技術を中心に」国際法外交雑誌 119 巻 2 号（2020 年）1-36 頁

岡野正敬「外交における条約の役割の変化」国際法外交雑誌 119 巻 2 号（2020 年）134-162 頁

第4章 国家

I 国際法主体

1 国家の構成要素

　国際法における基本的な法主体は，国家である。国家が成立するための一般国際法上の要件を表していると考えられる文書の1つに，米州諸国間で1933年に締結された**「国の権利及び義務に関する条約」**（**モンテビデオ条約**）がある。同条約1条は，①永続的住民，②明確な領域，③政府，④他国と関係を取り結ぶ能力，の4要素を国家の要件として挙げる。

　①永続的住民は，当該国を常居所とする住民が存在することを意味し，その数の多寡は問わない。②明確な領域は，住民が居住するための陸地（領土）を有していることを意味し，その大きさは問わない。また，他国との境界が未画定の部分が残っていたとしても，国家の成立は妨げられない。

　③政府は，住民と領域の全体を実効的に統治する政府が存在することを意味する。領域内で中央政府の統治が及ばない地域や集団が多数存続するような状況では，国家性を認められない。もっとも，一度は実効的政府を確立した国家において，事後的に中央政府が統治能力を失った場合（ソマリアなどの**破綻国家**〔failed state〕の例）は，直ちに国家性が否定されることはなく，むしろ中央政府の統治能力を回復させるための取組みが国際社会によって行われることが多い。

　④他国と関係を取り結ぶ能力は，他国による支配を受けず，自らの意思で対外関係を独立して処理する能力を有することを意味する。日本の傀儡であった

第4章 国 家

満州国のような実体は，当時の国際社会により国家性を否定された。ただし，行政資源等の乏しい国が，他国に外交・軍事機能の一部を自ら委任することもあり，この方式を自由連合と呼ぶ。クック諸島やニウエがニュージーランドとの間でそうした協定を締結している例がある。これは自発的な委任であるため，国家性は否定されない。

　以上に加えて，国際法上の基本原則（ジェノサイドや侵略の禁止など）に対する重大な違反を伴っていないことが国家成立の要件として挙げられる場合もある。こうした国際法適合性の要素は，仮にそれが国家性要件に含まれないとしても，後述（2(3)参照）の不承認主義における考慮事由となることがある。

2　国家承認

(1)　国家承認の意義

(a)　創設的効果説と宣言的効果説

　国家承認とは，国際社会に新しい領域的実体が誕生した場合に，他の国がそれを国家として承認する行為である。国家承認が行われるようになった理由は，新たに成立した実体が他国との間で法的関係を結ぶためには，その他国の同意が必要だと考えられたためである。このように，国家承認によって初めて新たな実体が国際社会の一員として法人格を得て，他国と法的関係を取り結ぶことができるという考え方を，国家承認の**創設的効果説**という。しかし，この考え方は，歴史的に早期に国家性を確立したヨーロッパ諸国が，他地域の主体を国際社会の一員として認めるか否かを裁量的に決定しうる状況を生み出し，植民地体制を正当化する道具としても機能することになった。

　これに対し，第二次大戦後，植民地体制が次第に否定されるようになると，国際社会の構成員としての地位を既存国家の判断に委ねるのは不適切であり，国家承認にそうした効果を与えるべきではないという考え方が有力となった。つまり，国家性の要件を満たした主体は直ちに国際社会の構成員となるのであり，他国による承認は，そのことを確認し，宣言する行為であるとされる。このような立場を，国家承認の**宣言的効果説**という。そこでは国家承認は，あくまでも個々の国家間の外交関係を正式に開始するという二国間的な意味しか持たず，一般的な国際法人格の成立には影響を及ぼさない。

I 国際法主体

(b) 国家承認と国家成立の関係

宣言的効果説が現在の通説である。もっとも，同説では，ある実体が国家性要件を満たしたか否かは客観的な事実の問題であることが前提とされているが，実際には，この点に関する評価が分かれるような事案もありうる。そうした場合に，国家性要件が充足されたかどうかを統一的に判定しうる機関は国際社会には存在しないため，やはり既存の諸国がそのような評価を行わざるを得ない。それゆえ，大多数の国が国家性を認めないような実体が国際社会において国家として存在することは，事実上困難になる。また，既存国家の間で国家性の具備に関する評価が分裂するような実体は，国家であるか否かが未確定の状態に置かれうる（パレスチナ，コソボなど）。

したがって，宣言的効果説の下では，国家承認という行為は，国家の成立自体を左右するものではないが，新たな実体が国家性要件を充足したか否かに関する既存国家の評価を示す重要な手がかりとなる。その意味で，宣言的効果説が有力となった今日においても，国家承認と一般的な国際法人格の成立との間には事実上の関連性があるといえるが，それは国家承認の正式な法的効果とは区別して考えなければならない。

(c) 国際機構への加盟が持つ意味

現代では国際社会の組織化の進展により，こうした国家性の有無に関する評価がある程度集合的な形でなされることもある。特に，国連加盟手続が重要であり，国連憲章4条1項では加盟資格の1つとして「国家」（平和愛好国 peace-loving states）であることが挙げられている。同条2項により，新規加盟は，安保理の勧告に基づき総会で決定されるが，総会の決定は3分の2以上の多数決によって行われるため（国連憲章18条2項），国際社会の大多数の国の評価を表すことになり，国連加盟を果たした実体に対して一般的な国際法人格を否定することは困難になる。二国間の関係では，国連加盟国に対しても個別国家が承認を与えず，外交関係等を成立させないことは可能であるが，その場合であっても，国家としての一般的権利（領土保全，不干渉など）や国連憲章上の義務（武力行使禁止など）を否定することはできない。

第4章 国　家

(2)　国家承認の要件と方式

　上述のように，宣言的効果説の下においても国家承認は一定の意義を有する
ため，既存の国家は，新たな実体が国家性要件を充足したと合理的に評価しう
る状態となった後に国家承認を行うことが求められる。明らかに国家性要件を
満たさない実体に対して国家承認を与える行為（**尚早の承認**と呼ばれる）は，当
該領域を統治していた国の主権や領土保全を脅かすものであり，国際法上の違
法行為を構成する。ロシアが国家承認を与えたクリミア（2014年）やドネツ
ク・ルハンスク（2022年）は，いずれも実効的政府が確立されておらず，尚早
の承認に当たると考えられる。

　もっとも，新たな実体が国家性要件を充足したか否かの判別が難しい場合も
ありうる。そうした場面で「尚早の承認」を与えるリスクを避けるために活用
されたのが，「事実上の承認（*de facto* recognition）」という方式である。法的な
承認（*de jure* recognition）は，当該実体が真正な国家であることを確言する意
味合いを持つのに対して，事実上の承認とは，将来における判断変更の余地を
留保しつつ暫定的に国家性要件を充足したものとして扱うことを意味する。し
たがって，事実上の承認は，後に当該実体が十分な国家性を証明すれば法的な
承認に転化するが，逆に国家性の欠如が明らかになれば撤回されて効果を失う
ことになる。

　なお，承認の方式としては，承認の意思を言葉で表明する明示の方法に加え，
重要な二国間条約の締結や正式な外交関係の樹立など，承認の意思が推定され
る行為を通じて行う黙示の方法がある。ただし，認可状を伴わない領事の派
遣・接受や，同一の多数国間条約への加入のみでは，黙示の承認とはみなされ
ない。

(3)　不承認主義

　不承認主義は，「尚早の承認」とは反対に，国家性要件を満たしていると評
価しうる実体に対して承認を与えないことを意味する。これは，当該実体の成
立経緯において，重大な国際法違反を伴っていたなどの正当性を欠く要素があ
れば，承認を与えるべきではないとの考え方である（正統主義とも呼ばれる）。
宣言的効果説においては，ある実体が国家性要件を満たしていれば，一般的な

国際法人格の成立自体は否定できず，不承認主義はあくまでも二国間関係において国家承認を与えるかどうかの指針としての意味しか持ちえない。しかし，もし大多数の国が集団的に，ある一定の正当性の基準に従って国家承認の可否を決定するようになると，その基準を満たさない実体は，一般的にも国家として存在することは難しくなる。

　実際に，南部アフリカの南ローデシアやトランスカイといった地域は，国家性要件は満たしていたと考えられるが，両地域におけるアパルトヘイト政策の存在ゆえに国連において不承認主義がとられたため，それらを国家として扱う国はほとんどなかった。したがって，国家承認における正統主義の要素は，特にそれが集団的な不承認政策として用いられる場合，国家の成立自体に事実上の影響力を及ぼしうる。

(4)　二国間関係における国家承認の効果

　国家承認は，一般的な国際法人格の成立を左右する創設的効果は原則として持たない一方で，二国間関係においては，正式な外交関係を樹立したり二国間条約を締結したりするための前提になるという法的効果を有する。この両者の中間にある問題として，一般的には国家として認められた国と，当該国を承認していない国とが同一の多数国間条約に加入している場合に，後者は前者に対して同条約上の義務を負うことになるのかが議論されてきた。これに関し，日本の最高裁はベルヌ条約事件（最判 2011〔平成 23〕年 12 月 8 日民集 65 巻 9 号 3275頁［百選 14］）において，「一般に，我が国について既に効力が生じている多数国間条約に未承認国が事後に加入した場合，……未承認国の加入により未承認国との間に当該条約上の権利義務関係が直ちに生ずると解することはできず，我が国は，当該未承認国との間における当該条約に基づく権利義務関係を発生させるか否かを選択することができる」と判示した。この見解に従えば，未承認国に対する多数国間条約上の権利義務関係は，一律に肯定も否定もされず，その都度選択すべきものとなる。ただし同判決は，「当該条約に基づき締約国が負担する義務が普遍的価値を有する一般国際法上の義務であるときなどは格別」，とも述べているため，たとえば拷問等禁止条約に規定される義務などは未承認国に対しても一般国際法上の義務として常に遵守することが求められる。

第4章 国　家

3　政 府 承 認

(1)　政府承認の意義

　政府承認とは，ある国家において，当該国家の既存の法秩序に従わない形で
政府の交替が行われた場合（クーデタや革命など）に，外国がその新政府を当該
国家の政府として正式に承認する行為である。

　一般に，新政府が有効に成立するためには，①当該国家の領域・住民全体に
対して実効的な統治を確立しており，②国家を代表する意思と能力を持つこと
が必要とされる。これらの要件を事実として満たすことにより新政府は成立し，
他国による政府承認は宣言的な意味しか持たないと考えられる（宣言的効果説）。
もっとも，国家承認の場合と同様に，大多数の国が明示にも黙示にも承認を与
えないような政府は，当該国を代表する政府としての扱いを国際社会で受ける
ことが事実上困難になる。

(2)　政府承認の要件

　上述の新政府成立の要件を満たさない段階で他国が政府承認を行えば，尚早
の承認として国際法上の違法行為となる。これに加えて，特に革命やクーデタ
が頻発していた中南米の国々では，既存の政府の地位を保とうとする意図から，
憲法秩序に反して成立した政府に外国は承認を与えるべきではないと唱える立
場（**トバール主義**）が現れた。

　その一方で，そもそも政府の交替という内政的な事項について，外国が承認
という形で意思を表明すべきではないという主張もなされるようになった（**エ
ストラーダ主義**）。承認を行う側としても，政府承認の付与により当該新政府の
正統性まで認めたと捉えられることが政治的に不適切な場合もありうるため，
明示の政府承認を一律に廃止する国が増えつつある（ただし日本は政府承認制度
を維持している）。もっとも，そうした政策をとる米英などの諸国も，たとえば
リビアやシリアとの関係では，相手国政府の正統性を積極的に否認するため，
反政府勢力の側を正統な代表として認める趣旨の声明を出している。

92

(3) 政府と外国の私人の法関係における政府承認の効果

ティノコ利権契約事件（RIAA, Vol.1, p. 369［百選 15］）では，コスタリカ政府が，クーデタによって一時的に成立した同国の暫定政権が外国の私人と締結した契約を事後的に無効とする法令を制定したところ，当該私人の本国である英国政府が契約の有効性の確認を求めた。コスタリカは，英国をはじめ多くの国が暫定政権に対し政府承認を与えていなかったと指摘したが，仲裁裁判所判決は，暫定政権が事実として政府成立要件を満たしており，国を代表する政府として有効に存在していたため，政府承認の有無にかかわらず，暫定政権が外国の私人と締結した契約はその後の政府をも拘束すると判示した。国家承認の場合と同様に，政府承認も，新政府が政府成立要件を充足したか否かに関する他国の評価を知る材料となることはありうるが，本事件では暫定政権が政府成立要件を満たしていることは明らかであったため，政府承認の不存在は単に政策的な考慮に基づくものと判断されたのである。

4 自 決 権

(1) 自決概念の起源

自決（self-determination）の理念は，その起源を啓蒙期の自然権思想に求めることができる。中産階層の台頭や人々の宗教意識の変化という社会的事実を背景として，国家権力の正統化原理が，王権神授説を基礎とする絶対主義から，個人の自由や財産の保障へと転換し，その最も徹底した表現としてルソーの人民主権論が唱えられた。こうした自然権および自決の理念，つまり統治権力を被治者の同意に基礎づけるという考え方が，近代市民革命における精神的な推進力となった。

19 世紀に入ると，自決の理念は，ある国家の内部における政府形態の決定だけでなく，その構成員や構成領域自体を決定する原理としても重要性を帯び始めた。中東欧の人民などに民族的自覚が芽生え始め，他民族による帝国的支配への不満が高まるなかで，民族を単位とした自己決定を国家形成の基本原則とすべきことが主張されるようになった。

第一次大戦後のパリ講和会議では，米大統領ウィルソンが，自決原則を確立し他民族に対する支配を許容しないことが平和の維持にとって重要であると提

第4章 国　家

唱したが，これはもっぱらヨーロッパの諸民族を念頭に置くものであった。非ヨーロッパ地域に関しては，国際連盟規約22条として委任統治制度が規定されたが，これは第一次大戦の敗戦国が保有する植民地の統治を戦勝国に委任するものであり，それらの地域の独立を追求するものではなかった。

(2)　国連体制における自決原則の発展

(a)　脱植民地化への潮流と自決権の確立

　国連憲章1条2項は，「人民の同権及び自決の原則の尊重に基礎をおく諸国間の友好関係を発展させること」を国連の目的の1つとして掲げるとともに，自決概念を民族（nation）性から切り離して人民（people）を主体とした点で画期的であった。他方で，委任統治地域を引き継いだ「国際信託統治制度」（国連憲章第12章）や，植民地を意味する「非自治地域」（国連憲章第11章）の規定には自決という言葉は使われず，依然として植民地体制の存続が念頭に置かれていた。

　しかし，反植民地運動が高まりを見せるなかで1960年に国連総会で採択された**「植民地諸国及びその人民に対する独立の付与に関する宣言」**（**植民地独立付与宣言**）は，植民地支配は基本的人権の否認であり「国際連合憲章に違反」すると述べ（1項），自決原則が植民地地域にも適用されるとの立場を示した。これ以降，実際に多くの植民地が独立を達成するとともに，自決概念は国際法上の権利としての地位を獲得していった。ICJは1971年のナミビア事件勧告的意見（ICJ Reports 1971, p. 16［百選60］）で自決原則に言及し，さらに1975年の西サハラ事件勧告的意見（ICJ Reports 1975, p. 12［百選〈第2版〉13］）では自決原則を人民の「権利」であると述べた。1966年に採択された国際人権規約の共通1条においても「人民の自決の権利」が規定され，1970年に国連総会決議として採択された友好関係原則宣言も，自決を権利として表現している。加えて，1995年の東ティモール事件でICJは，自決権が国際社会のすべての構成員に対する「対世的権利（rights *erga omnes*）」としての性格を持つと述べた（ICJ Reports 1995, p. 90, para. 29［百選96］）。

(b)　植民地独立時の領土保全

　植民地独立付与宣言6項は領土保全原則に言及する。これは，脱植民地化の

文脈では，旧来の植民地行政区画に変更を加えず独立することを意味した（**ウティ・ポシデティス**〔*uti possidetis*〕**原則**）。植民地の一部を切り離して施政国が影響力を保とうとする例もあったため，領域の一体性を保持して独立すべきだと主張されたのである。チャゴス諸島事件ではこの領土保全原則の適用が論点となり，ICJ は，地域住民が自由かつ真正な意思で異なる帰結を要望するのでない限り，同原則が適用されると述べた（ICJ Reports 2019, p. 95, para. 160［百選13]）。モーリシャスは独立時の英国との交渉においてチャゴス諸島の切り離しに合意していたが，これは真正な意思とはみなされず，領土保全原則の適用を排除する根拠にはならないとされた。植民地独立付与宣言 5 項は，「いかなる条件又は留保もなしに」住民の意思に従うと述べているため，現地住民側が施政国との独立交渉の中で不本意ながら同意した事項は，有効とは認められない可能性がある。

(3) 脱植民地化以後の自決権

　植民地地域がほぼ独立を達成すると，自決権は，独立国家の国内において政治や社会にすべての住民が参与し自己決定を行う権利（内的自決）として機能することが基本となるが，その一方で，国内の一部の地域や住民が内的自決の機会を剥奪され，深刻な迫害や抑圧を受けている場合に，当該国家から分離独立する権利が認められるか否か（救済的分離権の有無）が問題となった。

　コソボのセルビアからの分離独立は，救済的分離が適用されるか否かが問題となる事案であった。コソボ独立宣言事件において ICJ は，分離独立の国際法上の合法性は諮問事項に含まれていないと述べ，一方的独立宣言という行為自体は一般国際法上禁止されていないという見解を示すにとどめた（ICJ Reports 2010, p. 403, paras. 79–83［百選 12]）。しかし，この手続の中で一定数の国が，コソボの独立を救済的分離権に基づいて肯定する意見を表明しており，国家実行として注目される。

第4章 国　家

II　国家承継・政府承継

1　国家承継

(1)　国家承継の意義

　国家承継とは，新国家が成立したり，あるいは国家領域の一部が他国へと移転する場合に，先行国が有する国際法上の権利義務，法制度，あるいは国家の財産・債務を，承継国が引き継ぐことを意味する。国家承継に関する一般国際法規則の法典化を目指して，国連国際法委員会により 1978 年に**「条約についての国家承継に関するウィーン条約」**（条約承継条約）が，1983 年に**「国の財産，公文書及び債務についての国家承継に関するウィーン条約」**（財産等承継条約）が採択された。しかし，国家承継は個々の事案の特殊性が大きく，統一的な「国家承継規則」を作成する必要があるかにつき国家間に見解の隔たりもあり，これらの条約が広く支持されているとはいえない（財産等承継条約は未発効である）。ただ，これらの条約の規定には重要な論点も含まれているため，それを手がかりに国家承継の主要問題を説明する。

(2)　条約の承継

(a)　国家承継の形態

　条約承継条約は，国家承継の形態を 3 つに分類する（①領域の一部の移転，②新独立国〔植民地からの独立〕，③国家の結合・分離）。しかし，伝統的理解では，先行国が存続しているかどうかにも注目しつつ，次の 5 つに分類されることが多かった。すなわち，①領域の一部移転（先行国存続），②国家の結合（先行国消滅），③国家の分裂（先行国消滅），④国家からの分離と新国家創設（先行国存続），⑤植民地からの独立（先行国存続），である。

(b)　条約の承継に関する 2 つの原則

　条約の承継に関する基本原則は，「条約関係継続性の原則」である。これは，国内法上の相続規定において，相続人が故人の権利義務を包括的に引き継ぐことを参考に，国際法にもその考え方を導入し第三国との法的関係の安定化を図

96

るものである。ただし，植民地からの独立などの場合には，先行国が締結していた条約を引き継ぐ義務は負わず，承継するか否かは白紙の状態で選択できるとされる（**クリーン・スレート原則**）。この2つの原則がどのように使い分けられるかを，場合ごとに検討する。なお，以下は条約承継条約に示された1つの考え方であり，実際の国家承継では，これとは異なる処理がされることも多い。条約承継条約も，別段の合意があるときはそれに従うと度々述べており，任意規定としての位置づけであることを示している。

(c) 具体的な条約承継規則

①領域の一部移転。国家領域の一部が他国へと移転される場合には（「ある国の領域の一部……が，他の国の領域の一部になったとき」），その地域では，先行国が締結してきた条約は効力を失い，承継国が締結してきた条約が代わりに適用されるようになる（条約承継条約15条）。

②国家の結合。いずれの先行国の条約も引き続き効力を有するが（条約承継条約31条1項），それぞれの地域に別々に適用されるのが原則である（同条2項）。結合後に締結した条約は国全体に対して適用される。

③国家の分裂。条約承継条約34条1項は，国家の分裂と分離のケースを，「先行国が引き続き存在するか否かにかかわらず」として共通に扱っている。これによれば，先行国の条約は，分裂後に形成された各承継国に対して引き続き効力を有するのが原則である。しかし，実際には，分裂してできた諸国は，先行国の条約を選択的に承継している場合も多い（他国の側もそうした選択的承継を容認している）。したがって，このルールが慣習国際法の法典化といえるか疑問もある。

④分離独立。この場合も，上述の34条1項と同じ処理となる。しかし，やはり先行国の条約を包括的に引き継ぐような国家実行は十分ではない。たとえば，ソ連の分裂は，実態としては，ソ連を引き継いだロシアと，それ以外の分離独立した国々という形で整理できるが，分離独立した諸国は，ソ連の条約を選択的に引き継ぐこととし，他国の側もそれを受け入れた。つまり，クリーン・スレート原則に近い処理がなされている。なお，核兵器不拡散条約（NPT）との関係では，核兵器国としてのソ連の地位をどの国が継承するのかも問題となった。ウクライナには多数の核兵器が残されていたが，米ロなど主

第4章 国　家

要国がウクライナの安全保障を約束したことで，ウクライナは非核兵器国として NPT に加入した。

　⑤植民地からの独立。この場合は，クリーン・スレート原則が適用される。ただ，すべてが白紙になるというわけではなく，新独立国にとって有利な条約は引き継ぐこともでき，選択が可能になる（条約承継条約 16 条参照）。なお，多数国間条約については，基本的には通告のみで承継でき，その条約の加入手続や他の当事国の同意を必要としない（同 17 条）。他方，二国間条約については，新独立国が承継する意思を示し，かつ相手国もそれに合意した場合に，引き続き効力を有する（同 24 条）。新独立国の場合は，それまで国家としては存在していなかった領域が国家になるため，二国間条約の相手方も承継に関して同意することが必要になるのである。いずれの場合も，新独立国の選択による条約の継続性の確保を図ることによって，条約関係の全面的な断絶を避けようとしている。

(d)　いくつかの例外

　条約承継条約では，以上の基本原則に対する例外も規定されている。まず，ある条約の内容が慣習国際法（「条約との関係を離れてもその国が国際法に基づき課される義務」）になっている場合は，承継の有無にかかわらず遵守が求められる（条約承継条約 5 条）。次に，条約によって決定された境界に関しては，当該地域の割譲や新国家の成立があったとしてもそのまま承継される（同 11 条）。ここには，分離独立や植民地からの独立の場合であってもクリーン・スレート原則は働かない（境界承継原則）。これは，国際関係の基礎である国家領域の安定性・確定性を高めるためである。また，同 12 条が定めるように，領域境界だけでなく，領域に設定された様々な他国の権利も基本的に承継される（交通・流通の諸制度，漁業制度，中立地帯など）。

(3)　国家財産・債務等の承継

　財産等承継条約は，関係国の合意による処理が基本になるとして，極めて一般的な規則しか設けていない。

　①「国家の結合」の場合には，元のそれぞれの国の財産が包括承継される（財産等承継条約 16 条）。

98

②「国家の分離・分裂」の場合の国家財産（特に動産）の移転に関しては，特定地域に関する先行国の活動に関係するものは，その地域の承継国に移転する（同17条1項(b)，18条1項(c)）（たとえばある地域において天然資源開発に係る設備を国が所有していた場合など）。それ以外のもの（たとえば価値のある貴金属等）は「衡平な割合」で移転する（同17条1項(c)，18条1項(d)）。債務に関しても同様に衡平方式をとる（40条，41条）。もっとも，衡平方式は，具体的な配分比率を規定していないため，実際には関係国が合意により処理することになる。本条約はその目安になる一般原則を示すにとどまる。

③「植民地からの独立」の場合には，15条1項(d)において，分裂・分離の場合と同じく「当該領域についての先行国の活動に関係する動産」が新独立国に承継されることとされるが，それに加えて，同項(e)では，「当該領域に属していた動産」も新独立国に移転するとされ，また同項(f)では「その創設について従属地域が寄与した動産」は寄与の程度に応じて新独立国に移転するとされるなど，分裂・分離の場合よりも多くの財産が移転するように定めている。また，債務は基本的に承継されないとする（38条）。

2 政府承継

政府承継は，国家が同一性を保持したまま政府が交替した場合に，新政府が前政府の条約上の権利義務や，財産・債務をどのように引き継ぐかという問題である。国家が同一性を保持して存続している以上，旧政府のもとで成立した条約上の権利義務や債権・債務関係はそのまま引き継がれるのが原則であり，内部の政府の交替は他国に対する債務等を消滅させる理由にはならない。

III 国家の基本的権利義務

国家であれば当然に備わる，慣習国際法上の基本的な権利義務があるとされる。現在の国際法の大部分をなすのは条約であるが，それは当該条約を締結した国にのみ適用される規律である。これに対し，慣習国際法上の基本的権利義務は，条約関係を設定するうえでの出発点であるとともに，条約がない場合の国家間の法的関係を考えるうえでも依然として重要である。こうした基本的権

第4章 国　家

利義務のうち，本節では，主権に関わる様々な原理を概説する。

1　主権概念と国際法の関係

(1)　優位関係をめぐる論争

　19世紀にはドイツ法学を中心に，国家主権の絶対性が強調された。そこでは国際法はあくまでも「主権の自己制約」にすぎないと捉えられる。主権は国際法に先立って存在し，国際法が成立するための論理的前提であるとされる。しかし，第一次大戦後には，主権よりも国際法の優位を唱える論者が増え，主権が法の下にあることを様々な方法で論証する試みがなされた。ケルゼンは，すべての法を1つの体系として捉え，国家およびその主権は，上位規範である国際法が存在することによって初めて存在することが可能になる（国家は法に先行する実体ではなく，むしろ法そのものであり，国際法の下における1つの法制度である）と説いた。

　主権と国際法の問題に関し，常設国際司法裁判所は，ウィンブルドン号事件において，条約上の義務は主権が「ある方法で行使される」ことを確保する（主権の行使の方向性を決める）ものであると述べた（PCIJ Series A, No. 1, 1923, p. 25［百選16]）。つまり，条約の拘束力を認めても主権が失われるわけではなく，主権と条約は整合的に両立するのであり，むしろそのように主権の行使の方向性を自ら決定できる権能（条約の締結権）こそが，主権の存在を証明するものであると捉えたのである。

(2)　主権から管轄権へ？

　20世紀後半になると，主権に対する国際法の優位を主張する立場がさらに有力になり，国家の権能とは，そもそも国際法上で認められた範囲での「管轄権（jurisdiction）」を意味するという見方が広まった。しかし，発展途上国などは，先進国による干渉に対抗するために，依然として主権という概念を重視しており，特に対抗概念としての対外的主権がまったく意味を失ったわけではない。

2 主権平等原則

(1) 形式的平等と実質的平等

主権平等原則の根拠としては，第1に，自然法思想に立脚しつつ，個人が生まれながらに平等であるように，国家も平等であること，第2に，主権の理念として，国家は相互に独立で他国に服属しないのであるから，その論理的帰結として，相互に平等でなければならないことが挙げられる。

このような主権国家間の形式的平等は，国際法の基本をなす原理であるが，これに異議を唱える国も存在した。つまり，力の弱い国には，より優遇された権利義務を認めることで，実質的な平等の実現を図るべきだという補償的（実質的）平等論が唱えられたのである。これは，深海底開発の制度や，国際環境法における「共通だが差異ある責任」の原則として，一定程度は国際法に受け入れられている面もある。しかし，国際法を発展途上国に有利なように全面的に作り変えるまでには至っていない。

(2) 国際機構における主権平等の改変

主権平等との関係では，国際機構における加盟国の地位の差別化も問題となる（第11章Ⅳ参照）。国連安保理では常任理事国が特別な権限を持つが，これは国連憲章上の規定と，機能面から正当化されている。同様に，国際通貨基金や世界銀行において，出資額に応じた投票権の重みづけ（加重投票権）が見られるが，これも，機能的な面から正当化されている。

3 内政不干渉原則

(1) 国内管轄事項の範囲

主権原理，および国家平等原則から導かれる内容として，他国の内政事項に干渉しないという義務が存在する。言い換えれば，国家は，自国の国内問題を他国からの干渉を受けずに自由に処理する権利を持つのであり，この国内問題のことを**国内管轄事項**と呼ぶ。その逆に，国際法の規律対象になり，各々の国家が完全に自由に処理できるわけではなくなったもののことを，**国際関心事項**と呼ぶ。

第4章 国 家

国内管轄事項の範囲は，国際関係の発展や条約の締結により変化しうるのであり，常設国際司法裁判所は1923年のチュニス・モロッコ国籍法事件において，国内管轄事項とは本質的に「相対的な問題」であるとした（PCIJ Series B, No. 4, 1923, p. 24 ［百選45］）。国籍付与の基準のような，伝統的に国内管轄事項とされてきたものも，条約の締結により国際法の規律の対象となる可能性がある。

(2) 干渉に当たる行為

こうした「内政」事項とは何かに関する問題に加えて，「干渉」とは何かという問題がある。一般に，軍事力を用いた他国への関与は違法となる。これは，自ら武力行使する場合だけでなく，他国の政治体制の変革や内乱の助長のために武装集団を援助することも，間接的な武力干渉として禁止される（友好関係原則宣言）。ニカラグア事件（本案）でICJは，国際法上，一国が他国への強制の意図をもって，その他国の政府を転覆させる目的を持つ武装集団を支援し援助するときは，その支援国の政治的目標がそこまで及んでいるか否かを問わず，他国の国内問題への干渉に相当すると判示した（ICJ Reports 1986, p. 14, para. 249 ［百選107］）。ここには，軍事支援が他国への意図された強制を伴う場合に干渉が成立するという認識が示されている。

さらに友好関係原則宣言は，経済的，政治的その他他国を強制する措置であって，「他国の主権的権利の行使を自国に従属させ，かつ，その国から何らかの利益を確保する」ことを目的とするものをとってはならないと述べる。これに従えば，軍事力によらない措置も含め，強制性の有無とその目的に照らして干渉に該当するかが判断されることになる。それゆえ，たとえば他国に対する政治的圧力や経済制裁が違法な干渉になるか否かは一律には決まらず，事案ごとに評価するほかない。ただ，措置の目的や強制性は客観的に判定することが困難であるため，明確に国際法違反の干渉だと断定できるような事案は少ないと考えられる。

(3) 内戦への介入の可否

内戦の場合に，合法政府からの支援要請があり，それに協力する場合には干

渉に当たらないとの見解は従来から唱えられてきた（**同意に基づく介入**）。つまり，中央政府からの要請に応じる場合は違法な干渉にならず，反乱軍への支援は干渉になるとみなされた。しかし今日では，中央政府の要請の有無にかかわらず，内戦への関与は禁止されるとの立場も有力に唱えられる。それは，合法政府がすでに国民の支持を失っている可能性があり，また外国の介入は内戦を拡大・悪化させるおそれがあるからである。

(4) 人道的介入をめぐる議論

一方，特に近年では，ある国の政府がその国の国民に対して深刻な迫害を加えている場合に，それらの人々の人権を保護するために他国が介入することが認められるべきだという主張がある（いわゆる**人道的介入**〔humanitarian intervention〕の理論）。これは，政府や反政府勢力のいずれかを支援するのではなく，人道目的であることを強調する議論である（武力不行使原則との関係については，第15章I参照）。さらに最近では，「**保護する責任**（responsibility to protect）」という標語の下に，ある国で重大な人権侵害が発生しているにもかかわらず当該国政府がそれを防止する能力や意思を持たないときには，「不干渉原則は国際的な保護する責任に立場を譲る」との議論がなされる。国家や政府の存在理由は自国民を保護する点にあると考え，その責任を果たせないときは他国が代わりにその責任を担わねばならないという主張である。しかし，人道的介入や保護する責任の概念は，介入する国の自己利益を覆い隠すために濫用されるおそれもあり，国際法上の規範として確立しているとまではいえない。

(5) 国際機構の活動と国内管轄事項の関係

不干渉原則に関係するもう1つの問題として，国際機構と国家の関係がある。20世紀後半に大きく拡大した国際機構の活動により，従来は国家の内政事項と思われた事項に対して，国際機構の決定などが介入する事態が頻繁に生じるようになった。国連憲章において，2条7項は，憲章第7章による安保理の強制措置の場合を除き，本質上いずれかの国の国内管轄権内にある事項に干渉する権限を国連は持たないと定める。この規定は，**国際連盟規約**15条8項（ある紛争が国際法上専ら紛争当事国の国内管轄に属する事項であるかを連盟理事会が判断す

ると定める）と比べると，「国際法上」という文言が「本質上」へと置き換えられ，また判断主体にも言及がないという点で違いがある。これは，米ソなどが，国際法の発展により自国の管轄事項が縮小していくことを懸念したためであるといわれる。しかし，そもそも国内管轄事項の概念は，国際法が規律しない領域として捉えられてきたのであり，国連憲章2条7項において国際法という文言が取り除かれたとしても，各国がまったく自由に国内管轄事項の範囲を決める立場にないことは変わりがない。

IV 国家管轄権

1 国家管轄権の行使範囲

　私人の国境を越える活動や渉外性を持つ事象が増えてきた現代では，自国領域外で発生した事柄に対して国家がどこまで規律を及ぼせるかが重要になる。これは特に，国家管轄権の行使範囲を定める条約等が存在しない分野において，一般国際法上，いかなる限度まで国家の管轄権行使が認められるかが問題となる。

　この点に関する古典的先例として，ローチュス号事件がある。これは，自国領域外（公海上）で起きた船舶衝突事故に対してトルコが裁判管轄権を行使した事案である。常設国際司法裁判所の多数意見は，トルコの議論を支持し，主権の制約には明確な根拠法規が必要で，それが存在しない残りの部分では管轄権は制約されないとする，いわゆる「主権の残余原理」を提示した（PCIJ Series A, No. 10, 1927, pp. 18-19〔百選17〕）。これは，当時の伝統的な主権概念の下では妥当な理解でありえた。しかし，特に領域外で発生した事柄については，他国も管轄権を主張する可能性があり，管轄権の衝突・競合が起きることが予想されるため，制約がない限り管轄権行使は自由だとする考え方は，国家間の紛争を招く原因になる。したがって現在では，管轄権行使の合理的な根拠となる原則や要素（リンク）を整理し，それに基づき合法的な管轄権行使の範囲を画定しようとする立場が一般的である。

　以下ではそうした管轄権行使の合理的根拠として一般に認められる諸要素を

概観する。もっとも，これらは特定の法分野における国家実行を背景として発展したものであり，特に従来は刑事法と競争法の分野で議論や実行が蓄積されてきた。したがって，これらの分野で発展した考え方が，他の分野でも当然に受け入れられるとは限らない点に注意が必要である。

2 国家管轄権の拡張的行使の根拠

(1) 属地主義とその拡張

(a) 基本となる考え方

　属地主義とは，領域国が当該領域内の事象に対して排他的に管轄権を行使し，域外国による管轄権行使は原則として認めないという立場である。現代国際法における主要な単位が領域国家である以上，この属地主義が管轄権行使の許容範囲を定める基本原則となる。

　なお，国家管轄権は，立法管轄権，執行管轄権，裁判管轄権に分けられることが多い（立法管轄権は，狭義の立法だけでなく，個別事案における措置や命令などの行為を含むため，規律管轄権とも呼ばれる）。このうち執行管轄権は，物理的強制力を行使して法令の内容を実現する作用であり，最も権力的な性格が強いため，厳格に属地主義が適用され，他国領域内での執行管轄権の行使は認められない。これに対し，立法管轄権は直ちには他国領域内での権力作用を持たないため，拡張的行使を認める余地がある。ただし，そうした領域外の事象に対する立法管轄権行使が他国の私人に萎縮効果等を引き起こす可能性もあり，また規律対象者が立法を行った国の領域内に入った際には執行管轄権を行使されるため，立法管轄権の拡張的行使については合理的根拠（規律対象との間の実質的な連関）が必要とされるのである。

(b) 越境的犯罪行為に対する管轄権の拡張

　そのような観点から，従来は特に刑事法分野において，渉外性のある犯罪行為の処罰に関し，立法管轄権に関する属地主義を部分的に拡張することが許容されてきた。これは，**主体的（主観的）属地主義**および**客体的（客観的）属地主義**と呼ばれる。前者は，自国で開始され外国で完成した犯罪行為についても属地主義の範囲内として管轄権行使を認めるものであり，反対に後者は，外国で開始され自国で完成した犯罪行為について管轄権行使を認めるものである。た

第 4 章 国　　家

だし，いずれの場合にも，その犯罪の構成要件に該当する主要な事実の一部が
自国で行われていなければならない。ここでは管轄権の競合が起こりうるが
（一方の国は主体的属地主義，他方の国は客体的属地主義に基づいて管轄権を主張する），
他方で拡張的行使を認めなければ，越境的な犯罪行為はどの国も処罰できない
ことになり不合理であるため，刑事法分野ではこうした属地主義の拡張が認め
られてきた。

(2)　効 果 主 義

　属地主義をさらに拡張し，規律対象となる事実がすべて外国で行われたとし
ても，自国に対して「直接，実質的で予見可能な効果」を及ぼす場合には，こ
れに対して管轄権を行使しうるという立場が主に競争法の分野で発展した。こ
れを効果主義（効果理論）と呼ぶ。

　効果主義は，米国が 1945 年のアルコア事件で採用し始めた立場であり，当
初は他の諸国は，これを国際法上許容されない過剰な管轄権行使であると批判
したが，その後，主要国も同様の立場を採用するようになった。日本の公正取
引委員会は，1990 年に効果主義に基づく競争法の域外適用を認めるべきだと
する報告書を公表し，実際にもノーディオン事件や BHP ビリトン事件で域外
適用を前提とした審査がなされた。また 2017 年のブラウン管カルテル事件判
決において日本の最高裁は，効果主義に基づく独占禁止法の領域外適用を認め
たと考えられる判断を示した（最判 2017〔平成 29〕年 12 月 12 日民集 71 巻 10 号
1958 頁〔百選 18〕）。学説においても，1977 年に万国国際法学会は，多国籍企業
の競争制限的行為を規制する行為を，「意図された，少なくとも予見可能な，
実質的な，直接的かつ即時的な効果を領域内に及ぼす領域外の行為に対する管
轄権の適用」として認める見解を示した。

　なお，米国の裁判所は，たとえ効果主義が適用しうる状況であっても，実際
に管轄権を行使することが合理的であるか否かにつき，外国の法政策との抵触
の程度や，自国が被る損害の大きさなどの利益衡量を行って判断すべきである
との見解を示したことがある（ティンバーレン事件〔百選〈第 1 版〉24〕）。こうし
た合理性評価は，国際法上の義務としてではなく，国際的な礼譲および国内法
上の自己抑制として導入されたものであり，その後，米国対外関係法リステイ

IV 国家管轄権

トメントにも記載された（第4版§405）。米国の裁判所がこの判断基準を一貫して採用しているとは必ずしも言えないが，その一方で，行政庁による競争法運用上の考慮要素としてこうした利益衡量を行うべきことを条約で取り決める例も見られる（日米独禁協力協定6条3項など）。

(3) 属人主義

　属人主義（国籍主義）とは，自国民（ないし自国に登録された船舶・航空機）の他国における行動については，自国が管轄権を行使しうるという考え方である。これも特に犯罪行為の規制の場合に問題となり，自国民が重大な犯罪行為を他国で行った場合，その被疑者が自国に所在していれば，裁判管轄権を行使して処罰できることは諸国が一致して認めている。日本の刑法3条は「国民の国外犯」としてこれを規定する。

　他方，受動的属人主義という立場は，他国で行為を行ったのが他国の国籍をもつ私人であっても，それにより自国民が被害を受けた場合には，その行為者に対して管轄権を行使できるというものである。日本の刑法3条の2は，一定の犯罪についてこれを導入している（他国領海内での日本人を対象とした海上武装強盗などが対象になりうる）。ただし，自国民が被害者であるという理由のみで規制や処罰を認めることは，管轄権の範囲を著しく拡張する可能性もある。1970年代以降に数多く締結されたテロ関連諸条約では，対象犯罪が自国民に対して行われた場合に管轄権行使を許容する規定を置くことが多いが，そうした条約上の根拠がある場合を超えて，受動的属人主義に基づく管轄権行使がどの程度まで認められるのかにつき諸国の見解は一致していない。上記の刑法3条の2も，極めて限定された犯罪類型についてのみ処罰権行使を認めている。

(4) 保護主義

　保護主義とは，国家としての重大な利益の保護を根拠として，行為者の国籍や行為地に関係なく管轄権を行使しうるとする考え方であり，内乱罪等がその対象となる。こうした犯罪が自国領域外で行われる場合，犯罪地国はその取締りにほとんど関心を持たないため，保護主義に基づく管轄権行使が許容されるようになった。ただ，何を国家の重大な利益に含めるかは各国の判断に委ねら

第4章 国　　家

れるため，過剰な管轄権行使に結びつくおそれもある。たとえば中国が2020年に制定した香港国家安全維持法は，外国勢力と結託して中国の国家安全を脅かす行為などを，行為者の国籍や行為地にかかわらず犯罪とするが，これは保護主義の下での一般的な対象犯罪の定義に比べて著しく広範であると考えられる。

(5)　普 遍 主 義

(a)　古典的事例と新たな展開

　普遍主義とは，国際社会の共通の価値を保護するため，当該事象の発生地や行為者・被害者の国籍に関係なく，すべての国に管轄権の行使を認める考え方である。普遍主義が適用される代表例は，古くから「人類共通の敵」とされる海賊であり，いずれの国も公海上で海賊を拿捕し，裁判権を行使して処罰を行うことができる（国連海洋法条約105条もこれを確認する）。

　海賊以外に普遍主義が適用される事象として，近時では慣習国際法上の中核犯罪，すなわち集団殺害犯罪（ジェノサイド罪），人道に対する犯罪，戦争犯罪，1949年ジュネーブ諸条約の重大な違反などが含まれるとの見方が有力になりつつある。たとえばベルギーは1993年の法令で，重大な国際人道法違反を犯した者につき，その犯行地や被疑者の国籍等に関係なく，さらに被疑者がベルギー国内に存在するか否かも問わずに，同国裁判所が管轄権を行使できると定めた。この法令に基づき，実際にコンゴ民主共和国の現職の外務大臣に対し，人種差別を扇動した疑いで逮捕状が発出された。この逮捕状発出の問題はICJでも争われたが，ICJは普遍主義的な管轄権行使の合法性については一般的な見解を示さず，外務大臣の特権免除が侵害された点のみを違法と判断した（逮捕状事件，ICJ Reports 2002, p. 3, paras. 45–55 [百選〈第2版〉2]）。その後ベルギーは2003年に，犯行地または被疑者・被害者の国籍がベルギーであること，および被疑者がベルギーに所在することを新たに要件とする形で，普遍主義の要素を除去する法改正を行った。

(b)　条約上の普遍主義

　他方，1949年ジュネーブ諸条約は，重大な違反行為を行った者はその国籍を問わず処罰する（あるいは他の関係国に引き渡す）ことを締約国に求めている

（第 1 条約 49 条など）。これは，普遍主義的な管轄権行使を条約上の義務として定める例であり，すべての国に管轄権行使の権能を認める伝統的な普遍主義の考え方と区別して準普遍的管轄権と呼ばれることもある。また，テロ関連諸条約においても，たとえば航空機不法奪取防止条約 7 条のように，「その犯罪行為が自国の領域内で行われたものであるかどうかを問わず」，自国内に所在する被疑者を「**引き渡すか訴追する義務**」が締約国に課せられている。日本は，こうした条約上の普遍主義的な刑事管轄権行使の義務を実行可能にするため，刑法 4 条の 2 において，「条約による国外犯」の規定を設けた。

(c)　国家元首等の特権免除との緊張関係

　普遍的管轄権の行使にあたっては，前述のベルギー逮捕状事件のように，政府高官の特権免除との関係が問題となりやすい。一般に，国家元首等はその在職中には全面的な免除が与えられるが（人的免除），離職後は，在職中に行った公的行為についてのみ免除が認められる（事項的免除。第 5 章 II 参照）。ピノチェト事件において英国貴族院は，普遍的管轄権制度を定めた拷問等禁止条約の締約国に関しては，元国家元首が在職中に行った拷問行為は公的行為とは言えず，事項的免除の対象にならないと判断した（Regina v. Bow Street Metropolitan Stipendiary Magistrate and others Ex Parte Pinochet Ugarte（No. 3），UK House of Loads，Judgment，The Weekly Law Reports 1999（Vol. 2），pp. 847-848 ［百選 22］）。

3　管轄権の拡張的行使と対抗力

　以上のように，具体的にどの程度まで国家管轄権の拡張的行使（特に効果主義や普遍主義に基づくもの）が認められるかについて，一般国際法上は必ずしも明確な基準が存在しないこともある。そうした場合には，明らかに過剰な事例でない限り，合法・違法の問題というよりも「対抗関係（対抗力）」の問題として処理されざるを得ない。つまりそこでは，他の諸国の側の反応のあり方が重要になり，異議を唱えなかった国との関係ではそうした管轄権行使の有効性を主張しうる余地がある（第 2 章 VIII 参照）。かかる事例の反復は，やがて国際慣行および法的信念の蓄積を促し，当該類型の管轄権行使の合法性に関する慣習国際法の形成に結びつく場合もある。

　反対に，他国による管轄権行使の妥当性を強く否認したいときは，国家間で

第4章 国　家

異議を唱えるのみならず，当該外国法令の効力を自国内において打ち消し，当該外国法令に従わないよう自国民に義務づける立法を行うこともある（**対抗立法**〔blocking statute〕と呼ばれる）。1982 年に米国が発動した対ソ制裁は，他国の企業に対してもソ連との天然ガスパイプライン建設契約を停止させる内容を含んでいたが，西欧諸国はこれに従うことを禁じる対抗立法を制定し，結果的に米国は対ソ制裁を解除した（シベリア・パイプライン事件）。

● 参考文献

『国家管轄権――国際法と国内法（山本草二先生古稀記念）』（勁草書房，1998 年）

松井芳郎「試練にたつ自決権――冷戦後のヨーロッパの状況を中心に」『転換期国際法の構造と機能（石本泰雄先生古稀記念）』（国際書院，2000 年）461-516 頁

広瀬善男『国家・政府の承認と内戦（上――承認法の史的展開）（下――承認法の一般理論）』（信山社，2005 年）

伊藤一頼「国際法における内的自決権の現代的意義」『国際法のダイナミズム（小寺彰先生追悼）』（有斐閣，2019 年）103-129 頁

藤澤巌『内政干渉の国際法――法の適用問題への歴史的視座』（岩波書店，2022 年）

竹内真理「域外行為に対する刑事管轄権行使の国際法上の位置づけ――重大な人権侵害に関する分野の普遍管轄権行使を中心に」国際法外交雑誌 110 巻 2 号（2011 年）182-209 頁

第5章 国際法上の免除

I 国家免除（主権免除）

1 国家免除を規律する国際法

(1) 国家免除とは

国際法上，主権国家およびその財産は，一定の場合，他国の管轄権に服さない。つまり，国は他国による管轄権の行使から免れるということであり，これを**国家免除**（State immunity）または**主権免除**（sovereign immunity）という。とりわけ問題となるのは他国の裁判権からの免除，すなわち，**裁判権免除**（jurisdictional immunity）である。法廷地国の側からみれば，自国の裁判所において外国を相手取った訴訟が提起された場合，裁判権を行使しない国際法上の義務を負っているということになる。

国家免除および主権免除の語は，国自身の免除のみならず，国のために行動する個人（政府職員）の免除を含むものとして用いられる場合がある（**政府職員等の免除**についてはIIを参照）。国家免除の起源は19世紀にまでさかのぼるが，外交使節には，それよりも古くから，接受国において一定の特権免除が認められてきた。このことに鑑みれば，**外交特権免除**は，国自身の免除とは区別して論ずべき別個の制度と解するのが自然であろう（**外交関係・領事関係**についてはIIIを参照）。国際機構およびその職員もまた，当該機構の構成国の管轄権からの免除を享有するが，本章では扱わない（**国際機構の特権免除**については第11章を参照）。

(2) 国家免除を規律する法の存在形式

　国家免除は，主に慣習国際法によって規律されるが，この問題を扱う条約も存在する。たとえば，1972年の欧州国家免除条約は，国の裁判権免除について詳細な定めを置いているが，その当事国は8か国ときわめて少数である。2004年には，**国及びその財産の裁判権からの免除に関する国際連合条約**（国連国家免除条約）が国連総会によって採択された。これは普遍的な参加を想定した条約であるが，未だ効力を生じていない。

　他方で，外国の裁判権免除を定めた国内法をもつ国は少なくない。1976年の**米国外国主権免除法**（FSIA）や1978年の**英国国家免除法**（SIA）がその代表的なものである。日本では，国連国家免除条約を踏まえて，2009年に**対外国民事裁判権法**が制定された（2010年4月1日施行）。

　これら条約や国内法の規定は，一方で，慣習国際法規則の内容の明確化において有用な指針となるが，他方で，それらが慣習国際法規則の内容を正確に反映しているかどうかは個別に判断すべき事柄である。

(3) 国家免除の理論的根拠

　国際司法裁判所（ICJ）は，2012年の**国家の裁判権免除事件判決**（ドイツ対イタリア；ギリシャ訴訟参加）において，国家免除の規則が**国家の主権平等原則**に由来するものであると述べた（ICJ Reports 2012, p. 123, para. 57［百選1]）。しかし，国が互いに管轄権を行使しうる状態もまた「平等」といえるため，国家免除は，むしろ，主権国家の独立または不干渉原則に基礎をもつものとみるべきであろう。「**対等な者同士は互いに支配権をもたない**（*par in parem non habet imperium*）」という法格言が示しているように，国が相互に管轄権の行使を控えることにより，国際関係の安定を維持することに広く利益が見出されていると考えられる。もっとも，国家免除の理論的根拠——何を保護することによって国際関係の安定の維持を図るか——は，時代とともに変容してきたように思われる。

2　絶対免除主義と制限免除主義

(1) 絶対免除主義——人的な制度としての国家免除

　国家免除の古典的先例とされる1812年の**スクーナー船エクスチェンジ号対マ**

I 国家免除（主権免除）

ックファドン事件判決において，米国連邦最高裁は，「主権者の完全な平等と絶対的な独立」等から，同じく主権者がもつ排他的な領域管轄権に対する例外として，免除を導き出した（11 U.S. (7 Cranch) 116 (1812), pp. 136-137［百選 19］）。

　これを嚆矢として，特に英米の国内裁判例を通じて，いわゆる**絶対免除主義**の立場が有力になっていく。そこでは，外国が自ら免除を放棄した（法廷地国の裁判権に服することに同意を与えた）場合や法廷地国の不動産に係る事例を除いて，国内裁判所はおよそ外国に対して裁判権を行使してはならないとされる。かくして，この場合，国の裁判権免除は，主権者を保護するための**人的な**（*ratione personae*）**制度**と理解される。そこで重要なことは，誰が被告となっているかであり，それが外国（またはその機関等）である限り，法廷地国は原則として免除を与えなければならない。

(2) 制限免除主義——事項的な制度としての国家免除

(a) 制限免除主義とは

　しかし，今日では**制限免除主義**の立場が支配的になっているといわれる。国が，私的なアクターと同じような立場で経済活動に従事することが増え，そのような場合にまで裁判権免除を付与すると，取引の公平性および安全を損なうという弊害が認識されるに至った。こうした背景の下，外国の行為を統治権能（governmental authority）の行使に関わる**主権的行為**（*acta jure imperii*）と商業的な性格をもつ**業務管理行為**（*acta jure gestionis*）に分類し，前者についてのみ免除を付与する制限免除主義を採用する政府や国内裁判例が大多数を占めるようになった。

(b) 日本における判例の変遷

　日本においても，絶対免除主義を採用した大審院決定（大決 1928〔昭和 3〕年 12 月 28 日民集 7 巻 1128 頁）が長らく判例の地位を占めてきたが，最高裁は，2002 年の**横田基地夜間飛行差止請求事件判決**（最判 2002〔平成 14〕年 4 月 12 日民集 56 巻 4 号 729 頁）を経て，2006 年の**パキスタン貸金請求事件判決**（最判 2006〔平成 18〕年 7 月 21 日民集 60 巻 6 号 2542 頁［百選 20］）において，明確に判例を変更し，制限免除主義の立場を採用するに至った。

　もっとも，**パキスタン貸金請求事件判決**において，外国はその主権的行為に

第5章　国際法上の免除

ついて引き続き免除されるものの，「**私法的ないし業務管理的な行為**についても法廷地国の民事裁判権から免除される旨の国際慣習法はもはや存在しない」と述べたのち，最高裁は，外国の「業務管理的な行為については，我が国による民事裁判権の行使が当該外国国家の主権を侵害するおそれがあるなど**特段の事情**がない限り」免除されないと付言している（民集60巻6号2545頁）。このことは，業務管理行為であっても国家免除の対象となりうる——主権的行為と業務管理行為の区別は外国に裁判権免除を付与すべきかどうかに係る判断基準の1つでしかない——ことを示唆している。

(c)　**国家免除によって保護される主権の要素・属性**

　制限免除主義の下では，一定の場合，法廷地国は外国に対して——当該外国の意思に反してでも——裁判権を行使することができる。となれば，国家免除はもはや主権者そのものを保護する人的な制度とはみなされえず，主権の一定の要素または属性（たとえば統治権能）を保護する**事項的な**（*ratione materiae*）**制度**と解すべきであろう。以下にみるとおり，具体的な事案において外国に裁判権免除を付与すべきか否かは，そこで問題になっている主権の要素・属性は何か，免除の付与がそれを保護するために（どの程度）必要か，という観点から確定されることになる。

┤ **Column 5-1**　国家免除を援用することができる「国」├

　国内裁判所において，外国そのものではなく，その**機関**や**地方政府**（**地方自治体**），**中央銀行**等が訴えられた場合，それら被告は国家免除を援用することができるだろうか。この点，国連国家免除条約の起草過程において，国家そのものに加えて，「その**政府の諸機関**（organs）」および「**国家の代表**であってその資格において行動しているもの」が同条約の適用上「国」とみなされることについて，大きな争いはなかった（国連国家免除条約2条1項(b)号(i)および(iv)）。しかし，その他の公的な実体については，見解の相違があった。結果的に，「**連邦国家の構成単位又は国家の行政区画**」については，「主権的な権能の行使としての行為を行う権限を有し，かつ，それらの資格において行動しているもの」を，国家の**外部機関**（agencies or instrumentalities）等については，「国家の主権的な権能の行使としての行為を行う権限を有し，かつ，そのような行為を現に行っている場合に限」り，「国」とみなす旨が規定された（同号(ii)

および(iii))。

また，**未承認国**——法廷地国が承認していない国——の扱いが問題になることがある（国家承認については第4章を参照）。たとえば，**北朝鮮帰国事業事件判決**（東京地判2022〔令和4〕年3月23日裁判所ウェブ）は，対外国民事裁判権法2条1号にいう「国」とは，日本国政府が承認する国家を指すものと解すべきであるとして，未承認国である北朝鮮は日本の民事裁判権から免除されないと判示した。しかし，国家承認に係る創設的効果説が今日もはや採用しえないものであるとすれば，法廷地国の免除付与義務は，同国が当該外国を国家として承認しているかどうかによって左右されないと解すべきであろう（岡田陽平「未承認国に対する裁判権免除」令和4年度重要判例解説〔2023年〕259-260頁を参照）。

3 免除を援用することができない裁判手続

　制限免除主義の下では，外国が法廷地国の裁判権から免除される場合とそうでない場合を判別する具体的基準の特定が，実践的にも理論的にも重要となる。国連国家免除条約は，一般原則として，「いずれの国も，この条約に従い，自国及びその財産に関し，他の国の裁判所の裁判権からの免除を享有する」と規定する（5条）。また同じく一般原則の1つとして，法廷地国による裁判権行使に「明示的に**同意**した場合には」免除を援用することができないとも定めている（国連国家免除条約7条）。そのうえで，外国が「免除を援用することができない裁判手続」の類型を列挙している。以下，重要なものについて解説する。

(1) 商業的取引——主権的行為と業務管理行為の区別

(a) 行為目的説と行為性質説

　商業的取引から生じた裁判手続は，外国が法廷地国の裁判権から免除されない場合の典型である（国連国家免除条約10条）。しかし，ある裁判手続が商業的取引から生じたものかどうか，すなわち，当該裁判において問題となっている外国の行為が業務管理行為と性格づけられるかどうかの判断は，場合によって困難を伴う。この判断をめぐっては，行為の目的を基準とする**行為目的説**と，

第5章　国際法上の免除

行為の性質を基準とする**行為性質説**とが主張されてきた。

　一般的に，行為の目的に着目すると，裁判権免除はより広く認められるといえる。たとえば，外国が軍隊や大使館で必要とされる物資を購入した場合，それ自体は商業的な取引であっても，目的の公共性を重視すれば，そこから生じた裁判手続にも免除が及ぶことになる。しかし，国が取引を行うのはおよそ公的な目的のためであって，行為目的説を採用すると，制限免除主義の意義が失われかねないとの批判がある。加えて，目的に着目すると，勢い，取引の背景や文脈といった広範な要素を考慮することになる。その結果，判断の客観性を確保することが難しくなり，予見可能性は低下する。

　これに対して，行為の性質に着目すると，その裁判手続で問題となっている特定の行為そのものに焦点が絞られることになる。つまり，物資購入の例において着目すべきは，外国が「購入した」（売買契約を締結した）ということであり，その結果，商業的という性格づけが行われる。そして，その他の事情——「何を」，「何のために」購入したか——によってこの性格づけが変更されることは原則としてない，ということになる。

(b)　国連国家免除条約が採用する「商業的取引」の基準

　国連国家免除条約において，「**商業的取引**」とは，「物品の販売又は役務の提供のための商業的な契約又は取引」，「貸付けその他の金融的な性質を有する取引に係る契約」および「商業的，工業的，通商的又は職業的な性質を有するその他の契約又は取引」をいうと定められている（2条1項(c)）。

　そのうえで，契約・取引の性格決定——商業的なものか否か——においては，その「性質を主として考慮すべきものとする」として，原則として，**行為性質説**が採用されている。しかし，契約・取引の当事者間でその目的も考慮すべきことについて合意した場合，または，法廷地国の慣行において契約・取引の目的がその性格決定に関係を有する場合には，契約・取引の「目的も考慮すべきものとする」とし，**行為目的説**にも一定の配慮を払っている（国連国家免除条約2条2項）。

　これは，裁判権免除の射程をめぐって諸国の間に見解の一致が存在せず，したがって，条約交渉において妥協が必要であったことを示している。裁判権免除が広く認められるべきと考える国は，契約・取引に際して，その目的を考慮

116

I 国家免除（主権免除）

すべきことについて合意しておくことで，自らが望む結果を得ることができる。しかし，そのような国は，自らが法廷地国になった場合には，外国による契約・取引の目的も考慮しなければならず，その結果，外国に対して裁判権免除を広く認めることになるだろう。もっとも，この複雑な基準を実際の事案において適用することは，必ずしも容易ではないと思われる。

(c) 市場の規制者か私的な一取引当事者か

　国内法や国内裁判例をみれば，一般的に，行為性質説が有力であるといえよう。たとえば，**米国 FSIA** では，国の活動の商業的性格は，行為の目的ではなく，その性質に照らして確定されるとして，明確に行為性質説が採用されている（1603 条(d)）。

　これを受けて米国連邦最高裁も，行為の目的（あるいは動機や理由）が何かではなく，それが取引・通商に従事する私人によってとられる**類型**（type）の行動であるか否かを問わねばならないと述べた。つまり，外国が**市場の規制者**（regulator of a market）としてではなく，**私的な一取引当事者**（a private player within it）として行動している場合には，米国の裁判権に服することになる。外国が為替制限措置を講ずる場合は，前者に該当する。他方で外国は，軍隊で用いるためにブーツを購入した場合はもちろん，弾丸を購入した場合にも，当該取引から生じた裁判手続において免除を援用することはできない（Republic of Argentina v. Weltover, Inc., 504 U.S. 607 (1992), pp. 614-615, 617）。

　スイス連邦裁判所も同様に，業務管理行為と主権的行為とは，行為の性質，すなわち，その行為が**公権力**（puissance publique）**の行使**におけるものか，それとも，いかなる私人でも実行しうる類の行為かに基づいて区別されると判示した（République Arabe Unie c. dame X, BGE 86 I 23 (1960), p. 29）。日本の最高裁もまた，**パキスタン貸金請求事件判決**［百選20］において，問題の行為——コンピューター等に係る売買契約を締結し，目的物の引渡しを受けた後に売買代金債務を消費貸借の目的とする準消費貸借契約を締結した行為——は「私人でも行うことが可能な商業取引であるから，その目的のいかんにかかわらず，私法的ないし業務管理的な行為に当たるというべきである」と結論づけた（民集 60 巻 6 号 2546 頁）。

第5章　国際法上の免除

(d)　保護法益としての統治権能

　私人には行いえない行為とは，具体的にはどのようなものだろうか。ドイツ連邦憲法裁判所が**イラン大使館事件**——在ケルン大使館の暖房設備の修繕を行った会社がその代金の支払を求めてイランを提訴した事件——において確認したように，何が統治権能または公権力の行使に該当するかを国際法が定めているわけではなく，その範囲は国内法秩序によって異なりうる。しかし，そこには外交や軍事に関する活動，立法，警察権の行使，司法運営等が含まれると一般的には考えられている。こうした国家権能の核心を構成する外国の活動は主権的行為とみなされる（16 BVerfGE 27 (1963), pp. 62-64）。

　この点，大使館の修繕は外交使節団がその任務を支障なく遂行するために必要であり，この意味において，修繕請負契約の締結と主権的の職務との間には一定の結びつきが認められる。しかし，契約締結それ自体は国家権能の核心を構成する活動ではない。したがって，ドイツ連邦憲法裁判所は，そのような活動から生じた裁判手続において外国（イラン）に免除を付与するよう国際法上義務づけられていないと結論づけた（*ibid.*, p. 64）。

　国は，主権の一要素として，その領域内の人や物を排他的に統治する権能を有している。言い換えれば，国は，私人には行使しえない規制的または強制的な権限を行使することで，その領域において，その国があるべきと考える秩序の実現を目指す。かくして国家免除は，各国が統治に係る特別な権限を行使するにあたって，他国の干渉を受けることがないよう確保するものと考えることができる。

┃ **Column 5-2　戦闘機の購入は商業的行為か** ┃

　米国連邦最高裁は，軍隊のためのブーツの購入のみならず，弾丸の購入も商業的行為と性格づけられると述べたが，では，外国による戦闘機の購入も，その性質に着目すれば，商業的行為と性格づけられ，したがって，裁判権免除は与えられないのだろうか。これが実際に問題となった近年の事件において，米国控訴裁判所は，あらゆる物品の売買が商業的行為と性格づけられるわけではないとの立場から，F-35戦闘機の購入は，私人や私的企業が行いうるような類型の活動ではなく，その本質において主権的な活動であると判示した（Blenheim

Capital Holdings Ltd. v. Lockheed Martin Corp., U.S. Court of Appeals（4th Cir.), No. 21-2104, 15 November 2022）。行為の性格づけにおいて，その目的や文脈を完全に捨象することが適切か——そもそも可能か——という根本的な問いが投げかけられている。

(2) 雇用契約

(a) 被用者の職務内容および地位

国連国家免除条約は，**雇用契約**について，やや複雑な定めを置いている。国は，他国領域内で行われる労働のために個人と結んだ雇用契約に関する裁判手続において，当該他国の裁判所の裁判権からの免除を援用することができない（国連国家免除条約11条1項）としたうえで，その限りでない——免除を援用することができる——場合を列挙している。何よりもまず，被用者が**統治権能**を行使する特定の職務を遂行するために採用されている場合が挙げられている（同条2項(a)）。次に，被用者が**外交官**等である場合が除かれている（同項(b)）。

(b) 採用，契約更新または復職に係る請求

第3に，裁判手続の主題が「個人の**採用，雇用契約の更新又は復職**」（recruitment, renewal, reinstatement の頭文字をとって **3R** と呼ばれる）である場合にも，裁判所は外国に免除を与えなければならない（国連国家免除条約11条2項(c)）。これは，免除の援用の可否が，被用者の職務内容や地位ではなく，原告（被用者）の請求内容に依存するという意味において特殊である。

単に金銭の支払を求めるものではなく，3R に係る請求について判断することを法廷地国に認めるということは，特定の個人を雇用するよう外国に対して強制する権限を法廷地国に与えることに他ならない。したがって，法廷地国による裁判権行使は，たとえそれが統治権能の行使を伴わない職務のための雇用契約に係る裁判であったとしても，外国が主権の一要素として有している**自己組織の自由**——いずれの自然人をもって自己を組織し，そのなかの誰にどのような職務を与えるかを決定する自由——を損なうことになり，国際法上認められない干渉を構成すると考えられている。

この点，法廷地国の国内法上，労働者に就労請求権が認められない——日本

第5章　国際法上の免除

では原則として認められない——とすれば，使用者たる外国は，賃金債務こそ負うものの，適任でないと当該外国が考える者に職務を遂行させることまでは義務づけられない。となれば，結局は金銭支払の問題でしかなく，3R に係る請求だからといって特別に免除を与える必要はないという見方もできる。もっとも，一定の金額を支払えば債務の履行が完了する場合と，賃金を支払い続けるよう求められる場合とでは，主権への干渉の度合いは質的に異なるということはできよう。

(c)　解雇または雇用契約の終了に係る裁判手続

　第4に，「裁判手続の対象となる事項が個人の**解雇**又は**雇用契約の終了**に係るもの」である場合には，雇用主たる外国の国家元首，政府の長または外務大臣によって，その裁判手続が当該外国の「安全保障上の利益を害し得るものである」と決定された限りにおいて，免除が援用されうる（国連国家免除条約 11 条 2 項(d)）。

　かくして，解雇・契約終了の場合，3R の場合と比較して，裁判権免除の援用可能性は大きく制限されている。しかし解雇された者が，これを不当として，雇用契約上の権利を有する地位にあることの確認を裁判所に求める場合，外国の自己組織の自由を保護するという観点からは，3R に係る請求との間に大きな違いはないように思われる。他方で，労働者保護の要請は，いったん有効に成立した雇用関係を終了させる局面においては，雇用関係開始の局面と比較して，より強いと考えられる。

┤ **Column 5-3**　ジョージア州港湾局事件 ├

　米国ジョージア州港湾局は，その極東代表部を東京に置いていた。その閉鎖に伴って解雇された職員が，その無効を主張し，雇用契約上の権利を有する地位にあることの確認および解雇後の賃金の支払を求めて，ジョージア州を相手取って日本の裁判所に提訴した（**ジョージア州港湾局事件**）。

　東京高判 2007（平成 19）年 10 月 4 日判時 1997 号 155 頁は，ジョージア州による裁判権免除の援用を認め，解雇された職員の訴えを却下した。本件において求められている救済は，「雇用主たる外国国家の主権的機能に不当な干渉をされない利益という観点から」，国連国家免除条約 11 条 2 項(c)にいう「復職」の

範疇に属するものと解するほかない，という理由からである（161頁）。他方で
2009年，その上告審において最高裁（最判2009〔平成21〕年10月16日民集
63巻8号1799頁）は，国連国家免除条約にいう「復職」とは，「文字どおり個
人をその職務に復帰させることに関するものであって，現実の就労を法的に強
制するものではない上告人の本件請求をこれに当たるものとみることはでき」
ず，本件請求は11条2項(d)にいう「裁判手続の対象となる事項が個人の解雇
又は雇用契約の終了に係るもの」に該当すると判示し，裁判権免除を否定した
（1806頁）。

　本件は**対外国民事裁判権法**施行前の事案であるが，同法9条2項3号および4
号——それぞれ国連国家免除条約11条2項(c)および(d)に対応するが，規定ぶ
りは同一ではない——の解釈適用に係る重要な先例といえよう（垣内秀介「職
員の解雇をめぐる訴訟と外国国家に対する民事裁判権免除」判タ1343号〔2011
年〕37-47頁を参照）。

(3) 不 法 行 為

(a) 不法行為例外の判断基準および射程

　主権的行為と業務管理行為とを区別し，前者についてのみ免除を付与すると
いう意味での制限免除主義が，取引の公平性および安全への配慮を背景として
有力になったものであるとすれば，この区別が不法行為事例においても当然に
あてはまると考えることはできない。この点，必ずしも諸国の実行は一貫して
いないものの，国家免除の**不法行為例外**において重視されてきたのは，問題の
行為の性格——主権的行為か業務管理行為か——ではなく，**領域性**——それが
法廷地国の領域内で実行されたかどうか——であった。

　国連国家免除条約も，国の作為・不作為から生じた「人の死亡若しくは身体
の傷害又は有体財産の損傷若しくは滅失」に対する金銭賠償に関する裁判手続
において，当該国が他国の裁判権からの免除を援用することができないのは，
問題の作為・不作為の全部または一部がその他国の領域内で行われ，かつ，行
為者が実行時にその他国の領域内に所在していた場合であると定めている（12
条）。つまり，免除の例外を業務管理行為に限定していない。不法行為例外が
主権的行為にも及ぶかどうかについて，ICJは，**国家の裁判権免除事件判決に**

第5章　国際法上の免除

おいて判断を避けた（ICJ Reports 2012, pp. 127-128, para. 65 ［百選 1］）。

ICJ が同事件において判断したのは，他国の領域内で実行された不法行為であっても，それが武力紛争の遂行中に軍隊等によって実行されたものであれば，当該他国は，慣習国際法上，その軍隊等の本国に免除を付与する義務を負うということであった（*ibid.*, p. 135, para. 78）。

(b)　法廷地国の（領域）主権との関係

不法行為例外は，もともと，自動車事故のような保険制度が適用される事案を念頭に置いていたといわれることがある。しかし，国連国家免除条約を起草した国連国際法委員会（ILC）のコメンタリーによれば，国連国家免除条約 12 条の不法行為例外の射程は，政治的暗殺まで含む広いものだという（Yearbook of the International Law Commission, Vol. II, Part 2 (1991), p. 45, para. 4）。同コメンタリーは，不法行為例外の基礎が，行為の目的や性質ではなく，その領域性にあると強調しているが（*ibid.*, para. 8），その前提として，国連国家免除条約 12 条がカバーする不法行為に関する限り，行為地国こそが最適な法廷地であると指摘している（*ibid.*, p. 44, para. 3）。

国家免除が法廷地国の領域主権（排他的な領域管轄権）の例外であることに鑑みれば，国が他国に，当該他国の同意を得ることなく物理的に侵入した——当該他国の主権を侵害した——場合には，もはや当該他国に対して裁判権免除の付与——主権の尊重——を要求できなくなるとしても，それは道理であろう。もっとも，インターネットが発達した今日，他国に物理的に侵入することなく，当該他国の主権を侵害することは不可能ではない。他国の重要インフラに物理的損害や機能喪失をもたらすようなサイバー攻撃がその例である。かくして，不法行為地をどのように確定すべきか，さらには，そもそも不法行為地を問うことにいかなる意義があるのか，再考を迫られているように思われる。

4　重大な人権侵害行為に対する責任の追及

(1)　裁判権免除を付与する義務の(不)存在

国連国家免除条約が免除を援用することができない裁判手続について網羅的に列挙しているかどうかは，必ずしも明確ではない。同条約に定めがないものとして，たとえば，重大な人権侵害行為に対する外国の責任が追及される裁判

I 国家免除（主権免除）

手続においては，当該外国は裁判権免除を援用できないと主張されることがある。

　このような主張を法的に基礎づける方法の1つとして，重大な人権侵害行為という一定のカテゴリーの行為について，裁判権免除を付与する義務の不存在を論証することが考えられる。そのための筋道には，大まかに2通りありうる。慣習国際法上の免除付与義務がそもそもそのような行為をカバーしないものとして成立していることを示すか，そのような行為については裁判権免除の例外が慣習国際法上成立していることを示すか，である。もっとも，いずれの筋道による論証も，少なくとも現時点では，難しいと考えられている。

(2) 裁判権免除と強行規範違反

　免除付与義務が存在するとしても，問題となる外国の行為が**国際法上の強行規範**（*jus cogens*）**の違反**を構成する（と主張される）場合には，規範階層性を理由に，法廷地国は裁判権を行使しうる――あるいは行使しなければならない――といえるだろうか。

　この問題は，第二次大戦中のドイツ軍の行為をめぐってドイツに対して提起された訴訟において，イタリアの裁判所が裁判権免除を否定したことを契機として，ICJ に持ち込まれることになった（**国家の裁判権免除事件判決**［百選1］）。ICJ によれば，国家免除規則は，ある国の裁判所が外国に対して裁判権を行使しうるかどうかを確定するにすぎないという意味において，**手続的な性質**をもっており，外国の行為が合法であるか違法であるかという問題を規律するものではない（ICJ Reports 2012, p. 140, para. 93）。つまり，たとえ問題の行為が強行規範違反を構成すると仮定しても，当該強行規範と国家免除に係る慣習国際法規則との間には抵触が存在しない，ということである。

　拷問の禁止を例に考えてみよう。拷問等禁止条約14条1項は，拷問行為の被害者が「救済を受けること及び公正かつ適正な賠償を受ける強制執行可能な権利を有すること」の確保を締約国に義務づけている。国家免除規則との抵触が問題になるとすれば，拷問の禁止それ自体ではなく，この手続的義務との間においてであろう。しかし，拷問の禁止は強行規範としての性格を有する（**訴追か引渡しかの義務事件**〔ベルギー対セネガル〕, ICJ Reports 2012, p. 457, para. 99）と

123

第 5 章　国際法上の免除

しても，この手続的義務もまた強行規範として承認されているとはいいがたい。

┨ Column 5-4　韓国慰安婦訴訟における国家免除 ┠

　強行規範違反を構成する重大な人権侵害行為についても裁判権免除を付与せねばならないかどうかという問題は，韓国人元慰安婦らが日本を相手取って韓国の裁判所に提起した訴訟において，決定的に重要な論点として立ち現れた。ソウル中央地裁 2021 年 1 月 8 日判決（2016 가합 505092：損害賠償（기））は以下のように述べて，裁判権免除を否定した。すなわち，問題の日本の行為は主権的行為であるが，反人道的犯罪行為であって強行規範に違反するから，慣習国際法上の国家免除の例外に該当する，と。

　しかし，そのわずか 3 か月後，別の元慰安婦らを原告とする訴訟において，ソウル中央地裁 2021 年 4 月 21 日判決（2016 가합 580239：損害賠償（기））は，正反対の結論に至った。問題の行為が強行規範違反による重大な人権侵害を構成するかどうかは，必然的に本案審理を経た後でなければ判断することができず，したがって，違反行為の重大さとこれによる損害の深刻さの程度は，裁判権存否の判断基準たりえない。また，強行規範違反に係る国家免除の否定が，各国の国家実行によって裏付けられているということもできないという（水島朋則「国家免除と強行規範例外」令和 3 年度重要判例解説〔2022 年〕252-263 頁を参照）。これを受けて原告の一部が控訴したところ，ソウル高裁 2023 年 11 月 23 日判決（2021 나 2017165：損害賠償（기））は，不法行為例外に基づき，裁判権免除を否定した。

5　裁判権免除と裁判を受ける権利

(1)　裁判権を行使すべきか，せざるべきか

　国家免除規則が手続的な性質を有する規則であるとするならば，その抵触は，**裁判を受ける権利**との間でこそ問題となる。制限免除主義を前提としても，業務管理行為につき外国に裁判権免除を与えることは，国家免除規則に違反するわけではない。法廷地国は免除を付与する義務を負わないにすぎず，免除の付与を禁止されているわけではないからである。では外国に対して常に免除を付

I 国家免除（主権免除）

与していれば国際法上何らの問題も生じないかといえば，必ずしもそうではない。個人が裁判を受ける権利を享有することは各国の憲法において認められており，普遍的および地域的な人権条約もまた，この権利を個人に対して保障するよう国に義務づけているからである。

かくして国は，人権条約上の義務を履行するために裁判権を行使すべきか，国家免除規則上の義務を遵守してこれを行使せざるべきか，という困難な問題に直面しうる。裁判を受ける権利を保障する国の義務もまた，強行規範として承認されているとはいいがたく，したがって，これが当然に国家免除規則に優先するとはいえない。

(2) 人権条約の調和的解釈

この困難な問題に対して1つの答えを示したのが，欧州人権裁判所**アル = アドサニ事件判決**（Al-Adsani v. The United Kingdom, 21 November 2001, App. No. 35763/97）である。申立人は，クウェート国内で拷問を受けたと主張し，同国を相手取って英国の国内裁判所において民事訴訟を提起したが，英国裁判所はクウェートに免除を付与した。申立人は，この免除付与が欧州人権条約6条1項（裁判を受ける権利）の違反を構成すると主張した。

欧州人権裁判所によれば，裁判を受ける権利は絶対的なものではなく，一定の制約に服する。しかし，権利の本質部分を損なうような制約は認められない。さらに，制約は正当な目的を追求するものでなければならず，かつ，当該目的とその達成のために用いられる手段との間には合理的な比例関係が存在しなければならない。外国への裁判権免除の付与は，外国の主権を尊重することで国家間の礼譲と良好な関係を促進するために国際法を遵守するという正当な目的を追求するものといえる。また裁判所は，国家免除規則を含む他の国際法規則と可能な限り調和的なかたちで欧州人権条約を解釈すべきであると述べた。そして，一般的に認められた国際法規則を反映する締約国の措置は，原則として，裁判を受ける権利に対する比例性を欠いた制約とはみなされえないと判示し（*ibid.*, paras. 53-56），英国による条約違反はないと結論づけた。

確かに，外国の法的責任の追及を試みる者には，当該外国の国内裁判所に提訴する道が残されている。しかし，何らかの理由でそれが不可能な場合，ある

第5章　国際法上の免除

いは，裁判所にアクセスできたとしても救済の見込みがまったく存在しない場合，法廷地国による免除付与は，事実上，**裁判拒否**を構成する。それでも裁判を受ける権利の本質部分は損なわれていないといえるか，評価の分かれるところである。

6　裁判手続に関連する強制措置からの免除（執行免除等）

⑴　判決前および判決後の強制措置

　国連国家免除条約は，裁判手続に関連する**強制措置からの免除**についても定めを置いている。同条約では，18条が**判決前の強制措置**（仮差押え，仮処分等）について，19条が**判決後の強制措置**（差押え，強制執行等）について，それぞれ規定しているが，判決の前後を問わず，原則として，外国の財産に対してはいかなる強制措置もとられてはならない。そのうえで，判決の前後に共通する例外として，外国が**明示的に同意した場合**および当該裁判手続の目的である請求を満たすために**財産を割り当てまたは特定した場合**が挙げられている。

　また，判決後に限って認められる例外として，「当該財産が，政府の非商業的目的以外に当該国により特定的に使用され，又はそのような使用が予定され，かつ，法廷地国の領域内にあることが立証された場合」には，「裁判手続の対象とされた団体と関係を有する財産に対して」強制措置をとることができるという（国連国家免除条約19条(c)）。

　強制措置は外国の主権に対する侵害の度合いが強く，したがって，いわゆる**執行免除**（immunity from execution）は裁判権免除よりも広く認められるべきであると考えられてきた。他方で原告の立場からみれば，強制執行が認められないとなると，勝訴しても実際には救済を得られない可能性が高くなる。となると，制限免除主義の意義は大いに減じられる。

⑵　外国中央銀行の財産に対する強制執行

　しばしば強制執行の対象とされてきたものとして，外国中央銀行の財産を挙げることができる。この点，国連国家免除条約は，19条(c)にいう「政府の非商業的目的以外に当該国により特定的に使用され，又はそのような使用が予定され」る財産とは認められない特定の種類の財産を列挙しており，そこには外

国「中央銀行その他金融当局の財産」が含まれている（国連国家免除条約21条1項(c)）。つまり，中央銀行の財産には特別な保護が与えられているのである。

これは，自国中央銀行の財産が強制執行の対象とされるリスクを排除したいと考えるか，外国中央銀行による投資を呼び込みたいと考えるかはさておき，中央銀行の財産を保護することに諸国が利益を見出した結果として理解することができる。もっとも，中央銀行の財産というだけでカテゴリカルに商業的目的に使用される財産とはみなされなくなる——強制執行から免除される——という慣習国際法規則が成立しているかについては争いがある。

II 政府職員等の免除

1 事項的免除と人的免除

国は抽象的な存在であるから，自然人を介してのみ行動することができ，そうすることによってのみ自らの目的を達成することができる。したがって，国のために行動している自然人すなわち**政府職員**（State officials）にも，一定の免除を認める必要がある。

政府職員の免除は，大きく**事項的免除**（immunity *ratione materiae*）と**人的免除**（immunity *ratione personae*）の2つに区別される。前者が行為に基づく（conduct-based）免除であるのに対して，後者はその職員の地位に基づく（status-based）免除であるとされる。この基礎の違いは，両免除の射程の違いにつながる。すなわち人的免除が，**国家元首**等の限られた政府高官のみに認められ，かつ，その者が当該地位にある限りにおいて援用しうるものであるのに対して，事項的免除は，およそ政府職員であれば，その地位の高低にかかわらず，その**公的行為**について適用され，行為者を，援用の時点において政府職員の地位を維持しているか否かにかかわらず，他国による管轄権行使から免れさせるものといわれる。

かくして，事項的免除は，それを援用しうる者の範囲と援用しうる期間において，人的免除より広い射程をもつ。他方で，事項的免除が，政府職員の公的行為についてのみ認められ，私的行為をその対象としないのに対して，人的免

第5章　国際法上の免除

除は，行為者の地位に付着した免除であるから，私的行為を含むすべての行為について適用される。したがって，対象となる行為の観点からは，人的免除の方が広い射程をもっているといえよう。

図表5-1　事項的免除と人的免除の比較

	事項的免除	人的免除
免除を援用しうる職員	政府職員一般	**政府高官**（国家元首，政府の長，外務大臣）**のみ**
免除される行為	公的行為のみ	**私的行為を含むすべての行為**
免除を援用しうる期間	**在職中のみならず，離職後も免除を援用することができる**	**在職中のみ**（離職と同時に人的免除は失われるが，その後も公的行為については事項的免除が援用可能）

2　刑事管轄権からの免除と民事裁判手続における免除

国の裁判権免除がもっぱら民事裁判手続において援用されるものであるのに対して，政府職員の免除は，他国による刑事管轄権の行使との関係においても問題となる。この点，民事裁判手続と刑事管轄権行使の区別が，政府職員の免除との関係で意味をもちうるかどうか，具体的には，免除の射程に差異を生じさせるかどうかについては，必ずしも明らかでない。

この点 ILC は，刑事管轄権からの免除に対象を限定して作業を行い，2022年に**政府職員の外国刑事管轄権からの免除に関する条文**の第一読草案（ILC 第一読草案）を採択し，各国政府にコメントを求めた。第一読草案は，国際法の漸進的発達と性格づけられる条文を少なからず含んでおり，ILC の作業が今後どのように展開するか予断を許さないものの，やはり，この問題を規律する慣習国際法規則の明確化において，有用な指針を提供してくれる。以下，政府職員の外国刑事管轄権からの免除（身体の不可侵も含む）に焦点を絞って解説する。

3　事項的免除の対象となる公的行為

(1)　公的な資格で実行された行為

事項的免除の援用の可否を判断するためには，問題となる行為が「公的な資

格で実行された」ものであるか，すなわち**公的行為**であるかどうかを確定する
必要がある（ILC 第一読草案6条）。ILC 第一読草案は，公的行為を「政府職員
によって**国家権能**（State authority）の行使において実行されたすべての行為」
と定義している（2条(b)）。

　ILC において，事項的免除の射程が，国の裁判権免除の場合と同様に，政府
職員の主権的行為に限定されるかどうか議論されたが，これには否定的な見解
が大勢を占めた。その結果，「**統治権能**」や「**主権的権能**」の語は狭きに失する
として，採用されなかった。国家権能の行使とは，国の職務を遂行するという
ことであり，そこには，国によって遂行されるあらゆる活動，すなわち，立法
上，行政上，司法上またはその他の職務が広く含まれるという。

　かくして，国家機関に関する限り，事項的免除が適用される行為の範囲と，
国家責任条文4条──「国のいかなる機関の行為も，その機関が立法上，行政
上，司法上又はその他の職務を遂行しているか」を問わず，国の行為とみなす
──に基づいて国に帰属する行為の範囲とは同じ広がりをもつことになると思
われる。

┃ Column 5-5　エンリカ・レクシー号事件 ┃

　事項的免除の対象となる公的行為の範囲が問題となった近年の事例として，
エンリカ・レクシー号事件を挙げることができる。エンリカ・レクシー号は，
イタリア船籍のタンカーであるが，これには海賊対策のためにイタリア海兵が
乗船していた。この海兵らの発砲行為によりインド人漁師2名が死亡し，これ
を受けてインド当局が当該海兵らを逮捕した。そこで，問題の発砲行為が事項
的免除の対象となるか，言い換えれば，当該海兵らに対して刑事管轄権を行使
したことによりインドは国際法に違反したかが争われた。

　国連海洋法条約附属書 VII に基づいて設置された仲裁廷の多数意見は，国家
責任条文の行為帰属に係る条文に依拠しつつ，問題の発砲行為を公的行為と性
格づけ，これが事項的免除の射程に含まれると結論づけた（PCA Case No.
2015-28, Award, 21 May 2020, paras. 856-862）。他方で，本件行為に事項的免除
は適用されないとする反対意見によれば，事項的免除はその本質において国自
身の免除と同一であり，したがって，業務管理行為についてはそれを実行した
職員もまた免除を援用することができないという（Dissenting Opinion of Judge

第5章　国際法上の免除

Patrick Robinson, paras. 60–63)。こうした見解の相違は，事項的免除の理論的根拠を何に求めるかについての立場の違いに起因している（岡田陽平「外国刑事管轄権から免除される政府職員の公的行為」法学志林 120 巻 2 号〔2022 年〕71–108 頁を参照）。

(2)　国際犯罪例外

事項的免除をめぐっては，政府職員の行為が国際法上の犯罪を構成すると主張される場合であっても適用されるかどうか，見解の対立がある。実際，この論点は ILC を二分した。記録投票に付すというきわめて異例な手続を経て，第一読草案では，ジェノサイド，人道に対する犯罪，戦争犯罪，アパルトヘイト，拷問および強制失踪について事項的免除は適用されないとする条文案が採択されている（7 条 1 項）。

裁判例に目を向けると，1999 年の**ピノチェト事件判決**において，英国貴族院（2009 年までは最高裁判所としての機能を兼ねていた）は，拷問等の人権侵害行為を命令・実行したとされるチリの元大統領ピノチェト——現職国家元首ではないので人的免除の対象とはならない——について事項的免除を否定した。もっとも，この判決を主導した Browne-Wilkinson 判事は，国際犯罪に係る事項的免除の例外が慣習国際法上成立しているとは考えず，あくまで**訴追か引渡しかの義務**を定める**拷問等禁止条約**に同意を与えた国との関係では，当該義務と両立しない範囲で，慣習国際法上の事項的免除が否定されると判示した（[1999] 2 All ER, pp. 110–115 [百選 22]）。

拷問等禁止条約に事項的免除の適用を排除する効果を認めるかどうか，そして，特定の条約の効果として説明することができない場合であっても国際犯罪については事項的免除を否定しうるかどうか，実行は分かれている。

4　人的免除を援用しうる政府高官

人的免除に関する限り，国際犯罪がその例外を構成しないことについて，少なくともこれまでは，見解の一致が存在してきたように思われる。むしろ，人的免除をめぐっては，それを援用しうる**政府高官の範囲**をめぐって見解の対立

が存在する。

　この点 ICJ は，**逮捕状事件判決**において，国際法上，**国家元首，政府の長**および**外務大臣**（いわゆる**トロイカ**）のような一定の政府高官が，他国において民事および刑事管轄権からの免除を享有することは確立していると述べた（ICJ Reports 2002, pp. 20-21, para. 51 ［百選〈第2版〉2］）。そのうえで，外務大臣について，その職務の性質——任務遂行のために頻繁に外国を訪問せねばならない，当然に自国を代表する資格を有する等——から，完全な刑事管轄権からの免除と不可侵を導き出した。ここで，公的行為と私的行為の区別は意味をもたない（*ibid.*, paras. 53-55）。

　もっとも ICJ は，人的免除を援用しうる政府高官の範囲がトロイカに限定されると述べたわけではない。ゆえに，たとえば**防衛大臣**や**副大統領**といった他の政府高官もまた，その職務の性質に鑑み，人的免除を享有すると主張されることがある。他方で，私的行為をもカバーする人的免除は，濫用の危険性が相対的に高く，援用しうる政府職員の範囲は明確に限定されていることが望ましい。

┤ Column 5-6　国際刑事裁判所（ICC）と国家元首の免除 ├

　刑事管轄権は，従来もっぱら国によって行使されるものであったが，今日では国際裁判所によっても行使されうる。この点，**国際刑事裁判所に関するローマ規程**（ICC 規程）は，**公的資格の無関係**を定めている。すなわち，個人の公的資格に伴う免除は ICC が「当該個人について管轄権を行使することを妨げない」（ICC 規程 27 条 2 項）。これにより，ICC 規程締約国の政府職員は，たとえ国家元首であっても，ICC との関係では免除を援用することができない。

　では，ICC 規程非締約国の政府職員，とりわけ国家元首はどうだろうか。これが実際に問題となったのが，**アル・バシール事件**である。ICC は 2009 年，非締約国であるスーダンのアル・バシール大統領（当時現職）に対して逮捕状を発付した。その後，同大統領はいくつかの規程締約国を訪問したが，逮捕されることはなく，ICC へ引き渡されることもなかった。ICC は，それら訪問先の締約国が ICC に協力する義務に違反したかどうかを判断する際，アル・バシール大統領が ICC との関係において免除を享有するかどうかを検討した。

　ICC 上訴裁判部は，協力義務違反を認定するにあたり，一方で，事態を ICC

に付託した安保理決議 1593 の効果として，スーダンは国家元首の免除を援用しえなくなったという（ICC-02/05-01/09-397-Corr, 6 May 2019, paras. 133-149)。他方で，国家元首の免除に係る慣習国際法は，そもそも ICC との関係では適用されないとも述べた。なぜなら ICC は，特定の国ではなく，国際共同体全体のために行動しており，したがって，「対等な者同士は互いに支配権をもたない」という原則の適用がないからである（*ibid.*, paras. 113-119)。

　国際共同体の刑罰権を行使する ICC には国家間関係で発展してきた免除規則の適用はないというリーズニングには批判も根強い（岡田陽平「公的資格は無関係か」法時 93 巻 7 号（2021 年）34-40 頁を参照)。もっとも，安保理決議が存在しない場合——たとえばロシア・プーチン大統領に逮捕状を発付する場合——には，人的免除に国際犯罪例外が存在しないとすれば，このリーズニングに依拠せざるをえない。

5　軍隊・軍艦

　軍隊が他国の領域内に駐留することは珍しくない。そのような軍隊（その構成員や基地）の地位は，通常，軍隊派遣国と駐留国との間の条約——いわゆる**地位協定**（SOFA）——によって定められる。

　軍艦については，国連海洋法条約が定めを置いている。軍艦が沿岸国の法令を遵守しない場合であっても，沿岸国は領海からの即時退去を要求することができるにとどまる（国連海洋法条約 30 条および 32 条)。もっとも，外国軍艦がそのような退去要求に従わず，やむを得ない場合には，沿岸国は必要な措置を講ずることができると考えられている（和仁健太郎「領海沿岸国の保護権と外国軍艦の免除」阪大法学 73 巻 5 号〔2024 年〕15-51 頁を参照)。

III 外交関係・領事関係

1 外 交 関 係

(1) 外交関係法の存在形式

外交使節 (団) を派遣し，受け入れるという国家間慣行の歴史は古く，したがって，外交関係を規律する国際法 (**外交関係法**) もまた長い歴史をもつ。外交使節団には，外国に常駐して継続的に外交関係を処理する**常駐使節団**と，特定の目的のために一時的に派遣される**臨時使節団** (**特別使節団**) とがある。後者については，1969 年に特別使節団に関する条約が採択されている。以下，常駐使節団について解説する。

外交関係法は長らく慣習国際法として存在してきたが，これを法典化した**外交関係に関するウィーン条約** (外交関係条約) が 1961 年に採択され，普遍的な参加を確保している (当事国数は 193)。

(2) 外交関係法の特徴

外交関係法には**相互主義**が作用しやすいという特徴がある。なぜなら，すべての国が，外交使節団を派遣する国 (**派遣国**) であると同時に，受け入れる国 (**接受国**) でもあるからである。

さらに外交関係法は，その枠内に，外交使節団が特権免除を濫用した場合に接受国がとりうる措置をあらかじめ用意している。接受国は，「いつでも，理由を示さないで」，使節団の長または外交職員が**ペルソナ・ノン・グラータ** (*persona non grata*) であることを通告し，派遣国に対してその者の召還または任務の終了を求めることができる (外交関係条約 9 条)。たとえば，1973 年，金大中 (後の韓国大統領) 拉致事件への関与が疑われた在日韓国大使館一等書記官について，日本国政府はペルソナ・ノン・グラータである旨を通告した。

かくして ICJ は，**在テヘラン米国大使館員人質事件判決**において，外交関係法は，**自己完結的制度** (self-contained regime) を構成していると述べた (ICJ Reports 1980, p. 40, para. 86 [百選 62])。つまり接受国は，派遣国による外交関係

第5章　国際法上の免除

法の違反があるとしても，公館や外交官の不可侵を破る形でこれに対抗することは認められず，外交関係法の定める方法によってのみ対応しうることになる。

また，外交関係法以外の国際法違反に対して対抗措置をとる場合であっても，接受国は，外交官や公館，公文書等の不可侵を尊重する義務から免れない（国家責任条文50条2項(b)）。これら義務の違反は，外交関係を根本的に毀損するものであり，国家責任の履行を促すという対抗措置の目的（同49条1項）に照らして，正当化されないということであろう。

(3)　外交関係の開設，外交使節団の構成および任務

国家間の**外交関係の開設**および**常駐の使節団の設置**は，相互の同意によって行われる（外交関係条約2条）。外交使節団は，「**使節団の長**」（通常，**大使**がこれを務める）と「使節団の職員」をその構成員とする。後者には，外交職員（使節団の長と外交職員を**外交官**という）のほか，事務および技術職員，役務職員がある（同1条）。派遣国は，使節団の長の派遣に際して，接受国の事前の同意——**アグレマン**（agrément）と呼ばれる——を求めなければならない。接受国は，理由を示さずにこれを拒否することができる（同4条）。

使節団の任務は，(a)接受国において派遣国を代表すること，(b)接受国において派遣国およびその国民の利益を保護すること，(c)接受国の政府と交渉すること，(d)接受国における諸事情を確認し，これらについて派遣国政府に報告すること，(e)派遣国と接受国との間の友好関係を促進し，両国の経済，文化，科学上の関係を発展させることである（外交関係条約3条）。

(4)　外交使節団の公館

接受国は，派遣国がその使節団のために必要な公館の取得を容易にすることを助けなければならない（外交関係条約21条1項）。他方で，派遣国が接受国内の不動産を公館に指定した場合，接受国はこれに異議を唱えることができる。この点，ICJ の**免除および刑事手続事件判決**（赤道ギニア対フランス）によれば，そのような異議は時宜に適ったものでなければならず，恣意的なものであったり差別的なものであったりしてはならない（ICJ Reports 2020, p. 323, para. 73）。

使節団の公館は**不可侵**とされる。したがって，使節団の長の同意なしに，接

134

受国の公務員が公館に立ち入ることはできない（外交関係条約22条1項）。これに加え，接受国は，使節団の公館を侵入または損壊から保護し，公館の安寧の妨害またはその威厳の侵害を防止するために適当なすべての措置をとる特別の責務を有している（同条2項）。公館のほか，使節団の公文書および書類（同24条）や公用通信（同27条2項）も不可侵とされる。

　公館の不可侵を利用して接受国で犯罪を行ったと疑われる者を公館に匿う，いわゆる**外交的庇護**が行われることがある。ラテンアメリカ諸国の間でよくみられる実行であるが，一般国際法上の権利としては確立しておらず，したがって，外交的庇護は「使節団の任務と両立しない方法で〔の〕使用」（外交関係条約41条3項）に該当するおそれがある。

(5)　外交官の特権免除

　外交官の身体は**不可侵**とされる。すなわち，外交官はいかなる方法によっても抑留・拘禁されえない（外交関係条約29条）。外交関係条約はこの不可侵の例外を定めていないが，たとえば，外交官本人または他者に危害が及ぶことを防止するために一時的に身柄を拘束することまでは禁じられていないと一般的に解されている。外交官の個人的住居もまた，公館と同様の不可侵および保護を享有する（同30条1項）。

　外交官は接受国の**裁判権からの免除**も享有する。外交関係条約は，**刑事裁判権からの免除**について，一切の例外を定めていない（外交関係条約31条1項）。他方，**民事裁判権および行政裁判権からの免除**については，一定の例外が列挙されている。その例外とは，すなわち，接受国の領域内にある個人の不動産に関する訴訟，外交官が個人として関与している相続に関する訴訟，および外交官が接受国において自己の公の任務の範囲外で行う職業活動または商業活動に関する訴訟である（同項(a)～(c)）。もっとも，外交官は「接受国内で，個人的な利得を目的とするいかなる職業活動又は商業活動も行なってはなら」ず（同42条），これが遵守されていれば，この職業・商業活動例外は問題にはならないはずである。

第 5 章　国際法上の免除

┃Column 5-7　外交官の民事裁判権免除と「現代の奴隷」問題┃

英国最高裁は近年，外交官によって「**現代の奴隷**」(modern slavery) と呼ばれるような状況下に置かれていた家事使用人が当該外交官を相手取って提訴した場合にも，接受国の裁判所は民事裁判権免除を付与せねばならないか，という困難な問題に直面した。外交関係条約に列挙された例外は，明らかに，このような場合を想定して起草されたものではない。

しかし最高裁は，報酬を支払わないまま強制的に労働に従事させるという意図的かつ継続的な一連の行動を通じて，外交官に実質的に経済的な利得が発生していた場合には，外交関係条約 31 条 1 項(c)にいう「商業活動」に該当し，したがって，当該外交官は接受国の民事裁判権に服すると判示した（Basfar v. Wong, [2022] UKSC 20, 6 July 2022, paras. 39–57）。もっとも，複数の判事が反対意見を述べており，この解釈が今後受け入れられていくかは予断を許さない。

⑹　外交特権免除の理論的根拠

外交特権免除が認められる根拠として，かつて，使節団やその公館にはそもそも接受国の法令は適用されないと説明されることがあった（**治外法権説**）。しかし，今日そのような考え方は否定されており，外交特権免除を享有するすべての者は，接受国の法令を尊重する義務を負っている（外交関係条約 41 条 1 項）。また，外交官（とりわけ使節団の長）は派遣国の威厳を体現し，同国を代表するものであるから，十分に尊重・保護されなければならないという考え方もある（**代表説**または**威厳説**）。しかし，外交官の家族構成員や外交官以外の使節団の職員もまた外交特権免除を享有すること（同 37 条）の説明が困難になる。

かくして外交特権免除は，外交使節団の職務の特殊性・重要性を踏まえ，その職務が実効的に遂行されるよう確保するために必要なものとして理解されている（**機能説**または**職務説**）。外交関係条約も，その前文で，外交特権免除の目的が「個人に利益を与えることにあるのではなく，国を代表する外交使節団の任務の能率的な遂行を確保することにある」と述べており，基本的には機能説の立場を採用している。

Ⅲ　外交関係・領事関係

2　領事関係

(1)　領事機関の任務および領事関係の開設

　領事関係については，1963 年の**領事関係に関するウィーン条約**（領事関係条約）がある。外交関係条約と同じく ILC の法典化作業を経て採択されたものであるが，外交関係条約に比して，国際法の漸進的発達とみられる内容を多く含んでいるといわれている。しかし，領事関係条約も，その当事国数は 182 と，相当に幅広い参加を確保している。

　領事機関の任務（**領事任務**）は，派遣国およびその国民（法人を含む）の利益保護および援助，派遣国と接受国との間の友好関係の促進，派遣国国民に対する旅券等の発給および派遣国への渡航を希望する者に対する査証等の発給などである（領事関係条約 5 条）。外交使節団との重要な違いは，派遣国を代表することが，領事機関の任務には含まれていない点である。

　国家間の**領事関係の開設**は相互の同意によって行われる。外交関係の開設についての同意は，原則として，領事関係の開設についての同意も意味するが，領事任務の性質に鑑み，「外交関係の断絶自体は，領事関係の断絶をもたらすものではない」とされる（領事関係条約 2 条）。領事機関の長は，接受国から**「認可状」**を付与されてはじめてその任務の遂行を開始することができる（同12 条）。

(2)　領事機関に係る便益および特権免除

　領事機関の公館もまた**不可侵**とされる（領事関係条約 31 条 1 項）が，外交関係条約とは異なり，領事関係条約は「火災その他迅速な保護措置を必要とする災害の場合には」，接受国当局が立ち入ることについて領事機関の長の同意があったものとみなすと定めている（同条 2 項）。

　領事任務の性質上，領事官は，派遣国の国民と自由に**通信・面接**することができるよう確保されている必要がある（領事関係条約 36 条 1 項(a)）。また接受国当局は，派遣国の国民が逮捕された場合，当該国民の要請があるときは，その旨を遅滞なく領事機関に通報しなければならず，また，その者がこの「規定に基づき有する権利について遅滞なくその者に告げ」なければならない（同項

第 5 章　国際法上の免除

(b))。領事官は，身柄を拘束されている派遣国の国民を訪問したり，その者に弁護士を斡旋したりする権利を有する（同項(c)）。ICJ は，**ラグラン事件判決**において，36 条 1 項(b)の文言を重視し，同規定が領事機関の権利のみならず，**個人の権利**をも創設するものであると判示した（ICJ Reports 2001, p. 494, para. 77 [百選 44]）。

　領事官の**身体の不可侵**は，外交官のそれに比して，制約されている。まず，「重大な犯罪の場合において権限のある司法当局の決定があったとき」は除かれる（領事関係条約 41 条 1 項）。また，確定判決の執行のための拘禁は認められる（同条 2 項）。**裁判権免除**についても，領事官は「領事任務の遂行に当たって行った行為に関し」て接受国の裁判権に服さないとされるにとどまる（同 43 条 1 項）。また一定の民事訴訟については，職務遂行上の行為であっても接受国の裁判権に服する（同条 2 項）。

● 参考文献

岩沢雄司「外国国家・国有企業との国際取引上の問題点──国家の裁判権免除」総合研究開発機構編『多国籍企業と国際取引』（三省堂，1987 年）271-380 頁

水島朋則『主権免除の国際法』（名古屋大学出版会，2012 年）

竹村仁美「国家元首等の外国刑事管轄権からの免除──その輪郭と国際刑事管轄権との関係」国際法外交雑誌 114 巻 3 号（2015 年）251-279 頁

坂巻静佳「政府職員等の刑事管轄権からの免除に関する諸問題」国際法研究 4 号（2016 年）187-221 頁

坂巻静佳「制限免除主義の下での裁判権免除の判断基準──雇用契約事案の分析を通じた再検討」国際法外交雑誌 116 巻 3 号（2017 年）284-309 頁

新倉圭一郎「裁判権免除の『人的』性格再考──『絶対免除主義』における免除の理論的根拠とその示唆」国際法外交雑誌 122 巻 4 号（2024 年）584-614 頁

第6章

国家領域・空域・国際区域

　本章では，次章で扱う海洋を除いた他の空間について，国家領域・空域・国際区域に分類して学ぶ。

I　国　家　領　域

　ここでは，領域主権について概観したうえで，国際法による領土紛争の解決について学ぶ。

1　領　域　主　権

(1)　領域主権とその法的帰結

　領域主権とは，国が領域を排他的に使用・処分する権利であり，広く知られる私人の所有権とは異なる。土地の帰属をめぐる紛争は，国内では所有権の問題となるが，領域主権はその所有権を決める国の権利と言える。つまり，A国の領域内の土地であれば，A国法により所有権者が決まり，B国の領域内であればB国法により決まる。これはそれぞれの国内法が適用されることを前提にしているが，そのような法の適用も国が領域主権を有すればこそ認められる。もちろん所有権の規律だけでなく，領域主権は，環境規制や発電所の建設許可といった様々な場面において，国が自国領域において法を適用する根拠となる。

　領域主権については，合意さえあれば領土の譲渡も可能という点から**所有権**に類似する**対物的権利**とみなす考え方と，領土という空間それだけでなくそこにある人やモノへの支配も及ぶことから**支配権**に類似するという2つの考え方がある。ただし，これら2つの考え方は相互排他的なわけではなく，領域主権

139

第6章　国家領域・空域・国際区域

は両者の複合的な性質を持つとの理解が現在では定着している。

(a)　**領土保全原則**

　この領域主権から，2つの原則が導かれる。第1に，**領土保全原則**である。主権国の領域は原則的として保全されるとする同原則は，武力行使を禁止する国連憲章2条4項において強調されており，元来は，外部からある国の領土への侵略を禁止する根拠として，言うなれば国家間の外向きの作用を想定しており，ICJ はこの立場をとっている（コソボ独立宣言事件，ICJ Reports 2010, p. 437, para. 80［百選12］）。他方で，領土の現状維持を謳う同原則は，独立運動を認めない根拠として，内向きへの作用を主張する国もある。その背景として，純粋な無主地が存在しない現在，新国家が創設される場合には，ある国の領土からの分離独立が一般的であることが挙げられる。

(b)　**領域使用の管理責任原則**

　第2の原則は**領域使用の管理責任原則**である。同原則は，私人が他国に対して悪影響を与えるような形で領域を使用することを禁じるよう，領域国を義務づけるものである。越境汚染の文脈で援用される機会が多かった同原則は（第8章Ⅱ参照），現在ではサイバー空間での規制にも重要な意味を持つようになっている。サイバー空間自体に対しては，特定の国が領域主権を持つわけではないが，同空間での活動は，いずれかの国の領域を介して行われる。そのため，領域国は自国領域において，サイバー空間を介して他国に悪影響を及ぼすような活動をさせない義務を負うのである。

(2)　領域権原の取得方式

　領域権原（**title to territory**）とは，国が領域を取得する根拠となる事実である。国家間の領域主権をめぐる紛争において，国はこの領域権原を有していることを証明する必要がある。権原の取得と喪失の方式は対応しており，複数の国が同時に領域権原を保持することはなく，その意味で海洋法における水域への権原とは異なる。欧州諸国は，自らの植民地支配を正当化するために，この権原の取得方式についての理論を発展させてきた。一般に言われるところでは，取得方式はまず，いずれの国にも帰属していない陸地を編入する原始取得と，従来は他国の領域であった陸地を自国に編入する承継取得に大別される。そして，

140

I 国家領域

前者には，先占・添付が，後者には時効・割譲・征服などが含まれる。

先占（occupation）とは，どの国も領域としていない無主地を他の国よりも先に領有意思をもって実効的に占有することを言う。これは，15〜16世紀にスペイン・ポルトガルにより領域権原と主張された**発見**（discovery）とは，領有意思と実効的占有の2つが必要とされる点で異なる。歴史的には，欧州の基準に照らして文明国と認められた主体が，自らの領域に編入するという意図をもって陸地を支配し，排他的に権力を行使する必要があったのである。他の地域のいわゆる先住民族が支配する陸地を欧州諸国が編入する場合，欧州諸国の先占とみなされるか，先住民族と締結した協定に基づく承継とみなされるかは，ケースごとに決まった。

添付（accretion）とは，新たな陸地の形成に伴い領土を拡張することであり，自然的添付と人工的添付に大別される。前者は，自然現象により陸地が生成・拡大する場合であり，土砂の堆積により河口から陸地が拡張したり，小笠原諸島の西之島のように，火山活動により新島が形成されることを含む。人工的添付は，河岸や海岸に人の手によって物理的な変更が加えられることである。津波対策の護岸工事や埋立てなどは認めるとされるが，この人工的添付がどこまで許容されるかについては議論も残る。

時効（prescription）は，長期間実効的に占有し続けることで，他国領域を自国領域に編入することを言う。他国領域を組み込むことから，先占における実効的占有に比べ，より長期間かつ異論のない占有が求められる。この時効が領域権原として認められるか否かについては学説上の争いもあり，また，裁判所も明確な判断はしていない。しかしながら，カシキリ・セドゥドゥ島事件においては，当事国であるナミビアおよびボツワナの間において，時効による取得が認められることについては共通の理解が確認される（ICJ Reports 1999, p. 1101, paras. 90–91）。

割譲（cession）とは，合意に基づき，他国の領域を自国領域に編入することを言う。日清戦争の後に台湾が日本の支配下に置かれたように，割譲は戦争後の平和条約に規定されてきた。また，樺太千島交換条約のように，交換の形で行われることもあれば，米国がルイジアナ・アラスカをそれぞれフランス・ロシアから購入したように，売買の形で行われることもある。このように，二国

141

第6章　国家領域・空域・国際区域

間の合意によりなされる割譲であるが，その効果は対世的であり，第三国もその事実を受け入れなければならない。また，他国の領域全土を編入する場合は併合（annexation）と呼ばれ，割譲と区分される場合もある。その具体例として，日本による韓国併合が挙げられよう。近年のロシアによるクリミア併合も，クリミアがウクライナより一度独立したうえでその全土がロシアに編入されたため，併合という表現が用いられている。

　征服（subjugation）は，戦争によって他国の領域を占領し，合意によらず一方的に編入することを言う。他の権原取得方式と異なり，征服は，武力行使が禁止された今日においては認められない。現在では，国は征服により権原を取得できないだけでなく，征服のような違法状態を承認しないことまでが義務づけられている（**ナミビア事件**，ICJ Reports 1971, p. 54, para. 119［百選60］）。他方で，占領については現行国際法上禁止されているわけではなく，自衛権の行使から合法的に占領が行われることもありうる。ただしそのような場合であっても，占領から自国領域に編入して征服することは許されないのである。また，合法であった時代に行われた征服の法的効果については議論が残る。

2　国際法による領土紛争の解決

　領域権原は，国が領域主権を主張する根拠であることから，権原の保持者を決定することによる領土紛争の解決が期待される。しかしながら，上述の「取得方式」の理論が植民地支配正当化のために構築されたこともあり，その援用は現在の領域紛争の解決にはあまり資さない。そのため，国際裁判の実務においては以下のような類型と解決基準を用いている。

(1)　領土紛争の類型と解決基準

(a)　領土紛争の類型

　領土紛争については，大きく2つの類型がある。後述する島の領域主権をめぐる日本の領土問題がそうであるように，特定の陸地がいずれの国に属するかという領土の**帰属**をめぐる紛争と，アフリカに多く見られるような，隣接する国家間の境界線がどこに引かれるか，という**境界画定**の紛争との2つである。この2つの類型について ICJ は，境界画定紛争も少なからず帰属を決定する効

142

Ⅰ 国家領域

果を持つことから，権原は帰属紛争にのみ関連し画定紛争には関係しない，といったように類型ごとに審理対象が異なってくるわけではなく，その違いは程度の問題にすぎないとしている（ブルキナファソ゠マリ国境紛争事件，ICJ Reports 1986, pp. 563-564, para. 17［百選5］）。

しかしながら，領土帰属の場合には，権原の存在の証明が必要とされるのに対し，境界画定紛争の場合には，そこまで厳密には必要とされない。というのも，後者の場合，争点となる境界は，紛争当事国が権原を異論なく有している陸地と隣接しており，線たる境界についての合意が確認されれば，当該境界に囲まれる陸地への権原は後から推定されるからである。実際，ICJ も境界画定紛争の審理においては，権原と結びつく占有などよりも，境界そのものに着目する。たとえば，プレア・ビヘア寺院事件においては，1904 年に締結されたフランス゠シャム間の国境条約に着目している（ICJ Reports 1962, pp. 16-17［百選3］）。また，旧植民地の境界については，植民時代の行政区画線を国境線として継承することを推定する**ウティ・ポシディティス原則**（*uti possidetis juris*）に基づき，行政区画線に焦点があてられる。このように，領土紛争は類型ごとに，着目する事実が若干異なる。

(b) 領土紛争の解決基準

(i) 領土紛争における考慮要素

長期間にわたる事実の評価が求められる傾向がある領土紛争を解決する際には，**時際法**（inter-temporal law）の考え方が重要となる。時際法には2つの側面がある。第1の側面は，事実の評価はその当時の法に基づきなされるべきであり，裁判時点の法に基づくわけではないという点である。つまり，征服が合法であった時代に行われた場合，違法となった後に裁判が行われたとしても，当該征服は合法な権原の取得と評価される。第2の側面は，権利の創設と権利の存続は区分され，後者は，法の発展に伴い変更する規則に合致させていかなければならないという点である。領域権原について考えるならば，国が有効に獲得した権原は，実効的に維持しなければならないこととなる。

紛争が長期間にわたるという傾向からまた，紛争が具体化した時点たる**決定的期日**（critical date）も領土紛争の解決においては重要となる。決定的期日を定めることにより，時際法の考え方に基づき適用法規が決まり，また，紛争当

143

第6章　国家領域・空域・国際区域

事者が紛争発生以後に現状を変更するために行った行為を裁判所が考慮する必要がなくなる。領土紛争においては，主権の表示が重要な役割を果たすこともあり，力による支配が試みられることがある。しかしながら，決定的期日以降に，領域主権を有さない側がそのような試みをした場合，他国の領域主権を侵害したとみなされるだけであり，それにより権原を取得することはないのである。

　領土紛争，特に境界画定紛争においては，何よりも紛争当事者の合意の有無が重要となる。たとえば，リビア゠チャド領土紛争事件において ICJ は，リビアとフランスが 1955 年に締結した条約をチャドは承継しており国境は画定しているとした（ICJ Reports 1994, p. 38, para. 75［百選〈第 2 版〉58］）。また，条約によっては，地図を組み込んでおり，そのような地図は境界画定において重要な役割を果たす。他方で，条約との関連を有さない地図の証拠能力は，地図ごとに判断する必要がある。このような条約や地図は，黙認や禁反言の法理とも組み合わさり，領土紛争決着の決め手となることがある。

　さらに，領土紛争では地理的要素についても主張・検討されてきた。たとえば，島に近い陸地を自国領土とする国がその**近接性**（contiguity）を理由に島を帰属させることができるという主張は，パルマス島事件以来，原則として否定されている。また，歴史的にも河川のような**水路**（watercourse）を国境とする場合は少なくないが，航行可能な水路の場合は水深の最も深い部分を結んだ線を，航行不可能な水路においては，両岸からの中間線をそれぞれ境界とする実行が多い（カシキリ・セドゥドゥ島事件，ICJ Reports 1999, pp. 1061-1062, para. 24）。

(ii)　領土帰属の判断基準

　領土紛争，特に帰属をめぐる紛争において最も重視されているのが主権の表示である。1928 年のパルマス島事件においてフーバー判事は，権原の取得方式はいずれも**「領域主権の継続的かつ（他国との関係で）平穏な表示」**と関連しており，そのような主権の表示は権原も同然であるとした（RIAA, Vol. II, p. 839［百選 23］）。そのため，同事件以降，「主権の表示」が，継続的・平穏に行われているかが，領土の帰属を判断するうえで重要な指標となっていった。結果として，権原の取得方式それ自体が領土紛争で争われるわけではなく，何が主権の表示に該当するか，そして，互いが主権の表示の存在を主張する場合には，

I 国家領域

どちらの主権の表示が相対的に強いものとなるか，が裁判の争点となる。主権の表示は立法・行政・司法上の行為を行うことであり，私人の行為はそのようなものとはみなされない。具体的には，徴税や国内規則の適用，さらに刑事管轄権の行使などがこれまでの先例で挙げられている。しかしながら，その相対的な強度の評価などは，最終的にはケースごとでの判断とならざるを得ない部分も残る。

　近年では，この主権の表示を考える上で，フランス語で「実効性」を意味するエフェクティビテ（effectivités）の概念が重要となる。実のところ，このエフェクティビテ概念の根拠として後に度々援用されることとなるブルキナファソ＝マリ国境紛争事件において，同概念はウティ・ポシディティス原則を適用する際，植民地行政当局の行為を評価するために用いられたにすぎず，主権国の行為から導かれる主権の表示とは異なるものであった（ICJ Reports 1986, p. 586, para. 63 [百選 5]）。しかしながらその後，同概念は，ICJ において主権の表示を言い換える際に用いられるなど，多様な形で用いられてきている。領土紛争の解決において先例の果たす役割は小さくなく，エフェクティビテの概念は解決の際に重要な役割を果たしているが，その含意が変わってきていることに留意する必要がある。

　また，脱植民地化以後，とりわけ非欧州地域の領域紛争については，原始権原（original title）の考え方も重要となる。原始権原とは，原始取得の方式により確立される権原を伝統的には意味していたが，現在では，国の成立や存在と切り離すことのできない領域の根拠とされる。このような理解は，ペドラ・ブランカ事件において ICJ により示された。同事件において ICJ は，16 世紀に建国されマラッカ海峡の両岸を支配したジョホール王国が，海峡の島々に対して原始権原を有していたことを確認している（ICJ Reports 2008, p. 39, para. 75 [百選 28]）。

(2)　日本の領土問題

　日本の領土問題は，基本的には島の帰属をめぐる問題である。現在は，ロシアと北方領土，韓国と竹島，そして，中国・台湾と尖閣諸島をめぐり意見が対立している。これらの島々の帰属の問題は，その周辺の水域の法的地位にも影

第6章　国家領域・空域・国際区域

響を与えるが，本章の領土の帰属の問題と第7章で説明する海洋境界画定の問題は法的には区別される。また，領土問題に関し，日本は近年対外的に積極的な発信を行うようになってきている。外務省のHPには，領域主権に関する専用のウェブページ（https://www.mofa.go.jp/mofaj/territory/）が設けられ，現在では英語をはじめとする11の言語で対外的に発信されている。また，2013年には，前年に内閣官房に設置された竹島問題対策準備チームを拡張する形で，領土・主権対策企画調整室（領土室）が設置された。このような発信は，韓国や中国側からも行われており，日本語でも，両国の公的な立場をウェブ上で確認できるようになっている。

(a)　**北 方 領 土**

　北方領土とは，北海道の北東部に位置し，オホーツク海と太平洋を結ぶ択捉海峡の南西側に位置する北方四島（北から順に，択捉島，国後島，色丹島および歯舞群島）を指す（**図表6-1**参照）。同領土の帰属をめぐっては，多数の関連する条約が締結されており，島の領域主権をめぐる問題と境界を画定する問題の両方が密接にかかわっている。1つ目の条約として，1855年に**日露通好条約**が締結された。同条約において，北海道の真北にある樺太の国境は定めることができなかったものの，択捉島とウルップ島の間を両国の境界とし，択捉島は日本に，ウルップ島以北の島はロシアにそれぞれ帰属すると明示している。

Ⅰ 国家領域

図表6-1 北方領土

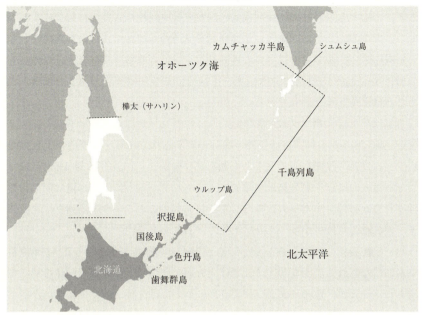

（出典：内閣官房ウェブサイト）

　その後，1875年に結ばれた**樺太千島交換条約**においては，樺太をロシア領と認める一方で，通好条約でロシア領と認めたウルップ島からシュムシュ島の間にある千島列島（クリル諸島）を日本領土とした。ここでは，千島列島に含まれる18の島々を列挙しているが，そこに北方領土の島々は含まれていない。そして，この時点での国境は，シュムシュ島とカムチャツカ半島最南端のラパッカ岬との間の海峡とされた。また，日露戦争が勃発し，その講和条約として1905年に締結された**ポーツマス条約**では，南樺太が日本に割譲された。
　1922年にソ連が誕生すると，北方領土は日ソ間の問題となる。第二次世界大戦中の1945年2月に開催された会談において，米英ソ首脳は，ソ連の参戦を要求する見返りとして南樺太および千島列島をソ連のものと認める，**ヤルタ協定**を密約の形で結んだ。そして，同年8月に対日参戦をすると，ソ連は南樺太およびシュムシュ島から北方領土に至るまでの島々を占領し，翌年には自国領土に編入した。このような北方領土に対するロシアの支配は，ヤルタ協定に

147

第 6 章　国家領域・空域・国際区域

より正当化されるとの考えもあるが，そもそも，日本は同協定に合意してはお
らず，密約として締結された同協定の内容を日本が把握したのは戦後になって
のことである。また，同協定に千島列島をソ連のものとすることが規定されて
いるものの，同規定は千島列島の範囲を規定しているわけではなく，この点を
詳細に規定した 1875 年の樺太千島交換条約に基づけば，北方領土が除外され
ることは上述したとおりである。

　日本は終戦時に**ポツダム宣言**を受諾したものの，そこでは領土不拡大原則を
含む 1943 年のカイロ宣言の条件の履行が規定されており，ソ連の領土拡張を
ポツダム宣言の受諾に求めることも難しい。確かに，1951 年の**対日平和条約**に
より，樺太および千島列島は明示的に放棄されているものの，ソ連は同条約を
批准しなかった。また，仮に批准したとしても，ここでいう千島列島に北方領
土が含まれる可能性が低いことは上述のとおりである。

　対日平和条約に批准しなかったソ連との国交回復は，1956 年の**日ソ共同宣言**
においてなされる。ただし，ここでは北方領土については極めて曖昧な形で規
定される。まず，色丹島および歯舞群島については，日ソ間で平和条約が締結
された後に引き渡されることが決定された。その一方で，択捉島および国後島
の帰属については主張が対立したため，両島については一切言及されていない。
1991 年にソ連が崩壊すると，北方領土は再び日露間の問題となる。1993 年に
エリツィン大統領が来日した際に合意された東京宣言では，平和条約の締結に
向け，択捉島，国後島，色丹島および歯舞群島の帰属問題は，「歴史的・法的
事実に立脚し，両国の間で合意の上作成された諸文書及び法と正義の原則を基
礎として解決すること」とされた。

　他方で，1991 年にゴルバチョフ大統領が来日した際，ソ連側から，日本国
民が北方四島へ査証なしで訪問して交流する，いわゆる「**ビザなし交流**」が提
案され，これが 1992 年より始まった。日本の立場からは，北方領土をロシア
領域と認めることにつながる査証の取得などは認められないが，この形をとる
ことで日本の国としての立場と矛盾することなく，日本国民が北方領土へ行く
ことが可能となっている。しかし，新型コロナウイルスの発生以来，交流事業
は行われなくなり，ロシア＝ウクライナ戦争が発生したことで，2024 年現在
も交流再開の目途は立っていない。

148

(b) 竹　　島

　竹島は，島根県の隠岐諸島と韓国の**鬱陵島**との間に位置し，2つの小島と岩礁から成る（**図表 6-2 参照**）。竹島をめぐっては，日韓の間で事実の認識が大きく異なることが対立の特徴と言える。日本は，隠岐から鬱陵島への航行の際の停泊やアワビなどの漁獲に竹島を利用しており，鎖国時代においても同島への渡航を禁止していなかった。これらのことから，日本は，17世紀半ばまでに竹島の領有権を確立したとしており，1905年の閣議決定により竹島を島根県に編入して主権の表示をしたとしている。対して韓国は，17世紀半ばよりも前の，古くは15世紀の文献等も援用して韓国が竹島を認識・領有していたとするが，日本は，韓国の依拠する文献の正確性やその解釈について疑問を呈している。

図表 6-2　竹島

（出典：首相官邸ウェブサイト）

　日韓の具体的な対立は，1952年に韓国が「海洋主権宣言」を行い設定した**李承晩ライン**の韓国側に竹島を取り込んだことに端を発する。1951年の対日平和条約において，韓国は日本の放棄すべき領土として，竹島の記入を米国に求めた。しかしながら，米国はこれを拒否し，日本の放棄すべき領土として鬱陵島などが明示的に規定されたのに対し，竹島は規定されていない。そのような状況において，韓国側が公的に竹島を編入したため，日本はこれに対し抗議を

第6章　国家領域・空域・国際区域

行っている。しかし，1954年には，韓国は沿岸警備隊の駐留部隊を竹島に派遣し，同島での駐留を開始している。

2024年現在，日韓双方が，竹島は，歴史的にも法的にも自国のものとの立場をとっている。ただし，日本側はこの竹島の領域主権については，国際法上の**紛争**（dispute）が存在するという立場から，問題をICJで解決することをこれまでに3度（1954, 1962, 2012年）提案しているのに対し，韓国側は紛争は存在しないとして，これを拒否している。そのため，竹島の領域主権をめぐっては，解決の糸口が見つからない膠着状態に陥っていると言える。

(c)　**尖 閣 諸 島**

尖閣諸島とは，沖縄本島から西におよそ410km，台湾からは北東に170km，そして中国本土からは，東におよそ330kmに位置し，魚釣島，北小島，南小島，久場島，大正島などから成る島々の総称である（**図表6-3**参照）。中国・台湾政府は19世紀以前より，自国の文献の地図等に同諸島が記されていたことをもって，中国・台湾の領土であったと主張している。これに対し日本は，1885年より尖閣諸島の調査を開始し，無人島でありかつ清国支配の痕跡がないことを確認した上で，日清戦争の帰趨がほぼ決していた1895年1月に，領土として沖縄県に編入している。ここで留意しなければならないのは，この編入は1月に行われており，日清戦争の結果締結された**下関条約**（1895年5月発効）とは関係がないという点である。その後，魚釣島，久場島，南小島では，日本法に従い，人が居住して事業を行った。

I 国家領域

図表 6-3　尖閣諸島

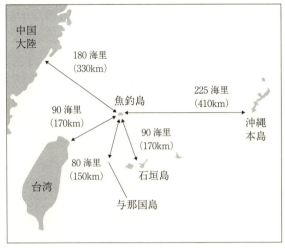

(出典：外務省ウェブサイト)

　戦後，日本は GHQ の支配下におかれ，1951 年の対日平和条約により国際社会に復帰するが，尖閣諸島を含む沖縄県は，同条約 3 条により（条約上は「南西諸島」と表記），米国の統治下におかれたままとなる。米軍は 1948 年には久場島に，1956 年には大正島に射爆撃場を設置し軍事訓練に利用している。1972 年発効の**沖縄返還協定**で尖閣諸島を含む沖縄県が日本に返還された後も，日米合同委員会において両国政府は，久場島および大正島を射爆撃場として米軍に提供することに合意している。他方で，中国・台湾は日本の編入の後，20 世紀に入ってからも長く，自国領土との主張はしてこなかった。1969 年に，**国連アジア極東経済委員会（ECAFE）**が尖閣諸島の周辺海域に石油・天然ガス資源が埋蔵されている可能性があることを示す報告書を公表した後，1971 年 6 月に台湾が，同年 12 月に中国が，それぞれの外交部声明により，自国の領域主権を主張するに至る。

　領域主権に関しては，竹島と同様に，中国・台湾により 1885 年以前に領域主権を確立するための主権の表示がなされていたかが問題となる。中国・台湾政府も，19 世紀以前より，自国の文献の地図等に同諸島が記されていたことをもって，自国領土であったと主張しているが，日本政府はそれらは国際法上

151

の領域主権を確立するものではないとの見解を示している。この点に加え，中国・台湾が長く沈黙していたこと，特に，米軍が射爆撃場としていたにもかかわらず，中国・台湾から抗議等もなかったという事実が，国際法上の黙認を構成する可能性があり，日本の領域主権の基礎となりうる。

また，この尖閣諸島について，日本政府は，歴史的にも国際法的にも日本固有の領土であり，**問題**（issue）は存在しないという立場をとっている。この「問題」は**紛争**（dispute）とは異なる概念と思われるが，竹島に対する韓国の立場と同様に，尖閣諸島の問題は，司法手続に付すようなものではないとし，日本側からのICJへの付託の提案などは当然一切行われていない。中国側も，ICJのような第三者による解決を志向しておらず，尖閣諸島の領域主権をめぐる問題も膠着状態にあり，そのような中，周辺水域での活動が活発になっている。

II 空 域

1 シカゴ条約体制の確立

空域については，1903年にライト兄弟が航空機の有人飛行に成功するまでは人類により利用されることは少なく，空域を規制する法も整備されてこなかった。それゆえ，空域を規律する空法の歴史は20世紀に入ってから始まる。領空は，領土と同様に，国に排他的に帰属するものと，初めから認められていたわけではない。空域はいずれの国にも服さないという学説もあったが，1919年に締結された「航空法規に関する条約」において，領域国の主権に服するとされた。そして，同様の考えは1944年の**国際民間航空条約**（**シカゴ条約**）にも継承され，現在は異論のないものとなっている。領空は領海上空にも及ぶが，領海で認められるような無害通航権は領空には存在しない。そのため，許可されていない外国航空機の領空への侵入は国際法違反を構成する可能性が極めて高い。

シカゴ条約は航空機について，国のものか民間のものか，さらに定期便か不定期便か，の2つについて区分し，同条約はまず民間航空機のみに適用される

としている（シカゴ条約3条(a)）。そして，定期便については必ず領域国の許可が必要であるとする一方で（同6条），不定期便については，運輸以外の目的の場合には，領域国の裁量を一定程度残しつつ，許可がなくとも他の締約国の領空を利用できるとしている（同5条）。

　定期便については，さらに，シカゴ条約と同時に採択された附属協定である**国際航空業務通過協定**および**国際航空運送協定**の2つにおいて，詳細な規定が設けられた。具体的には，前者においては他の締約国領域の①無着陸通過および②運輸目的以外での着陸という2つの自由，そして，後者はこれら2つに加え，他の締約国との間で③貨客の積卸，④貨客の積荷を行うこと，さらに，⑤第三国同士で輸送に従事するという3つの自由を定めている。しかしながら，後者の条約については，わずか11か国しか批准しておらず，実効的に機能しているとは言いがたい。

2　空法の発展

　このように，シカゴ条約の附属協定により，航空の自由化は一定程度進展したものの，特に運送分野に関して十分な規定が設けられたとは言えなかった。他方で，グローバル化の進展に伴い，国際航空による運送の需要は高まり，米国は**オープンスカイ政策**を，また，領空主権を有しているわけではないが，航空分野の共通政策も推進するようになった欧州連合（EU）も域内の**航空輸送自由化政策**をとるようになる。このような流れの中で，各国はシカゴ条約のような多数国間協定ではなく，二国間で条件を定めて取極を設けるようになっている。日本は，乗り入れ地や便数の制限をなくすことを規定したオープンスカイに関する了解覚書を2009年に米国と締結したことを皮切りに，複数の国と二国間協定を締結している。

　航空の自由化とは別に，シカゴ条約締結以後も，空法においてはいくつかの発展が見られる。その一つとして，1984年に同条約の改正議定書を採択し，シカゴ条約3条の2を設け，たとえ領空侵犯をした場合であっても，領域国は原則として民間航空機に対しては武器を使用してはならないとした点が挙げられよう。これは，その前年に予定航路を外れてロシア領空に侵犯した大韓航空機が撃墜されたことを機に導入された規則であり，現実課題に即した条約の発

第6章　国家領域・空域・国際区域

展と言えよう。

　領空の外の空域は，**公空**として，あらゆる国の飛行が認められる。公空は**排他的経済水域**（EEZ）および公海上空となるため，このことは国連海洋法条約 87 条 1 項において，公海の自由の一部として確認され，EEZ についても同様の規則が確認される（国連海洋法条約 58 条 1 項）。空域は水域と異なり，領海の外に接続水域のようなものは存在しない。そのため，安全保障の観点より，各国は領空に隣接する空域に**防空識別圏**を設置している。このような防空識別圏は，その運用によっては公空飛行の自由を侵害することとなるが，日中の尖閣諸島のように，同一の陸域を基点として設置したりする場合などを除き，関係国相互で抗議をしあうことなどはないのが一般的である。

III　国際区域

　国際的に利用される空間である国際区域を，ここでは**国際化区域**と**国際公域**に大別する。国際化区域は，基本的にいずれかの国の領域主権に服するが，国際法の規律が一般の領域に比してより強く及ぶ空間であり，**国際河川**や**国際運河**がこれに当たる。これに対し，いずれの国も領域主権を有さない空間が国際公域であり，**南極**や**宇宙空間**がこれに当たる。海洋を含めれば，一部の国際海峡は国際化区域に，公海や深海底は国際公域に含まれるが，これらは第 7 章で取り扱う。

1　国際河川

　国際河川とは，一般的には，複数の国を貫流するまたは複数の国の国境をなす河川を意味する。国際河川も基本的には流域国の内水であり流域国の主権が及ぶが（第 7 章参照），条約により当該主権が制限される。島国である日本に国際河川は存在しないが，世界四大文明発祥を支えたナイル河やインダス河，欧州ではライン河やダニューブ河，アジアではメコン河，南米ではラプラタ河といったように，国際的にはおよそ 280 の国際河川があり，全世界の人口の約 4 割がその流域に暮らすとされる。国際河川においては，流域国の利益共同（community of interest）が重要であり，同概念に基づき，流域国の一部が特権

III　国際区域

を有するわけではなく，流域国は平等に共通の法的権利を有するとされる（オーデル河の国際委員会に関する事件，PCIJ Series A, No. 23, p. 27 ［百選〈第1版〉37]）。

国際河川については，古くより主として航行についての国際的な規制が行われてきた。1921年には，「国際関係を有する可航水路の制度に関する条約及び規程」が採択され，自国領域内にある国際河川において，締約国は非締約国の船舶の航行の自由を保障しなければならないとされたが，同条約の締約国数は少数にとどまり，条約規範が一般化したとは言いがたい。むしろ，航行については，19世紀より欧州では，ダニューブ河についてのパリ条約（1856年）やライン河についてのマンハイム条約といった個別の条約が締結され，河川ごとに異なる規範が形成されていると言える。河川によっては，条約の履行確保のために**国際河川委員会**が設置されており，ダニューブ河のように，強い権限を有する委員会が設立される場合もある。

国際河川での灌漑，飲料，発電といった非航行利用も，ダムの建設といったように事業が大規模化すると国家間紛争の原因となる場合もある。ダニューブ河を舞台とし，ICJで審理された**ガブチコボ・ナジマロシュ計画事件**などはその典型例と言えよう（ICJ Reports 1997, p. 7 ［百選65]）。この非航行利用については，国際河川に限定されない，湖などを含む国際水路に焦点を当てる形で，**国際水路非航行的利用条約**（国際水路条約）が1997年に採択され2014年に発効している。同条約は，第2部の「一般原則」において，衡平利用原則（5条）や損害防止原則（7条）を規定し，第3部の「計画措置」では，事前通告，協議，交渉といった他の水路国に対してとる手続を規定している。

2　国際運河

運河とは，交通の便益のために陸地に人工的に造られる水路のことである。一国の領域内にありながらも，国際海運における重要性から条約により規律される運河を国際運河という。現在は，紅海と地中海を結ぶエジプトの**スエズ運河**とアメリカ大陸中央部において太平洋と大西洋を結ぶ**パナマ運河**，さらにこれら2つの運河に比べると影響は大きくないものの，**キール運河**の3つが三大運河と位置づけられている。1869年に開通したスエズ運河がなければ，ヴァスコ・ダ・ガマがそうしたように，欧州からアジアへの海路は喜望峰を回る形

155

第6章 国家領域・空域・国際区域

となり，1914年にパナマ運河が開通しなければ，米国の西海岸から東海岸へは，南極大陸近くのアメリカ大陸最南端を経由しなければならなくなる（**図表6-4**参照）。

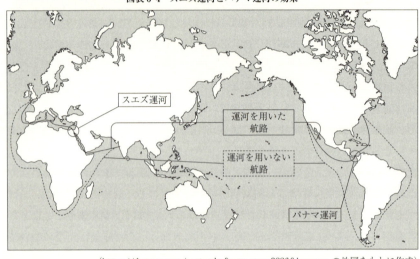

図表6-4　スエズ運河とパナマ運河の効果

（https://d-maps.com/carte.php?num_car=3226&lang=en の地図をもとに作成）

　スエズ運河の枠組みは，1888年，当時エジプトの宗主国であったオスマン帝国と英国などの欧州8か国との間で締結されたコンスタンティノープル条約を基礎とする。同条約1条は，スエズ運河の中立化を徹底し，平時戦時，国籍，商船軍艦の区別なく，運河は自由に通行可能なものとした。第二次世界大戦後，エジプト革命を経て，1956年にナセル大統領が実権を握ると，「スエズ運河国有化宣言」を行った。これにより**スエズ戦争**（**第二次中東戦争**）が勃発するものの，これに勝利したエジプトはスエズ運河の管理を再開するが，1957年には上述の条約の効力を承認している。また，2021年3月には同運河において，日本の正栄汽船が所有する大型コンテナ船エバーギブンの座礁事故が発生した。同事故により，賠償額の算定基準や船舶の拘留など，海洋であれば一定程度詳細な規則が設けられている事項についても（第7章参照），同運河では規則が十分に整っていないことが明らかとなっている。

156

III 国際区域

パナマ運河は，米国の意向が大きく反映される形で造られた国際運河である。パナマ運河が開通する以前の 19 世紀中ごろより米国は，当時パナマが帰属していたコロンビアや，高い技術を有する英国と同運河建設のための二国間条約を締結してきた。そして，1903 年にパナマが独立すると，その 13 日後には1903 年パナマ運河条約を締結する。同条約は，運河建設予定地を租借した米国が，あたかも領域国のように管理することを認める内容であった。この不平等条約に対する反発の高まりを受け，1977 年に両国は，新パナマ運河条約および「パナマ運河の永久中立と運営に関する条約（中立条約)」を締結する。前者は，1999 年に運河をパナマに引き渡すこと，およびそれまでの管理方法などについて規定している。また，後者に基づきパナマは，同運河を戦時平時や国籍の区別なくあらゆる船舶に開放する義務を負う。そして，この中立条約附属議定書によりパナマ運河は米国・パナマ以外の国にも開放されると同時に，議定書を批准した国に対しては中立義務の遵守を要求している。

北海とバルト海を結ぶキール運河は，19 世紀末にドイツにおいて建設された。元々はドイツが管理していたが，第一次世界大戦の講和条約であるベルサイユ条約 380 条によりあらゆる国家に開放されることとなった。フランスの会社が所有する英国籍のウィンブルドン号によるキール運河の通航をドイツが拒否したことにより生じた紛争は，1923 年に PCIJ で審理されることとなった（ウィンブルドン号事件，PCIJ Series A, No. 1 ［百選 16］)。第二次世界大戦後，キール運河に対するドイツの主権は回復したとされている一方で，一定の条件を課しつつも，ドイツは他の国家による利用を広く認めている。

3 極 域

(1) 北 極 地 域

(a) 北極地域の特質と重要性

北極地域は，海氷で一定の地域が覆われることはあるものの，陸地ではなく，海洋であることから，基本的に海洋法条約が適用される。そのため，公海やEEZ で旗国や沿岸国がどのような権利義務を有するか，また，延長大陸棚や境界画定といった，第 7 章で取り扱う海洋法の問題，とも言える。他方で，北極においては，沿岸国を中心に独自の国際法秩序が形成されつつある。日本を

含む，非沿岸国が北極に対し関心を持つ理由の一つが，海氷の氷解に伴い，航行可能な水域が拡張しているためである。**北極海航路**を活用することで，東アジアから欧州の一部地域には，マラッカ海峡・スエズ運河を経由する南回り航路に比べ，効率的に運搬が可能になるとも指摘される。

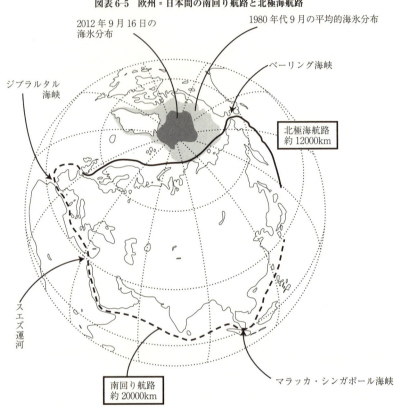

図表6-5　欧州＝日本間の南回り航路と北極海航路

(加藤信行ほか編著『ビジュアルテキスト国際法〔第3版〕』〔有斐閣，2022年〕より転載)

(b) **北極地域のガバナンス**

現在の北極秩序を形づくるうえで最も重要な組織が，**北極評議会**である。同評議会は，カナダ，デンマーク，フィンランド，アイスランド，ノルウェー，ロシア，スウェーデン，米国の8つの北極圏諸国により，1996年に法的拘束

力を有さないオタワ宣言によって設立された。そのため，いわゆる国際機構には該当せず，あくまでも，議論を行うためのフォーラムとしての位置づけにとどまる。しかし，次の2つの特徴もあり，北極秩序の形成に大きな役割を果たすようになっている。第1に，**常時参加者**として，北極圏諸国に居住する先住民族の6団体をその活動に包摂している点である。このように，先住民族の意見を直接取り込んで政策を決定していく姿勢は，極めて先進的と言える。第2に，オブザーバーとして，非北極圏の諸国の参加を認めており，実際に日中韓の東アジア諸国などもその地位を獲得して議論に影響を及ぼしている点である。このように北極圏諸国以外のアクターの意見に耳を傾けつつ，必要に応じて分野別作業部会を設置することで，国際法の文脈でも影響力を持つようになっている。

　具体的には，北極評議会は，国際海事機関の関連諸条約で，極海という特殊環境において適用される特別な規則を定めた**極海コード**の策定や運用に貢献している。加えて，2011年には北極海航空海上捜索救助協定，2013年には北極海洋油濁汚染準備対応協力協定，さらに2017年には日本の専門家にとっても重要となる北極科学協力協定と，条約を作成する場としても機能している。また，北極評議会とは別に，カナダ，デンマーク，ノルウェー，ロシア，米国の沿岸5か国が主導し，**中央北極海無規制公海漁業防止協定**が2018年に締結され，日本も同条約を批准している。この動きは，沿岸5か国の主導ということから，必ずしも北極評議会が一枚岩ではないことをも意味する点にも留意する必要があろう。

(2) 南極地域

　南極大陸とその周辺の島々は，その過酷な自然条件から，19世紀に発見された後も，しばらく人の住まない無主地であった。しかし，1908年の英国を皮切りに，ニュージーランド，フランス，ノルウェー，オーストラリア，チリ，アルゼンチンの合計7か国が自国民による発見や地理的近接性を理由に領域主権を主張するようになる。各国の主張する領域は，南極点を頂点に2つの子午線により挟まれる扇形の区域となることから，**セクター主義**とも呼ばれる。このように領域主権を主張する**クレイマント**と呼ばれる国に対し，南極大陸の探

第6章　国家領域・空域・国際区域

査等に乗り出しつつも，他国はもとより自国の領域主権をも認めない米国・ロシアなどは，**ノンクレイマント**と呼ばれる。ちなみに日本は，1912年に探検を行った白瀬中尉等，一部では領域主権を主張する声もあったが，いずれにせよ，それまでの南極大陸に関する請求権は1951年対日平和条約で放棄することとなった。

図表6-6　セクター主義

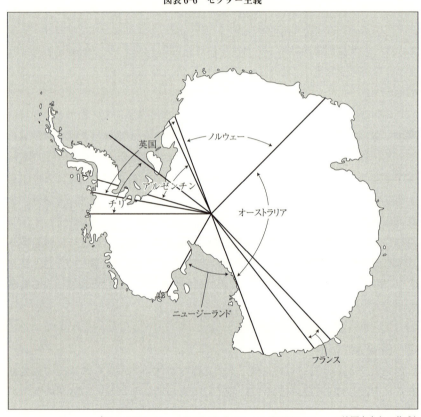

（https://d-maps.com/carte.php?num_car=3734&lang=en の地図をもとに作成）

このようなクレイマントとノンクレイマントの対立は，1959年に採択された**南極条約**により一旦の解決をみる。14の条文から構成される同条約は，南極大陸だけでなく，南緯60度以南の地域という，その周辺海域も地理的に適

160

III 国際区域

用対象に含む（6条）。そして，その4条において，クレイマントとノンクレイマントの対立を条約の有効期間中は一時的に棚上げすることに成功している。同条約はまた，1957〜1958年の国際地球観測年（IGY）での議論を受け，南極における科学観測活動を国際的に協力して行う必要性が強調される中で採択されたという経緯を有する。そのため，同条約には南極の平和目的利用（1条），科学調査の自由（2条〜3条），核実験の禁止（5条），などが規定され，南極大陸においては，国際的に協力して科学的知見を深める基盤が整ったと言える。また同条約は，南極大陸で活動する国をいわゆる協議国という枠組みでまとめ，これらの国が参加する南極条約協議国会議を開催することを規定している（9条）。

　このような南極条約の下で，その後，環境保全につながる複数の条約が採択されていく。1972年に採択された「南極のあざらしの保存に関する条約」はその名のとおり，当時絶滅のおそれもあった，みなみぞうあざらし等の特定のあざらしを保護し，生態系を維持することを目的としている。そのために，これらのあざらしの商業的捕獲を制限しているが，科学的見地に基づいて政策決定をすべく，科学調査目的の捕獲などは可能としている。この条約から範囲を拡張する形で，鳥類までを含む生物資源一般の保護，そして，生態系の保存のために1980年に締結されたのが「南極の海洋生物資源の保存に関する条約」である。同条約の下で設立された「**南極の海洋生物資源の保存に関する委員会（CCAMLR）**」は，広大な海洋保護区を設定するなど，条約目的の達成のために精力的に活動している。生態系からさらに保護範囲を拡張するために，1991年に「**環境保護に関する南極条約議定書**」が採択された。同条約は，南極を「自然保護地域」と指定して同地域の環境全体それ自体を保護すべき対象としている。同議定書は，条約本体と5つの附属書が不可分の関係にあり，附属書Ⅰは**環境影響評価**について詳細に規定するなど，国際環境法（第8章参照）の観点からも評価される制度を構築することに成功している。

第6章　国家領域・空域・国際区域

4　宇宙空間

(1)　宇宙法の生成と展開

(a)　宇宙空間の特質と利用開始

　宇宙法と総称される国際法規則については，宇宙空間に適用される法と観念する考え方（**空間説**）と宇宙活動に適用される法としての機能に着目する考え方（**機能説**）とがある。前者の場合，適用範囲を特定するために，宇宙空間と空域との境目を考える必要があるが（outer space という表現は，空域〔airspace〕と対比する関係で用いられた），空域を大気圏までとする考え方や高度100kmまでとする考え方など諸説あり，境目が条約などで明確に決められているわけではない。現在では，空法が規制する航空機が飛行する空間を空，人工衛星が周回するなどして宇宙法が規制する空間を宇宙とみなす考え方が一般的となり，その意味では，空間説と機能説との実質的な違いはあまりない。

　人類の宇宙活動の端緒は，1957年10月のソ連による人工衛星「スプートニク1号」の打上げである。この打上げが成功すると，その翌月に採択された国連総会決議1148では，軍備抑制の文脈で，宇宙への物体の打上げはもっぱら平和・科学目的とするよう検討することが決められた。このような流れの中，1958年の総会決議1348により，アド・ホックな臨時委員会として「**宇宙空間平和利用委員会（COPUOS）**」が設置され，翌1959年の総会決議1472により同委員会は常設化され，そこで法的な問題が扱われることとなった。同委員会の意思決定にはコンセンサス方式が導入され，また，下部組織として科学技術小委員会と並び法律小委員会も設置されている。このCOPUOSの議論を受け1963年には，「宇宙空間の探査及び利用における国家活動を律する法的原則宣言」（総会決議1962）が全会一致で採択された。同決議に関連し，国際機構の決議によって法的信念の存在が確認されることで，慣習国際法が即座に形成されるとする，いわゆる**インスタント慣習法**の理論がビン・チェンにより提唱された（第2章参照）。

(b)　宇宙条約体制

　このインスタント慣習法の当否はさておき，この決議で定められた原則は，1966年に採択された「宇宙の憲法」とも言われる**宇宙条約**において法典化さ

III 国際区域

れる。同条約において規定される宇宙法の原則として，すべての国が平等に宇宙活動の自由を有すること（宇宙条約1条），国が宇宙空間を領有することの否定（同2条），宇宙での軍事活動は許されず平和利用すること（同4条），活動を行ったのが政府か私企業などの非政府団体かを問わず，国が一元的に責任を負うこと（同6条），宇宙物体の登録国が管轄権および管理の権限を有すること（同8条），等が挙げられる。

その後に続く条約は，この宇宙条約に規定された原則をより詳細に規定するものとなっている。1968年に採択された**宇宙救助返還協定**は，遭難した宇宙飛行士や落下した宇宙物体の打上げ国への送還・返還を規定している。1972年に採択された**宇宙損害責任条約**は，国が一元的に責任を負うことに加え，宇宙物体の落下による損害については打上げ国に無過失責任を，宇宙空間で生じる損害については過失責任をそれぞれ規定している。また，1974年に採択された**宇宙物体登録条約**では，打上げ国が宇宙物体を登録し，当該登録に基づき，宇宙物体内の乗員に対し自国法を適用することが認められている。そして，1979年の**月協定**では，地球以外の太陽系の惑星とその天然資源は**人類の共同遺産**であり，開発により得られる利益は国際社会に公平に分配されることとしている。そのため，実際に惑星の資源開発を実施することが可能な先進国はこの協定に批准していない。

(c) **ソフト・ローによる展開**

このように，宇宙活動が始まってから約20年という短期間で5つの条約が締結された背景には，COPUOSに参加する国が少数であったことや，活動が本格化しておらず具体的な争点が見えづらかったことなどが挙げられる。そのため，COPUOS参加国が増加すると同時に，技術開発が進展して宇宙空間の利用方法が具体化するにつれ，意思決定をコンセンサス方式に基づいて行う同委員会で条約を作成することが困難となった。そこで1980年代以降，COPUOSは，原則・勧告・ガイドラインといった，法的拘束力を有さないソフト・ローによる規範・ガバナンスの形成を行っている。これまでに，法律小委員会で作成して採択されたものとして，直接放送衛星原則（1982年），リモート・センシング原則（1986年），原子力電源使用制限原則（1992年），スペース・ベネフィット宣言（1996年）などが挙げられる。

163

第6章　国家領域・空域・国際区域

　COPUOS 以外の場においても，宇宙活動に関する軍事・安全保障面での国
際的なルール作りの試みは，特に宇宙における軍備競争の防止という観点から，
軍縮会議，国連総会第一委員会等の場において続けられている。また近年では，
企業による宇宙ビジネス活動が活発化する中，企業の活動も国家が責任を負う
（宇宙条約6条）こと等を踏まえ，宇宙活動を行う国では国内宇宙法を制定し，
企業活動を許可制とする法制を整えている（たとえば，日本では 2016 年に宇宙活
動法が施行）。このような各国の国内宇宙法は，国際法上争いがある論点につい
て，各国それぞれの見解を示す場合もある（たとえば，後述(2)(b)の資源開発）。

(2)　近年の宇宙活動の動向とその規律

(a)　スペース・デブリ問題の解決に向けて

　現在，宇宙空間において深刻な問題となっているのが，宇宙空間の環境問題
とも言える**スペース・デブリ**である。宇宙空間には，宇宙物体から放出された
部品や使用済みロケットなどの物体が漂っており，これらの宇宙ゴミは一般的
にスペース・デブリと呼ばれる。欧州宇宙機関（ESA）の報告書によれば，宇
宙ゴミは 10cm 以上の観測可能なものだけでもおよそ3万存在するとされ，そ
れより小さいものを含むと1億を超える数のデブリがあるとされる。小さなデ
ブリについては宇宙空間に存在したとしても影響は大きくないとの見立てもあ
るが，デブリは時速 7km 以上の速さで軌道上を周回しているため，衛星等に
衝突した際には一定程度の損害を与えると考えられている。

　このデブリ問題に対しては，2007 年には COPUOS が，**スペース・デブリ低
減ガイドライン**を作成した。同ガイドラインは，正常な運用で放出されるデブ
リの制限や意図的な破壊やその他の危険な活動を回避するなど，デブリが新た
に発生することの抑止に主眼を置いている。さらに COPUOS では，デブリ問
題への対処も含む，**宇宙活動に関する長期持続可能性（LTS）ガイドライン**につ
いての検討が 2010 年より開始された。9年にわたる長期間の交渉の結果，同
ガイドラインは 2019 年に COPUOS で全会一致の形で採択された。同ガイド
ラインは，宇宙活動の安全性の観点からデブリ情報の収集や共有について規定
し，また，デブリを長期的に管理するための科学技術の開発の重要性を強調し
ている。

164

III 国際区域

(b) 資 源 開 発

太陽系の惑星の天然資源について包括的な形で規定した月協定と異なり，宇宙条約は，国による宇宙空間それ自体の取得は禁止しているものの，宇宙空間や天体の天然資源に対する私人の活動については，明示的な規定を設けていない。そのため，私人による宇宙資源の利用については，禁止されていないのだから国際法上許容されるという考え方と，宇宙空間を国際社会のために供するという宇宙条約の理念に反するため，そのような利用を認めることは国際法違反になるとする2つの立場がある。

強い宇宙産業を有する米国は，前者の立場の下，自国民が宇宙資源開発に従事する権利を認める**宇宙資源探査利用法**を2015年に制定した。このような動きは，欧州の宇宙ビジネスの拠点たることを目指すルクセンブルク，そして，宇宙産業を石油資源に代わる基幹産業へとすることを目指すアラブ首長国連邦（UAE）へと波及し，2017年には両国が米国と同様の法を制定した。日本でも，このような活動が国際法違反となるかは議論され，2021年には宇宙資源法が成立し，日本の企業も宇宙資源の探査へと着手することが可能となった。

(c) 国際宇宙ステーションからアルテミス計画へ

国連が関与する普遍的な宇宙法制度とは別に，宇宙活動に参加する一部の国による国際法の枠組みも別途構築されている。そのうちの一つが，**国際宇宙ステーション**（**ISS**）に関する枠組みである。ISSは，日米欧加の4者により1988年に締結された宇宙基地協力協定を基礎とし，1998年にはロシアを新たに加えISSの建設を開始した。日本は，「きぼう」と名付けられた実験棟を有し，補給機「こうのとり」で物資の輸送を行った。ISSは2016年に運用を終える予定であったが，2024年現在，2030年までの運用が決定されている。

ISSの活動に終わりが見える中，米国は2019年5月に，2024年の有人月面着陸を目指し，2028年までに月面基地の建設を開始するという**アルテミス計画**を発表した。同計画では，月周回軌道上の有人拠点（ゲートウェイ）を建設し，月面基地の建設および将来の有人火星探査へとつなげることが構想されている。このアルテミス計画については，ISSと異なり，基礎となる多数国間条約が締結されているわけではない。2020年10月には，米国を中心に日本を含む8か国（その後徐々に参加国は増大している）で「アルテミス合意」が調印されたが，

第6章　国家領域・空域・国際区域

これは法的拘束力を持つ条約ではない。他方で，同年12月に日米間でアルテミス計画のために締結された「民生用月周回有人拠点のための協力に関する日本国政府とアメリカ合衆国航空宇宙局との間の了解覚書」は国際約束と位置づけられており，アルテミス計画は，このように米国を中心とする二者間協定で形成されていく見込みである。

● 参考文献

池島大策『南極条約体制と国際法──領土，資源，環境をめぐる利害の調整』（慶應義塾大学出版会，2000年）

許淑娟『領域権原論──領域支配の実効性と正当性』（東京大学出版会，2012年）

柳原正治＝兼原敦子編『国際法からみた領土と日本』（東京大学出版会，2022年）

中村仁威『宇宙法の形成』（信山社，2023年）

岩沢雄司『国際法〔第2版〕』（東京大学出版会，2023年）

第7章 海洋法

　地球上の表面積のおよそ7割は海洋によって占められる。陸地のように国家要件の一つとなっているわけではなく、また、人が居住するわけではないが、海洋をめぐっては古くより国家間の衝突の火種となっており、国際法規則も形成されてきた。海洋はまた、科学技術の発展に伴い、その利用形態が大きく変わり、海洋法はそれに合わせて発展してきている。本章では、その海洋空間を規律する海洋法について学ぶ。

I　海洋法の特徴と機能

1　海洋法の歴史と海洋法条約

(1)　海洋法の歴史的展開

　海洋法とは、海洋空間を規律する国際法のことであり、国際海洋法と呼ばれることもある。国際法の一部であることから、その法源は慣習国際法と条約となる。歴史的に見て海洋法を含む条約としてまずあがる名前が、スペインとポルトガルが海洋を2分することを規定したトルデシリャス条約（1494年）である。ローマ時代より海洋の自由が謳われていたのに対し、同条約は国家による海洋の領有を認める。海洋は自由か、あるいは国家による領有が可能かについて、17世紀前半には国際法の父とも呼ばれる**グロティウス**の『海洋自由論』とセルデンの『閉鎖海論』により議論された。航行技術の発達に伴い航行の自由がより重要になるにつれ、「**海洋の自由**」が確立した。19世紀前半には、海洋を公海と領海の2つに区分する考え方が定着した。

　この区分は学説により展開し、慣習国際法として認識されてきたが、20世

167

第7章 海洋法

紀初頭より，慣習法規則を法典化する作業が始まる。まず，国際連盟の下で1930年にハーグ国際法典編纂会議が開催され，そこで領海が一つの題材とされた。領海の**幅員**をめぐっての合意が得られず，条約の形には結びつかなかったが，そこでの議論は戦後の法典化につながる。第二次世界大戦後，国際法委員会による準備を経て，1958年に開催された第一次国連海洋法会議では，**ジュネーブ海洋法4条約**（領海条約，公海条約，公海生物資源保存条約，大陸棚条約）と強制的紛争解決の選択議定書が採択された。ただし，領海の幅員については領海条約も規定することはできず，続く1960年の第二次国連海洋法会議において議論を継続したが，そこでも合意に至ることができなかった。

(2) 海洋法条約の採択とその特質

　領海の幅員の問題は，1973年より開始された**第三次国連海洋法会議**にて決着する。同会議は，独立を果たした途上国の主張が強まったこと，沿岸国が沖合の漁業資源に対する主張を強めたこと，さらに，海底の鉱物資源を開発する技術の発展などを背景として，海洋秩序の再編を目指して開催された。その結果，1982年に，合計320か条と9つの附属書からなり，海の憲法とも称される**国連海洋法条約**（海洋法条約。本章内で条文番号のみの場合は，海洋法条約の条文を指す）が採択された。同条約は，ジュネーブ海洋法4条約とその選択議定書の内容を包摂して発展させるだけでなく，その第11部は，大陸棚以遠の海底を，「**人類の共同遺産（CHM）**」の原則が適用される**深海底（the Area）**と位置づけるなど，新たな制度を設けている。海洋法条約は，沿岸国と内陸国，先進国と途上国といった多様な国家の主張をバランスよく取り入れ，複数の問題を同時に解決する**パッケージディール**の形で採択され，自国にとって有利な条項から利益のみを得ることがないよう留保を許さない枠組みとなっている（309条）。

　米国を中心とする多くの先進国は，この第11部が過度に途上国寄りであるとの不満から，海洋法条約に参加することはなかった。しかしながら，途上国を中心に批准する国は増加し，そのまま発効すると，途上国だけで海洋法秩序を構築する可能性があった。そこで，1990年に，当時の国連事務総長であるデクエヤルの呼びかけで，実質的に第11部を修正する**国連海洋法条約第11部実施協定**の議論が始まった。その結果，1994年に同実施協定は採択され，同

168

年に海洋法条約もようやく発効することとなった。海洋法条約の下では，さらに1995年に**国連公海漁業協定**が採択され，2023年には，**国家管轄権外区域の生物多様性（BBNJ）の保全及び持続可能な利用についての実施協定**が採択されるなど，海洋法条約を実施するための協定（実施協定）を新たに締結することで，実質的な改正やアップデートが行われている。その背景には，海洋法条約の改正手続がコンセンサス方式によらねばならず（312条），また，締約国の3分の2が改正後の条約に参加しなければ発効しない（316条）とされており，改正のハードルが高いことがあげられる。

　海洋法条約はまた，採択の1982年当時すでにあった，あるいは，その後できた国際規則をも包摂する仕組みを設けている。たとえば2条3項は，沿岸国は領海の主権を「国際法の他の規則」に従って行使しなければならないと規定している。さらに，外部の基準に言及する，いわゆる**参照規則**（rules of reference）も複数の条文において導入されている。参照規則の一つである94条は，「一般的に受け入れられている国際的な規則」等を遵守して船舶の設備や人員を整えることなどを国家に要求している。救命艇等の船舶の設備は，1912年のタイタニック号沈没事故を契機に1914年に採択された**海上人命安全条約**により規定される。そのため，海上人命安全条約の規定は海洋法条約に包摂され，前者の改正や議定書・附属書の追加により規則が変わると，それらも海洋法条約に反映されうる。航行を中心とする規則は，**国際海事機関**（IMO）の下で運用される複数の条約が規定しており，漁業については**国連食糧農業機関**（FAO）でも条約が採択されているが，それらの条約を包摂する形で海洋法条約は機能しているのである。さらに，海洋法条約は，境界画定，資源管理，海難への対応などの事項に関する地域・二国間条約締結をも包摂する。

2　海洋法の原則と機能

(1)　原　　則

　歴史的には，国家が海洋を排他的に支配できないという考えの下，海洋自由の原則が唱えられてきた。ただし厳密にいえば，空間的に支配しないというだけで，船舶の活動の規律は，むしろ海洋に秩序をもたらすために必要とされた。そのため，船舶には旗国が管轄権を行使するという**旗国主義**原則が確立してい

る。ただし，海洋法条約は「船舶」を定義しておらず，洋上風力発電のタービンや小型の無人航行船など，どういったものを船舶とするか，あるいはしないかについては国ごとに異なる。また，海洋法条約では旗国主義を，公海の規則を定める第7部で規定しているが，旗国主義原則は海洋全体，さらには他国の河川などでも適用される。91条は，船舶と旗国との間に真正な関係がなければならないとするが，実際にはそのような関係がない船，つまり規制が緩やかで税が安い国を旗国とする**オープンレジストリー登録船**が広く活用されている。このような旗国主義に支えられる海洋の自由は，他者の自由との調整が必要であることおよび，人道の考慮や海洋環境保全のために，近年は制限がかかる傾向にある。

海洋自由の原則と対置される原則として，深海底に適用される CHM 原則がある。同原則に基づき，主権国家は深海底の空間的支配を主張できず，同海底は人類全体のために行動する**国際海底機構（ISA）**により管理される（137条）。同原則が遺伝資源に適用されるか否かをめぐり，先進国と途上国は BBNJ 協定の起草時に対立した。最終的な協定の条文では，どちらかの意見を支持するわけではなく，海洋法条約における CHM 原則を協定上の原則として位置づけるにとどまっている（BBNJ 協定7条(b)）。

また，海洋法条約に規定されているわけではないが，1969年の**北海大陸棚事件**（ICJ Reports 1969, p. 52, para. 96 ［百選2］）以降，国際裁判所で頻繁に唱えられるものとして，「**陸は海を支配する**」の原則がある。これは，国家は陸地なしに海洋を有することができないこと，海洋法が陸上の法益を考慮して形成されることなどを意味する。ただし，海面上昇やプラスチック汚染といった問題に対処する際には海からの視点が重視され，最近は同原則の位置づけが揺らぎつつあると言える。

(2) 機　　能

海洋法は，これらの原則に基づき大きく2つの機能を果たしている。第1に，伝統的に果たしてきた**国家管轄権の配分・調整**である。領海と公海の境目がどこか，領海を航行する船舶に対して旗国・沿岸国はそれぞれどこまで管轄権を行使できるか，どこが日本と中国の海洋境界となるか，などはその代表例と言

II　水域区分と航行規則

えよう。そして，第2に，**諸国の共通利益の保護**である。たとえば，海難時や遭難した船舶に対しての救援などは，古くより諸国の共通利益と認識されてきた。このような人道の問題に加え，近年は，海洋環境の保全や海洋資源の持続可能な管理なども，諸国の共通利益と認識されている。

　このように機能する海洋法は，海洋法条約が複数の水域に分けて規則を設けているゆえに，領海・公海といった**水域ごと**の理解と航行・漁業といった**事項**ごとの理解という，2つの観点からの理解が重要である。本章では，紙幅の関係から，水域ごとの区分はIIで航行規則との関係を中心に概説するにとどめ，その後，事項ごとの観点からの記述を深める。具体的にはIIIで国家管轄権の配分・調整の色合いが強い境界画定・資源利用について，IVで共通利益の保護に資する事項について順に説明し，Vで海洋法条約の紛争解決制度を詳述する。

II　水域区分と航行規則

　水域は大きくは国家管轄権内（内水，領海，EEZ，大陸棚等）と管轄権外（公海，深海底）に分けられ，沿岸国にどのような利用を認めるかを海洋法が規律している（**図表7-1参照**）。船舶が航路を進むことを意味する航行は，それ自体により人や物の輸送が可能となり，また，漁業や鉱物資源の開発といった他の海上での活動に付随するため，水域を区分するに際しては，この航行をどのように許容・規制するかが重要な争点となってきた。本節では，水域区分の前提となる陸地の規則について確認した上で，各水域について航行規則を中心に概説する。

171

第7章 海洋法

図表7-1 海域区分

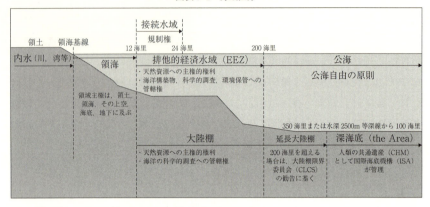

1 海洋法における陸地（基線と島）

　水域区分の前提として，国家が水域を主張するためには陸地が必要である。海洋法条約においては，基線から何海里までが領海，といった形で規定されているが，その基線は，原則として陸地である海岸の**低潮線**に沿って引かれなければならない。このように引かれる基線は**通常基線**と呼ばれる（5条）。これに加え，海岸近くに島があるなどして地形が複雑な場合には，地形の主要な地点を結ぶ**直線基線**も引くことができる（7条）。この直線基線は，「海岸の全般的な方向から著しく離れて引いてはなら」ない（7条3項）など，いくつかの制限がある。というのも，基線の内側は内水となり領土と同様に主権が及ぶため，当該水域は陸地と密接性を有している必要があるからである（漁業事件，ICJ Reports 1951, p. 133［百選4］）（同事件の詳細については第2章参照）。ただし実際には，多くの国家が他の国家から批判されうる，恣意的な直線基線の引き方をしているのが実情である。

　また，低潮時にのみ海面上に現れる低潮高地は，他の陸地からの領海内に含まれる場合は領海を設定できるが，そうでない場合は領海の根拠となる基線すら引くことはできない（13条）。これに対し，高潮時においても海面上にある島であれば，それだけで領海を設定できる。他方で，EEZと大陸棚を設定するためには，「人間の居住又は独自の経済的生活」の維持が可能でなければならない（121条）。この条件の解釈をめぐっては多様な見解が示されているが，

Ⅱ 水域区分と航行規則

南シナ海事件仲裁裁判所裁定は，居住の要件を満たすために人の移住や定住を求め，また独自の経済的生活の要件を満たすために，外部から水や食料といった物資を運ぶことによらず，その地の人々が自分たちの生活をその陸地のみで維持することを求めるなど，高いハードルを設定した（RIAA, Vol. 33, pp. 368–373, paras. 488–503 ［百選 36］）。この基準に照らせば，中国・韓国が異議を唱える日本の**沖ノ鳥島**は言うまでもなく，**南鳥島**も EEZ や大陸棚の設定が難しくなりうる（**図表7-2 参照**）。

図表 7-2　日本およびその周辺海域

173

第7章 海 洋 法

このように，陸地に引かれた基線からの距離で水域を区分するのが海洋法条約の枠組みである。しかしながら，気候変動による海面上昇で基線が変わってしまっても，もともと有していた水域は認められるべきだ，との主張が島嶼国を中心に近年なされ，支持を集めている。

2 国家管轄権内の水域

国家管轄権内の水域は，以下の**図表7-3**のように区分されるため，順に説明する。

図表7-3 国家管轄権内水域の区分と航行規則

水域	沿岸国の権利	航行規則
内水	主権	出入りの可否を含め沿岸国が決定
領海	主権	無害通航
接続水域	規制権	通関上，財政上，出入国管理上または衛生上の法令違反に対する規制を除き，排他的経済水域と同様
国際海峡	主権等	通過通航または強化された無害通航
群島水域	主権	無害通航または群島航路帯通航権
排他的経済水域	主権的権利・管轄権	沿岸国の機能的権限による規制を除き，公海の航行の自由
大陸棚	主権的権利・管轄権	が準用

(1) 内 水 ・ 湾

沿岸国は基線の内側にある**内水**に主権を有し，領土と同様に扱うことができる。それゆえ，外国籍船が内水に入れるか否かの決定も，慣習国際法上は沿岸国が裁量を有する（ニカラグア事件〔本案〕判決，ICJ Reports 1986, p. 101, para. 213〔百選107〕）。ほとんどの港が内水に位置することから，船舶からすれば，入港の可否を沿岸国が決定できることを意味する。コロナ禍において，多くの国家が港を閉じたのは記憶に新しい。ただし実際は，二国間条約などで相手国船舶の入港の自由を認めていることが多い。

沿岸国が領土と同様の主権を持つからといって，旗国の管轄権がなくなるわけではない。他国の内水においてであろうと自国船舶で起きた事件については，旗国は管轄権を行使することができる。他方で，沿岸国が，自国の港にある外

174

II　水域区分と航行規則

国籍船で発生した問題にどこまで介入できるかは，あらゆる問題に介入できるという**英国主義**と，船舶の内部規律や船員間の問題には介入できないとする**フランス主義**の見解がある。

　陸地に囲まれかつ明白に陸地に入り込む水域は湾と位置づけられる。湾入口の両端の距離が 24 海里以内の場合は，両端を結ぶ閉鎖線の内側の水域が内水となり，また，両端が 24 海里を超える場合には，湾の途中に 24 海里の基線を引く形となる（10条）。加えて，海洋法条約 7 条により許容される直線基線によって，それまでは基線の外であった水域が内水となる場合には，当該内水での無害通航権は引き続き認められる（8条2項）。

(2)　領海・接続水域

(a)　領　　海

　沿岸国は，海洋法条約により幅員は 12 海里までとされた**領海**に対して主権を有する。沿岸国は領海を 12 海里より短くすることも可能なため，日本の場合，**津軽海峡**のほか（**図表7-4参照**），5 つの**特定海域**では，領海を 3 海里までとし海峡内に公海を設けることで，それにより，海峡全体に国際海峡（後述(3)(a)）の枠組みが適用されることを避ける方針をとっている（36条）。また，船舶が無害通航権を有するという点で，領海の主権は領土のそれとは決定的に異なる。つまり，沿岸国は外国籍船といえど，無害通航をする船舶は領海に入ることを認めなければならない。

第7章 海洋法

図表 7-4　津軽海峡

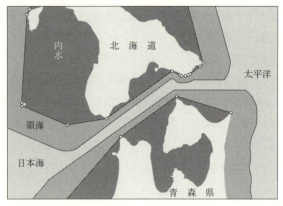

(出典：海上保安庁ウェブサイト)

無害通航はその名のとおり，通航が無害であることである。通航とは，領海を通過する場合や，内水を出入りする場合に領海を航行することであり，継続的かつ迅速に行われなければならない（18条）。そして，沿岸国の平和，秩序または安全を害しない場合，無害とみなされる。軍事訓練や漁業を行う場合は，無害とみなされない代表例である（19条）。潜水艦は浮上して海面を航行しなければならない（20条）。また，沿岸国の法令違反を無害性の否定と結びつける**接合説**と，両者を分離する**分離説**との対立があるが，海洋法条約は，無害性の基準を上述のように設けていることから，分離説の立場をとっていると考えられる。沿岸国は，外国籍船の無害通航を保障するために，自国が把握する危険などを公表しなければならない一方で（24条），外国籍船による無害でない通航に対しては，**保護権**と呼ばれる権限を行使して，防止することができる。

なお，軍艦に無害通航権が認められるかは，海洋法条約の締結以前から見解が対立する論点であったが，同条約はこの対立を明確に解決したわけではない。まず，前提として，軍艦とは，船舶自体と指揮官を含む乗組員が一国の軍隊に属しているものと定義されている（29条）。中国やインドは軍艦の領海の航行はそれ自体が無害ではないとして，軍艦に無害通航権を認めていないが，米国やロシアは軍艦にも無害通航権を認める。また，軍艦やコーストガード等の用いる公船は**免除**を享有することから，仮にこれらの船舶が沿岸国の法令に違反

II 水域区分と航行規則

したとしても，沿岸国は原則として管轄権を行使することはできないとされる（第5章参照）。

(b) 接続水域

沿岸国はまた，基線から24海里までに**接続水域**を設定することが可能である。同水域は領海の外側に設定されることから，一般的には，後述のEEZと重複する。沿岸国は，同水域において，領土・領海で行われる通関上，財政上，出入国管理上または衛生上の法令違反のみを防止し，取り締まるために**規制権**を行使することができる。接続水域は，あくまでも領土や領海の秩序等を守るために設定することが認められるにすぎず，領海とは異なり，沿岸国は，同水域で行われる犯罪を包括的に取り締まることはできない。

(3) 国際海峡・群島水域

(a) 国 際 海 峡

沿岸国の水域内にある**国際海峡**では，領海の無害通航権よりも強固な航行の権利が外国籍船に与えられる。そのため，領海内のある海峡が国際海峡か否かは沿岸国にとって重要となる。その判断基準として，使用基準と地理基準の2つがある。使用基準は，国際航行に使用されているか否かである。ただし，ここでいう使用がどれくらいの頻度かなどは明らかではない。マラッカ海峡やホルムズ海峡などは国際海峡と広く認識されているが，中国が主張する吐噶喇（トカラ）海峡などは，日本からすれば，国際航行としての利用が十分ではないとの議論も可能であろう。

地理基準はさらに2つに分けられ，その違いにより船舶に与えられる権利が変わる。第1に，公海またはEEZの一部分と公海またはEEZの他の部分を結ぶ海峡では，**通過通航権**が付与される。通過通航とは，継続的かつ迅速な通過のための航行および上空飛行である（38条）。領海では軍艦に無害通航権が認められるか議論があるが，国際海峡で通過通航権が軍艦にも認められることは広く受け入れられている。さらに，解釈上の争いはあるものの，上空飛行が保障され潜水艦の浮上義務がないのも領海での無害通航権との違いとされる。第2に，公海またはある国家のEEZと他国の領海とを結ぶ海峡（たとえば，アカバ湾と紅海を結ぶチラン海峡）や本土と島を結ぶ海峡で，その島の海側に便利な

第7章 海洋法

公海またはEEZの航路が存在する場合（たとえば，アルバニアのコルフ海峡）には，無害通航権が認められるにすぎない。ただし，領海の無害通航権（沿岸国が自国の安全保護のために外国船の無害通航を一時的に停止可能。25条3項）と異なり，沿岸国が無害通航を停止することができないことから（45条2項），この国際海峡での無害通航は「強化された無害通航」と呼ばれる。

(b) **群島水域**

群島とは，複数の島が密接しており，地理的，経済的および政治的に一つとみなされる島の集団のことである。このような群島によって構成される国は**群島国**といい（46条），フィリピンやインドネシアなどが該当する。群島国は，群島の最も外側の島などを結ぶ直線基線を群島基線として引くことができるが，水域と陸域の比率は1対1から9対1までの間でなければならない。群島基線の内側にある水域は群島水域として沿岸国の主権に服する。とはいえ，他の国家の航行の利益も確保する必要があることから，無害通航権と同時に，群島国が定めた群島航路帯には国際海峡の通過通航権と類似する**群島航路帯通航権**が認められる。群島国ではない，すなわち，別の本土ともいう陸地を大陸に有する国家が群島を有していた場合に群島基線を引けるかについて，海洋法条約上に特段の規定はない。近年，中国はこのような観点からも南シナ海が自らのものであると主張しているものの，それが広く受け入れられているとは言いがたい。

(4) 排他的経済水域（EEZ）

EEZは，海洋法条約により導入された，領海に接続する基線から200海里までに沿岸国が設定することができる水域である。元々は，第三次国連海洋法会議での妥協の結果として，海洋法条約第5部に特別な法制度として設けられたが（55条），現在では沿岸国が慣習法に基づいて設定可能とされる。領海等と異なり，沿岸国が主権を有して包括的に物事を決められるわけではない。沿岸国が有するのは，天然資源の探査および開発ならびに洋上風力発電などのその他の経済活動のための**主権的権利**と，人工島の設置・利用，**海洋の科学的調査**（MSR），そして海洋環境の保護・保全のための**管轄権**である（56条）。主権的権利とは，元々は大陸棚条約において導入された概念であり，主権のように

II 水域区分と航行規則

は包括的でないという点で主権とは異なるものの，資源について一定程度の排他的な権限を持つという意味で主権と類似するものと言える。また，環境についての管轄権は，ある意味では，海洋環境を保全する義務を履行するための権利とも位置づけられる。

このように，沿岸国の権限は特定の事項に限定されていることから，**機能的権限**であるとされ，これらの事項以外には，公海の規則が適用される。特に，**公海の自由**として認められる航行や上空飛行，海底電線やパイプラインの敷設は，すべての国に明示的に認められる（58条）。ただし，実務においては，EEZでの漁船への給油を沿岸国が取り締まれるかなど，機能的権限の範囲を特定するのが難しいこともあり，EEZを，資源や環境と関係のない安全保障の観点から活用しようとする国も少なくない。

(5) 大 陸 棚

大陸棚は，沿岸国の陸地との接続性に基づきトルーマン宣言により主張され，大陸棚条約と海洋法条約とでは異なる形で定義されている。前者では，水深200mまたは開発可能な範囲であると定義されていたが，技術が発展するにつれ，これではどこまでも大陸棚となってしまうことから，見直しが必要とされた。そこで後者では，大陸棚は，領海に接続する基線から200海里まで，または，領土が自然に延長する形でいたる大陸縁辺部の外縁までと定義した（76条1項）。そのため，沿岸国は200海里以遠の水域にも大陸棚（延長大陸棚）を有することができるが，その限界は350海里とされている。延長大陸棚は，海洋法条約により設立された**大陸棚限界委員会（CLCS）**に申請し，同委員会が科学的知見に基づいて出す勧告に基づかなければならない（76条8項）。なお，日本は，CLCSに7つの海域を申請し，**九州・パラオ海嶺南部海域**を除く6海域の勧告を得て，それに基づき3つの海域の政令を制定している（**図表7–2参照**）。また，この延長大陸棚の開発により得られた利益の一部は，国際海底機構（ISA）を通じ国際社会に還元される（82条）。

沿岸国は大陸棚に対して主権的権利を有し，資源の探査・開発を行うことができる。**オデコ・ニホン事件**では，大陸棚の活動により得た利益に対する課税が問題とされたが，東京高裁は，主権的権利の包括性に鑑み，課税は慣習法上

179

第7章 海 洋 法

問題ないと判示した（東京高判 1984〔昭和 59〕年 3 月 14 日行集 35 巻 3 号 231 頁〔百選 32〕)。EEZ に関しては，沿岸国が設定しない限り，同水域で主権的権利や管轄権を行使することはできないが，大陸棚の主権的権利は，沿岸国が**原始的**に有しているとされる。大陸棚は海底であることから，そこに対する沿岸国の主権的権利の行使が直接的に航行を規制することはあまりないが，資源開発を行うに際して定めた規則が上部水域に影響を与えることはあり，大陸棚の上部水域を航行する船舶の旗国などは，そのような影響は甘受しなければならない。

3 国家管轄権外の水域

国家管轄権外の水域は，上部水域の公海と海底の深海底とに区分される。

⑴ 公 海

海洋自由の原則を最も色濃く残しているのが**公海**である。海洋法条約 87 条では公海の自由として，航行やパイプライン等の敷設，さらには漁業の自由が規定されている。これを実現するために，海洋法条約 92 条は公海上では旗国が船舶に対し**排他的管轄権**を有すると規定している。この排他的管轄権は，従来は執行管轄権，すなわち，旗国以外の国家（非旗国）が公海上で**臨検**（乗船し捜査すること）等を行うことはできないことを意味すると解されていたが，**ノースター号事件**において国際海洋法裁判所（ITLOS）が，執行管轄権だけでなく，規律管轄権も旗国が排他的に有すると解釈したことで混乱が生じている（ITLOS Reports 2018-19, p. 75, para. 225）。

他方で，執行管轄権の排他性も必ずしも絶対的なものではなく，以下の 2 つの場合には，旗国の同意がない場合でも，非旗国による臨検等が許容される。第 1 に，海洋法条約 110 条が規定する，海賊行為，奴隷貿易，無許可放送などを行った船舶に対してである。この中でも海賊に対しては，臨検の後に拿捕・逮捕・訴追などをすることも認められている。第 2 に，**追跡権**を行使する場合である。追跡権は，沿岸国が自国水域で外国船による法令違反を発見した場合に，当該水域から船舶を継続して追跡している場合に限り，公海上であっても臨検・拿捕することができる（111 条）。

180

(2) 深 海 底

　自由である公海とは対照的に，CHM原則が適用される深海底は，全人類の発展のためにISAにより管理される。ISAは，すべての構成国からなる総会，36か国による理事会，そして事務局の3つを主要機関として，他には開発を行う**事業体**（enterprise），さらに理事会の下に**法律・技術委員会**が設置されている。海洋法条約においては総会の権限が強かったものの，第11部実施協定では理事会の権限がより強化されている。

　深海底の鉱物資源開発は，国家の保証を受けた主体が行うだけでなく，ISAの事業体も行う。開発主体は，探査事業計画を提出する際，商業的価値が同等の2つの鉱区についての情報をISAに提出する。ISAはそのうちの一方を申請した開発主体に認め，もう一方については事業体を中心に開発を進める。

III　海洋境界画定と資源利用

1　海洋境界画定

(1)　境界画定における法の役割と限界

　上述したように，沿岸国は，EEZおよび大陸棚において原則として排他的に資源を利用できる。そのため，安全保障の側面が強い領海の境界画定に比べ，EEZおよび大陸棚のそれは資源の配分または獲得競争としての側面を有する。この境界画定に関し，海洋法条約は水域ごとに異なる規則を有する。領海については15条で「両国間に別段の合意がない限り，いずれの点をとっても両国の領海の幅を測定するための基線上の最も近い点から等しい距離にある中間線を越えてその領海を拡張することができない。ただし，この規定は，これと異なる方法で両国の領海の境界を定めることが歴史的権原その他特別の事情により必要であるときは，適用しない」と規定している。EEZおよび大陸棚はそれぞれ74条1項および83条1項に「境界画定は，衡平な解決を達成するために，国際司法裁判所規程38条に規定する国際法に基づいて合意により行う」と規定されている。

　15条も別段の合意が優先すると規定していることに鑑みれば，いずれの海

第7章　海洋法

域であれ合意が重要であることが分かる。ただし，EEZ および大陸棚に関しては，衡平な解決，国際法に基づく，という基本指針が示されているものの，それらが何を意味するか必ずしも明らかではない。どのような経緯を経るにせよ，境界画定は最終的には関係国間の条約で合意されることが一般的である。そのため，条約に向けて交渉が行われることとなり，その中で裁判所での判例などを援用することは可能であろう。しかし，裁判所や他の国家による境界画定の先例が裁判所外の交渉等で果たす役割は，交渉当事国次第となる部分が大きい。

(2)　未画定水域

海洋法条約が発効して 30 年になろうとしているが，韓国との一部の境界を除き（**図表 7-5 参照**）日本はこれまで近隣諸国との間で境界を画定できていない。ただし，これは日本に限ったことでなく，まだまだ未画定の境界は世界に数多く存在し，画定には多くの時間がかかるのが一般的である。このように時間がかかる理由として，境界画定は法的には領有権の紛争と区別されるものの領有権の問題と密接にかかわることや，水域の資源を恒久的に利用できることとなるため国家に与える影響が非常に大きいことなどが考えられる。

このような状況のために，海洋法条約は境界画定がなされるまでの規定を74 条および 83 条の共通 3 項で設けている。同項は大きく次の 2 つの義務から成る。第 1 に，境界画定につながるための暫定的な取極を締結するための努力義務であり，第 2 に，最終的な合意への到達を危うくしまたは妨げないための努力義務である。これらはいずれも努力義務にすぎないが，同義務について初めて判断を下した 2007 年の**ガイアナ対スリナム海洋境界画定事件**において，仲裁裁判所は，海洋環境に物理的変更をもたらす活動は，現状を変えることで最終的な合意を妨げると判示した（RIAA, Vol. 30, p. 132, para. 467 ［百選 105］）。さらに，**ガーナ・コートジボワール海洋境界画定事件**のペク判事の個別意見は，この義務への違反か否かの判断基準は一つに決まるわけではなく，活動の種類，性質，場所，時間，方法を考慮し，関係国間の関係に照らして判断することが重要としている（ITLOS Reports 2017, p. 181, para. 10 ［百選 35］）。これらのことより，2 つの沿岸国が水域を主張する大陸棚で一方の国が資源の採掘を始めた

場合などは，後者の義務違反を構成すると考えられる。

(3) 境界画定方法

　境界画定の際に重要となるのが，水域を主張する根拠となる**権原**（領域権原とは異なる）という概念である。たとえば，領海の場合は基線から12海里までの距離が権原と言える。境界画定とは，この権原が重複する水域に線を引く作業となるが，線の引き方は権原がどういうものかと関連づけられる傾向にある。海洋法条約上，領海については15条が「基線上の最も近い点から等しい距離にある中間線」を境界とすることを原則として定めている。これに対し，EEZ・大陸棚に関しては，条文が中間線に明示的にそのような重みを与えているわけではない。そのため，中間線の位置づけを中心に，領海とEEZ・大陸棚とでは境界画定の方法は異なりうるが，後述するように，両水域の画定でも中間線の果たす役割が大きくなっていることもあり，2017年のスロベニア・クロアチア仲裁裁定のように，領海の画定と区別しない先例もある（https://pcacases.com/web/sendAttach/2172, PCA Case No. 2012–04, pp. 311–312, para. 1000）。

　大陸棚は，法源が大陸棚条約→海洋法条約と変わる中，権原も深度および開発可能性→距離および自然延長，と変わってきている。海洋法条約上，2つの権原，すなわち，ある国が距離に基づき大陸棚を主張し，他の国が同一の水域に，自然延長に基づき大陸棚を主張した場合の，優先関係は特に規定されていないものの，2023年のニカラグア・コロンビアの**200海里以遠の海洋境界画定事件**においてICJは，沿岸国が有する延長大陸棚の権原は，他国の基線から200海里内にまでは及ばないと判示した（https://www.icj-cij.org/sites/default/files/case-related/154/154-20230713-jud-01-00-en.pdf, Question of the Delimitation of the Continental Shelf between Nicaragua and Colombia beyond 200 nautical miles from the Nicaraguan Coast(Nicaragua v. Colombia), p. 29, para. 79）。実のところ，中国や韓国は自国沿岸から200海里を超えて沖縄トラフまでを自国の大陸棚としているが，同水域の一部は日本の200海里以内に含まれることとなるため，このような主張はICJの判決と矛盾する可能性が高くなっている（**図表7–5参照**）。

第7章 海洋法

図表 7-5　日本の大陸棚の境界画定と共同開発

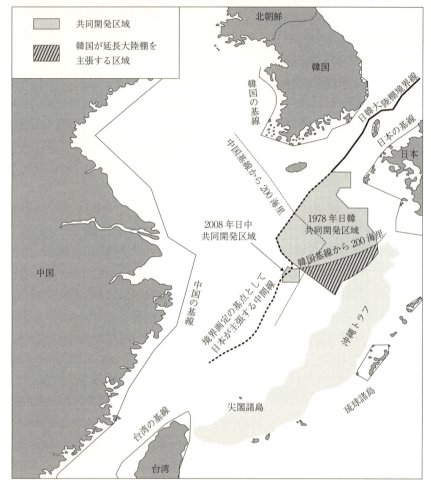

　権原の変遷は、境界の画定方法にも影響を及ぼす。海洋法条約が締結される前の北海大陸棚事件において、ICJ は、衡平原則を適用し、大陸棚の地質的形状（自然延長）や大陸棚面積と海岸線の長さの合理的均等を考慮して境界画定をするとした（ICJ Reports 1969, pp. 47–54, paras. 83–100 ［百選 2］）。実のところ、大陸棚条約 6 条も、合意がない場合の境界は等距離・特別事情を原則とすると規定していたが、西ドイツが締約国でなかったことから、ICJ は上述のような

III 海洋境界画定と資源利用

自然延長を重視しての判断を下した。これに対し，海洋法条約が採択された後の1985年，ICJ は**リビア＝マルタ境界画定事件**において，中間線を重視する判断を下した。その理由としてICJ は，EEZ の導入とともに200海里までという距離が大陸棚の権原として認められるようになったことをあげている（ICJ Reports 1985, pp. 33-34 and 55-56, paras. 33-34 and 77 ［百選〈第1版〉42］）。

この中間線を軸としてのEEZ・大陸棚の境界画定は，2009年のICJ **黒海境界画定事件**でさらに発展し，確立したアプローチが形成された。**三段階アプローチ**とも呼ばれる同アプローチでは，①暫定的な等距離・中間線を引く，②衡平な結果を達成するために①を修正する事情（関連事情）があるか否かを検討し，関連事情がある場合には適宜修正する，③関連する海岸の長さと，暫定線で配分される水域の面積とで著しい不均衡がないかを確認し，不均衡がある場合には適宜修正する（ICJ Reports 2009, pp. 101-103, paras. 115-122 ［百選〈第2版〉34］）。②においては，海岸線の長さ，島の存在といった地理的事情が，他の歴史的・経済的事情などよりも，関連事情として考慮される傾向にある。このアプローチは，延長大陸棚の境界画定においても用いられているが（**ベンガル湾事件**〔バングラデシュ対インド〕，RIAA, Vol. 32, p. 139, para. 465 ［百選33］），延長大陸棚は権原が距離ではなく自然延長にあることから，海底の地理的形状をより重視すべきとの批判もある。

2 資源利用

海洋での資源利用に際しては，調査・測量活動が必要不可欠である。ここでは，そのような活動と，生物資源と非生物資源の利用についてそれぞれ概説する。また，**洋上風力発電**や海底での**二酸化炭素貯留**などの文脈では，特定の海洋空間そのものを資源とみなす動きや，海砂を資源とみなす動きなど，海洋法条約採択時に比べ，海洋資源の概念も拡張する傾向にある。

(1) 調査・測量活動

海洋では，技術の発展に伴い新たな活動が行われることがある。さらに，**気候変動**により，海面上昇や海水の酸性化が進むなど海洋環境は変化し続ける。そのため，人が海洋で活動していく上では，海洋やそこに生息する生物らにど

第 7 章 海 洋 法

のような影響を与えうるかなどを把握する必要がある。陸地に比べ依然として
科学的不確実性が高いことから，海洋法条約も，科学調査の重要性を指摘し，
海洋の科学的調査（MSR）については第13部に詳細な規則を設けている。

MSR は一般原則として，平和的目的のために，海洋法条約の他の規則と合
致した形で実施されなければならない（240条）。特に，公海上では公海の自由
に含まれるものとして基本的にその自由が保障されている。他方で，領海では
沿岸国がその主権により制限することができる。EEZ と大陸棚では，原則と
して沿岸国の明示の同意がない限り他の国家は MSR を行うことはできないも
のの，すべての人類の利益となる MSR に対して沿岸国は原則として同意を与
える必要がある（246条）。

このように規律される MSR であるが，その定義がないこと，そして，外形
的には他の調査・測量活動との区別がつきにくいことが海洋法条約の MSR 規
定の課題となっている。たとえば，海洋法条約では水深などを調べる水路測量
という用語も用いられているが，これが MSR に含まれるのか。水深の測量は
科学的なものかもしれないが，その調査結果は軍事的に用いることも可能であ
るし，あるいは資源探査の一部となる可能性もあるのである。

(2) 生 物 資 源

漁業を行うことは基本的に自由であるとされてきた。現在でも公海の自由に
漁業の自由が含まれている。しかし，人口の増大と地引網や大型巻網といった
漁法の発達により，現在，漁業資源は減少の一途をたどっている。そして，魚
は境界に縛られず移動することから，漁業資源の国際的な管理が必要とされる。

(a) 漁 業 資 源

海洋法条約上の水域別にみると，領海では沿岸国が漁業についての広範な権
限を有する。そして，EEZ でも，まずは沿岸国が生物資源の**漁獲可能量**を決定
し，**最大持続生産量**を維持する形で生物資源を保存・管理する（61条）。ただし，
漁獲可能量が自国の漁獲能力を上回る場合，余剰分を他国に配分しなければな
らない（62条）。さらに，タラなどの2国以上の EEZ や EEZ と公海を跨いで
生息する**ストラドリング魚種**やマグロなどの広範な水域を移動する**高度回遊性
魚種**については，関係国の間または地域的機関などを通じて利用・保存措置を

186

III 海洋境界画定と資源利用

講じなければならない。この地域的機関は，国連公海漁業協定 7 条および 8 条により，さらに具体的に**地域的漁業管理機関（RFMO）・枠組み（RFMA）**として規定されている。国連食糧農業機関（FAO）によれば，RFMO が機関として設立されるのに対して，RFMA はそのような形をとらないが，両者ともに**地域的漁業体（RFB）**と位置づけられる。

FAO は RFB に対してサポートを行うほか，近年問題となっている，**違法（illegal）・無報告（unreported）・無規制（unregulated）（IUU）漁業**に対しても様々な取組みを行っている。2001 年には「IUU 漁業の防止，抑止及び撲滅に関する行動計画」を採択し，違法漁業とは沿岸国の国内法に違反する漁業，無報告漁業とは関係する沿岸国や RFMO に報告せずに行われる漁業，無規制漁業とは RFB 不参加の船舶を利用したりあるいは RFB 対象外の水域・魚種を狙う漁業と，IUU 漁業を整理している。この IUU 漁業に対し，2009 年に FAO 総会が違法漁業防止**寄港国措置協定**を採択した。同協定は，自国の港に漁船が入港してくる場合に，船舶登録，漁獲・転載許可，漁獲物等に関する情報の事前提供を求めることを締約国に義務づけた。さらに，WTO で 2022 年に採択された**漁業補助金協定**は，IUU 漁業につながる補助金を禁止している。

(b) 海洋哺乳類

海洋哺乳類に関しても EEZ と公海の規則が海洋法条約上設けられており，締約国は海洋哺乳類保存のために協力する義務，特に鯨類の保存，管理，研究に際しては，適当な国際機関を通じて活動する必要がある（65 条および 120 条）。捕鯨をめぐっては，1946 年に「**国際捕鯨取締条約（ICRW）**」が採択され，同条約の下で**国際捕鯨委員会（IWC）**が設立されている。日本も，1951 年に同条約を批准し，IWC が 1982 年に商業捕鯨モラトリアムを導入すると，これに服することとなった。同モラトリアムの枠組みの中でも，科学的調査のための捕鯨は許されているため，日本はそのような調査を行ったとした。しかし，これがオーストラリア等により批判され，2014 年には ICJ より，日本の捕鯨は科学的研究のためとは言えないと判示された（南極海捕鯨事件，ICJ Reports 2014, p. 293, para. 227 [百選 37]）。2019 年に日本は ICRW を脱退したことから，日本は現在，ICRW に拘束されることはない。他方で，依然として海洋法条約上の義務を負うため，日本は IWC にオブザーバーとして参加することで，国際機関

第7章　海洋法

を通じて鯨類を管理しているとの立場をとる。

(c)　溯河性・降河性魚種

　また，サケやマスなどの河川で産まれ一度海洋に出てから河川に戻る**溯河性魚種**は，同種が産まれる河川を有する国が主たる利益と責任を有する（66 条）。反対に，海で産まれ河川で育った後に海で産卵するウナギなどの**降河性魚種**は，同種がその多くを過ごす河川を有する国がその管理について責任を有する（67 条）。

(3)　非生物資源

　大陸棚制度が形成される背景には，石油・天然ガスを海底から開発することが可能となったことがある。これまでのところ，これらの開発は主として 200 海里までの国家管轄権内で行われており，環境保全に関する規則を除き，探査・開発などの国際法規則があるわけではない。領海および大陸棚で石油・天然ガスを比較的自由に開発できることから，大陸棚の境界画定などは経済的に大きな問題となる。また，境界を定めるとしても，境界の候補となる線を跨いで**鉱床**が存在することも一般的である。そのため，海洋境界を画定する際，あるいは境界画定に至る前段階として，**共同開発**について合意することも少なくない。日本も，1974 年に韓国といわゆる南部協定を締結したり，中国とも 2008 年に法的拘束力はない形であるが合意を結ぶなどしている（**図表7-5 参照**）。

　一方，深海底では，石油・天然ガス以外の非生物資源，特にマンガン団塊，海底熱水鉱床，コバルトリッチクラストの3つの開発に向け準備が進められている。ISA は鉱物資源を管理するため，石油・天然ガスを管理する可能性もある。しかし，非締約国との関係を考慮してか，これまでのところ上述の3つに集中して，法律・技術委員会が中心となり規則作りをしてきている。非生物資源を開発する際には，まず，その資源がどこに賦存しているかを把握する必要がある。そのため，**概要調査→探査→開発**の順で行われる（海洋法条約附属書III）のが一般的である。ISA はこれまでに，概要調査・探査規則を上述の3つの資源にそれぞれ制定しており，開発については規則を策定中である。また，このような ISA の活動とは別に，ITLOS の勧告的意見が深海底での開発活動を保証する国家（**保証国**）の義務を明確化・具体化するなど（**深海底活動責任事件**，

188

ITLOS Reports 2011, p. 10)，司法機関による法の発展も確認される。このように
具体的な開発に向けた規則作りが進む一方で，近年では，深海底での開発活動
を停止すべきとの主張も唱えられている。

Ⅳ　共通利益の保護

1　秩 序 維 持

(1)　管轄権行使の様態

　国家は，海洋秩序を維持するために，旗国，沿岸国，寄港国，非旗国の立場
から管轄権を行使する。旗国は，自らの国の船舶に対し，外国の主権が及ばな
い場所であれば広く管轄権を行使することができる。特に公海上では，海賊行
為などの例外を除き，船舶の旗国のみが海上警察権を行使することができる。
沿岸国は，領海や EEZ での自国法令違反が確認された場合には，無害通航権
などを侵害したりしない範囲で管轄権を行使することができる。また，船舶が
寄港した港を有する**寄港国**は，航行の利益を侵害することなく法執行が可能で
あるため，近年その役割が注目を集めている。海洋法条約も，公海上の船舶起
因汚染について寄港国の司法管轄権まで認めているが，寄港国管轄権は，上述
のように IUU 漁業対策でも用いられている。

　公海上での旗国以外の国家（非旗国）による臨検は，海洋法条約 110 条など
に規定された非常に限定された範囲でしか許容されていない。そのため，非旗
国による海上警察権の行使を拡張する動きも確認される。たとえば，国連公海
漁業協定 21 条は，協定の他の締約国の船舶への非旗国による乗船検査等を認
める。また，麻薬及び向精神薬の不正取引の防止に関する国際連合条約（**麻薬
新条約**）17 条は非旗国による取締りに対する旗国の協力義務を，2005 年改正後
の**海洋航行不法行為防止（SUA）条約** 8 条の 2 は，それを発展させる形で，旗国
と考えられる当局に連絡をして 4 時間以内に返事がない場合には，非旗国によ
る乗船・捜査を可能とする，いわゆる **4 時間ルール**などの仕組みを設けている。

　いかなる立場からであれ，国家が海上警察権を行使する場合には，いくつか
の国際法規則に従う必要がある。まず，海上での武器使用は，1935 年のアイ

ム・アローン号事件（RIAA, Vol. 3, p. 1615［百選34］）以来，**必要かつ合理的**でなければならないとされている。海上警察活動に合理性を求める考え方はその後拡張し，現在では武器使用だけでなく，あらゆる水域でのあらゆる活動に求められる（https://pcacases.com/web/sendAttach/1915, The Duzgit Integrity Arbitration (Malta v. São Tomé and Príncipe), PCA Case No. 2014-07, p. 54, para. 209）。武器使用の基準をめぐっては，軍事活動と警察活動は海洋法条約の紛争解決手続において区別して規定されており（298条），各国国内法も両者を区別するのが一般的である。しかし，国内法上の警察活動としての銃火器の利用であっても，武力行使を禁止した国連憲章2条4項に違反しない，とはならないことに留意する必要がある（ガイアナ対スリナム海洋境界画定事件，RIAA, Vol. 30, p. 126, para. 445［百選105］，第15章参照）。また一般的に，外国の軍艦・公船舶には非旗国の管轄権からの免除が付与されることから，警察活動を行うに際しては，そのような免除を侵害しないようにする必要がある。

(2) 海上暴力行為

　国際法の規律する海上暴力行為として，海賊行為，**船舶に対する武装強盗**，SUA条約上の犯罪，の3つがあげられる。海賊行為は海洋法条約101条において，ある私有船舶が①公海上で，②私的目的のために，③他の船舶に対して，行う暴力行為と定義されている。②の私的目的については，調査捕鯨船に対するNGOの妨害活動が私的か否かをめぐり見解は分かれている。また国際法上の海賊行為は，公海を中心とする国家管轄権の及ばない水域での行為であるがゆえに，あらゆる国が臨検から訴追まですることが可能である。これに対し，ある国の領海内の船舶に対する武装強盗は，法的な文書では**アジア海賊対策地域協力協定**に規定されるにとどまるが，①の公海を領海に変えるだけで，犯罪としてはほぼ海賊行為と同様である。ただし，領海で行われることを前提とするため，非旗国による取締りが認められるわけではない。

　また，SUA条約は，アキレ・ラウロ号事件というテロ行為を受けて採択された条約であり，**引渡しか訴追か**などの対テロ諸条約の規定を有していることもあり（第9章参照），海上テロに対して適用されることを想定している。しかしながら，同条約3条は，海上暴力行為を幅広く含む行為を犯罪としているこ

とから，船員同士での殺人事件などにも適用されている（シー事件，525 F.3d 709（9th Cir. 2008））。

(3) 輸送犯罪

　海洋はヒトやモノの輸送に用いられることから，輸送犯罪の現場ともなる。特に，広大な公海上では原則として旗国しか海上警察権を行使できないため，その取締りが課題となる。輸送犯罪の最も古い典型例が奴隷船である。奴隷船に対しては，非旗国であっても臨検することが可能である（110条）。

　現代で最も深刻な輸送犯罪として，人身および麻薬取引がある。前者については，条約として**国際組織犯罪防止条約人身取引防止議定書**が締結されているが，同議定書は船上での特別な臨検措置を規定しているわけではない。後者については，上述したように，麻薬新条約17条で非旗国による海上警察権の行使を促進する工夫がなされている。また，同条約6条は引渡しか訴追かを定めている。さらに，9.11後に採択された改正SUA条約は，テロ目的に使用するための**大量破壊兵器**運搬を犯罪としている。非旗国による海上警察権の行使としては上述の4時間ルールが設けられ，引渡しか訴追かの規定も設けられている。

2　人の保護・規律

(1)　船舶設備・船員資格・労働環境

　船上の人を守るためには，まず，適切に建造された船舶に適切な装備が備えつけられ，それらが適切に用いられることが必要不可欠である。そのため，船舶設備や船員資格が重要となる。さらに，その船員を守るためには，彼らの労働環境も重要である。この点，海洋法条約94条は，旗国がこれらの設備・資格・環境に関する国際基準を満たすことを求めているものの，詳細を規定しているわけではない。

　船舶設備に関しては，海上人命安全条約が詳細な規定を設けており，国際航海に従事する旅客船やそれ以外の総トン数500トン以上の船舶に適用される。タイタニック号沈没事故では救命艇の不足が犠牲者の数を増加させた原因の一つと考えられたことから，救命艇に関する規則などを設けている。さらに，同条約は事故の発生や技術の発展により頻繁に改正されており，たとえば2009

第7章 海洋法

年には電子海図表示情報装置の搭載が義務づけられるなど，安全性を高めるために様々な角度からアプローチしている。

船員資格の詳細は，トリー・キャニオン号事件を受けて，1978年に採択された**「船員の訓練及び資格証明並びに当直の基準に関する国際条約（STCW条約）」**により定められている。従来，各国がそれぞれ船員資格を付与してきたが，同事件が船員の技術が未熟であったことにより発生したとして，国際的な基準が設けられることとなった。同条約に基づき，資格を取得した船員は資格証書を保持しなければならず，寄港国による検査などを受ける場合もある。このSTCW条約や上述した海上人命安全条約などが規律する事項に関しては，自動運航船特有の規則が必要とされることから，新たな法制度の構築に向けた議論が2024年現在IMOで行われている。

また，船舶が閉鎖環境とならざるを得ないこともあり，時に船上での労働環境は過酷なものとなる。さらに，国際航行に従事する船舶での労働には，世界中を回ったり多国籍の船員を有したりするゆえに，特有の配慮を必要とする。この船員の労働環境は，IMOではなく，**国際労働機関（ILO）**が採択した68の条約・勧告により規律されてきたが，これらを統合する形で**海上労働条約（MLC）**が2006年に採択された。同条約は，船員の労働環境の向上を目指し，雇用条件だけでなく，居住設備・厚生施設・食物・サービスの提供，さらには，保健・医療・福利厚生・社会保障についても規定している。また，MLCは漁船には適用されないが，漁船に対しては，**漁業労働条約**が2007年に採択されている。

(2) 捜索・救助

海上活動に事故はつきものである。そのため，海において人は相互に助け合うことが伝統的に慣習となっていた。特に，船舶が沈没する場合などに乗船していた者を捜索し救助することなどは，戦時であっても状況が許す範囲で求められる。

この捜索・救助に関し，海洋法条約98条は，海上で生命の危機に瀕しているものを援助したり，援助要請を受けた場合に遭難者の救助に向かったりすることなどを自国船舶の船長に要求することを国家に義務づけている。国家はま

た，実効的な捜索や救助を行うために，隣接国と地域的な取極を締結すること
が求められている。しかし，この規定はあくまでも抽象的な義務を定めたにす
ぎず，より具体的な義務は，1979年に採択された**海上捜索救助（SAR）条約**に
より規定されている。

　しかし，どの水域をどの国家が責任を持って担当するといった捜索救助を実
施するための詳細を多数国間条約で決めることは現実的ではない。そのため，
SAR条約も海洋法条約と同様に，締約国に対し，他の近隣諸国と別途**SAR協
定**を締結し，遭難者の捜索や救助活動を迅速・適切に行う体制を構築すること
を求めている（附属書第3章3.1.5）。日本は，1986年に米国と，1990年に韓国
と，1994年にロシアと締結した。そして，2018年には，長年の交渉を経て，
ついに中国との間にもSAR協定を締結し，少なくとも捜索・救助の分野では，
近隣諸国との協力体制を整えている。

　また，中東・アフリカ地域から地中海を渡り欧州を目指す人々が，時に堪航
能力が不十分な船舶を用いることで，結果として海難事件を引き起こすケース
が瀕発している。その際，地中海での捜索・救助活動を行う欧州の国々は，人
権条約に基づき，彼らの権利を保障するために一定程度の活動を行う必要があ
るとされる（ASほか対イタリア事件，CCPR/C/130/D/3042/2017, para. 8.5, 第10章
参照）。

3　環 境 保 全

(1)　一 般 義 務

　海洋法条約は第12部を「海洋環境の保護及び保全」とし，まず192条で海
洋環境の保護・保全の義務を規定している。同義務をはじめ第12部は，水域
区分に関係なく海洋全体に適用される。海洋法条約上，詳細な規則が設けられ
ている水域もあるが，192条はそれらと調和的に適用されることを想定してい
る。また，海洋環境の保護・保全に生物資源の保全が含まれることは，**みなみ
まぐろ事件**のITLOS暫定措置命令以来定着している（ITLOS Reports 1999, p.
295, para. 70）。

　一般義務として194条は，「**海洋環境の汚染**」を防止・軽減・規制するため
の措置について広く定めている。「海洋環境の汚染」とは，人間による海洋環

第7章 海洋法

境への物質等の導入で，海洋生物や人に有害な影響を与えるものと定義される（1条1項(4)）。この定義に従い，「汚染」の概念は時とともに拡張する傾向にある。たとえば，船舶がバランスをとるために船内に貯留するバラスト水は，海水であることから，海洋法条約採択時にはその影響が十分には認識されていなかった。しかしながら現在では，バラスト水に含まれる外来種が放出先の海で深刻な影響を与えうることから，バラスト水の放出も汚染として，それを規制するためのバラスト水管理条約が採択されている。

(2) 汚染源ごとの対応

194条の汚染の防止・軽減・規制については，第12部の第5節により詳細な規定がなされている。この第5節は，陸上起因（207条），国家管轄権内での海底活動（208条），深海底での活動（209条），海洋投棄（210条），船舶起因（211条），大気から（212条）と汚染源を6つに分類したうえで，それぞれの汚染ごとに規定を設けている。この第5節において特に重要なのが，前述した（I 1(2)参照）参照規則である。

まず，陸上起因に関し，海洋法条約は詳細な規則を設けていない。その理由として，陸上での活動は海洋法条約の規律対象外となること，また，陸上起因の汚染で最も被害を被るのが陸地を有する沿岸国であるため国際法で規律せずとも汚染対策をする動機があることがあげられる。陸上起因汚染に対する執行について規定した213条は，同汚染防止のために，「国際的な規則及び基準」を実施する，という参照規則を設けるにとどまる。この「国際的な規則及び基準」が何を意味するかが問題となる。水銀の規制を設けた**水俣条約**，残留性有機汚染物質を規制する**ストックホルム条約**などは，そのような規則・基準になる。さらに，現在交渉中の**プラスチック汚染に関する条約**も，そのような規則・基準として陸上起因汚染防止の枠組みに組み込まれる可能性がある。

陸上起因汚染とは対照的に，投棄や船舶起因汚染に関しては，海洋法条約締結当時に存在した条約や，その関係する議定書や附属書が，参照規則を通じて外部から導入される規則・基準となる。投棄については**ロンドン条約・議定書**，船舶起因汚染に関しては**海洋汚染防止条約**が，それぞれ具体的な規則・基準を設けている。これらの条約・議定書は，附属書において投棄の許可または船舶

194

からの排出が規制される物質を規定している。附属書の改正や追加は，条約の改正などに比べ手続的に簡便である。そのため，新たな技術の発展や知見が得られると，それらが附属書の改正や追加を通じ，海洋法条約の規則に反映される。

V　海洋法条約上の紛争解決制度

海洋法条約の特徴の一つに，その紛争解決制度の充実があげられる。海洋法の紛争解決は，ジュネーブ海洋法4条約の選択議定書として制度が構築されていた。しかしながら，同議定書は批准国も少なくそれが十分に機能したとは言いがたい。海洋法条約は，その不十分な点を補塡するように，紛争解決制度についても第15部が詳細な規定を設けている。

1　第15部における紛争解決手続

海洋法条約第15部は，海洋法条約の解釈適用に関する紛争に関し，裁判所による**強制管轄権**の行使を含む詳細な紛争解決手続を設けている。

(1)　他の平和的解決手続との関係

海洋法条約は自前の紛争解決手続を設けているものの，それを優先して適用しなければならないわけではなく，紛争当事国が別途合意をする場合には，彼らの選択を優先して紛争を解決することを認めている（280条）。より具体的に，281条は，紛争当事国が他の紛争解決手段について法的拘束力のある合意をしている場合，当該手段によって解決ができない，かつ，そのような合意が海洋法条約の紛争解決手続を除外していない場合にのみ，第15部の手続を用いることができるとしている。この後者の海洋法条約の紛争解決手続の除外に関し，**みなみまぐろ事件**仲裁裁判所は，明文での排除でなくともよいとしたが（RIAA, Vol. 23, p. 46, para. 63），南シナ海事件では，明文での規定がない限り排除されないと判断された（RIAA, Vol. 33, pp. 90-91, para. 223［百選36］）。

また，282条は，第15部の第2節で定める強制的な司法手続の代わりの合意が紛争当事国間である場合には，第15部ではなく，当該合意により選択さ

れた手続が優先するとしている。同条の条文は，多数国間，地域的，二国間の
条約を基本的に想定しているが，インド洋境界画定事件において，ICJ の**強制
管轄権受諾宣言**による合意も同条における合意に含まれるとされた（ICJ
Reports 2017, p. 48, para. 126）。

(2) 意見交換

　283 条は交渉などによる意見交換の義務を定めている。同条 1 項は，紛争が
生じた場合に速やかに意見交換を行うことを義務づける。このことにより紛争
当事国は，何が問題で紛争が生じているのかを正確に認識することができる。
また，紛争当事国同士の交渉での解決が可能ならば，その方が，第三者を交え
ての強制的な解決よりも好ましいとも考えられている。実際，第 2 節の強制司
法手続に依拠する前提条件として，紛争当事国は意見交換をする義務を負って
いる。これまでの強制司法手続において，283 条の義務が十分に尽くされてい
ないことを理由に，司法手続に依拠することができないとの主張は数多くなさ
れているが，この条件を満たしていないことを理由に裁判所が判断を下さなか
った先例は存在しない。また，同条 2 項は，他の紛争解決手段でうまくいかな
かった場合や，一定程度の結論を出しても，その実施のためにさらなる協議が
必要な場合にも，速やかに意見交換をすることを義務づけている。

(3) 調停手続

　海洋法条約は任意と強制の 2 つの**調停制度**を設けている。前者は，海洋法条
約 284 条および附属書 V 第 1 節に規定され，紛争当事国の一方が要請できる
ものの，相手方から受け入れられなかった場合にはそこで調停手続が終了する。
後者は，強制的な司法手続の例外を規定する第 15 部第 3 節の 297 条・298 条
および附属書 V 第 2 節において規定される。後述するように，EEZ の生物資
源に対する主権的権利，境界画定などは，第 2 節の強制的な司法手続の例外と
されていることから，仮に紛争があったとしても，一方当事者が司法手続に付
すことはできない。そのような事例に対して，原則として強制調停手続が設け
られているのである。調停委員会は，1 名の委員長と 4 名の委員により構成さ
れる。強制調停手続では，両当事国が 2 名ずつ委員を選び，委員間の合意によ

り委員長が選任される。しかしながら，委員間で合意が得られず委員長を選任できない場合，あるいは，一方当事国が委員を選ばない場合には，国連事務総長が委員長や委員を選任することとなっている。

これまで，強制調停手続が用いられたのは，オーストラリアと東ティモールとの海洋境界画定の1件のみである（RIAA, Vol. 34, p. 208）。この事例では，オーストラリアが298条1項(a)に基づき海洋境界に関する紛争を第15部第2節の強制的な司法手続から除外していたため，東ティモールからすれば，強制調停手続以外の選択肢はなかった。このように，強制調停は消極的な理由から選択されたにすぎないが，調停委員会が権限を確認した後のオーストラリア側の積極的な参加や，開発事業者という私人の参加という調停手続ならではの柔軟性を活かしたこともあり，この調停手続は，両国の海洋境界を画定する条約の締結に結びついている。

⑷ 司法手続

海洋法条約の解釈適用に関する紛争は，一方的に司法手続に付すことができる（286条）。そして，海洋法条約の司法手続の最大の特徴は，多くの条約がICJや条約自体が設置した司法機関のみに判断を委ねるのに対し，ITLOS（附属書Ⅵ），ICJ，仲裁裁判所（附属書Ⅶ），特別仲裁裁判所（附属書Ⅷ）の4つの裁判所（これらをまとめて「海洋法条約裁判所」と呼ぶ）から，当事国が裁判所を選択できるという点である（287条）。このような制度が設けられた背景には，第三次国連海洋法会議において，ICJを支持する先進国と新たな裁判所の設立を要望する途上国との対立があったためである。

海洋法条約の当事国は前もって4つの裁判所の中から好ましい裁判所を選択しておくことで，いざ紛争が発生した場合には，選択した裁判所の強制管轄権に服することになる。紛争当事国同士の選択した裁判所が一致しない場合や，紛争当事国が裁判所を選択していない場合には，附属書Ⅶの仲裁裁判所が管轄権を持つことになる。そのため，これまでの海洋法条約第15部第2節に基づく強制司法手続では，仲裁裁判所による裁判が少なくない。仲裁裁判所は5名の仲裁人から構成される。紛争当事国が互いに1名ずつ仲裁人を指名し，残りの3名は両国の合意により選ぶ。しかしながら，両国の合意により3名を選

第7章　海洋法

べない場合，あるいは，一方当事者が仲裁人を選ばない場合などは，ITLOS
の所長が仲裁人を任命する。

　強制管轄権の範囲は，海洋法条約の解釈適用に関する紛争全般に及ぶが，第
15部第3節においていくつかの例外が設けられている。297条は，強制的な司
法手続制度の適用の制限として，EEZや大陸棚における主権的権利や管轄権
の行使に関する紛争を幅広く認めている。また298条では，海洋境界画定に関
する紛争，歴史的湾や歴史的権原に関する紛争，軍事的活動や一部の法執行に
関する紛争などについては，締約国が宣言をすることによって，強制的な司法
手続から選択的に除外できるとされている。たとえば，南シナ海事件において，
セカンド・トーマス礁周辺での中国の活動は，軍事活動に当たるとして，仲裁
裁判所は管轄権からの除外を認めた（RIAA, Vol. 33, pp. 594-597, paras. 1153-1162
［百選36］）。このような例外が設けられた背景には，上述したように，海洋法
条約309条は留保を禁止しており，海洋境界などを含むあらゆる紛争に強制的
な司法手続を適用する場合，相当数の国家の参加が期待できなくなると考えら
れたからである。

2　早期釈放制度

　船舶は，漁船にしろ商船にしろ，1日稼働しなくなるだけで経済的には大き
な損失となりうる。また，船員の外国での拘留や刑事手続は，言語や慣習の違
いもあり，自国でのそれ以上に負担となる。そのため，海洋法条約は，外国籍
船舶・船員によるEEZでの行為の違法性はさておき，違法行為を行った船舶
が合理的な**保証金**等を支払った場合には，船舶・船員を速やかに釈放しなけれ
ばならないとし（73条2項），同義務の速やかな遵守を求めるための**早期釈放制
度**を設けている（292条）。この制度においては，10日以内に旗国と抑留国が釈
放手続の問題についての合意ができない場合に，287条に基づき合意する裁判
所に付託することができる。

　ただし，287条に基づいても両当事国の間で裁判所が決定されない場合，
ITLOSがこの問題を扱う。10日間での裁判所の選択が困難なこと，また，
287条に基づく裁判所の選択がそれほどなされていないことに鑑みれば，早期
釈放は実質的にはITLOSで審理されることとなる。実際，これまでの9件の

早期釈放のすべてが ITLOS により審理されている。ITLOS は，早期釈放事案が付託された場合，可能な限り速やかに，そして遅くとも 15 日以内に口頭審理を行い，口頭弁論から 14 日以内に判決を言い渡すこととなっている。

　日本も，ロシアとの関係では 2007 年に豊進丸事件・富丸事件でこの早期釈放制度を用いている。豊進丸の場合は，日本側の主張がおおむね認められ，同船の船主が保証金を支払い，船舶が直ちに釈放された。これに対し，富丸の場合は，ロシアによる拿捕から早期釈放の申立てを行うまでに 8 か月が経過し，ロシア国内での船体没収が確定していることから，早期釈放の判断を行えないと判断された（ITLOS Reports 2005-2007, p. 98, para. 82［百選 102］）。

　早期釈放制度は，ITLOS 設立から両事件までの 11 年間で 9 件と頻繁に用いられたが，それ以後の 16 年間では手続の完了まで用いられたことはない。これは，両事件までの事件の積み重ねにより早期釈放についての判例法が確立し，早期釈放義務を遵守するための手続についての締約国の理解が深まったことによると考えられる。実際，両事件後，ロシアは国内法を改正しており，その後も日本船の拿捕自体は行われているものの，日本による早期釈放制度の援用にまでは至っていない。

3　暫定措置

　海洋法条約裁判所は，紛争が司法手続に付されている間に，当事国の権利を守ったり，海洋環境を保全したりするために，暫定措置を定めることができる（290 条）。当事国の権利だけでなく，海洋環境の保全のためにこのような措置を定めることができるのが，海洋法条約における暫定措置の特徴といえる。

　海洋法条約裁判所の中でも暫定措置を定めるのは，最終的に本案を審理する裁判所である。しかしながら，附属書 VII に基づく仲裁裁判所の場合，仲裁人の選任などその構成までに時間がかかってしまう。暫定措置の場合には緊急の判断が求められるため，仲裁裁判所が構成されるまでの間には原則として ITLOS が暫定措置を定めるとされている。実際，みなみまぐろ事件をはじめ多数の事件において，仲裁裁判所が構成される前に，ITLOS が暫定措置を定めている。このような制度であるため，仲裁裁判所が構成された後に改めて暫定措置を定めることが認められており，エンリカ・レクシー号事件では，

第7章 海 洋 法

ITLOS が暫定措置を定めた後に仲裁裁判所も暫定措置を定めている。

　また，ITLOS での暫定措置手続における近年の傾向として，船舶・船員の釈放が要請される点があげられる。上述したように，早期釈放については別途手続が設けられているが，ARA リベルタード号事件以降の多くの暫定措置手続において，この釈放が要請されている。早期釈放と暫定措置の両方とも，迅速性が求められるという点では類似している。しかしながら早期釈放の場合，沿岸国による船舶・船員の拿捕や抑留自体の合法性を争うわけではなく，その後の手続を問題視して早期釈放を求めるのに対し，暫定措置の場合には，拿捕や抑留そのものの合法性自体を本案で争い，その付随手続として暫定措置として釈放を要求することになる。

● 参考文献

山本草二『海洋法』（三省堂，1992 年）

瀬田真『海洋ガバナンスの国際法──普遍的管轄権を手掛かりとして』（三省堂，2016年）

兼原敦子監修・公益財団法人日本海事センター編『海洋法と船舶の通航〔増補 2 訂版〕』（成山堂書店，2023 年）

島田征夫ほか『国際海洋法〔第 3 版〕』（有信堂，2023 年）

逸見真『船長のための海洋関係法──海洋の自由と法秩序』（海文堂出版，2023 年）

柳井俊二編著『海と国際法』（信山社，2024 年）

萬歳寛之編『海洋法』（信山社，2024 年）

第8章 国際環境法

I 国際環境法の基本原則

1 持続可能な開発

(1) 経済開発と環境保護——対立から調和へ

(a) 国家主権の制約と環境問題

　環境保護を理由として，国家の経済開発を止めたり，これに制約を課したりすることはできるのであろうか。この問題は古くて新しい問題である。

　国家は，自国領域内における工場から有毒な煤煙が排出され，隣接する他国および他国民に損害を与えることが予測できる場合には，当該工場の操業の許可を控えるべきであろうか。また，フロンガスは冷却剤として多くの製品に使われているが，国家は，自国から排出されるフロンガスが直接オゾン層を破壊するかどうか分からないなかでも，フロンガスの排出規制を行うべきであろうか。これらの問題は，二国間でも，地球規模のレベルでも，経済政策を自由に決定できる国家主権と環境保護の要請とが対立しうることを示している。

(b) 持続可能な開発目標（SDGs）

　伝統的に，経済開発と環境保護の要請は，相互に対立するものと捉えられ，その調和の必要性が認識されてきた。この対立を克服し，経済と開発の両立をはかるために提唱されることになったのが，**持続可能な開発**（sustainable development）概念である（環境と開発に関するリオ宣言〔1992年，リオ宣言〕原則4）。2015年には，「誰一人取り残さない」ことを誓い，**持続可能な開発目標**（**SDGs**）を掲げた，持続可能な開発のための2030アジェンダが国連総会にお

第 8 章　国際環境法

いて全会一致で採択された。このように，持続可能な開発概念は，環境問題の
基調概念として広く認知されるに至っている。

(2)　持続可能な開発概念の実定法性

(a)　宇宙船地球号

　持続可能な開発とは，一般に，将来の世代が自己の需要を充たす能力を損な
うことなく現代の世代の需要を充たす開発を目指すことを意味する。持続可能
な開発は，二国間の関係で問題となる共有天然資源の衡平利用にも関係するが
（Ⅲ 1），地球全体の環境に関わる際にはとくに重要になる。宇宙船地球号とも
いわれ，宇宙の中に浮いている我々の生活の場である地球において，経済生活
をしながら，生活空間としての環境を維持するという 2 つの要請を同時にかな
える調和的概念として，持続可能な開発概念が提唱されることになった。

(b)　司法判断における持続可能な開発概念

　ガブチコボ・ナジマロシュ計画事件（ICJ Reports 1997, p. 78, para. 140 ［百選
65]）において，国際司法裁判所は，過去には環境に配慮せず経済開発を進め
てきたが，現代では，科学的知見の発展とそれに伴う人類の環境リスクに対す
る認識の変化が生まれたため，新しい規範や基準が発展してきているとの認識
を示し，経済開発と環境保護の調和の必要性は適切に持続可能な開発概念のな
かに表現されていると述べる。しかし，裁判所は，持続可能な開発概念の慣習
国際法性については慎重に判断を避けている（第 2 章Ⅰ 2 (3)参照）。

2　主 要 原 則

　国際環境法では，持続可能な開発以外にも，様々な利害を調整するための主
要原則が発展している。地球環境の保全にすべての国家は責任を有するが，環
境に負担をかけながら経済開発をしてきた先進国は，途上国よりも，相対的に
環境問題への寄与度や技術・財源等の面での解決能力が高いため，重い責任を
負うべきとする考えがある。それが，**共通だが差異ある責任**の原則である。ま
た，たとえば，二酸化炭素等の温室効果ガスの排出が現在の気候変動の要因で
あるかどうかは科学的に完全に証明されていなくとも，各国は，温室効果ガス
の排出規制に乗り出している。このように，科学的不確実性があるなかでも，

深刻な環境問題の発生が予測されるときに対応措置をとることを**予防的アプロ ーチ（予防原則）**と呼ぶ。しかし，持続可能な開発概念も含めて，これらの原則 は，一般的に環境関連の決議や条約の中に導入されているとはいえ，個々の条 約の意味づけを超えて普遍的に妥当する内容をもつほど確立されておらず，条 約を離れて，慣習国際法として確立しているとはいえない。

3 WTO における貿易と環境の相互関係

経済と環境の対立・調和について，世界貿易機関協定（1994 年，WTO 協定） の前文には「持続可能な開発の目的に従って世界の資源を最も適当な形で利用 する」とあり，WTO では貿易と環境の両価値の均衡が考慮されることになっ た。しかし，製品の生産工程や方法に注目する形で，環境に配慮した製品とそ うでない製品とを区別して，貿易条件に差異を設けることが，自由貿易体制を 掲げる WTO の無差別原則に反しないのか，あるいは，関税と貿易に関する 一般協定（1947 年，GATT）20 条の一般的例外により正当化できるのかが問題 となる。WTO の紛争解決機関である小委員会（パネル）と上級委員会は， WTO 協定の解釈・適用を行うことを任務とするが，他分野の条約を参照する ことはできるので，環境問題において一定の役割を果たしうると考えられる （第 12 章参照）。

II 環境に関する越境損害の防止

1 実体的原則

(1) 領域管理責任原則

(a) トレイル熔鉱所事件

国家はおよそ自国領域内の活動が他国の権益を侵害しないように確保する義 務を負っている。これを**領域管理責任原則**と呼ぶ。領域管理責任原則の射程は， 環境損害に限定されるわけではない。しかし，この原則の発展の契機となった のが，環境損害に関するトレイル熔鉱所事件（最終判決）（1941 年）（RIAA, Vol. 3, p. 1965［百選 24］）である。カナダとアメリカの国境沿いにあったトレイル熔

第8章　国際環境法

鉱所が亜硫酸ガスの煤煙を長年排出し続けた結果，アメリカの森林や農作物に被害が生じたことを理由として，アメリカは，カナダによる同工場の操業の許可が違法行為に該当するとして，損害賠償を請求した。原則として，国家は，自国領域を自由に使用することができ，私企業にいかなる事業を許可するかも自由に決定することができる。しかし，本件のトレイル熔鉱所は，カナダとアメリカの国境近くに所在しており，そこからの亜硫酸ガスの煤煙が風向きによってはアメリカ側に流れていくことは明らかであった。そうした状況で，カナダは，事業の許可を差し控えるべきであったのであろうか。

(b)　領域管理責任原則と国家責任

本件において，仲裁裁判所は，事件が重大な結果をもたらし，その損害が明白かつ説得的な証拠によって立証される場合には，いかなる国も，他国の領域・財産・人身に対し煤煙による損害を惹起するような方法で自国領域を使用したりその使用を許したりする権利を有しないと判示した。この判断においては，損害の重大性や，原因行為と損害との間の因果関係の明白性が，越境損害に関する損害賠償責任の成立の条件とされたのである。また，本件では，国家が損害発生の防止に「相当の注意」義務を果たしたか否かも，損害賠償責任の成立にとって重要な要素とされている（第13章参照）。

(2)　環境損害防止原則

(a)　環境損害の射程の拡大

人間環境宣言（1972年）は，「国は……自国の管轄又は管理の下における活動が他国の環境又は国の管轄外の地域の環境を害さないことを確保する責任を負う」（原則21）と規定する。リオ宣言も，その原則2において同様の規定を設けている。これらの宣言により，他国の環境だけでなく，公海等の国家の管轄外の地域への環境損害も，防止義務の範囲に含まれることになった。この点は，国際司法裁判所の核兵器の威嚇・使用の合法性事件（ICJ Reports 1996, pp. 241-242, para. 29［百選112］）においても認められている。

(b)　領域管理責任原則から環境損害防止原則へ

このように，現在では，環境そのものが保護法益と観念されることにより，領域管理責任原則から，とくに，環境分野においては，**環境損害防止原則**と呼

ばれる原則が発展してきている。環境損害防止原則は，トレイル熔鉱所事件で問題となった他国の領域・財産・人身に対する損害を超えて，公海等への環境損害も含むようになっており，その適用対象を拡大している。しかし，環境損害防止原則の下でも，損害の発生という事実のみをもって責任の発生を認めることは難しく，国家責任法の一般原則に基づき，国家が，私人や民間企業の活動に対して「相当の注意」義務を果たしたか否かが責任の発生の有無を左右することになる。

2 手続的原則

(1) 環境損害防止のための事前手続

　環境損害防止原則に基づいて国家は，越境損害を防止する「相当の注意」義務を負うことになる。そこでの中心的課題は，すでに発生した環境損害に対する事後救済となる。他方で，環境損害の発生をできる限り防止するための事前規制も重要となる。そのために発展してきたのが，**事前通報**，**事前協議**，**緊急時の通報**といった手続的原則である（**図表8-1**）。

図表8-1　環境損害防止のための事前手続

手続	事前通報	事前協議	緊急時の通報
主体	事業計画国→潜在的被影響国	事業計画国→潜在的被影響国	事故発生国→諸国
			事故発生国→国際機関→諸国
状況	他国の環境への相当の悪影響と危害の予測	事前通報に基づく潜在的被影響国からの要請	自然的・人為的要因を問わず，人道上の要請による即時的対応
法源(例)	国連海洋法条約，生物多様性条約等	国際水路条約	有害廃棄物越境移動規制条約，原子力事故通報条約等

(2) コルフ海峡事件

　環境損害の事例ではないが，国際司法裁判所は，コルフ海峡事件（ICJ Reports 1949, p. 22［百選30]）において，損害発生の事前防止に触れている。イギリスは，アルバニア領海内に敷設された機雷にイギリス軍艦が接触して損害を受けたことを理由に，アルバニアに対して損害賠償を請求した。同裁判所は，

第8章　国際環境法

アルバニアには，機雷の存在に関する諸国一般への通報と急迫した危険にさらされている特定船舶への警告の義務があったと判示した。また，これらの義務は，人道の基本的考慮，海上交通自由の原則および他国の権利に反する行為のために自国領域を使用されないようにするすべての国の義務といった一般的で十分に承認された原則から導き出されると述べた。本件は，他国への損害が発生しないように「相当の注意」義務を果たすにあたって，通報や警告といった国家が具体的に踏むべき手順を裁判所が示したものと評価できる（第2章Ⅵ2⑵参照）。

(3)　事前手続の発展
(a)　**事前通報および事前協議の慣習法性**

　環境損害の防止のための手続的原則は，条約や判例等を通じて徐々に発展してきた。第1に，事前通報である。ヨーロッパの河川利用に関する諸条約においては，一国の事業活動が他国の環境に相当の悪影響ないし危害を与えることが予測されるときは，その事業計画を潜在的被影響国に事前に通報するものとされている。コルフ海峡事件のように諸国一般への通報を求めてはいないが，たとえば，ダニューブ河のような国際河川が貫流している国々の間で，上流国がダムの建設をする場合，潜在的に重大な影響を受ける下流国に対する事業計画の事前通報が求められることになる。

　第2に，事前協議である。ラヌー湖事件仲裁判決（1957年）（RIAA, Vol. 12, pp. 314-315［百選79］）でも問題となったように，事前通報に基づいて潜在的被影響国が被害リスク削減のための協議を求める場合がある。本件では，潜在的被影響国の事前の同意・合意が事業の実施の条件ではないものの，上流国が他の河川国の利益に**信義誠実の原則**に基づいて様々な利害を考慮し，関係国の自国利益の追求との両立をはかり，自国と他の河川国の利益との調和に真に関心をもっていることを示す義務を負うとされた。現在，事前通報と事前協議は，慣習国際法上の原則にまで発展している。

(b)　**緊急時の通報**

　第3に，緊急時の通報である。コルフ海峡事件では，急迫した危険にさらされている特定船舶への警告が問題となったが，1986年のチェルノービリ（チェ

ルノブイリ）原子力発電所事故の際に問題となったように，人道上の要請から緊急時の即時通報の義務を課した原子力事故通報条約（1986年）が締結された。なお，緊急時の通報の義務は，一般に，慣習国際法として確立しているとされる。

これまで述べてきた実体的原則と手続的原則を通じて，環境損害の防止のための国際法原則が発展してきているが，手続的原則上の義務を果たさなければ開発事業を進めることができないのか，実体的原則と手続的原則の法的関係をどのように考えればよいのかについては不明な点が残っている。

III　国際水路非航行的利用条約

1　衡平利用原則

⑴　国境を越えて存在する天然資源

国家は，国際法上，自国の天然資源の利用・開発を自由に行う**恒久主権**をもつとされている。しかし，この天然資源が，国境を跨いで存在していた場合，当該天然資源の利用・開発の自由は一定の制約を受けることになる。たとえば，石油資源が，A国とB国の国境を跨いで存在していた場合を考えてみてほしい。A国が一方的に石油の掘削を始めた場合，その掘削がA国領土で行われたとしても，B国に割り当てられるべき石油資源の量に当然に影響を及ぼす（**図表8-2**）。また，国際河川の流域国についても，上流国のダム建設は下流国の河川の水量に影響を及ぼすことになる（**図表8-3**）。このように，どこかの地点に人為的な作用をくわえたときに必ず他の地点に影響を及ぼすような性質のものをシステム（系）といい，このシステムが，国境を越えて存在している資源を国際法上**共有天然資源**ないし**越境天然資源**と呼んでいる。

第8章 国際環境法

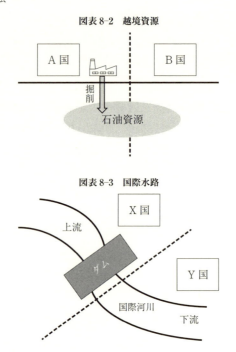

図表8-2 越境資源

図表8-3 国際水路

(2) 共有天然資源の利用
(a) **衡平利用原則の基本内容**
　共有天然資源はこのような特別な性質をもっているので，その利用・開発に関しては**衡平利用原則**という特別な原則が適用される。衡平利用原則とは，問題となる資源の性質上，X国による資源の利用が，Y国の資源の利用・状態に影響を及ぼす場合，X国はY国の利益に配慮した形で当該資源を利用しなければならない，とするものである。

(b) **条約上の衡平利用原則の内容**
　共有天然資源のうち，国際河川に関しては，一般条約として，国際水路非航行的利用条約（1997年，国際水路条約）が作成されている。国際水路条約5条は，水路国はそれぞれの領域において国際水路を衡平かつ合理的な方法で利用すると規定する。ここでいう衡平な方法での利用とは，X国とY国との間の利益配分を意味する一方で，合理的な方法での利用とは，持続可能性を含む最適な

資源の利用を意味する。

⑶　衡平利用の種類

⒜　衡平利用の要素

　河川の利用には，水力発電のためのダム建設や観光のためのリゾート開発等の様々な態様がある。国際水路条約は，6条1項で衡平かつ合理的な利用に関連する要素を列挙している。たとえば，地理的・水理的・水文的・気候的・生態的その他の自然的性質を有する要素，水路国の社会的・経済的必要，水路国における水路に依存している人口，一の水路国における水路の使用が他の水路国に与える影響等である。同条3項によれば，各要素の重要性は，他の関連する要素の重要性との比較衡量の下で決定される。その一方で，国際水路条約10条1項は，国際水路のいかなる使用も他の使用に対する固有の優先権を有しないと規定する。つまり，X国とY国の水路の利用が異なる場合でも，両国の水路の利用が衡平かつ合理的な利用に該当すると考えられる限りにおいては，いずれの利用が優先するかはあらかじめ決まっていないのである。

⒝　人間の死活的必要に基づく利用の優先性

　ただし，国際水路条約10条2項では，人間の死活的な必要の充足に特別の配慮を払うものとされている。それゆえ，河川の水をぜいたく品としてではなく，生活にとって不可欠な飲料水として利用している人々がいる場合には，その利用が優先される。

2　環境損害防止原則

⑴　違法行為責任

　国際水路条約は，環境損害防止原則について，**違法行為責任**（responsibility）と**合法行為責任**（liability）の双方を規定する。まず，違法行為責任である。国際水路条約7条1項は，水路国は，その領域において国際水路を利用するに当たり，他の水路国に重大な害を生じさせることを防止するために全ての適切な措置をとると規定し，「相当の注意」義務とその違反に対する損害賠償責任を規定している。

第 8 章　国際環境法

(2)　合法行為責任

　次に，合法行為責任について，国際水路条約 7 条 2 項は，それにもかかわらず他の水路国に重大な害が発生した場合には，水路の使用によりその害を生じさせた国は……適当な場合には補償の問題を検討するために，全ての適当な措置をとると規定する。つまり，「相当の注意」義務を果たしても重大な損害が発生したときの補償を規定しているのである。これが合法行為責任といわれる責任の形態である。

　このように，国際水路条約は，「相当の注意」義務違反に基づく違法行為責任と，「相当の注意」義務を果たしても重大な損害が発生した場合の合法行為責任の双方を規定している点に特徴がある。

3　手続的原則

　国際水路条約は，手続的原則として，通告・協議の義務，生態系の保護・保全や汚染防止に係る措置，緊急事態の通告義務等を規定する。同条約は，詳細に手続的原則を定めるものの，これらが国際水路の利用の前提条件であるのか，実体的原則と手続的原則との関係性について解釈上不明確な部分を残している。こうした実体的原則と手続的原則の関係性に一定の回答を出したのが，国際司法裁判所のパルプミル事件（ICJ Reports 2010, pp. 47-49, 83, paras. 71-79, 204 ［百選〈第 2 版〉79］）である。

4　パルプミル事件

(1)　実体的原則と手続的原則の関係

(a)　ウルグアイ川の最適かつ合理的な利用

　アルゼンチンは，ウルグアイがウルグアイ川に製紙工場を建設した際，十分な情報を提供しないなどの手続的義務に違反したとして，違法行為の即時停止や原状回復等を求めた。ウルグアイとアルゼンチンは，ウルグアイ川の最適かつ合理的な利用を目的とするウルグアイ川規程を 1975 年に締結していた。この条約は国際水路条約よりも前に締結された条約であるが，内容面はほぼ同じような規定を有している。それゆえ，本件における裁判所の判断は，二国間条約の適用事例とはいえ，実体的原則と手続的原則の関係性に関する先例として

重要な意義をもつ。

(b) 実体的原則と手続的原則の機能的連関

　国際司法裁判所は，まず，ウルグアイ川規程の趣旨および目的は，手続的義務と実体的義務の協力に関する共同機構を通じたウルグアイ川の最適かつ合理的な利用を達成することにあると述べる。しかし，この共同機構に基づく手続的義務と実体的義務の関係は，機能的な連関であり，手続的義務と実体的義務について別々に対応することを妨げるものではないと結論する。つまり，手続的義務の違反は国家責任を生じさせるものの，それは手続的義務違反に対する責任の解除にとどまるのであって，実体的原則上の資源の利用・開発権の実施を止めることまではできないとされたのである。

(2) 実体的原則と手続的原則の融合

　他方で，国際司法裁判所は，パルプミル事件と道路建設事件（ICJ Reports 2015, p. 724, para. 168［百選80］）において，**環境影響評価（EIA）**を慣習国際法上の義務であるとしつつ，EIA の実施を「相当の注意」義務の履行と結びつけて判断を行っている。EIA とは，一国の計画活動が越境的に重大な悪影響を及ぼすリスクのある場合に，活動実施前に環境への潜在的影響を評価することである。従来，「相当の注意」義務の違反は，発生した損害の事後救済の場面で問題とされてきたが，事前規制に関わる EIA の実施の有無や態様が国家の「相当の注意」の欠如の有無に関わると考えられるようになったのは重要な発展である。

　このように，「相当の注意」義務を介して，実体的原則と手続的原則は，環境損害防止原則の下で統合的な発展を遂げてきている。

IV　損害賠償責任に関する条約制度

1　汚染者負担原則

　環境損害防止原則は，主に「相当の注意」義務との関連における一般的国家責任法の下で発展してきたが，個別の条約により，環境分野における特別な損

第8章　国際環境法

害賠償責任制度を導入する場合もある。たとえば，宇宙分野において，宇宙損害責任条約（1972年）は，民間事業者の活動が他国に損害を与えた場合，当該事業者に活動の許可を与えた国家が専属的な責任を負うとする損害賠償責任制度を定める（第6章 III 4(1)(b)参照）。これに対し，環境分野においては，リオ宣言が「国の機関は，汚染者が原則として汚染による費用を負担すべきであるという考え方を考慮に入れ……環境費用の内部化……の促進に努めるべきである」（原則16）と述べているように，**汚染者負担原則**が基本とされている。

　汚染者負担原則の下での国家の役割は，汚染者たる私人の損害賠償責任に関する国内法制度を整備し，その実施を確保することなどに限定され，私人の代わりに国家が損害賠償責任を負うことはない。

2　無過失責任（厳格責任）

(1)　過失責任主義の限界

　過失責任主義の下では，被害者が，損害賠償の請求において，原因者の側に損害の発生に関する故意・過失があったことを立証しなければならない。これに対し，高度の危険を伴う活動や重大な汚染被害を引き起こすおそれのある活動については，被害の大規模性・深刻性や故意・過失の立証の困難性から，**無過失責任（厳格責任）** の制度が各国で採用されている。

(2)　海洋油濁汚染

　汚染者負担原則の下で環境分野における特別な損害賠償制度を条約で定める場合，私人の責任につき，無過失責任の制度を導入する傾向がある。油濁民事責任条約（1969年）では，船舶所有者に無過失責任を負わせ，船舶のトン数に応じた責任限度額を課すことが定められた。請求は船舶所有者に対してのみ行うことができ，船舶所有者は損害賠償責任を担保するために保険に加入することが義務づけられる。油濁民事責任条約の下で，被害者が十分で適正な補償が得られない場合，追加的な補償を行い，また船舶所有者の負担を緩和するために，油濁補償基金条約（1971年）が結ばれることになった。なお，油濁民事責任条約の当事国のみが，油濁補償基金条約の国際基金のメンバーになることができる。

(3) 原子力事故

　原子力分野においては，原子力事故の損害が巨額に及ぶことに鑑み，事業者の限度額を超える部分について，一定額まで原子力施設の所在地国が補完的に責任を負担する条約が締結されている。西欧を中心とした地域的条約として，原子力の分野における第三者に対する責任に関するパリ条約（1960 年，パリ条約）とその補足条約（1963 年），そして国際社会全体での適用を想定した，原子力損害の民事責任に関するウィーン条約（1963 年，ウィーン条約）がある。チェルノービリ原子力発電所事故の際，パリ条約とウィーン条約の制度が機能しなかったため，ウィーン条約及びパリ条約の適用に関する共同議定書（1988 年）が採択された。同共同議定書により，事故発生国と被害発生国が別々の条約に加盟していたとしても，事故発生国が加盟する方の条約に従って賠償の処理がなされることになった。その後，原子力損害補完的補償条約（1997 年）の他に，原子力損害の賠償・補償の額の増加や責任の強化等を目的としたウィーン条約改正議定書（1997 年），パリ条約改正議定書（2004 年），補足条約改定議定書（2004 年）も採択された。これらの条約を通じて，原子力損害に対する各条約の統一的な適用がはかられつつ，より公正な被害者への賠償・補償の確保が目指されているのである。

(4) 環境損害に対する損害賠償責任の強化

(a) 環境損害の内容

　上記の諸条約は，環境損害のなかでも，主に人的・財産的損害を対象とするものであるが，これらの損害の他に，逸失利益・回復措置費用・防止措置費用といった環境そのものに着目した損害賠償責任を定めた条約として，バーゼル損害賠償責任議定書（1999 年）がある。

(b) 損害賠償責任制度の目的

　損害賠償責任に関する諸条約は，事後救済に関わるものであるが，損害賠償という費用負担を活動の担い手に課すことによって，被害者の救済をはかるだけでなく，損害発生の事前防止の動機づけをも目的とする。しかし，損害賠償責任制度は，損害発生の原因者と被害者を特定できることを前提としており，気候変動やオゾン層破壊等のように，人間活動の蓄積的影響によって環境破壊

第8章　国際環境法

が起こる事案への適用は困難である。

V　地球環境の保護

1　地球環境条約の発展形態

⑴　地球環境条約による規制の特質

(a)　地球環境条約の種類

　地球環境といっても多様で，国際法による規制の観点からみた場合，主なものは，大気圏環境の保護，生物環境の保護，海洋環境の保護（第7章Ⅳ3参照），有害物・廃棄物の国際規制を挙げることができる。それぞれの分野ごとに多国間条約が締結されている。ここでは，これらの分野の条約を地球環境条約と呼ぶことにする（**図表8-4**）。

図表8-4　地球環境条約

分野	大気圏環境	生物環境	海洋環境	有害物・廃棄物
主要条約	【オゾン層】 ・オゾン層保護ウィーン条約 ・モントリオール議定書 【気候変動】 ・気候変動枠組条約 ・京都議定書 ・パリ協定	【生物多様性】 ・生物多様性条約 ・カルタヘナ議定書 ・名古屋議定書 【湿地帯保護】 ・湿地保全条約（ラムサール条約） 【絶滅危惧種保護】 ・ワシントン野生動植物取引規制条約	【一般】 ・国連海洋法条約 【汚染防止】 ・海洋油濁防止条約 ・海洋汚染防止条約 ・海洋汚染防止条約追加議定書 【投棄規制】 ・海洋投棄規制条約	【有害廃棄物】 ・有害廃棄物越境移動規制条約（バーゼル条約） 【駆除剤等】 ・特定有害物質・駆除剤に関するロッテルダム条約 【残留性物質】 ・残留性有機汚染物質に関するストックホルム条約

(b)　規制の段階的強化

　たとえば，オゾン層の保護についてはフロンガス規制が必要である。しかし，自国の活動が本当にオゾン層の破壊につながったのかが分からず，また，フロンガスは冷蔵庫その他の生活必需品にとって不可欠のものなので，国家はその

規制に踏み出すことに躊躇する場合がある。そのため，地球環境の保護に関する条約規制においては，最初から厳しい規制を課すのではなく，徐々に規制の内容を充実化させるプロセスを踏むことが一般的である。それが，**枠組条約**と**議定書**の組合せとなる。

(c) 責任追及の困難さ

X国やY国など様々な国で排出したフロンガスによって，オゾン層が破壊され，有害な紫外線によって自国民が健康被害を受けたとZ国が主張したとしても，どこの国のフロンガスが直接Z国の国民の健康被害を招いたのかを特定することは極めて難しい。このように地球環境保護の分野では，義務違反と損害との間の因果関係の特定に基づく責任国と被害国の二国間関係で事後救済を行っていくのは困難である。そこで，責任追及よりも，履行確保をはかるための努力をした方が適切な場合もある。そのために，地球環境条約に特有の手続として導入されたのが**遵守・不遵守手続**である。

(2) 地球環境条約の履行確保

(a) 履行確保の方法

地球環境条約の履行確保の方法として，①科学的知見の向上・変化に応じて，必要な場合に条約機関等に提供される情報の交換，②定期的に条約機関等になされる条約の実施に関わる報告とそれに対する審査（国家報告・審査制度），③条約の履行をめぐる国際裁判等の紛争解決手続，④条約の履行が困難となった国を支援することで遵守促進をはかる遵守・不遵守手続がある。

(b) 遵守・不遵守手続

地球環境の保護にあたって事後救済はなじまないと先述した。地球規模の環境破壊の場合，責任国と被害国を特定することは困難であるし，また，技術の低さや国家財政等の問題で十分な規制ができない場合に，国際裁判等の紛争解決手続を通じて，その違法性を問うよりも，技術的・財政的支援を行った方が合理的なことも多い。その意味で，地球環境条約の履行確保においては遵守・不遵守手続が注目されている。この遵守・不遵守手続は，上記①〜③とは異なり，環境分野に特有の手続であり，地球環境の保護に関する枠組条約・議定書に規定されることが一般的となっている。

第 8 章　国際環境法

(c)　モントリオール議定書の不遵守手続

　枠組条約であるオゾン層の保護のためのウィーン条約（1985 年，オゾン層保護ウィーン条約，オゾン層保護条約）では，11 条に紛争解決に関する規定が設けられている。その一方で，オゾン層を破壊する物質に関するモントリオール議定書（1987 年）では，8 条で違反と違反国の処遇に関する手続・制度が定められている。そして，この 8 条に基づき，モントリオール議定書の附属書 IV（1992 年）において不遵守手続が定められている。不遵守は，議定書 8 条の違反の系列に入るとはいえ，科学的・技術的・財政的原因に基づく履行能力不足による規範逸脱行為であるがゆえに，国家責任を発生させるような非難可能性はないとみなされる。そこで，履行能力不足による規範逸脱行為があった場合は，資金供与や技術移転等の履行能力の構築支援を含めた条約上の制度的管理に委ねつつ，この管理が有効に機能している間は違反の法的効果を停止させる形で，集団的に規範逸脱行為国の将来的履行確保をはかるというのが不遵守手続の特徴である。なお，不遵守手続上の措置には，支援のほか，警告と，技術支援や財政的仕組み等に関する議定書上の特定の権利や特権の停止も含まれる（附属書 V）。

(3)　枠組条約と議定書

　枠組条約と議定書の組合せとは，枠組条約において地球環境保護のための基本的構造・原則を定める一方，具体的な規範内容は議定書に委ねる方式のことをいう。つまり，枠組条約は，絵でいうと額縁の部分をさす。まだ，キャンバスに絵は描かれていないが，西洋画の額縁タイプなのか東洋画の掛け軸タイプなのかで，大体，中に描かれるのにふさわしい絵を想定することができる。そして，その後に，額縁を作った者たちが話し合いのために集まって絵の構想を決めていくというイメージである。そして，絵の構想を話し合うのが，枠組条約の締約国が集まる**締約国会議**となる。ちなみに，締約国会議の英語は，Conference of Parties なので，頭文字をとって COP といわれる。たとえば，COP14 は第 14 回締約国会議のことを意味する。

216

V　地球環境の保護

2　地球環境条約レジーム──生物多様性の保全

(1)　生物多様性の危機

(a)　条約レジーム

　枠組条約と議定書は，別個の条約であるが，基本制度・基本原則を踏まえた具体的な規制基準や実施手続を定めている点で，法的に密接不可分な統合的関係にある1つのレジームを形成している。その例として，生物多様性の保全等に関する条約レジームがある。

(b)　生物多様性とは

　人間活動により種の絶滅が急速に進んだことから，生物多様性への対応の必要性が認識されることになった。種の絶滅を防止するには，種の多様性を保つ必要がある。種は，他の種との関わり，すなわち生態系のなかで生きている。生態系も他の生態系との関わりで存在している。したがって，種の多様性は生態系の多様性を必要とする。さらに，種は，個性をもった個体によって構成される。そのため，この個体の個性の源泉である遺伝子の多様性も維持されなければならない。このように，生物多様性は，種，生態系，遺伝子という3つの異なるレベルの多様性から成る包括的概念である。

(2)　枠組条約としての生物多様性条約

(a)　生物多様性条約締結の背景

　生物多様性への関心の高まりとともに，湿地保全条約（ラムサール条約）（1971年）や絶滅のおそれのある野生動植物の種の国際取引に関する条約（ワシントン野生動植物取引規制条約，ワシントン条約）（1973年）が作成された。しかし，これらの条約は，特定の種や区域を対象としているため，包括的で地球規模で適用される条約の作成が必要と考えられるようになった。そこで締結されたのが生物多様性条約（1992年）である。

(b)　生物多様性条約の目的

　生物多様性条約は，枠組条約として，生物多様性の保全等の基本原則を定め，具体的な実施方法については議定書の採択を予定している（28条）。生物多様性条約は，生物多様性の保全，生物多様性の構成要素の持続可能な利用および

217

第8章　国際環境法

遺伝資源の利用から生ずる利益の公正かつ衡平な配分を目的とする。目的達成の方法として，遺伝資源の取得（アクセス）の適当な機会の提供，技術移転，および資金供与を規定する（1条）。

(c)　**生物多様性の保全と持続可能な利用**

条約上，生物多様性の保全が目的とされているが，そこでは，遺伝資源等の利用が前提とされている。この分野における持続可能な利用とは，生物の多様性の長期的な減少をもたらさない方法および速度で生物の多様性の構成要素を利用し，現在および将来の世代の必要および願望を満たすように生物の多様性の可能性を維持することとされる（生物多様性条約2条）。締約国は，生物多様性の保全と持続可能な利用についての考慮を自国の意思決定に組み入れることが求められる（生物多様性条約10条(a)）。

(d)　**生息域内保全**

種の絶滅を防止するためには，生態系を現状より悪化させないための**生息域内保全**を行う必要がある（生物多様性条約8条）。締約国は，生物の多様性への著しい悪影響を回避しまたは最小にするためのEIAを定める適当な手続を導入することや，適当な場合には，この手続への公衆の参加を認めることが求められている（生物多様性条約14条1項(a)）。

(e)　**遺伝資源の取得と利益配分**

生物多様性条約は，遺伝資源の取得の機会と利益配分（**ABS**）に関する基本的なルールを次のように定める。遺伝資源に対する主権的権利は当該資源の所在国に認められ，遺伝資源の取得の機会は資源所在国の国内法令に従うことになる（生物多様性条約15条1項）。ただし，遺伝資源の所在国は，他国の遺伝資源の取得を容易にするような条件を整える努力をし，条約の目的に反するような制限を課さない努力をするとされる（同条2項）。このように，遺伝資源の所在国が他国の企業による遺伝資源の取得を一方的に禁止することは認められない。遺伝資源の取得の機会は，遺伝資源の利用者と提供者との間で相互に合意する条件（**MAT**）で提供される（同条4項）。また，この機会が与えられるためには，遺伝資源の提供国の事前の情報に基づく同意（**PIC**）が必要とされる（同条5項）。遺伝資源の利用国は，利用から生じる利益を提供国と公正かつ衡平に配分するために，国内措置をとらなければならない（同条7項）。

V　地球環境の保護

(3)　3つの議定書

(a)　カルタヘナ議定書

　生物多様性条約の下では3つの議定書が締結された。まず，生物多様性条約19条3項に従って，バイオセーフティに関するカルタヘナ議定書（2000年，カルタヘナ議定書）が採択された。同議定書は，現代のバイオテクノロジーにより**改変された生物**であって生物の多様性の保全と持続可能な利用に悪影響を及ぼす可能性のあるものの国境を越える移動に焦点をあわせたものである（前文）。カルタヘナ議定書は，リオ宣言原則15の予防的な取組方法（予防的アプローチ）に従い，改変された生物の安全な移送，取扱いおよび利用の分野において十分な水準の保護を確保することに寄与することを目的とする（1条）。ある締約国が，改変された生物を最初に輸入するにあたっては，それに先立ち，事前の情報に基づく合意の手続が適用される（カルタヘナ議定書7条1項）。この手続は，当該締約国（輸入国）が，改変された生物に関して，輸出国から提出された情報に基づき，リスク評価を行ったうえで，輸入の可否を判断するという制度である。

(b)　補足議定書

　カルタヘナ議定書では，改変された生物の国境を越える移動に伴う損害に対する責任と救済に関する論点は先送りされたが，同議定書27条に基づいて，名古屋・クアラルンプール補足議定書（2010年）が採択された。

(c)　名古屋議定書

　遺伝資源の利用から生ずる利益の公正かつ衡平な配分は生物多様性条約の目的の1つである。この目的の追求のために，遺伝資源の取得と利益配分に関する名古屋議定書（2010年，名古屋議定書）が採択された（名古屋議定書前文）。名古屋議定書は，ABSの実施を確保するための手続を定め，遺伝資源や遺伝資源に関連する伝統的な知識とその利用から生じる利益に適用される（同3条）。MATに基づいて，利用国は提供国と，遺伝資源の利用ならびにその後の応用および商業化から生ずる利益を公正かつ衡平に配分する（同5条1項）。その際，提供国から，情報に基づいた事前の同意を得ることが必要になる（同6条1項）。提供国は，遺伝資源の取得の機会と利益配分に関する自国の国内法令の法的確実性，明確性および透明性を確保するとともに，許可証等の発給につき，取得

219

第8章　国際環境法

の機会および利益の配分に関する情報交換センター（**ABS情報交換センター**）に通報しなければならない（同条3項(a)(e)）。

3　地球環境条約レジーム──気候変動対策

(1)　気候変動とは

(a)　気候変動と地球温暖化

　気候変動枠組条約（1992年）は，「『気候変動』とは，地球の大気の組成を変化させる人間活動に直接又は間接に起因する気候の変化であって，比較可能な期間において観測される気候の自然な変動に対して追加的に生ずるものをいう」と定義する（1条2項）。こうした気候変動のうち，温室効果ガスの濃度の上昇を主たる原因として，地表の温度が上昇することを地球温暖化と呼ぶ。地球温暖化が主に気温の上昇という現象を意味するのに対し，気候変動は気候の変化という影響まで広く意味するので，国連の機関などでは気候変動の方が多く用いられている。ここでも，気候変動の語を用いていく。

(b)　気候変動の要因

　太陽から降り注ぐ光が地面を温め，地面から放射された熱が，地球を囲んでいる温室効果ガスに吸収・再放射されることで，地球の大気が温まることになる。したがって，温室効果ガスは，地球を温暖に保つために不可欠のものである。しかし，人間の経済活動が大規模化し化石燃料をたくさん使うようになった結果，温室効果ガスの濃度が上昇することで，温室効果ガスに吸収される熱の量が増えて地球の気温が徐々に上がってきていると考えられている。こうした気候変動の要因に対応するために採択された多国間条約が，気候変動枠組条約と京都議定書（1997年）であり，2015年に新たにパリ協定が締結された。

(2)　気候変動枠組条約

　気候変動枠組条約は，持続可能な開発に基軸を置きつつ，共通だが差異ある責任や予防的アプローチも採用している。確かに，二酸化炭素を含む温室効果ガスの排出が現在の気候変動を引き起こしているとの100％の科学的確証はない。しかし，温室効果ガスの濃度の上昇が気候変動の主たる原因と考えられているので，同条約は「大気中の温室効果ガスの濃度を安定化させることを究極

的な目的とする」と規定する（2条）。つまり，諸国は，同条約を通じて，科学的不確実性があるなかでも予防的アプローチに基づき，温室効果ガスの濃度の安定化に向けた取組みをするとの政治的な意思決定を行ったのである。したがって，諸国は，科学的知見の向上に向けた努力をしていくことと並んで，温室効果ガスの濃度の安定化に向けて前進していく意思を示したといえる。また，同条約の特徴として，共通だが差異ある責任を挙げることができる。同条約は，温室効果ガスについて主要な責任を負うのは，附属書Ⅰに掲載された先進国およびロシア・東欧の市場経済移行国に限定し，それ以外の途上国と責任の度合いを分けることにしている。そして，**附属書Ⅰ国**による具体的な温室効果ガスの削減率は，後の議定書に委ねられることになった。

(3) 京都議定書

(a) 京都議定書の削減目標

1997年に第3回締約国会議（COP3）が京都で開催され，温室効果ガスの具体的な削減率と方法を定めた京都議定書が採択された。京都議定書では，附属書Ⅰ国が1990年の水準より全体で5％削減する目標が掲げられた（3条1項）。そのうえで，各国の具体的な削減率が定められたが，日本は1990年比で6％の削減率を課せられた。日本は，オイルショック以降，エネルギー効率の高い社会に転換しており，二酸化炭素を含む温室効果ガスの排出量の削減は非常に難しい課題である。それゆえ，**低炭素社会**への転換という目的のために，新たに6％の削減率を課せられることは，産業界にとって大きな負担となったのである。

(b) 京都メカニズム──排出量取引

京都議定書には，3条上の約束の履行のために，持続可能な開発の観点から市場経済と環境規制を結びつけるべく，**京都メカニズム**と呼ばれる**排出量取引**，**共同実施**（JI），および**クリーン開発メカニズム**（CDM）の仕組みが導入された。排出量取引とは，削減義務を負う附属書Ⅰ国（先進国）間で行われる排出枠の取引である（京都議定書17条）。排出枠を超えて温室効果ガスを排出した国や企業は，排出枠の余っている国や企業からその排出枠を購入できる。これは，排出削減技術をもつ国や企業が努力をすると見返りがあるという形で，経済的メ

第8章 国際環境法

リットを排出削減の動機づけとする仕組みである。

(c) 京都メカニズム——JI と CDM

京都メカニズムには，附属書I国が他の締約国と共同で温室効果ガスの排出削減や吸収増進に資する事業を実施し，その結果生じた削減量や吸収量を自国の排出削減の約束の達成に利用できる仕組みがある。附属書I国と他の附属書I国との間，すなわち，先進国間で行われるものをJIと呼ぶ（京都議定書6条）。これには，とくに，欧州連合（EU）内で行われているものを挙げることができる。これに対し，附属書I国と非附属書I国との間，すなわち，先進国と途上国との間で行われるものをCDMと呼ぶ（同12条）。CDMは，削減義務を負っていない途上国を唯一削減に関与させていく制度である。CDMの大まかな流れは，削減プロジェクト実施事業者による計画策定→先進国（投資国）と途上国（事業実施国）の指定国家機関からの承認→CDM理事会の指定する指定運営組織による審査・CDM理事会における登録→プロジェクトのモニタリング→認証された排出削減量（CER, クレジット）の発行→CERの分配となる。このように，複雑で長いプロセスを踏まなければならない点がCDMの問題点の1つとして指摘されている。

(d) 京都議定書の問題点

京都議定書3条上の削減率に関する約束は，2008年から2012年までの**第一約束期間**において達成すべきこととされた。同議定書には，第一約束期間の削減率を達成できなかった国は，2013年以降の**第二約束期間**において，1.3倍の削減義務を負うとの懲罰的要素も含まれていた。このような厳しい制度であったにもかかわらず，温室効果ガスの大排出国である附属書I国のアメリカは同議定書に加入せず，また経済発展の著しい中国やインドといった大排出国は，途上国として削減義務を負っていなかった。第一約束期間の始まる前年の2007年の段階でいうと，排出量が1位のアメリカ，2位の中国，4位のインドには，排出削減義務がなかったのである。日本を含む京都議定書上の削減義務を負う附属書I国は，環境規制上の負担を負わずに経済活動に邁進できる国と競争しなければならなかったため，不満を募らせ，実質的に共通だが差異ある責任の考え方が機能しなくなっていった。京都議定書の不公平性が多くの国から指摘されるようになり，結果として，日本，カナダ，ロシア等の主要国が，

第二約束期間の始まる前に京都議定書から離脱することになった。

　なお，排出量取引と共同実施に関しては，第二約束期間への参加国のみが利用できるが，CDMに関しては，第二約束期間に参加しない国もCERを取得できることになった。

4　パリ協定

(1)　パリ協定の目標達成

(a)　パリ協定の特質

　2015年にパリで第21回締約国会議（COP21）が開催されパリ協定が採択された。パリ協定の特色は，アメリカの議会対策のために，アメリカが元々締結していた気候変動枠組条約の範囲内の協定となっている点と，トップダウン型ではなく**ボトムアップ型**の規範内容を有している点にある。

(b)　変則方式としてのパリ協定

　パリ協定はアメリカの民主党のオバマ政権の末期に採択されたが，議会での承認が必要な議定書となると否決される可能性があった。そこで，すでに締結済みの気候変動枠組条約の規範内容を最大化したものであって，かつ，最大化したものであっても同条約の義務の範囲内のものであれば，議会からあらためて承認を得る必要がないため，枠組条約以上の内容をもつことが前提の議定書ではなく，枠組条約以内の協定という形で新条約が採択された。つまり，枠組条約と議定書の一般的な方式がとられなかったのである。大排出国であるアメリカを新しい気候変動制度に取り込んでおく必要があったため，諸国はこのような変則的な方式を受け入れたのである。

(c)　ボトムアップ型の目標達成

　通常，法規範は，受範者への命令の形式をとるため，トップダウン型の規範内容となる。京都議定書も，たとえば，日本に1990年比で6％の温室効果ガスの排出削減義務を課し，この削減義務を果たせなかった場合には懲罰的な対応を用意していたという点で，トップダウン型の規範内容を採用していた。ちなみに，日本は2012年までに1990年比で6％の削減ができるか危ぶまれていたが，東日本大震災（2011年）の影響で経済活動が縮小したこともあり，結果として6％の削減を実現することができた。これに対し，パリ協定は，各国が

第8章　国際環境法

自国の事情を勘案して削減目標をたて，それを積み上げていくことで，最終的な温室効果ガスの排出削減目標を達成する方式をとっている。つまり，削減率に関する義務を課すのではなく，削減率の目標を立てる義務を課すにとどめているのである。ボトムアップ型を採用することで，アメリカや中国やインドのような経済活動を重視する大排出国もパリ協定に入りやすい環境が整えられることになった。このように，参加国の普遍性の確保を優先することで，気候変動枠組条約と京都議定書の抱えていた不公平性を是正する努力がなされたのである。

(2)　パリ協定の3本柱

パリ協定は3つの柱で構成されている。すなわち，**野心**，**差異化**，**支援**である（**図表8-5**）。

(a)　第1の柱──野心

野心は2つの長期目標と2つのサイクルで構成されている。長期目標1は，産業革命前より気温上昇を2℃未満にし，1.5℃までの上昇に抑えるように努力することを定める。長期目標2は，脱排出一辺倒ではなく，排出と森林等の吸収の均衡をはかることとされている。サイクル1は5年ごとの約束草案の定期的更新と提出の義務を課し，サイクル2は5年ごとの世界全体の実施状況の確認義務を課している。こうしたサイクルを通して，各国の取組みのみえる化，すなわち透明性の確保を目指している。

(b)　第2の柱──差異化

差異化は，緩和，透明性，支援で構成される。差異化の文脈における緩和とは，排出削減の取組みをさす。これは，サイクル1で述べた約束草案の提出と草案の内容にある国内措置をとる義務は締約国全体で共通である一方で，ボトムアップ型の義務であるので，各国の国情を踏まえた前進をすればよいという考えになる。また，差異化の文脈における透明性とは，サイクル1と2の5年ごとのレビューの結果，支援が必要な国が分かった場合，その国に対して**能力構築**（capacity building）をしていくことを意味する。そして，差異化の文脈における支援とは，先進国による支援の継続は義務とされる一方で，その他の国にとっては自発的援助でよいことを意味する。

224

V　地球環境の保護

(c)　第3の柱——支援

　第3の柱である支援については，差異化の文脈の支援のほかに，資金動員が明確化され，先進国が率先して資金動員を行い，支援の水準の隔年の報告義務を先進国に課している。先進国以外は奨励されるだけである。また，脆弱国には適応支援を行うことになる。

　このように，パリ協定は，削減に関しては先進国と途上国とで区別を設けず，自主的な削減目標を設定してこれを提出する義務を課す一方で，支援に関しては，先に地球を汚した責任として，先進国に，より重い負担を課している。これが，パリ協定にみられる，現段階での共通だが差異ある責任の内容の一部を示している。

図表8-5　パリ協定の構造

野心（第1の柱）	長期目標1	産業革命前より気温上昇を2℃未満にし，1.5℃に抑えるよう努力
	長期目標2	脱排出ではなく，排出と森林等の吸収の均衡
	サイクル1	5年ごとの約束草案の定期的更新・提出義務
	サイクル2	5年ごとの世界全体の実施状況の確認義務
差異化（第2の柱）	緩和	提出・国内措置等の義務は共通。国情を踏まえた前進
	透明性	レビューの義務は共通。支援の必要な国には能力構築支援
	支援	先進国による支援の継続は義務。その他は自発的援助
支援（第3の柱）	資金動員	先進国が率先，隔年の支援の水準の報告義務。その他は奨励
	適応支援	脆弱国重視

● 参考文献

西井正弘編『地球環境条約——生成・展開と国内実施』（有斐閣，2005年）第6章「生物多様性条約とカルタヘナ議定書」，第9章「気候変動枠組条約」，第10章「京都議定書」

児矢野マリ『国際環境法における事前協議制度——執行手段としての機能の展開』（有信堂，2006年）

松井芳郎『国際環境法の基本原則』（東信堂，2010年）

杉原高嶺『国際法学講義〔第2版〕』（有斐閣，2013年）第14章「国際環境法」

第 8 章　国際環境法

鳥谷部壌『国際水路の非航行的利用に関する基本原則——重大損害防止規則と衡平利用
　規則の関係再考』（大阪大学出版会，2019 年）

浅田正彦編『国際法〔第 5 版〕』（東信堂，2022 年）第 16 章「国際環境法」

西井正弘＝鶴田順編『国際環境法講義〔第 2 版〕』（有信堂，2022 年）第 11 章「生物
　多様性」

遠井朗子「多数国間環境保護条約における履行確保——モントリオール議定書不遵守手
　続の検討を手がかりとして」阪大法学 48 巻 3 号（1998 年）715-743 頁

第9章

国際法と個人

I　現代国際法と個人

　国際法は国際社会の法であり，国家間関係，国際機構間関係，国と国際機構の関係を規律するものとして理解されてきた。もっとも，国際法の黎明期においては，グロティウスなどの説いた諸国民の法（*jus gentium*）に見るように，自然法由来の国際法が個人を規律するとも評価できた。

　ウェストファリア体制と呼ばれる主権国家を構成員とする国際関係の成立によって，国が国際法を作り出す主体となり，個人は国際法の規律対象にすぎないと考えられるようになった。第二次大戦後の現代国際法においては，第二次大戦中の人権侵害に対する対応として国際人権法と国際刑事法が整備されて，個人と国際法の関わる局面が増えている。今日，人権，刑事分野では，国際法が個人を直接規律対象とすることもある。

II　国　　籍

1　国籍の決定

　国籍とは，自然人と国を結びつける法的な絆である。国籍は自然人だけでなく，法人，船舶，航空機等にも用いられる。国際法上，宇宙物体については，国籍の制度は導入されていない。国籍に基づき，自国民と外国人が区別される。国際法上，国は領域主権に基づき，領域内の人と物に対して属地的管轄権を行使する。属地的管轄権の行使にあたり，国は，国内法上，自国民と外国人を区

227

第9章　国際法と個人

別して扱うことがある。国籍国は，国際法上，在外自国民に対して属人的管轄権に基づいて，執行管轄権の行使を除く一定の管轄権を行使しうる。国の属地的管轄権の及ばない公海などの国際公域では，国籍に基づき，船舶に対して属人的管轄権が行使される。

　国際法は，原則として，国籍の付与を国内管轄事項としており，各国が国籍付与の条件を国内法で定める。日本には，1950 年に制定された**国籍法**がある。国際法上，国籍付与が典型的な国内管轄事項であることは，チュニス・モロッコ国籍法事件（1923 年）（PCIJ Series B, No. 4, p. 7 ［百選 45］）において常設国際司法裁判所が，国籍の問題を一国の管轄権内に留保された領域であると確認している。そして，国籍付与が原則として国内管轄事項であることは，1930 年の「国籍法の抵触に関連するある種の問題に関する条約」（国籍法抵触条約），国際司法裁判所のノッテボーム事件判決（1955 年，第 2 段階判決）（ICJ Reports 1955, p. 4 ［百選 69］）においても確認されている。しかし，第二次大戦後の国際人権法の発達は，国籍の付与を国家管轄事項から一定程度国際関心事項へと変えつつある。

　国際法では，国が外交的保護権を発動する際，自然人と法人の国籍が問題となりうる。国籍付与の条件は国内法で定められるとはいえ，前掲ノッテボーム事件［百選 69］で国際司法裁判所は，国際法上他国に対して有効に主張しうる国籍といえるためには，自然人と国籍国との間に常居所，生活，家族関係，帰属意識などの要因を踏まえた**真正な結合関係**が必要とされると判断した。本判決のように個人と関係の深い国家を，とりわけ重国籍の場合に国際法上有効な国籍国とみなす考え方は**実効的国籍原則**として知られる。

2　国籍の得喪

(1)　国籍の先天的取得

　国籍の取得は，出生による先天的取得と，帰化や婚姻などによる後天的取得に分類できる。通常，自然人の国籍は出生と同時に先天的に付与される。国籍付与の条件は各国に裁量が認められており，出生による国籍の先天的取得に関する国内法は，自国民の子に国籍を付与する**血統主義**（*jus sanguinis*）を採用する国と，自国領域内で出生した子に国籍を付与する**出生地主義**（*jus soli*）を採

II　国　籍

用する国に分かれている。日本を始め，大陸諸国，中国，韓国が血統主義を採用する。対して，英米，カナダ，オーストラリア，中南米諸国が出生地主義を採用する。国籍の付与が国内管轄事項であって，出生地主義の国と血統主義の国とが並存する結果として，後述のとおり国籍の**積極的抵触**（**重国籍**）と国籍の**消極的抵触**（**無国籍**）の問題が生ずる。したがって，国籍の抵触を回避するため，通例，原則を明らかにしたうえで他方の主義も補充的に取り入れられる（たとえば，日本の国籍法2条3号）。

　血統主義の国には，父親が自国籍を持つ場合にのみ国籍を付与する父系血統主義と父母一方が自国籍を持つ場合に国籍を付与する父母両系血統主義がある。第二次大戦までは，大陸諸国を含む血統主義の国は重国籍回避の観点から父系血統主義を採用していたが，1970年代以降父母両系血統主義が主流となった。1979年に採択された女子差別撤廃条約を1985年に批准するに際して，日本は1984年に国籍法を父母両系血統主義に改正（昭和59年法律45号）した（同2条1号）。その際，重国籍を回避するために，国籍選択制が採用されることとなった（同14条）。

　第二次大戦中に日本の占領下で日本国籍を取得した台湾人，韓国・朝鮮人に関して，1951年の対日サンフランシスコ平和条約は，これらの者の国籍に関する明文規定を置かなかった。しかし，平和条約発効に伴い，1952年の法務府民事局長通達によって，内地在住者も含めて日本国籍を喪失させた。最高裁は，在日朝鮮人と台湾人の国籍喪失は，平和条約の規定に基づくものとして，憲法違反を認めていない（最大判1962〔昭和37〕年12月5日刑集16巻12号1661頁，最大判1961〔昭和36〕年4月5日民集15巻4号657頁）。それら日本国籍を離脱した在日朝鮮人・韓国人・台湾人とその子孫については，入管特例法（平成3年法律71号）により，日本への定住などを考慮したうえで，特別永住者として永住が許可されている。

(2)　国籍の後天的取得

　国籍の得喪は後天的にも生じうる。後天的取得のうち，出生以外の理由による国籍の取得を広義の帰化という。本人の意思と申請に基づく自国籍の取得を狭義の帰化という。広義の帰化には，婚姻，養子縁組などの身分行為による自

第9章 国際法と個人

動的な国籍の取得，領土の割譲，国の分離・独立などの国家承継に伴う国籍の取得がある。ただし，領域変動の場合，とりわけ割譲の際には，通例，条約が割譲地域住民の国籍を定めたり，国籍の選択権を付与したりする。この点，一方で，国際法上，領域変更があれば住民の国籍も当然に譲渡国から譲受国のものになるとの見解があり，他方で，その場合，住民に国籍選択権が認められるとの見方もある。

　婚姻による国籍の取得に関しては，20世紀初頭までは多くの国で，妻は婚姻後に夫の国籍に従うものとする夫婦国籍同一主義がとられた。しかし，男女平等の機運により，諸国の国籍法が改正され，現在では夫婦国籍独立主義が主流とされる。条約法上もその旨が定められている（既婚女性の国籍に関する条約1条，3条，女子差別撤廃条約9条1項）。日本も戦後の国籍法（昭和25年法律147号）で夫婦国籍独立主義が採用された。

　国籍取得の平等については，男女間の平等とともに児童の平等も問題となる。日本では，非嫡出子に対して，父または母の認知に加えて父母の婚姻を国籍の取得要件としていた（昭和59年法律45号による改正後の国籍法3条1項）。だが，この制度は，児童の無国籍を生じさせるとして規定の改正を児童の権利委員会から指摘された（CRC/C/15/Add.231, paras. 31-32）。最高裁は，国籍法の当該規定を憲法14条1項に反すると判示した（最大判2008〔平成20〕年6月4日民集62巻6号1367頁）。2008年12月にはこの規定が改正され，非嫡出子の国籍取得については日本人の父または母の認知のみが要件となり，虚偽の届出に対する罰則が追加された（平成20年法律88号による改正後の国籍法3条1項，20条）。

3　国籍の抵触

　各国が自由に国籍の付与要件を定める結果として，国籍の抵触が生じる。国籍の抵触は，同一人物が複数の国籍を有する場合の重国籍（国籍の**積極的抵触**）と，国籍を持たない場合の無国籍（**消極的抵触**）とに分類される。たとえば，血統主義の国民が出生地主義の国で子を生むと，子は重国籍となる可能性が生じ，逆に，出生地主義の国民が血統主義の国で子を生むと無国籍となる可能性が生ずる。国籍の積極的抵触，消極的抵触いずれの事態も人と国に不都合をもたらす。重国籍は，外交的保護権，兵役義務，出入国管理などで問題を引き起こす。

II 国 籍

外交的保護に関して，重国籍者の国籍国と第三国の関係，重国籍者の国籍国同士の関係の両方が問題となる。無国籍者は，国内においては公民権を持たず，社会福祉の恩恵を受けることなく，国外追放の危険にさらされ，国際社会においても外交的保護を受けられないなどの不利益を被る。

　従来，人は1つの国籍を持つことが国籍立法の理想とされてきた（**国籍唯一の原則**）。1930年の「国籍法の抵触に関連するある種の問題に関する条約」（日本未加入）も前文で同原則を掲げる。もっとも，消極的抵触の問題の方が深刻であり，国籍唯一の原則にこだわるよりも，無国籍をなくす方が重要であるといわれる。そして，積極的抵触は人に利益をもたらす側面もあるため，特に欧州社会は重国籍に寛容となっている。

　1954年の無国籍者の地位に関する条約は，一般に外国人に与える待遇と同一の待遇を無国籍者に保障するものである（7条1項）。1961年の「無国籍の削減に関する条約」は締約国領域内で出生した者に対する国籍付与の義務を規定しており（1条），領域内で生まれた父母の知れない子に対する国籍付与の義務は1997年の欧州国籍条約にも見られる（6条）。国家領域の変動に伴って生じる無国籍者に対応するため，2006年には，国家承継に関連する無国籍の防止に関する欧州評議会条約が採択されている。

　無国籍者の防止については，国籍を持つ権利という形で人権条約にも現れている。世界人権宣言15条1項はすべての者が国籍を持つ権利を規定し，1966年の自由権規約24条3項，1989年の児童の権利に関する条約（児童の権利条約）7条，1999年の児童の権利及び福祉に関するアフリカ憲章6条，2005年のイスラム児童人権条約7条などは児童が国籍を取得する権利を有することを定めている。

　なお，日本の国籍法は18歳までに重国籍となった者は，20歳までにいずれかの国籍を選択することを義務づけている（14条）。また，外国で生まれた子で，出生によって日本国籍と同時に外国国籍も取得した子は，一定の期間内に，日本国籍を留保する意思表示をしなければ，その出生の時にさかのぼって日本国籍を失うこととされている（国籍12条，戸104条）。日本国籍の留保をしなかったことにより日本国籍を失った人については，18歳未満であって日本に住所を有するときは，法務大臣に届け出ることによって，日本国籍を再取得する

231

第9章　国際法と個人

ことができる（国籍 17 条 1 項。2022 年 3 月までは 20 歳未満を対象としていた）。

4　法人・船舶・航空機の国籍

　国籍の概念は，法人，船舶，航空機にも用いられる（国連海洋法条約 91 条 1
項，国際民間航空条約 17 条）。法人の国籍についても国内管轄事項と捉えられて
いる。各国の採用する法人の国籍付与の基準は，主要なものとして設立準拠法
主義と本拠所在地主義がある。このほか，バルセロナ・トラクション会社事件
において外交的保護権の発動を求めたベルギーのように，多数株主の国籍が法
人の国籍として主張される場合もある。法人の国籍は，国による外交的保護権
発動，そして属人主義に基づく管轄権行使などの際に問題となる（第 13 章 V
1 (3)参照）。

III　外国人の法的地位

1　外国人と国家の義務

(1)　出　入　国

　領域主権の結果，国家は自国民に対して管理，保護する権利と義務を負う。
自国の国籍を持たず，外国の国籍を有する者は，外国人として扱われる。広義
には，無国籍者も外国人に含まれる。国家実行および国際判例により，国家に
よる外国人の取扱いに関する慣習国際法が形成されている。国際人権法は内外
人平等の立場をとっており，外国人の取扱いの指針となっている。

　慣習国際法上，国家は，外国人の入国を認める義務を負わない。国際人権規
約も外国人の入国の自由を保障しない。したがって，通例，国家は出入国に関
する国内法において（日本の場合，出入国管理及び難民認定法〔入管法〕），外国人
の自国への入国および在留を許可するための一定の資格・要件を定める。実際
には，二国間の通商航海条約など個別の条約により，締約国の国民間の入国，
居住を許可することが多く，また条約がない場合にも，慣行上，入国拒否事由
に該当しない外国人の入国を認めるのが通常である。

　世界人権宣言 13 条 2 項と自由権規約 12 条 4 項は「自国」への再入国の権利

を保障する。この「自国」には，国籍国だけでなく「定住国」も含まれるのか，すなわち外国人への再入国の権利が国際法上認められるかどうかが争われている。自由権規約委員会の一般的意見 27（1999 年）は，自国とは国籍国の概念より広く，長期居住者の再入国の権利も含まれることを示唆する（20 項）。日本の裁判例では，憲法上，外国人の再入国の権利は外国へ一時旅行する自由と同視されており，両方とも認められていない（森川キャサリーン事件・最判 1992〔平成〕4 年 11 月 16 日集民 166 号 575 頁）。

　日本では，かつて存在した外国人登録法上，在留外国人に対する指紋押捺を義務づける制度が存在した。しかし，1980 年代以降の内外の批判に鑑み，日本は 1992 年の改正によって永住者と特別永住者に対して指紋押捺を廃止，1999 年の法改正によって非永住者についても廃止され，2000 年に全廃に至った。ところが，2001 年に米国で同時多発テロが発生したことを受け，テロを未然に防ぐために，2006 年から特別永住者などを除き，16 歳以上の外国人に指紋押捺と顔写真といった電磁的方式による個人識別情報の提供を義務づける指紋認証制度を導入した（入管 6 条 3 項）。

　慣習国際法上，外国人は出国する権利，自由を認められている。世界人権宣言 13 条 2 項および自由権規約 12 条 2 項は，すべての人に，自国その他いずれの国をも立ち去る自由を認めている。

(2) 追　　放

　国家は，強制的に外国人を出国させる場合がある。追放（退去強制）の場合と犯罪人を引き渡す場合である。国家は，外国人の追放に際して幅広い裁量を有すると考えられてきた。現在では，このような裁量は国際人権規範によって制限されている。国際司法裁判所は，ディアロ事件において，人及び人民の権利に関するアフリカ憲章（アフリカ人権憲章，バンジュール憲章）12 条 4 項と自由権規約 13 条に照らし，外国人の追放が法律に従って行われる必要があると判断し，自由権規約は「国の安全のためのやむを得ない理由がある場合を除くほか」，外国人に対して自己の追放に反対する理由を提示することを認めているが，そのようなやむを得ない理由がコンゴ民主共和国によって提示されていないと判断し，13 条違反を認めた（ICJ Reports 2010, p. 667, para. 74）。

第 9 章　国際法と個人

2　外交的保護権

　外交的保護は，在外自国民の保護・救済のための慣習国際法上の制度である。外交的保護制度は，重国籍の場合にいずれの国が外交的保護権を発動しうるかといった問題を提起し，特に国籍制度との関係が問題となる（第13章Ⅴ1(3)参照）。

3　難　　民

(1)　庇　　護

　フランス革命を契機として，国家が当該国家領域内に逃れてきた政治亡命者を受け入れ，政治的迫害から外国人を保護することを**領域内庇護**といい，領域主権の帰結として，慣習国際法上，広く認められてきた。これに対して，国家が他国の領域にある自国の大使館や軍艦に逃れてきた人に対して庇護を与えることを，**外交的庇護**という。外交的庇護については，慣習国際法上の制度となっているとは一般に考えられておらず，国際司法裁判所の庇護事件などでも領域国の国内管轄事項への干渉とされた。したがって，現状では外交的庇護は，公館の不可侵に根差した事実上の制度と考えられている。世界人権宣言14条1項は，「すべて人は，迫害を免れるため，他国に避難することを求め，かつ，避難する権利を有する」と定めており，個人に庇護を求める権利を認めたと解釈できる。他方で，庇護の許諾の決定権は国家にある。

(2)　難民の国際的保護
(a)　難 民 条 約

　2022年2月末のロシアによるウクライナへの軍事行動に伴い，2022年9月には，欧州諸国に720万人以上の難民が生じた。これら大規模な難民への国際的対応は，第一次大戦以降，国際社会の課題となっている。

　多数の人が国籍国の保護を受けられずに外国へ庇護を求める状況に際して，個別国家の対応だけでは不十分であることから，第一次大戦後のロシア革命により生じたロシア難民を契機として，難民に対して国際的対応が必要であることが認識されるようになった。難民への国際社会による対応の歴史は，国際連

盟が1921年にノルウェー人探検家のナンセンをロシア難民問題に関する高等弁務官に任命したことにより始まった。ナンセンは，難民に対して，国際連盟を通じてナンセン旅券と呼ばれる旅行・身分証明書の制度を設けた。1933年，国際連盟理事会はドイツ難民高等弁務官制度を設置するなどしたが，大量のユダヤ人難民を前にして功を奏さなかった。

　第二次大戦後，現在の国際的な**難民保護制度**が作られた。1950年12月に国連総会で「**国連難民高等弁務官事務所（UNHCR）規程**」が採択され，1951年1月1日に発足した。UNHCRでは**難民高等弁務官**が長を務める。UNHCRの創設に続いて1951年7月，国連は広く非加盟国の参加を認める全権委員会議を開催し，**難民の地位に関する条約**（**難民条約**）を採択し，この条約は1954年4月に発効した。UNHCRは，国連総会の補助機関であり，それ自体では難民を保護するための領土を持たない。したがって，UNHCRは難民の保護，恒久的解決策における各国の難民条約の適用と取組みを監督する役割を担う監督者的立場にあり，UNHCR自体，難民認定権を持たず，各国に難民受入れを強制することはできない。

(b) 難民の定義

　難民条約上の難民の定義は，1条A(2)に「1951年1月1日前に生じた事件の結果として，かつ，人種，宗教，国籍若しくは特定の社会的集団の構成員であること又は政治的意見を理由に迫害を受けるおそれがあるという十分に理由のある恐怖を有するために，国籍国の外にいる者であって，その国籍国の保護を受けることができないもの又はそのような恐怖を有するためにその国籍国の保護を受けることを望まないもの」と定められている。同条約は，すでに生じている難民問題に限定的に対処するために作成されたものであり，時間的制限（1951年1月1日前に生じた事件，1条A(2)）と地理的制限（欧州において生じた事件，同条約1条B(1)）が設けられた。これらの制限を削除するため，1967年1月には難民の地位に関する議定書が作成された。

　そもそも難民条約上の難民の定義は，人種，宗教，政治的理由を根拠に選び出されて迫害を受ける人たちを特に念頭に置いていた。難民条約の定義に該当する難民を**条約難民**と呼ぶことがある。難民条約の定義によれば，難民は「国籍国の外にいる」必要があるため，故郷で起きた武力紛争や迫害を逃れて，国

第9章　国際法と個人

境を越えずに国内で避難する「**国内避難民**（Internally Displaced Person: IDP）」は狭義の難民には当てはまらない。だが，1998年2月に国連の人権委員会に「国内強制移動（Internal Displacement）に関する指導原則」（E/CN.4/1998/53/Add.2）が提出されるなどして国内避難民の人権保障に関する指針ができ，現在ではUNHCRも国内避難民の救済に尽力している。2009年には，「アフリカにおける国内避難民の保護及び援助のためのアフリカ連合条約」が採択されている。

(3)　難 民 認 定

　難民条約上，難民の認定を行う権限は各締約国にあるものと考えられている。UNHCRも難民認定の権限や難民受入れを各国に強制する権限を持たない。したがって主に各国の行政機関が難民条約に照らして申請者に対する難民認定を行い，この認定手続を**難民認定**と呼ぶ。

　UNHCRは難民認定権限を持たないが，「難民認定基準ハンドブック──難民の地位の認定の基準及び手続に関する手引き」を発行し，各国に指針とするよう求めている。その中で，UNHCRは「申請者がその主張を裏づけるために真に努力をしても，その供述のいくつかの部分について証拠が欠如することがあり得る」ことを認め，「申請者に『疑わしきは申請者の利益に』の原則（**灰色の利益**）を適用することが頻繁に必要になる」と記す。

　日本は，難民認定者数と認定率に乏しく，難民申請にも年月を要するため，難民認定制度に対する批判に直面してきた。日本は主に条約難民を受け入れている。日本の裁判例上，入管法にいう「難民」とは，難民条約1条に基づいて「人種，宗教，国籍若しくは特定の社会的集団の構成員であること又は政治的意見を理由に迫害を受けるおそれがあるという十分に理由のある恐怖を有するために，国籍国の外にいる者であって，その国籍国の保護を受けることができないもの又はそのような恐怖を有するためにその国籍国の保護を受けることを望まないもの」と解釈されている。また，難民の定義にいう迫害とは，「通常人において受忍し得ない苦痛をもたらす攻撃ないし圧迫であって，生命又は身体の自由の侵害又は抑圧を意味するものと解するのが相当であ」ると解釈されており，「迫害を受けるおそれがあるとの十分に理由のある恐怖を有する」と

236

いうためには，当該人が迫害を受けるおそれがあるという恐怖を抱いているという主観的事情のほかに，通常人が当該人の立場に置かれた場合にも迫害の恐怖を抱くような客観的事情が存在していることが必要であると解釈されている（東京地判 1989〔平成元〕年 7 月 5 日行集 40 巻 7 号 913 頁）。そして，立証責任は原則として難民申請を行う外国人が負う。

(4) 難民認定に伴う国家の義務

難民条約締約国は，難民資格認定の手続を国内法に基づいて行い，合法的にその領域内に滞在する難民に対しては，裁判を受ける権利（難民条約 16 条），初等教育（同 22 条），公的扶助（同 23 条）など，条約に定められた一定の権利について自国民に与える待遇と同一の待遇を与えることが求められる。締約国は，国の安全または公の秩序を理由とする場合を除くほか，合法的にその領域内にいる難民を追放してはならない（同 32 条）。

難民条約上，難民保護の重要原則として**ノン・ルフールマン原則**が存在する。「締約国は，難民を，いかなる方法によっても，人種，宗教，国籍若しくは特定の社会的集団の構成員であること又は政治的意見のためにその生命又は自由が脅威にさらされるおそれのある領域の国境へ追放し又は送還してはならない」（難民条約 33 条 1 項）。拷問が行われるおそれがある国への送還の禁止規定は，拷問等禁止条約 3 条 1 項，強制失踪条約 16 条 1 項にも見られる。日本の入管法では，53 条 3 項において，難民条約，拷問等禁止条約，強制失踪条約で送還が禁止される国へ外国人を送還することが禁止されている。同法上，この原則は，難民の認定を受けた者に限らず，退去強制を受けるすべての外国人に適用される（第 94 回国会参議院法務委員会会議録第 10 号 1981〔昭和 56〕年 6 月 2 日 12 頁〔法務省入国管理局長大鷹弘発言〕）。今日，ノン・ルフールマン原則は慣習国際法になったともいわれる。

(5) 日本と難民問題

1970 年代後半に，社会主義体制に移行したインドシナ 3 国（ベトナム・ラオス・カンボジア）から脱出しようと人々が小舟に乗って出国を試み，ボート・ピープルと呼ばれる大量のインドシナ難民が生じた。日本もインドシナ難民を

第9章　国際法と個人

受け入れ，その後，1981 年に難民条約に加入するなど日本の国際人権法に対する当事者意識が高まった。日本は，2005 年の入管法改正時，難民認定の際の公平性を高める目的で，**難民審査参与員制度**を導入した。難民不認定処分等に不服がある外国人からの審査請求に対する裁決にあたって，法務大臣は学識経験を有する者の中から任命された 3 名 1 組の参与員の意見を聴かねばならない。

　日本では，閣議了解に基づき，2010 年から，当初庇護を受け入れた国から新たに受入れに合意した第三国へ難民を移住させる**第三国定住**を開始し，ミャンマー難民を受け入れている。この他，第三国による補完的受入れの一形態として，留学生としてシリア難民も受け入れている。

　難民申請者数が近年急増したことを踏まえ，2018 年 1 月 15 日以降，日本は難民認定制度の運用見直しを行っている。具体的には，日本で正規に在留する者が難民認定を申請した場合に，難民である可能性が高い申請者など，真に庇護が必要な者に対しては，そのことが判明し次第，就労を認める。他方で，初回申請でも難民条約上の迫害事由に該当しない事情を申し立てる者や，再申請者には在留制限を行う。この運用見直しの結果として，2018 年には難民申請者数が大幅に減少する一方，難民認定者数は増加する傾向にあった。2021 年 7 月 21 日には，難民認定制度の改善に向け，UNHCR と出入国在留管理庁との間で協力覚書（Memorandum of Cooperation: MOC）が交換された。

　2023 年 6 月には入管法が改正され，紛争避難民のように条約難民には該当しない者を難民に準じて保護する制度として「補完的保護対象者」認定制度が置かれた。改正時に特に問題となった点として，改正以前は，難民認定の申請中の送還が認められていなかったが，この改正により 3 回目以降の申請者については「相当の理由」（61 条の 2 の 9 第 4 項）を示さなければ本国への送還が可能となり，送還停止となる難民申請は 2 回までとなったこと，罰則付きの退去命令制度が創設されたことが挙げられる。この改正は，国連難民高等弁務官事務所などから日本の国際人権法上の義務，とりわけノン・ルフールマン原則に反するとの声が上がっている。

　2021 年 3 月に在留資格がないために入管施設に収容されていた外国人が死亡して日本社会に衝撃を与え，改正が暗礁に乗り上げた時期もあった。このよ

Ⅲ　外国人の法的地位

うに，日本では難民申請者を含む外国人の収容の際の人権状況が課題となっている。特に日本の外国人収容は期限の上限がなく，外国人から状況の改善を求める声が上がっている。

(6)　気候変動と難民問題

　今日では，難民条約で保護されない難民として，国内避難民以外にも，太平洋の島嶼国の陸地の減少を背景に，「気候変動避難民（people displaced by climate change）」に対する保護制度の必要性も議論されている。自由権規約委員会は，「環境悪化と気候変動が，現在および将来の世代が生存権を享受する能力に対する深刻な脅威であること」を認めた（CCPR/C/127/D/2728/2016）。

Column 9-1　ミャンマーのロヒンギャ問題とウクライナの避難民問題

　仏教徒の多いミャンマーで，イスラム教系の少数民族であるロヒンギャは，長年，ミャンマー政府から市民権を否定されており，不法移民として扱われてきた。ロヒンギャは近隣のインド，バングラデシュでもテロリストや不法移民として扱われており，その人権抑圧状況は国連人権高等弁務官から「民族浄化の教科書的事例」といわれるほどである。ミャンマーは1961年の無国籍の削減に関する条約に入っておらず，ロヒンギャはこの条約に基づいて国籍の付与の権利を主張することができない。難民条約の定義上，迫害を受けて常居所を有していた国の外にいる無国籍者も難民として扱われる。他方で，ミャンマーにとどまる無国籍者のロヒンギャは難民条約と無国籍者に関する条約の間隙を突く難題となっている。

　2022年2月のロシアによるウクライナへの軍事行動によって多くの難民が生じた。しかし，武力紛争から避難したウクライナの人々は，難民条約上の迫害を受けた条約難民とはみなされないため，日本政府によって「避難民」と呼ばれることとなった。日本では，内閣府にウクライナ避難民対策連絡調整会議とウクライナ避難民の対応に関するタスクフォースが置かれ，避難民には最長90日の「短期滞在」で入国してもらい，希望があれば就労が可能で1年間滞在できる「特定活動」という在留資格への切り替えも認める措置がとられた。ウク

第9章　国際法と個人

ライナ避難民には「ウクライナ避難民であることの証明書」が送付されている。

Ⅳ　国際犯罪の取締り

1　国　際　犯　罪

「**国際刑事法**」の語も「**国際犯罪**」の語も国際法上確立した定義が存在するわけではない。ここでは，国際刑事法を，刑事分野に関する国際法の意味で用いる。

(a)　意　　義

国際犯罪は大きく「**外国性を持つ犯罪**」と「**国際法上の犯罪**」とに分類できる。外国性を持つ犯罪とは，国内法上の犯罪が犯罪地，容疑者の国籍などの点で2つ以上の国と国際的な関連性を持ち，捜査・訴追に国際協力を必要とする場合をいい，国内法上の犯罪が国際性を帯びる場合をいう。外国性を持つ犯罪の捜査・訴追を円滑にするため，二国間で刑事共助，犯罪人引渡条約が結ばれることがある。

(b)　国際法上の犯罪

国際法上の犯罪とは，国際法すなわち条約または慣習国際法に基づいて犯罪の構成要件，犯罪の取締り，刑事管轄権の配分などが定められているものをいう。国際法上の犯罪のうち，国際裁判所で国際法に基づき個人の刑事責任を追及し，訴追するものを「**国際法違反の犯罪**」と呼び，国際法上の犯罪のうち国内法の整備をした上で国内裁判所において訴追することが想定されている「**諸国の共通利益を害する犯罪**」と区別される。もっとも，今日では，国際法違反の犯罪も，国際裁判所の資源的枯渇と国内裁判所に対する補完的・副次的性質から国内刑事管轄権の行使が求められることがあり，「諸国の共通利益を害する犯罪」との境界は曖昧になりつつある。

国際法違反の犯罪は，国際法で犯罪の構成要件が定められており，さらに国際法に基づき個人の刑事責任が問われることとなるため狭義の国際法上の犯罪

240

IV 国際犯罪の取締り

ともいえる。国際法違反の犯罪は，「国際社会全体の関心事である最も重大な犯罪」（ICC 規程前文）であると認識されており，**コア・クライム**とも呼ばれる。国際法違反の犯罪としては，集団殺害犯罪，人道に対する犯罪，戦争犯罪，侵略犯罪が知られている。

　広義の国際法上の犯罪に当たる「諸国の共通利益を害する犯罪」については，国際法で犯罪の一般的な定義を定め，国際法上，各国が国内法を整備するなど適切に対処する義務を課す。各国は，「諸国の共通利益を害する犯罪」を処罰する国内法を整備した上で，犯罪の捜査・訴追を行う。慣習国際法に基づく「諸国の共通利益を害する犯罪」の規制としては，海賊が挙げられる。そして，海賊に関する国連海洋法条約の規定（101 条〜 107 条）は，海賊船舶の国籍国以外の国による訴追・処罰を権利として規定する。条約に基づく「諸国の共通利益を害する犯罪」の規制としては，奴隷取引，麻薬取引，海底電線の損壊などの海上犯罪の取締り，国際組織犯罪，ハイジャックなどのテロ行為，腐敗行為，サイバー犯罪の防止が挙げられる。サイバー犯罪については，サイバー犯罪に関する条約という多数国間条約の枠組みが敷かれているほか，刑事共助条約に基づく対処も行われている。

　一般的に，「諸国の共通利益を害する犯罪」に関する条約は，締約国に当該犯罪を国内法上捜査・訴追できるようにする義務を負わせ，自国の裁判権を行使する義務を設定するために必要な措置をとることを求める。その上で，締約国の領域内で容疑者が発見された場合には，容疑者を自国で訴追する義務を負い，他国から引渡請求があった場合には，容疑者を自国で訴追するか請求国へ引き渡すかしなくてはならない（訴追か引渡しかの義務事件，国際司法裁判所 2012 年 7 月 20 日判決，ICJ Reports 2012, p. 422）。

2　犯罪人引渡し

(1)　引渡しの手続

　「諸国の共通利益を害する犯罪」であれ，「国際法違反の犯罪」であれ，国際犯罪の逃亡犯罪人，あるいは国内犯罪の逃亡犯罪人を領域内で国家が発見した場合に犯罪人引渡しの問題が生ずる。各国は，領域主権の結果，領域内の人を引き渡すか否か自由に決定ができる。慣習国際法は，犯罪人を引き渡す一般的

第9章　国際法と個人

な義務を国家に課していない。したがって，引渡しの手続は各国国内法に定め
が置かれている。日本では，**逃亡犯罪人引渡法**が規律する。

　もっとも，逃亡犯罪人や国を跨いだ重大犯罪に効果的に対処するため，二国
間条約および多数国間条約で犯罪人引渡しをあらかじめ国家に義務づける場合
がある。現在，日本は，犯罪人引渡しに関する二国間条約をアメリカ，韓国と
のみ締結している。

　引渡しは，時間的にも金銭的にも請求国と被請求国ともに負担が大きい。し
たがって，引渡しの対象となる犯罪は一般的に重大犯罪に限られる。引渡しの
要件に関して，国内法や条約においては，しばしば**双方可罰の原則**と**特定性の
原則**が挙げられる。双方可罰の原則とは，双罰性の原則とも呼ばれ，犯罪人引
渡しの際に，引渡請求国と被請求国との間の双方で引渡しの対象行為が犯罪と
なっていることを求める原則である。特定性の原則とは，引渡請求国は，引渡
しの理由となった犯罪以外について訴追・処罰できないとする原則である。

(2)　引渡しの例外

　国家実行上，犯罪人引渡しに関係する例外として，**政治犯不引渡しの原則**，
自国民不引渡しの原則が認められてきた。政治犯不引渡しとは，政治的自由を
尊重して，他国の逃亡政治犯を犯罪地へ引き渡さないことをいう。政治犯不引
渡しは，国内法（犯人引渡2条1号）そして二国間条約に引渡義務の例外規定と
して盛り込まれ（日米犯罪人引渡条約4条1項(1)，日韓犯罪人引渡条約3条(c)），
不引渡しが義務づけられることがある。逆に，諸国の共通利益を害する犯罪に
ついては，条約上，締約国相互間で当該犯罪について犯罪人を引き渡すことを
義務づけ，当該犯罪を政治犯罪とみなさないと定める場合がある（爆弾テロ防
止条約9条，10条）。政治犯不引渡しに関しては，慣習国際法上の原則かどうか
という問題と，慣習国際法であるとして義務か権利かという問題が存在し，さ
らに政治犯の定義の問題が存在する。尹秀吉事件において，東京地裁は政治犯
不引渡しの原則が慣習国際法であることを認め，退去処分の取消しを認めたが，
東京高裁と最高裁は同原則の慣習国際法としての地位を否定し地裁判決を覆し
た（最判1976〔昭和51〕年1月26日判タ334号105頁）。拷問等禁止条約3条1項
は拷問を受けるおそれのある国への追放・送還・引渡しを禁止しており，締約

国は政治犯が引き渡された場合の拷問の危険性を考慮する必要がある。現在，日本の多数説は政治犯不引渡しを慣習国際法上の義務とみなしている。

張振海事件において，**純粋政治犯罪**と相対的政治犯罪（関連的政治犯罪）の区別が示された。東京高裁によれば，純粋政治犯罪とは「もっぱら政治的秩序を侵害する行為を指し」，相対的政治犯罪とは「政治的秩序の侵害に関連して，道義的又は社会的に非難されるべき普通犯罪が行われる場合である」（東京高決1990〔平成2〕年4月20日高刑集43巻1号27頁〔百選48〕）。国際法上，純粋政治犯罪について政治犯不引渡しを認めることは国際的慣行となっているが，相対的政治犯罪については各国の解釈は一致していない。東京高裁は，相対的政治犯罪の引渡基準について，国際法学上の多数説となっている「優越理論」を採用し，政治的要素が普通犯罪の要素に優越する場合に政治犯罪と扱うこととなるため，ハイジャックは政治犯ではないと判断した。

国内法で自国民について犯罪人引渡しを行わないと定める場合がある（犯人引渡2条9号）。この原則を自国民不引渡しの原則という。南米では憲法で自国民不引渡義務を国家に課していることがあり，大陸法系の国で採用されている。ただし，この原則は国際法上要請されているものではない。

逃亡犯罪人について，自国民不引渡しなどを理由として引渡しを得られない場合には，逃亡先の国における被疑者の処罰が想定される。逃亡先の国において被疑者を処罰することを「代理処罰」と呼ぶことがある。ただし，代理処罰と言っても引渡請求国の代理で処罰するわけではなく，逃亡先の国の国内法に基づいて処罰される。

政治犯，自国民以外にも引渡拒否事由は存在する。現在，欧州をはじめとする欧米諸国では，死刑が廃止または運用停止されており，死刑存置国への犯罪人引渡しが問題となることも少なくない。したがって，今日では引渡手続の人権遵守のみならず，引渡先においても被疑者が人権侵害を受けないよう求められる場合がある。

死刑と引渡しについて，自由権規約委員会は，1993年のキンドラー事件で規約6条2項を同条1項と併せ読めば，死刑廃止国から死刑存置国への追放自体は規約違反ではないとした（Report of the Human Rights Committee, 1993, p. 138）。しかし，2003年のジャッジ事件で，自由権規約委員会は死刑不執行の

第9章　国際法と個人

保証なく通報者を追放したことが規約6条違反に当たるとした（Judge v.
Canada, Communication No. 829/1998, Report of the Human Rights Committee, 2003–II,
p. 76 ［百選49］）。

3 国際法違反の犯罪に対する国際的な刑事裁判制度

(1) 個人の刑事責任の萌芽

　戦争の法規慣例に対する重大な違反を行った者について，交戦国が捕らえて
国内で個人の刑事責任を追及することは第二次大戦以前から各国で行われてき
た。だが，国家が自国民の重大な戦争犯罪について個人の刑事責任を追及する
ことは稀であり，さらに戦争を開始した国家の指導者や軍の指導者の刑事責任
を追及することは国内法および国際法上，それらの地位にある者に認められる
特権免除の観点から困難であった。

　諸国は第一次大戦の講和条約である1919年のヴェルサイユ条約において，
ドイツ皇帝ヴィルヘルム2世の開戦責任を追及することとし，国際的に設置さ
れる特別裁判所で訴追することを謳い（227条），戦争の法規慣例違反に責任あ
る者を連合国の各国軍事法廷で裁くと定めた（228条）。結局，皇帝の亡命先で
あるオランダがヴェルサイユ条約の非当事国であることなどから引渡しを拒否
したため，皇帝の訴追は実現せず，皇帝以外の者についてはドイツが自国で訴
追することを主張し，ドイツで一部が訴追され，今日，ライプツィヒ裁判とし
て知られている。

　1928年に不戦条約で戦争が違法化されると，侵略戦争を支持する宣伝行為
を国内刑法上の犯罪とする動きが見られるようになった。ただし，不戦条約自
体は侵略戦争を犯罪とみなす明文規定を欠いた。第二次大戦開戦当時は，通常
の戦争犯罪である戦争の法規慣例の違反に限り国際法上の個人の刑事責任を追
及しうるという考え方が一般的であった。

　第二次大戦後，連合国は，国際法の重大な違反に対する自然人の責任を国際
法の名の下に追及する国際軍事裁判所と極東国際軍事裁判所を設立し，国際刑
事司法の枠組みを暫定的に整えた。

244

IV 国際犯罪の取締り

(2) ニュルンベルク・東京裁判

第二次大戦中, 連合国は連合国戦争犯罪人委員会 (UNWCC) を設置し, 枢軸国の国内外での重大かつ大規模な人権侵害を国際法上の犯罪として訴追・処罰する議論を進めた。そして, ドイツによる戦争中の犯罪行為に関しては, 米英ソが主導する形で, 1945 年 8 月 8 日にロンドン協定とニュルンベルク裁判所憲章 (国際軍事裁判所憲章) が調印されて, ニュルンベルク裁判所が設立された。日本に関しては, 連合国が日本に対して要求した降伏文書であるポツダム宣言の 10 項に戦争犯罪人の処罰が要請されていること, そして連合国軍最高司令官であった米国マッカーサー元帥の 1946 年 1 月 19 日の極東国際軍事裁判所設置に関する特別宣言と同日交付された同裁判所憲章によって極東国際軍事裁判所の設立が決定し, 東京裁判が行われる運びとなった。

国際軍事裁判所憲章の 6 条, 極東国際軍事裁判所憲章の 5 条に類型化された平和に対する罪 (現在にいう侵略犯罪), 通例の戦争犯罪 (戦争法規または戦争慣例の違反), 人道に対する犯罪の各(a)(b)(c) (極東国際軍事裁判所憲章では(イ)(ロ)(ハ)) 規定にちなみ, それぞれ A 級, B 級, C 級犯罪と呼ばれ, A 級犯罪で起訴される戦争犯罪人は A 級戦犯と呼ばれる。ニュルンベルク裁判と東京裁判は A 級戦犯裁判として知られ, 連合国の国内では B・C 級戦犯裁判が行われた。

1946 年 12 月 11 日, 国連総会は国際軍事裁判所憲章およびニュルンベルク判決の認めた諸原則が一般国際法の原則である旨確認し, 国際法の漸進的発達および法典化委員会に諸原則の法典化を求める総会決議 95(I) を採択した。同日, 国連総会は決議 96(I) を採択し, ジェノサイドを国際法上の犯罪であると確認し, 経済社会理事会に対し, ジェノサイド条約草案を起草するための研究を要請した。1950 年には, 国際法委員会が国際軍事裁判所憲章 6 条から 8 条に大部分を依拠したニュルンベルク原則を採択した (UN Doc. A/CN.4/SER. A/1950/Add.1)。

(3) 旧ユーゴ・ルワンダ国際刑事裁判所

第二次大戦後, 国際社会は冷戦に突入し, 国際刑事裁判所の政治的利用への猜疑心などから常設の国際刑事裁判所設立の動きは本格的には見られることが

第9章 国際法と個人

なかった。冷戦後，国際法上の個人の刑事責任を国際刑事裁判の場で問う動き
が再び登場する。

冷戦後，拒否権の発動が見られなくなった安保理は，1993年5月25日の決
議827（S/RES/827）において，旧ユーゴスラビア社会主義連邦共和国崩壊後の
民族間の大規模な人権侵害の事態を「国際の平和と安全に対する脅威」である
と認定し，国連憲章第7章に基づく強制措置として旧ユーゴ国際刑事裁判所
（International Criminal Tribunal for the Former Yugoslavia，以下，ICTY）の設置を
決定した。これに先立つ安保理決議808（S/RES/808）で，安保理は旧ユーゴス
ラビアにおける大規模な国際人道法違反の状況を「国際の平和と安全に対する
脅威」であると認定し，事務総長に対して国際刑事裁判所設立のための報告書
を求めた。1993年5月3日の事務総長報告書（S/25704）はICTY規程の条文
草案を付属書に納めており，安保理決議827はこれを規程として採択した（2
項）。ICTYは，時限的な臨時の（ad hoc）裁判所として設立され，1991年1月
1日から安保理が平和の回復を決定する日まで国際人道法の重大な違反に対し
て責任を有する者を訴追する権限を有していた。

ICTYは1949年ジュネーブ諸条約の重大な違反，戦争の法規慣例の違反，
集団殺害犯罪（ジェノサイド），人道に対する犯罪を管轄犯罪とし，旧ユーゴ領
域内で生じたこれらの犯罪を訴追するものとして設立された。ICTYで初めて
公判手続がとられた被告人タジッチは，国連憲章上，安保理による刑事裁判所
設置の権限が明示されていないことなどから裁判所の合法性などに関して疑義
を唱えた。上訴裁判部は裁判所設置の安保理決議の合法性を審査し，国連憲章
41条の措置として合法であるとの判断を下した（旧ユーゴ国際刑事裁判所上訴裁
判部中間判決1995年10月2日，The Prosecutor v. Duško Tadić a/k/a"Dule", Case
No.IT-94-1-AR72.A.Ch., Decision on the Defence Motion for Interlocutory Appeal on
Jurisdiction, ILR Vol. 105, p. 453［百選〈第1版〉104］）。

このタジッチ事件において初めてJCE（Joint Criminal Enterprise）という規程
にない用語が用いられて，以後，ICTYとルワンダ国際刑事裁判所
（International Criminal Tribunal for Rwanda，以下，ICTR）でこの関与形式により
犯罪組織の中枢にいる黒幕の指導者と犯罪の実行行為とを結びつける試みが複
数見られるようになった。

246

同様にして，安保理は，国連憲章第7章下で決議955（S/RES/955）を採択し，1994年1月1日から12月31日までの間にルワンダ国内で生じた集団殺害犯罪（ジェノサイド）その他の重大な国際人道法違反に対して責任を有する者を訴追するための国際刑事裁判所としてICTRの設立を決定した。決議955の付属書としてICTR規程も採択された。ICTRの訴追対象は非国際的武力紛争であったことから，ジェノサイド，人道に対する犯罪，1949年ジュネーブ諸条約共通3条・1977年第二追加議定書違反の犯罪を対象とした。

ICTYもICTRも臨時の（ad hoc）裁判所として知られ，自然人に対する管轄権を有する二審制の裁判所として存在し，終審の上訴裁判部を共有した。ICTYとICTRの管轄権は国内管轄権と競合するが（ICTY規程9条1項，ICTR規程8条1項），国内管轄権に優越するものと定められた（ICTY規程9条2項，ICTR規程8条2項）。安保理がICTYとICTRの早期任務終結を目指して出口戦略を推進する中で（S/RES/1503(2003)，S/RES/1534(2004)），ICTYとICTRの管轄犯罪に対して最も重大な責任を有する者以外については，国内刑事管轄権へ移管する手続がとられた。

ICTRは2015年12月にその任務を終え（S/RES/2256(2015)），ICTYは安保理決議2329（S/RES/2329(2016)）に従って，ようやく2017年12月にその任務を終えた。ICTYとICTRの残りの訴訟に関して，2010年に安保理決議1966（S/RES/1966(2010)）によって国際刑事法廷残余メカニズム（International Residual Mechanism for Criminal Tribunals，IRMCT）が設立され，引き継がれた。ICTYでは161名，ICTRでは93名が起訴された。

4　国際刑事裁判所

ICTYとICTRの経験の上に，常設の国際刑事裁判所を設立する機運が高まり，1998年7月17日，国際刑事裁判所（International Criminal Court，以下，ICC）規程がローマで投票により採択された。日本を含む120か国が賛成票を投じた。ICC規程はローマ規程とも呼ばれる。ICCは条約でできた裁判所であり，発効には60か国の批准が必要とされた（ICC規程126条1項）。2002年7月1日，ICC規程は発効し，ICCは2003年から本格的に稼働し始めた。ニュルンベルク裁判，東京裁判，ICTY，ICTRは武力紛争に関連した大規模人権

第9章　国際法と個人

侵害に対応するため事後的に設立された裁判所であった。対照的に ICC は常設の裁判所として事後法の問題を回避するため，規程発効後の 2002 年 7 月 1 日以降に行われた事件についてのみ，裁くことができる。

(1)　管 轄 犯 罪

　ICC の対象犯罪は，ジェノサイド，人道に対する犯罪，戦争犯罪，侵略犯罪である（ICC 規程 5 条 1 項）。ただし，侵略犯罪については，規程採択時に定義の合意に至らなかったため，2010 年にウガンダのカンパラで開催された規程検討会議において定義と管轄権の行使条件を定める決議が採択され，2017 年にその決議が効力を発することで ICC が管轄権を行使できるようになった。

　各犯罪の定義に関して，ジェノサイドとは，「国民的，民族的，人種的又は宗教的な集団の全部又は一部に対し，その集団自体を破壊する意図をもって行う」当該集団の構成員の殺害，身体または精神に重大な害を与えること，出生を妨げること，強制的な移住などをいう（ICC 規程 6 条）。人道に対する犯罪とは，「文民たる住民に対する攻撃であって広範又は組織的なものの一部として，そのような攻撃であると認識しつつ行う」殺人，絶滅させる行為，奴隷化すること，住民の追放・強制移住，拷問，アパルトヘイト犯罪などをいう（同 7 条）。戦争犯罪とは，「特に，計画若しくは政策の一部として又は大規模に行われたそのような犯罪の一部として行われる」1949 年のジュネーブ諸条約に対する重大な違反をいい，国際的武力紛争中の行為も一定の非国際的武力紛争中の行為も対象となる（同 8 条）。侵略犯罪は，「その性質，重大性及び規模に照らして国際連合憲章の明白な違反を構成する侵略行為の，国の政治的又は軍事的行動を実質的に管理し又は指示する地位にある者による計画，準備，開始又は実行」をいう（同 8 条の 2 第 1 項）。侵略犯罪に当たる侵略行為とは，「他の国の主権，領土保全又は政治的独立に反する，また国際連合憲章と両立しない他の方法による，国による武力の行使」をいう（同条 2 項）。その例として，1974 年の侵略の定義に関する総会決議の列挙する行為が規定されている。

(2)　補完性の原則

　ICC は自前の警察，軍隊を持たないため，国連との連携，関係国家の協力が

248

IV 国際犯罪の取締り

不可欠である。特に，重大な国際犯罪の不処罰の禁止について，規程は，一義的には，国際刑事裁判所でなく，国家が訴追・処罰の責任を負う（ICC 規程前文 10 段，1 条）という**補完性の原則**を採用する。ただし，ICC はこの補完性を判断する権限を ICC 自らに付与している（同 17 条）。ICC が自らの管轄権を行使して，国内刑事管轄権を補完すべき事件かどうかを審査することを受理許容性の審査と呼ぶ。受理許容性の審査は主に，事件が既に管轄権を有する国によって捜査・訴追されていないかどうか，管轄権を有する国に捜査・訴追を真に行う意思があるかどうか，そして被疑者が訴えの対象となる行為に対して既に裁判を受けていないかどうかといった一事不再理などの側面から検討される（同条）。

ICC が管轄権を行使するにあたり，特定の被疑者に対して犯罪事実を確認し訴追する「事件（case）」を扱う前提となる ICC 規程締約国または非締約国の「事態（situation）」がいかにして ICC に通報，付託されるのかが問題となる。これは，捜査対象となる事態の付託者の問題でもあり，ICC の管轄権の発動の契機ともなるため銃の引き金に例えてトリガー・メカニズムとも呼ばれる。ICC 規程 13 条により，事態の検察官への付託者は，締約国（同条(a)）または国連憲章第 7 章下で行動する安保理（同条(b)）と決められている。そして，安保理付託の場合は非締約国の事態であっても付託されることになる。検察官も職権で捜査を行うことができ（同条(c)），検察官が職権で捜査を行う前提として，コミュニケーションと呼ばれる犯罪情報を検察局が収集する。個人，人権 NGO などが，積極的にコミュニケーションを検察局へ送付することが期待されている。

締約国，安保理，いずれが事態を付託したにせよ，検察の職権捜査にせよ，捜査が開始すると，今度は被疑者の特定が行われる。特定の事態について被疑者が特定されると，その被疑者に関する事件が裁判所で開始され，続いて，逮捕状の請求，公判前の予審に続いて，公判が行われることになる。安保理は国連憲章第 7 章に基づき採択された決議によって，捜査・訴追の不開始・停止を ICC へ要請できることとされており，その要請は更新しうる（ICC 規程 16 条）。

ICC の初期の実行では，締約国が他締約国についてではなく自らの直面している紛争について事態を付託する自己付託と呼ばれる形式により，ICC は管轄

249

第9章　国際法と個人

権を行使することとなった。コンゴ民主共和国，ウガンダ，中央アフリカ共和国，マリの事態は自己付託によるものである。自己付託の背景には，関係国の同意および協力を得つつ捜査・訴追を進めることで検察局の効率化を図るとともに，紛争後の国家の捜査・訴追が不能であるという状況を踏まえてキャパシティ・ビルディングの形式で積極的に国家再建に関与しようという，ICC 検察官による「積極的補完性」と呼ばれる訴追戦略が存在した。加えて，初期には，安保理付託の事態もスーダン，リビアについて，検察官の自己の発意による職権捜査もケニアについてと，アフリカ大陸を中心に裁判部によって捜査開始が許可され，捜査が展開することとなり，結果として捜査・訴追対象に公平性を欠くなどの不満がアフリカ諸国から噴出することとなった。

　ICC の捜査・訴追に対してのアフリカの不満は，ICC の検察局が規程非締約国の国家元首であったスーダンのアル・バシール大統領（当時）を訴追対象としたことからも増幅している。アフリカ連合は，ICC 規程 98 条 1 項上，締約国と非締約国との間で認められる国際法上の国家元首の免除を根拠としてアフリカ連合加盟国に対して ICC への非協力を呼びかけた。これに応じたアフリカ連合加盟国でもある ICC 締約国は，ICC 規程 87 条 7 項に基づき，ICC によって ICC の刑事手続への非協力の認定をされた。そして，これらの国の非協力の問題が締約国会議，安保理へと付託された。結局，これら非協力の問題については安保理による反応のないまま，スーダンの政変によりバシール大統領が失脚した。

　ICC は，安保理付託の場合（ICC 規程 13 条(b)），非締約国が管轄権受諾の宣言をする場合（ICC 規程 12 条 3 項），そして犯罪発生地国または犯罪が発生した船舶もしくは航空機の登録国（同条 2 項(a)）が締約国または管轄権を受諾している場合には，非締約国の関係する事態についても管轄権を行使することになる。これに反発して，米国は ICC 規程 98 条 2 項の ICC に対する引渡し協力の例外規定を利用して各国と二国間免除協定（いわゆる 98 条協定）を結んで ICC に自国民が引き渡されないための策を講じた。ICC の検察局はバングラデシュ／ミャンマー，ウクライナの事態に関して捜査を開始しており，ミャンマー，ウクライナなど非締約国の関係する事態に関与するようになっている。これらとパレスチナの事態は ICC と ICJ の同時係属の事態でもある。

250

IV 国際犯罪の取締り

2007年10月から日本はICC規程の締約国となっており，2022年のウクライナに対するロシアの軍事行動に際して，日本は初めて事態をICCに付託した。ウクライナはICCの非締約国である（2024年8月現在）。だが，ウクライナは2014年と2015年にICC規程12条3項に基づいてICCが管轄権を行使することを受諾する宣言をしており，2015年の宣言で期限の定めなくICCの管轄犯罪に対する管轄権の行使を認めた。これに対して，ミャンマーからバングラデシュへのロヒンギャの追放容疑に関して，ICC予審裁判部は客観的属地主義の考え方を根拠に捜査開始を認めている（2019年11月14日第3予審裁判部決定，ICC–01/19–27）。

5　混合法廷

混合（mixed, hybrid）法廷とは，一般に，国際的要素と国内的要素を複合した組織構造と適用法規を有する裁判機構を指す。混合法廷は，その法廷の職員および適用法規が国際・国内の混合性を有する点に共通の特徴が見られる。混合法廷は国際化された刑事法廷と呼ばれることもある。混合法廷は，紛争後の地域に模範となる刑事裁判所を設立することで国内刑事司法に資する側面がある。と同時に，ICTYとICTRが紛争後の地域に対して及ぼした影響が乏しいといわれてきた反省を踏まえた側面や，ICTYとICTRの財政負担が国連にのし掛かったこともあって紛争後の国家と国連とで共同して法廷を運営することで国連の負担を軽減する側面もある。混合法廷はICTYとICTRの成功を見て，主に2000年から2005年にかけて設立が続いた。東ティモール（2000年），コソボ・パネル（2000年），ボスニア・ヘルツェゴビナ戦争犯罪法廷（2002年）の混合法廷は，国連主導で設立された。国家の要請によって設立されたものとしては，シエラレオネ（2002年），カンボジア（2003年），レバノン（2007年）の法廷が存在する。以上の法廷はオランダにあるレバノン特別法廷を除き，紛争後の地域に設立されている。

直近では，1982年6月7日から1990年12月1日までのチャドにおける国際犯罪を訴追するため，アフリカ連合が2012年にセネガルと協定を締結して，セネガルにアフリカ特別裁判部が設立されている。2015年には中央アフリカ特別刑事裁判所が中央アフリカのバンギに設立されており，裁判官などの職員

251

第9章　国際法と個人

構成および適用法規の面で混合法廷の特徴を有する。コソボ特別法廷は，2011年1月に出された欧州評議会の報告書（Doc. 12462）を契機として，EUの働きかけによってコソボ国内の裁判所として2015年に設立されている。

　混合法廷は，法廷によって国際裁判所と国内裁判所としての性質の度合いが異なるため，法廷ごとに，設置の法的基礎，職員構成，適用法規，その国際的性質を注意して検討する必要がある。

Column　9-2　ジェノサイド条約に基づく国際司法裁判所での訴訟

　現在，国際刑事裁判所での捜査を開始しているウクライナの事態とバングラデシュ／ミャンマーの事態については，ジェノサイド条約の裁判条項（9条）に基づきICJにも事件が係属している。つまりICCでは国際法上の犯罪に対して個人の刑事責任追及の試みが見られ，ICJではジェノサイド条約に関して国家責任の追及がなされる。

　ウクライナは，ルハンスク地域とドネック地域でのウクライナによるジェノサイド行為からロシア人らを保護するためと称してロシアが軍事作戦を開始したことがジェノサイド条約1条違反となり，自国はジェノサイドを行っていないなどと主張した。ロシアは本件に対するICJの管轄権を否定したため，2024年2月の先決的抗弁判決でICJはロシアの先決的抗弁を一部認めて，ロシアの軍事行動の合法性はジェノサイド条約の問題ではなく，武力行使に関する国際法の問題であると判断した。

　ミャンマーもICJの管轄権を争い先決的抗弁を出した。ICJへのミャンマーのジェノサイド条約違反の申立ては，ミャンマー国内でのイスラム系少数民族ロヒンギャの迫害の問題について，直接の被害国ではないガンビアがイスラム協力機構を代表して提訴する形をとっている。2022年7月の先決的抗弁判決で，ICJはジェノサイド条約締約国としてのガンビアの原告適格を認めた。

　いずれの事件においても，ジェノサイド条約締約国がICJ規程63条に基づき訴訟参加していることが注目される。特にウクライナの事件では前代未聞の数の32か国が参加を表明している。

　ガンビアの原告適格が認められたことを受けて，やはり直接のジェノサイドの被害国ではない南アフリカがガザ地区でのイスラエル軍の攻撃をジェノサイド条約違反の行為であるとして提訴し，軍事活動の即時停止などの暫定措置を

求めた。2024 年 1 月に ICJ は一応の管轄権と南アフリカの一応の原告適格を認めて，ジェノサイドおよびその扇動を防ぐための措置をとることなどを命じた。

● 参考文献

本間浩『難民問題とは何か』（岩波書店，1990 年）

山本草二『国際刑事法』（三省堂，1991 年）

多谷千香子『戦争犯罪と法』（岩波書店，2006 年）

村瀬信也 = 洪恵子編『国際刑事裁判所——最も重大な国際犯罪を裁く〔第 2 版〕』（東信堂，2014 年）

墓田桂『難民問題——イスラム圏の動揺，EU の苦悩，日本の課題』（中央公論社，2016 年）

尾﨑久仁子『国際刑事裁判所——国際犯罪を裁く』（東信堂，2022 年）

新井京 = 越智萌編『ウクライナ戦争犯罪裁判——正義・人権・国防の相克』（信山社，2024 年）

第10章 国際人権法

I 国際人権保障の発展

1 第二次大戦前の国際法上の個人の保護

人権概念は時代とともに変化してきた。裁判手続を明文化し教会の自由等を認めた13世紀のマグナカルタ（イギリス）では，封建的社会における臣民の権利と位置づけられていた。17世紀から18世紀にかけての**イギリス権利章典**（1689年），**アメリカ独立宣言**（1776年），**フランス人権宣言**（1789年）制定への過程においては，近代自然法思想に基づき人が生まれながらにして有する権利として捉えられるようになり，それらの章典や宣言では，恣意的に生命を奪われない権利，身体の自由，信教や思想・良心の自由等，**国家からの自由**（自由権）が謳われた。

しかしこのような人権思想の発展は，限られた国家の中でのみ見られた。国際関係では国際法主体は国家に限られ，国家の権利義務が中核であった。人権保障は，各国がその領域や管轄の範囲内の市民に対して国内法や政策に基づいて保障するという意味で国内管轄事項であり，他国がそれに介入することは主権国家の内政への干渉と考えられていた。

伝統的国際法のもとでは，個人は，国民あるいは外国人として，国内法が定める権利義務を与えられたり，**武力紛争法**（第16章参照）が文民や捕虜としての個人の取扱いを定める規則を有していたりしたが，個人が法主体として国際平面において，外国あるいは自国に対して，自らの権利を主張する手続は担保されていなかった。また**外交的保護**（第1章参照）についても，個人の国際法上

の主体性やその人権を直接的に保障するものとは言えない。

第一次世界大戦後の 1920 年に国際連盟が設立された。**国際連盟規約**では，国際の平和と安全のほか，人道的，社会的，経済的国際協力に関する規定や，公平で人道的な労働条件確保のために必要な機関の設立についての規定が置かれた（23条）。人権保障を定める規定については，アメリカのウィルソン大統領や日本代表らが自由権や外国人に対する**無差別原則**等を提案したが，国内問題への影響を懸念する声が多かったため盛り込まれなかった。しかし**少数者保護の重視**は，地理的人的限定はあったものの，欧州諸国の少数者条約の締結へとつながった。1919 年には，世界平和を危険にさらす労働条件の改善を急務とし**国際労働機関（ILO）**が設立され，第二次世界大戦以降も，労働条件や強制労働禁止，結社の自由や団体交渉権等を定める ILO 諸条約の採択や，条約履行監視を目的とする労働条約勧告制度が導入された。

2 第二次大戦後の発展

(1) 国連憲章における人権および基本的自由の尊重・遵守

第一次世界大戦後の連盟期において，条約を基盤とする人権保護制度の萌芽が見られたが，分野・地域ともに限定的なものであった。第二次世界大戦においては，連合国側の戦争目的の 1 つとして，民主主義とともに，ナチスドイツによるユダヤ人に対する迫害への批判など人権の保障が挙げられた。重大な人権侵害の教訓からも人権保障が平和の維持に果たす役割の重要性が認識され，戦後に創られた国連において，その目的の 1 つに人権保障（「人種，性，言語又は宗教による差別のないすべての者のための**人権及び基本的自由の尊重及び遵守**」）が掲げられた（国連憲章 55 条 c。そのほか前文，1 条，13 条，62 条，76 条にも人権への言及がある）。

国連憲章において，すべての国連加盟国は，人権および基本的自由の尊重および遵守を達成するために，国連と協力して，共同および個別の行動をとることを誓約すると規定されたが（56 条），憲章上，「人権及び基本的自由」の内容やそれらの保障手続に関する具体的規定が備わっておらず，国連加盟国に直接的具体的に人権保障義務を課すほどの明確性に欠けるという問題があった。

I 国際人権保障の発展

(2) 世界人権宣言の採択

国連憲章 68 条に基づき経済社会理事会の下部組織として設置された**国連人権委員会** (Commission on Human Rights) が，人権保障に関わる具体的な基準や制度を定めるために，国際人権章典の作成を目指した。しかし冷戦期という国際情勢の影響を受けて，保障されるべき人権の内容や国家に課される義務の性質，また保障の方法や手続のあり方をめぐって国家の意見が対立し，単一の法的拘束力のある文書の作成は困難を極めた。国連人権委員会での議論の結果，単一の国際人権章典ではなく，国際的に保障されるべき人権についての宣言，人権の保障を国家の義務として定める条約，保障のための手続に関する実施措置に関する選択議定書，という 3 種の文書に分け，段階的に，まずは宣言から順序だてて作成するという方針がとられた。

その後の作業により，1948 年国連総会は，「**世界人権宣言** (Universal Declaration of Human Rights)」（国連総会決議 217）を採択した。この文書は法的拘束力こそ与えられなかったものの，人間は生まれながらに自由かつ平等であるとし，保障されるべき人権や達成すべき目標を明らかにした。その後策定された人権諸条約や各国国内法に影響を与え，国際社会における人権保障の発展に大きく貢献した。

(3) 国連人権諸条約の起草

世界人権宣言の採択後，国家に国際人権保障の具体的な法的義務を課す法的拘束力ある文書を定めるため，国連人権委員会は人権条約の起草作業を開始した。保障される権利の内容や性質について規定するとともに，具体的な保障手続を含む実施措置も規定することを目指して作業が続けられた。世界人権宣言は，**自由権**（3 条〜 21 条）と**社会権**（22 条〜 27 条）の両方の規定を置いていた。

しかし起草の交渉過程にも東西冷戦が影響を与え，自由権や社会権のいずれの権利がより重要か，国家がそれぞれの権利に対して負う義務の性質が異なるのではないか，などの議論が決着に至らなかった。世界人権宣言の採択から約 20 年を経た 1966 年にようやく，2 つの条約（「**経済的，社会的及び文化的権利に関する国際規約**」〔**社会権規約または A 規約**〕，「**市民的及び政治的権利に関する国際規約**」〔**自由権規約または B 規約**〕）に分けることで採択された（ともに 1976 年に発効）。前者は，

257

第 10 章　国際人権法

いわゆる「国家への自由」である社会権，後者は「国家からの自由」である自由権を網羅的に定め，それぞれに実施措置を置いた。日本は両規約にいくつか留保や解釈宣言を付して 1979 年に加入した。今日では多くの国家が双方の規約を締結している。

　2 つの国際人権規約が諸権利を包括的に保障する一般的条約と位置づけられるのに対し，保障する権利あるいは権利主体を個別的に定める個別的人権条約がある。**人種差別撤廃条約**（1965 年），**女子差別撤廃条約**（1979 年），**拷問等禁止条約**（1984 年），**児童の権利条約**（1989 年），**移住労働者権利条約**（1990 年），**障害者権利条約**（2006 年），**強制失踪条約**（2006 年）等がこれにあたる（**ジェノサイド条約**〔1948 年〕や**難民条約**〔1951 年〕は，人権に関連する事項について定める条約ではあるが，条約実施状況を監督する独自の機関〔委員会〕をもたない点で，上記の人権諸条約には含まれないとする見解もある）。

(4)　地域的人権条約

　人権条約の他の分類として，条約が適用される国や地域の範囲に着目して，普遍的人権条約と地域的人権条約がある。前者は国際人権規約をはじめ，主に国連における交渉を経て作成された条約である。後者は，特定の地域の国家のみが参加できる条約である。現在は，欧州，米州，アフリカにそれぞれの地域的条約制度があり，人権裁判所や人権委員会などが条約実施の主要機関として設置されている。

　欧州の保障制度については，第二次世界大戦後に，民主主義や法の支配の確立，人権の擁護を目的として設立された**欧州評議会**（**CoE**）のもとで**欧州人権条約**（1950 年）が採択され，法的拘束力のある判決を下す人権裁判所を中心に発展している。国連人権諸条約よりもその歴史は長く，東欧諸国の加盟や**欧州連合**（**EU**）との協力関係構築など，実効的な人権保障体制のパイオニア的存在とも言うことができよう。社会権を定める**欧州社会憲章**（1961 年）も備えられている。またこれらの条約を基に起草された，自由権および社会権の双方を保障する EU 基本権憲章が，2009 年発効のリスボン条約により法的拘束力を付与されたこととあわせて，欧州地域での人権保障制度はより多層的に発展している。

アメリカ地域では，**米州機構（OAS）**の主導で作成された**米州人権条約**（1969
年）があり，米州人権委員会および米州人権裁判所が人権侵害に対する救済手
続をとっている。しかし OAS の一員である米国やカナダは条約に加盟してい
ない。アフリカ地域に関しては，**人及び人民の権利に関するアフリカ憲章（バン
ジュール憲章）**（1981 年）があり，**アフリカ人権委員会**と 2004 年に設置が決定さ
れた**アフリカ人権裁判所**が，各国の人権保障の実施状況を審査している。アジ
ア地域については，上記のような地域的人権機構は設置されていない。2007
年**東南アジア諸国連合（ASEAN）憲章**には ASEAN 人権機関を設置するという
規定が含められ，2009 年に，ASEAN 人権宣言（2012 年採択）の作成を任務の
ひとつとする ASEAN 政府間人権委員会が立ち上げられている。しかし民族，
文化や宗教等の多様性を理由として，人権保障の共通枠組みとなる地域的人権
条約の作成作業は進展していない。

3 国連人権諸条約の特色

すでに触れた国際人権規約のほか，主要な普遍的個別的人権条約には次の特
色がある。

(1) 人種差別撤廃条約（1965 年）

人種，皮膚の色，宗教または民族もしくは種族的出身に基づく差別を撤廃す
ることを目的とし，そのために次の 4 つの措置（①国家自身が直接的あるいは間
接的に人種差別を行うこと，さらに私人間の差別を禁止する措置，②人種差別の予防の
ために人種主義的な活動に対して刑罰を定めたり，人種間の理解を促進したりする措置，
③**アファーマティブ・アクション**など，実質的平等の促進のための措置，④人種差別の被
害者に対する救済措置）をとる義務が規定されている。

人種差別の定義に関し，国籍に基づく差別が「民族的若しくは種族的出身に
基づく差別」に含まれるのかという議論がある。人種差別撤廃委員会はその一
般的勧告 30 において，特段の理由を示してはいないものの，国籍による差別
は同条約 1 条 1 項の差別にあたるとの意見を示す。一方，国際司法裁判所での
カタール対 UAE 事件（2019 年）では，最終的に，国籍に基づく差別は 1 条 1
項の差別に該当しない（条約の事項的管轄に含まれない）との判決が示されたが，

第10章　国際人権法

この多数意見に異を唱える裁判官もおり見解が分かれた。同一の条約であっても，その解釈者により結論が異なることが明らかにされた事例である。

(2)　女子差別撤廃条約（1979年）

　性に基づく差別を撤廃することを目的としている。1976年からの「国連婦人の10年」の成果として採択された。条約では，男女間の優越性の観念や定型化された役割分担の観念を変革するために，法制度の整備とともに性差別的な慣習や慣行の撤廃を義務づけている（女子差別撤廃条約5条）。また国家による差別だけでなく，私人間における差別を禁止する措置をとることも締約国の義務とされている（同2条）。個別的な権利に関しては，国籍に関する男女平等（同9条）や雇用における男女差別の禁止（同11条）などが定められている。

(3)　拷問等禁止条約（1984年）

　「拷問及び他の残虐な，非人道的な又は品位を傷つける取扱い又は刑罰を無くすための世界各地における努力を一層効果的なものとすること」を目的としている。拷問は，世界人権宣言をはじめ，自由権規約（7条），欧州人権条約（3条），米州人権条約（5条）等でも禁止されており，多くの国際・地域・国内諸機関において，強行規範であると承認されてきた（旧ユーゴ国際刑事裁判所〔ICTY〕Furundžija事件第一審部判決1998年12月10日〔Case-No. IT-95-17/1-T〕，ICJ訴追か引渡しかの義務事件，ICJ Reports 2012, p. 457, para. 99）。

　締約国は，拷問防止の義務や拷問を受けるおそれのある国や地域への追放や送還，引渡しを禁止する義務（**ノン・ルフールマン原則**。拷問等禁止条約3条）を負う。近年，難民・移民保護の観点から，この義務規定の解釈・適用の重要性が高まっている。締約国は，拷問を国内刑法上の犯罪として定め（同4条），その実行者（あるいは責任者）を裁くこと（同5条），拷問犯罪の容疑者が領域内に所在し，入手可能な情報を検討後，正当と認める場合には，抑留その他の法的措置をとり，事実について直ちに予備調査を行うことが義務と定められている（同6条1項・2項）。さらに，他国で拷問を行った者が自国内で発見された場合，その身柄を拘束し，他国から引渡しの請求がなされた場合にはそれに応じるか，応じない場合には，自国において処罰する義務を負う（同7条）。この**訴追か引**

渡しかの義務は**当事国間対世的義務**（obligation *erga omnes partes*）と性格づけられ，この義務の履行には**普遍的管轄権**の設定が必要であるとされている（ICJ 訴追か引渡しかの義務事件，ICJ Report 2012, p.422, paras. 69, 74）。

(4) 児童の権利条約（1989 年）

18歳未満を「児童」と定め，児童の権利を保護することを目的としている。この条約では，児童は保護の対象としてだけではなく，権利の主体として尊重されている。基本的な理念は，**児童の最善の利益**に対する考慮であり，公私を問わず様々な機関が，児童の最善の利益に配慮することが義務づけられている。2000 年には，児童の人権を取り巻く状況により，「児童の売買等に関する選択議定書」と「武力紛争における児童の関与に関する選択議定書」が採択された。前者は，児童売買や児童買春，児童ポルノを規制する。後者は児童兵の徴用や，児童兵を直接的な敵対行為に参加させることを規制する。

II　保障される人権と国家義務

1　国際人権規範に関する国家義務の範囲

(1) 適用の範囲

国家は，慣習国際法や条約規定に則した人権保障義務を負う。その保障客体の範囲についてはたとえば，自由権規約 2 条 1 項が，締約国は「その領域内にあり，かつ，その管轄の下にあるすべての個人（all individuals within its territory and subject to its jurisdiction）」と定める。「and」（下線部）を「かつ」と解釈するか「または」と解釈するかについては，とりわけ，2001 年の米国同時多発テロ事件後，対テロ措置と人権制約に関する米国と自由権規約委員会との見解相違を発端として議論が活発化した。起草者意図とは異なるため異論も根強いものの，今日では後者の解釈が定着している（ICJ パレスチナの壁事件，ICJ Reports 2004, p. 141［百選 110］）。管轄の領域性を重視し域外適用に対する慎重な姿勢が示されてきたが，近年では地域的人権機関や国連の人権条約機関において，領域や行為主体に対する実効的支配が認定できる場合には人権条約の

第 10 章　国際人権法

域外適用を認める傾向にある。

(2)　人権条約の終了・脱退

　国際人権条約については，人種差別撤廃条約等のように終了・脱退規定を定める条約もあれば，自由権規約・社会権規約のようにそうした規定を置いていない条約もある。後者の場合，条約法に定められる規則に従って脱退することは可能であるとされる一方，人権の重要性や規約の趣旨・目的に鑑み，その保障の後退は認められず，両国際人権規約はその性質上，終了・脱退を想定していないとする意見も根強い（自由権規約委員会一般的意見26）。かつて北朝鮮が自由権規約からの脱退を表明した際，自由権規約委員会はこれを認めないとの見解を示し，結果として同国は現在も締約国である。

　また国家体制の変更に伴い，人権条約の終了や承継が問題となる事例もある。香港と澳門は，自由権規約の締約国であるイギリスとポルトガルの各海外領土として同規約の適用対象とされていた。両地域が同規約を批准していない中国に返還されるにあたって，適用が終了するのかが問題となったが，人権の保護尊重が返還条件に含められたこともあり，両地域に限って，中国が規約上の義務を継承している（中国は自由権規約の締約国とはなっておらず，現在も中国本土には同規約の適用はない）。

　地域的人権条約については異なる側面があることも指摘しておく。ロシアによるウクライナ侵攻を理由に，ロシアは，欧州人権条約の母体である欧州評議会から2022年3月に除名処分を受けたことにより，同条約の締約国としての地位を失った（Column 11-3参照）。すでに下された判決の履行や係属中の事案については，ロシアの当事国としての義務は継続するものの，対応は得られていない状況にある。

2　平等・無差別原則

　平等原則あるいは無差別原則は人権の中核概念であり，多くの人権条約で定められている。国際人権規約は，両規約とも，規約上の権利が「人種，皮膚の色，性，言語，宗教，政治的意見その他の意見，国民的若しくは社会的出身，財産，出生又は他の地位等によるいかなる差別もなしに」すべての個人に対し

保障されるという原則を規定する（社会権規約2条2項，自由権規約2条1項）。とりわけ自由権規約26条は，自由権規約委員会による解釈実行を経て，自由権規約上の権利に限らず社会権規約上の権利等も含めて広く一般的に，法の前の平等を保障する自律的な平等規定と位置づけられている。これは，欧州人権条約14条が同条約上保障される権利に関する平等に限定しているのと異なるが，後に採択された欧州人権条約第12議定書1条（差別の一般的禁止）においては，自由権規約と同じ平等概念が採用されている。差別の撤廃そのものを趣旨・目的とする個別的条約として，人種差別撤廃条約と女子差別撤廃条約がある。

　人種差別撤廃条約は，「人種，皮膚の色，世系又は民族的若しくは種族的出身に基づく」あらゆる差別（人種差別撤廃条約1条1項）の撤廃義務を締約国に課す。その撤廃義務は包括的であり，国家や公的機関による差別を禁じる（同2条1項(a)）だけでなく，個人，集団または団体による人種差別を後援や擁護，支持してはならず（同項(b)），立法その他の手段により禁止し終了させること（同項(d)）を定める。日本国憲法14条における平等権は私人間適用を否定されていることと異なり，同条約2条では，私人間での差別の撤廃義務を明確に規定している点に意義がある。しかし日本の国内裁判所における同条約の解釈については，その趣旨や法理に照らし，私人間においても撤廃されるべき人種差別としての判断を示した事例（小樽入浴拒否事件・札幌地判2002〔平成14〕年11月11日判時1806号84頁［百選〈第2版〉51］，その後控訴審にて原告逆転敗訴）もあるが，おおむね，同条約を根拠とはせず憲法14条のみに基づいて審査が行われる傾向にある。

　また，人種主義に基づく思想の流布，差別の扇動，暴力行為，宣伝活動等を法により禁止し処罰すること（人種差別撤廃条約4条）も締約国の義務である。日本は4条(a)(b)について，「日本国憲法の下における集会，結社及び表現の自由その他の権利の保障と抵触しない限度において」それらの規定に定められる義務を履行するという留保を付している。人種差別撤廃委員会からは，これまでの国家報告審査において留保の撤回を勧告されているが，現時点で見直しには至っていない。また，包括的な差別禁止法の制定についても勧告を受けているが，実現には至っていない。

第10章　国際人権法

　人種差別撤廃やジェノサイドの禁止は，国際司法裁判所（ICJ）がバルセロナ・トラクション会社事件判決（ICJ Reports 1970, p. 32［百選71］）において判示したように，国際社会全体に対して負う義務（**対世的義務**）と性格づけられている。

　女子差別撤廃条約は，性別を理由とするあらゆる分野の差別を，包括的に撤廃することを目的としたものである。社会や家庭での男女の役割分担思想を否定し（女子差別撤廃条約前文，5条），人種差別撤廃条約と同様，条約締約国は，国家による差別だけでなく私人による差別の撤廃義務も負う（同2条）。日本はこの条約の批准にあたり，**男女雇用機会均等法**を制定（厳密には勤労婦人福祉法の改正）し，**国籍法**も男女平等の観点から，父系優先主義を両系主義に改正した。その後，男女雇用機会均等法の漸進的改正のほか，**男女共同参画社会基本法，女性活躍推進法，政治分野における男女共同参画推進法**等も制定されている。

3　人権概念の展開

(1)　自由権と社会権

　国際人権規約が，社会権規約と自由権規約の2つの別個の文書として採択されたことはすでに学んだ。これは，起草当時の国際情勢の影響とともに，社会権と自由権の権利内容やその保障について国家が負うべき義務の性質が異なることに起因する。社会権は，国家に積極的な行為を要求する「国家への自由」である点に，自由権は，国家からの干渉・介入の排除を必要とする「国家からの自由」である点にそれぞれ特徴がある。

　「**第一世代の人権**」と呼ばれる自由権には，生命・身体の自由，拷問や奴隷の禁止，移動の自由，公正な裁判手続を受ける権利，私生活の保護，思想・良心や宗教の自由，表現の自由等が含まれ，それに対して「**第二世代の人権**」と呼ばれる社会権には，労働権や社会保障に関する権利，生存権，教育権等がある。国際人権規約は，それぞれの権利を詳細に定め，世界人権宣言に謳われた財産権や庇護権を規定しない一方で，自決権や少数民族の権利等，同宣言には定められていなかった権利を保障する。

　諸権利は一定の条件下で制約を受けることも認められている。しかし，**公の緊急事態条項**（デロゲーション条項。自由権規約4条）に該当する状況においても，

II 保障される人権と国家義務

生命権，奴隷の禁止，拷問または非人道的刑罰の禁止，刑罰法規の不遡及，思想・良心および宗教の自由等の人権の侵害は許されない（同条2項）。これらの権利は，絶対的権利や保障義務から**免脱不可能な権利**（non-derogable rights）とも呼ばれる。

　権利の性格に応じた国家の義務にも特色が見られる。自由権規約では，その2条において，人権に対する締約国の**尊重**（respect）と**確保**（secure）の義務を掲げ，身体の自由や表現の自由など，国家に対して規約が効力を有する時点ではそれらの権利がすでに実現されていなければならないという**即時的義務**が定められている（2条1項）。一方，社会権規約には，権利の完全な実現について，漸進的に実施する義務が定められている。すなわち，社会保障や教育の提供など，社会権の実現には，国内での法的整備や財政的措置が必要であるから，各締約国は自国の状況に鑑みつつ，利用可能な手段を最大限に用いて実施する**漸進的義務**を負う（2条1項）。

　このような区別は，規約のモデルともなった欧州人権条約および同社会憲章においても採用されている。しかしある権利が必ずしもいずれかのカテゴリーに分類できるとは限らない。たとえば，自由権の1つである生命権の保障には，国家による不干渉だけでなく，第三者による介入等からの**保護**（protect）義務や必要な立法の**促進**（promote）を図る**充足**（fulfill）義務も必要となる。社会権の保障に関しても，差別の禁止や行動をとる義務は，自由権と同様に即時的な義務とされている。教育権も，思想・良心や宗教の自由などと密接な関係にある。たとえば**バンジュール憲章**（1981年）は，その前文にて自由権と社会権は不可分の関係であることを強調し，世界人権会議で採択された「**ウィーン宣言及び行動計画**」（1993年）は，「すべての人権は，普遍的であり，不可分かつ相互に依存し相互に関連しあっている」（I-5）として，**権利の不可分性**と**相互依存性**を確認している。

(2) 人権の主流化

　2005年に開催された世界サミットを機に，「**人権の主流化**」（国連総会決議60/1）が加速し，人権保障は他の目標達成からは独立して実現されるべきものであり，また他の目標の指導原則として性格づけられた。国連憲章55条では，

第 10 章　国際人権法

国連の中核的目的である平和との関係において，国家間の友好関係に必要な条件を整えるために人権の尊重が求められると定められている。ウィーン宣言及び行動計画においてはその位置づけが逆転し，人権の尊重や保護が平和実現に並ぶ，あるいはそれに優先する国連の目標とされたことは大きな転機であり，人権の主流化決議はそれを継承するものであった。

4　自決権や新しい人権

(1)　自 決 権

　人権条約が実体的権利として保障する権利は個人の権利が大半だが，個人が属する集団としての人民が他国や他の集団に従属する状況下では，そうした権利も保障されない。そこで，国際人権規約は，自由権規約・社会権規約ともに1 条で人民の自決権を「その政治的地位を自由に決定し並びにその経済的，社会的及び文化的発展を自由に追求する」（同条 1 項）ものと定め，「天然の富及び資源を自由に処分する」（同条 2 項）ことを認めている。自決は，国連憲章では，平和実現のための 1 つの基盤である「原則」としてしか位置づけられなかったが，1960 年代の**植民地独立付与宣言**（1960 年）を契機とする脱植民地化の流れを受けて，「権利」にまで高められた。自決権には，植民地の解放や占領地の自治（ICJ パレスチナの壁事件，ICJ Reports 2004, p. 141［百選 110］）に関する外的自決と，代表性ある民主政府を求める権利や少数者の自治権または自決権に関する内的自決があるが，権利主体である人民や，個人の権利との関係等，人権としての具体的側面についてはなお議論が必要である。

(2)　第三世代の人権

　「**第一世代の人権**」（自由権）や「**第二世代の人権**」（社会権）に加え，国際協力などのもとで実現可能な，個人の人権を支える構造的基盤すなわち連帯の思想を具現化する新しい権利概念が様々に提唱されており，これらは「**第三世代の人権**」（あるいは，連帯の権利や共同体指向の権利）と呼ばれる。自決権や「**発展の権利（right to development）**」（バンジュール憲章 22 条，国連総会決議 41/128）や「**平和に対する権利**」（バンジュール憲章 23 条，国連総会決議 39/11，人権理事会決議11/4）等がこれに含まれるが，国際協力の重要性を前提とすることから，主と

して開発途上国を中心に強く支持されてきた。権利・義務主体やその内容が必ずしも明確ではないとの指摘があるが，現在，発展の権利条約の策定に向けて議論が進められている。

(3) 権利主体の拡張と権利の再構成

2000年代には，既存の人権諸条約等の枠組みに加え，**先住民族**や**障害者**等，特定の人々を明確に権利主体として位置づけ，権利義務を定める人権文書の作成が加速するようになる。

2007年に国連総会で採択された**先住民権利宣言**は，世界中の先住民族が非常に多様であることから，先住民族に関する定義条項を置くことは避けたが，自決権，自治権，国籍を持つ権利，土地に対する諸権利，強制移住の禁止，文化的権利等を保障する。そのほか先住民族に特有の，土地等に関わる環境権や伝統遺産に対する知的財産権の保障を謳う点も意義深い。

障害者権利条約（2006年）は，あらゆる人権および基本的自由の完全かつ平等な享有を促進し，保護し，および確保することならびに障害者の固有の尊厳の尊重を促進することを目的としている。障害者の定義については「長期的な身体的，精神的，知的又は感覚的な機能障害であって，様々な障壁との相互作用により他の者との平等を基礎として社会に完全かつ効果的に参加することを妨げ得るもの有する者を含む」と定める（ともに障害者権利条約1条）。同条約は，国際人権規約で保障されている権利を，障害者の視点から再構成し，平等確保義務，私人間を含む差別撤廃の義務，インクルーシブ教育，雇用・労働に関する権利等を詳細に規定する。

Ⅲ 国際人権保障の実施措置

1 国内的実施

(1) 国際人権規範の国内法秩序における実現

ここまでは，どのような人権規範が国際社会において醸成されてきたかを学んだが，そうした国際人権規範が，各国の国内法秩序において，どのように実

第 10 章　国際人権法

現されるかも重要である。**国際法と国内法の関係**（第 1 章 III 参照）は国際法の様々な分野で問題になる。特に人権は，各国の領域および管轄下にある個人の権利に直接関係し，憲法をはじめとする国内法によっても規定されている事項であることから，その関係は重要である。

　国際人権諸条約には，条約上の権利を保障するために，立法措置その他の措置をとること，救済措置を確保すること等の義務を締約国に課す規定が多く見られる（自由権規約 2 条 2 項・3 項等）。国際人権法を国内法秩序に組み込み，国際的義務を国内において実現するには，国際規範に則した立法化，司法による問題提起や世論からの立法過程への働きかけ，行政レベルでの法適合的実施，国際基準を意識した司法解釈等，立法・行政・司法のすべてによる包括的融合的な実施プロセスが必要である。またとりわけ人権分野では，国家機関だけでなく，地方政府や企業，市民社会（NGO を含む）等，多様な主体による取組みも必要である。日本については，人権の推進や保護・救済のための政府から独立した**国内人権機関**の設置が，国連の人権条約機関や人権理事会等で繰り返し勧告されている。過去には国会において設置法案が廃案になっており，「国内人権機関の地位に関する原則（**パリ原則**）」に則した独立性のある機関の設置が課題となっている。

(2)　日本の国内裁判所における国際人権法の適用

　日本の国内裁判所における国際人権法の適用のあり方については未だ課題がある。

　人権条約等の国際法を，国内法秩序にどのように受容し適用するか，また国内法秩序においてどのような地位を与えるかは各国に委ねられている。一般的に受容には，条約の公布により国内的効力を認める**一般的受容方式**と，国会・議会での立法手続を経て条約規定を国内法に変換する**変型方式**がある。適用方式には，条約規定を直接の解釈根拠・基準とする**直接適用**と，国内法令の解釈にあたって条約規定を解釈指針とする**間接適用**が挙げられる。日本は，一般受容方式を採用し，国際法の地位については，憲法 98 条 2 項はそれを確定するには曖昧な規定ぶりであるが，**憲法優位説**が通説となっている。そのため，憲法や関係国内法よりも人権条約が詳細な規定を置いたり高い保障基準を求めた

りする場合でも，条約規定の自動執行性あるいは直接適用可能性を議論せず，国内法の適用が優先され，国際法が裁判所での解釈の対象とならないことも多い。

他方で，アイヌ民族の聖地である二風谷地区の強制収用およびダム建設の差止めが争われた**二風谷ダム事件**（札幌地判 1997〔平成 9〕年 3 月 27 日訟月 44 巻 10 号 1798 頁［百選 50］）では，アイヌ民族は，文化の独自性を保持した少数民族としてその文化を享有する権利を自由権規約 27 条で保障されているとし（直接適用），土地収用法は憲法 13 条や自由権規約 27 条の趣旨を考慮して制限的に解釈しなければならない（間接適用）と判示している。

私人間効力（私人間適用）も課題の 1 つである。日本の裁判所は，憲法や条約は私人相互の関係を直接規律するものではないとの前提で，不法行為に基づく賠償責任を通じて，人権条約の趣旨を私人間でも実現すべきとの判断枠組みをとってきた。外国人の公衆浴場への入浴を一律に拒否したことが人種差別にあたるかが争われた**小樽入浴拒否事件**（札幌地判 2002〔平成 14〕年 11 月 11 日判時 1806 号 84 頁［百選〈第 2 版〉51］）で，憲法のほか自由権規約や人種差別撤廃条約は民法等の諸規定の解釈基準となりうるとして浴場経営者の損害賠償責任を認めたのがその例である。この点について**京都ヘイトスピーチ事件**（京都地判 2013〔平成 25〕年 10 月 7 日判時 2208 号 74 頁［百選 53］）ではさらに解釈を発展させて，事件の加害行為は，民法上の不法行為に該当すると同時に人種差別に該当する違法性を帯び，人種差別撤廃条約が民事法の解釈適用に直接的に影響し，損害の認定を加重させる要因となるとするなど，条約独自の効果や影響力を強調している。

(3) 社会権規約の裁判規範性

日本の国内裁判所においては，社会権にかかる漸進的達成の義務が，自由権にかかる即時的義務と異なる点に注目し，社会権規約の裁判規範性を否定してきた。国民年金法に基づく障害年金受給資格における国籍要件（1981 年の法改正により廃止）が，社会権規約 9 条に反するとして大阪府知事を訴えた**塩見第一次訴訟控訴審判決**（大阪高判 1984〔昭和 59〕年 12 月 19 日判時 1145 号 3 頁）において大阪高裁は，社会権規約において認められる権利の実現のためには，立法措

269

第10章　国際人権法

置その他すべての適当な方法によることを前提としており，その実現が漸進的に達成されることが予定されていることが明らかであるから，締約国内で既に施行されている法律やそれに基づいてなされた処分の効力を判断する基準となるものではないと判示した。

2　国際的実施

　国際的な国際人権保障の実施には，国連を中心とする制度と地域的人権条約に基づく制度が主要なものとして挙げられるが，ここでは必要に応じ両者の違いにも触れながら，前者を中心に取り上げる。国連を中心とする制度には，(1)国連人権諸条約に基づく手続や，(2)国連憲章等に基づく機関による手続や制度がある。

(1)　人権条約に基づく手続

　人権条約には，条約上与えられる権利および締約国の当該権利に対する保障義務のほか，その義務の履行を確保するための手続からなる実施制度が定められている。国連人権諸条約の履行確保制度としては，(a)**国家（政府）報告制度**，(b)**個人通報制度**，(c)**国家間通報制度**，(d)**調査**等が設けられている。これらの制度における審査や手続運営は，各人権条約の規定により（社会権規約については経済社会理事会決議により）設置された個人資格の専門家などで構成されるモニタリング委員会（総称して，人権条約機関，人権条約体とも呼ばれる）が担っており，条約締約国の人権状況の審査や改善勧告，条約解釈の指針である「**一般的意見**」（名称は条約により異なる）の提示など重要な役割を果たしている。ただしこれらの手続は，最終的に採択される結論に法的拘束力がなく，国際裁判とは異なる準司法的性質のものである。他方，地域的条約のもとでは(b)(c)の手続が設けられ，各裁判所が法的拘束力を有する判決・決定を通じて，条約履行を確保する司法制度が発展している。

(a)　国家（政府）報告制度

　国連人権条約は，それぞれの締約国に対して，自国における当該人権条約の実施状況について，定期的な国家報告を提出し，モニタリング委員会による審査を受けることを義務づけている。たとえば自由権規約では，締約国に対する

270

III　国際人権保障の実施措置

同規約発効後1年以内に初回の報告を，その後は自由権規約委員会が要請する時に，国連事務総長に報告を提出しなければならない（40条1項・2項）と定めている。提出された報告は，委員会と締約国の代表団とが会する対面審査によって検討される。委員会は，締約国から提出された国家（政府）報告だけでなく，NGOから寄せられる情報や，委員会事務局（国連人権高等弁務官事務所）が収集する当該国家の人権状況や関連文書なども参照しつつ審査を行い，「**総括所見**」（名称は条約により異なる）を採択し，締約国に宛てて送付する（自由権規約40条3項・4項）。

　総括所見では，締約国の取組みとして評価できる点を積極的側面として取り上げるとともに，憂慮する点や改善すべき点を示した勧告が示される。次回報告の締切期日も指示される。かつては2回目以降の報告提出の期日はおよそ5年ごとであったが，近時では，特に問題がないとされた国については5年，改善すべき点が多いあるいは以前から指摘されている改善点への対応が見られない国については3年というように，締約国の実施状況に応じて差が設けられるようになった。このような変化は，総括所見に対する「**フォローアップ制度**」の導入とも関係していると考えられる。国家報告に対するフォローアップ制度は2000年代に導入され，自由権規約委員会が総括所見の中で特に指定した勧告，たとえば生命・身体の危機に関わるような緊急性を有する問題について，締約国がどのような措置を講じたかを，総括所見の採択から1年以内に文書にて委員会に通知することを求める手続である。次回の報告提出を待つことなく，締約国の迅速な対応を引き出す狙いがある。その他，締約国による報告提出が著しく遅れている場合には，当該締約国の報告や代表団の出席を得ずに，入手した情報を基に審査を実施したり，事前に自由権規約委員会から示された質問のみに応答する形での報告作成を求めたりと，様々な取組みが導入されている。

(b)　個人通報制度

　条約上保障されている権利が侵害されたと訴える個人（被害者）が，侵害を行ったとする締約国（加害国）を相手として，権利回復や救済を求めて通報を行う手続が備えられている。国家が個人に国際法上の権利主体性を与えている点で画期的である。

　この手続を利用するには，加害国が個人通報制度を受諾しており，被害者が，

第 10 章　国際人権法

加害国の管轄下にあること（自由権規約第1選択議定書1条），利用しうるすべての国内的救済措置を尽くしていること（同2条および5条2項(b)）などの要件を充足していることが必要である。被害者が提出した通報は，条約実施機関において，受理可能かどうかが審査される（受理可能性〔許容性〕審査）。ここでは寄せられた通報が，匿名や権利濫用ではないか（同3条），同一事案が他の審査機関の調査手続等で検討されていないか（同5条2項(a)）など，いくつかの基準に沿って検討が行われる。受理可能性審査を通過した通報は，本案審査において，加害国の作為・不作為が，条約規定の違反であるかどうかが審査される。審査結果は，たとえば自由権規約同議定書に基づく手続では「**見解**」と呼ばれる勧告として，双方当事者に示される（同5条4項）。関連規定の解釈・適用，違反の有無についての判断を述べ，締約国に違反があるとの結論に至ると，救済に関する勧告も提示する場合がある。

　また死刑囚からの通報等に際し，受理可能性や本案審査の前に，委員会が締約国に対して死刑執行停止を要請する**仮保全措置**の手続もある。1990年代以降は，勧告が締約国によってどのように実施されているかを確認する**フォローアップ制度**が導入され，個人通報制度の実効性を向上させる工夫が図られている。

　地域的人権条約でも特に欧州人権条約では，個人申立制度の運用が発展している。今日では，同条約の締約国は個人申立てを義務的に受諾することになっており，条約実施機関である欧州人権裁判所が下す判決は法的拘束力を有し，締約国はその判決の実施にも法的義務を負う。地域的人権条約下の判決と普遍的人権条約下での見解は，その解釈・適用に関する法理において，相互に影響を及ぼしあっている。

(c)　国家間通報（申立）制度

　条約締約国が当該条約上の義務を履行していない場合に，そのことを他の締約国がモニタリング委員会に通報し同委員会が審査を行う手続が，**国家間通報**である。自由権規約（41条）等では受諾宣言を行っている締約国間でのみ有効であるが，人種差別撤廃条約ではそのような受諾表明がなくても利用可能である。

　欧州人権条約では半世紀前から事例（アイルランド対イギリス事件〔1978年〕，キプロス対トルコ事件〔2001年〕，グルジア対ロシア〔2007/2008/2009/2018年〕等）

III　国際人権保障の実施措置

があるものの，国連人権条約に基づく手続は，関係する締約国間の外交関係に
多大な影響を及ぼすこと，また，国連総会や安全保障理事会等の政府間機関で
の問題提起や，国際司法裁判所（ICJ）への付託という他の選択肢もあること
から，長年にわたり利用事例がなかった。普遍的人権条約では，2018 年に初
めて，人種差別撤廃条約のもとで 3 件の通報（カタール対 UAE，カタール対サウ
ジアラビア，パレスチナ対イスラエル）が提出されている。そのうちカタール対
UAE は同時期に ICJ にも付託された。ICJ では近年，人権条約の紛争解決条
項に基づく裁判事件が散見されることから，国家間通報と裁判手続との関係や
その判断の異同が注目される。

　以上のような国際的な履行確保制度について，公平・公正でかつ透明性と実
効性のある手続とするべく，人権条約機関による審査や作業の問題点を検討し，
持続的な制度を構築するための議論が重ねられている。2014 年には国連総会
決議「人権条約機関制度の効果的機能の強化と拡大」（A/RES/68/268）が採択
され，「**人権条約体改革**」として，作業の合理化や強化策について，総会や人
権理事会等を中心に定期的な検討が進められている。

(d)　調　　査

　調査（inquiry）は，拷問等禁止条約 20 条，女子差別撤廃条約選択議定書 8
条，障害者権利条約選択議定書 6 条，強制失踪条約 33 条，社会権規約選択議
定書 11 条および児童の権利条約通報手続選択議定書 13 条に定められており，
それぞれの委員会が，重大あるいは制度的な人権侵害について事実認定し改善
勧告を行う手続である。NGO 等から寄せられた人権侵害の情報が，十分な根
拠を有すると考えられる場合に，当事国に意見を求め協力を依頼し，必要な場
合には 2～3 名の委員による訪問調査の受入れを要請する。手続は秘密裡・非
公開に進められるが，調査結果については，当事国と協議の上，合意の範囲内
で委員会の年次報告に掲載される。当事国が訪問調査に難色を示す場合も少な
くないため，同意の確保が課題となっている。

(2)　国連憲章等に基づく機関や制度

　国連憲章等に基づく人権保障の役割を担う機関やその制度には，(a)**総会**，(b)
経済社会理事会，(c)**人権理事会**（旧人権委員会）等がある。また，国連事務総長

273

第10章　国際人権法

の指揮下で国連の人権活動を統率する**国連人権高等弁務官**（UN High Commissioner for Human Rights, 1993年設置）や，同弁務官を支え人権理事会や人権諸条約モニタリング委員会の事務局としても活動している国連人権高等弁務官事務所も，重要な人権機関の1つである。

(a)　**総　　会**

　総会には「差別なくすべての者のために人権及び基本的自由を実現するように援助する」「目的のために研究を発議し，及び勧告をする」（国連憲章13条）任務が与えられ，国連における人権の保護・尊重活動の統括的役割を果たしている。具体的には，国際人権文書（世界人権宣言や国際人権規約等）を総会第3委員会および全体会議で審議・採択し，国際人権基準の設定に大きく貢献してきた。また国連人権条約機関の年次報告を審議することや，国連加盟国の重大な人権侵害問題を取り上げて討論し，人権状況改善を要請する決議を採択することも行っている。

(b)　**経済社会理事会**

　経済社会理事会は，人権問題を含む経済・社会分野の活動の一環として，各種専門機関との連携を図り（国連憲章70条），国連憲章68条に基づき，自らの役割を補佐する機能委員会を設置することができる。この機能委員会として，1946年には人権を伸張する委員会として「人権委員会」や女性の権利・地位向上のための「婦人の地位委員会」が，その後「犯罪防止刑事司法委員会」等も設置された。またNGOと協議するための取極を結ぶ（NGOに国連との協議資格を付与する）権能も有している（国連憲章71条）。

　2006年に人権委員会が人権理事会へと改組されたことから（後述(c)），人権委員会の上位機関としての活動は減少することにはなったが，専門機関や機能委員会，NGOとの連携を通じて国際的人権保障に重要な役割を果たしている。

(c)　**人権理事会**

　1946年から活動を開始した人権委員会（Commission on Human Rights）は，選挙により選出された国連加盟国53か国で構成され，国際人権基準の設定，特定国の人権状況の監視，特定の人権問題への対応，各国の人権状況改善への技術的支援等を行った。また26名の個人資格の専門家で構成される「人権の促進および保護に関する小委員会」（人権小委員会）を設置し，人権委員会のシ

ンクタンクとして，人権諸問題の調査・研究を行わせた。同委員会は後に，国連改革の柱であった人権主流化により，2006 年，国連総会決議（60/251）をもって総会直属の**人権理事会**（Human Rights Council）へと改組され，その 60 年間の活動を終えた。人権小委員会は，18 名の個人専門家で成る**人権理事会諮問委員会**へと改編され，シンクタンクとしての役割を担っている。

　人権理事会は，総会選挙により選出の 47 理事国で構成され，理事国としての適性に疑義が生じた場合には，総会の決定により資格停止が可能となる。これに関連し，2022 年 2 月からのロシアによるウクライナ侵攻について，国連総会は**緊急特別総会**を招集し，ロシアの人権理事会理事国資格の停止を決定した（国連総会決議 ES-11/3）。ロシアは直後に理事国を辞任する旨発言したが，その後，同理事会には非理事国として出席は継続し，会合での議論に参加している。

　人権理事会は，人権委員会の大半の活動内容（特別手続，通報手続等）を継承したが，理事会になって新たに導入された特筆すべき手続として，すべての国の人権状況を国家間で相互に審査（ピア・レビュー）し勧告を採択する政府間プロセスである**普遍的定期的審査**（UPR）がある。人権条約における国家報告審査は，その対象が条約締約国に限られるのに対し，UPR は，国連憲章や世界人権宣言，当該国が批准している人権条約，国際人道法等を審査の基礎とし，あらゆる国を普遍的にかつ定期的（4 年周期）に審査し，人権状況の改善や課題の評価，人権分野での協力支援等を目的としている。フォローアップによる勧告実施の強化も図られている。

　特別手続とは，特定国（「スーダン」，「カンボジア」，「北朝鮮」など）の人権状況を監視する「**国別手続**」，特定の人権問題（「拷問」，「即決・恣意的処刑」，「司法の独立」など）に対応する「**テーマ別手続**」から成り，調査のために特別報告者や独立専門家を任命し，その調査報告をもとに審議を行い，評価や勧告，その後の活動方針を決める決議が採択される。人権委員会の時代から，国別・テーマ別を問わず多くの議題が取り上げられ，人権状況の改善に貢献した例も多い。しかし国別手続に関しては，議題設定が恣意的であるとの批判が絶えず，地域や国家間の対立の原因となることもある。

　通報手続は，被害者個人の救済や権利回復を目的とする人権条約のそれとは

第 10 章　国際人権法

異なり，特定の国家における大規模かつ一貫した形態の人権侵害について，個人あるいは集団からの通報をもとに，非公開で調査や審議（審議対象国名は公開）を行う手続（**1503 手続**）として 1970 年に人権委員会のもとに設置された。名称は変更されたが，旧 1503 手続は通報手続として人権理事会に引き継がれた。

● 参考文献

田畑茂二郎『国際化時代の人権問題』（岩波書店，1988 年）

薬師寺公夫ほか『法科大学院ケースブック　国際人権法』（日本評論社，2006 年）

阿部浩己『国際法の人権化』（信山社，2014 年）

申惠丰『国際人権法──国際基準のダイナミズムと国内法との協調〔第 2 版〕』（信山社，2016 年）

芹田健太郎ほか『ブリッジブック　国際人権法〔第 2 版〕』（信山社，2017 年）

前田直子「国連人権条約における国家報告審査の実効性──総括所見フォローアップ手続の課題」『実証の国際法学の継承（安藤仁介先生追悼）』（信山社，2019 年）121-142 頁

第11章

国 際 機 構

I 国際法における国際機構の位置

1 国際機構とは

(1) 一般的定義の不存在

　国際法上，**国際機構**（international organization）の一般的に通用する定義は存在しない。もっとも特定の条約が，その条約の適用上「国際機構」が何を指すか明らかにするために定義規定を置いていることはある。たとえば，1969年の条約法条約2条1項(i)は，極めて簡素に，「『国際機関』とは，**政府間機関**（intergovernmental organization）をいう」と定めている。なお，international organization の日本政府公定訳は「国際機関」であるが，その内部の「機関（organ）」と区別するため，講学上は「国際機構」または「国際組織」の語が用いられる。

　条約法条約の定義規定が示すように，「国際機構」という語を用いる場合，通常，国際連合（国連）のような政府間協力の一形態としての国際機構が念頭に置かれ，赤十字国際委員会（ICRC）やアムネスティ・インターナショナルのような**非政府組織**（non-governmental organization, **NGO**）はそこに含まれない。

　国際機構をより詳細に定義する文書として，国連国際法委員会（ILC）が2011年に採択した**国際機構の責任に関する条文**（国際機構責任条文）――国連総会によってテイク・ノートされたものの，条約化の目処は立っていない――を挙げることができる。その2条(a)によれば，「『国際機構』とは，条約又は国際法により規律される文書によって設立され，独自の国際法人格を有するもの

277

第11章　国際機構

をいう。国際機構は，その構成員として，国に加えてその他の実体も含むことができる」。**国際責任**という主題に鑑み，**国際法人格**に言及されていることが注目に値する（国際法人格についてはⅡを，国際責任についてはⅥを参照）。

⑵　「国際機構」に共通してみられる要素

　一般的な定義こそないものの，国連や世界保健機関（WHO），欧州連合（EU）など，通常「国際機構」と呼ばれるものの例を挙げることは難しくない。それらには，およそ次のような要素が共通してみられる。すなわち，⒜複数の国によって，⒝国際法により規律される文書に基づいて設立され，⒞常設の機関を通じて，⒟自らの名において行動する実体だということである。

⒜　複数国による設立

　第1に，国際機構は，複数の国によって設立され，それらの国をその構成員としている。たとえば国連憲章では，国連に加盟することができるのは平和愛好「国」だと定められている（4条1項）。

　もっとも，国際機構責任条文が示すように，国際機構は，国に加えて，それ以外の実体もその構成員に含む場合がある。世界貿易機関（WTO）には，国のほか，対外通商関係等につき「完全な自治権を有する独立の関税地域」も加入することができる（WTO協定12条1項）。また，国際機構が，他の国際機構の構成員となることもある。たとえばWTOにおいて，EUは，EU各構成国とともに，しかし別個にその構成員となっている（同11条1項）。

⒝　国際法上の基礎

　第2に，国際機構は，国際法により規律される文書に基づいて設立される。このいわゆる**設立文書**（constituent instrument）は，条約のかたちをとることが多い。国際機構の設立条約も，国家間条約であるから，条約法によって規律される（条約法条約5条）。かくして，国際司法裁判所（ICJ）が述べたように，設立条約にも，確立した条約解釈規則が適用される（**武力紛争時の核兵器使用の合法性事件〔WHO諮問〕勧告的意見**, ICJ Reports 1996, p. 74, para. 19［百選40]）。他方で，設立条約の目的は自律的な機構を創設することにあり，この意味において特別なタイプの条約であって，その解釈においては特別な考慮が求められる場合もある（*ibid.*, p. 75, para. 19. 条約解釈については，第3章を参照）。

政府間の約束であっても、それがいずれかの国の国内法によって規律される場合、それに基づいて設立された実体は、国際機構とはみなされない。言い換えれば、国際機構の法的基礎は、国際法に求められるのであって、一国の国内法の改廃によって失われるものではない。

(c) 常設の機関

第3に、国際機構は、常設の機関を通じて行動する。この点において、国際機構は、アド・ホックに開催される国際会議と区別される。国際機構は、通常、全構成員が参加する**全体会**（国連総会など）、一部の構成員のみが参加する**制限的機関**（国連安全保障理事会〔安保理〕など）、および、構成員からは独立して機構の事務を取り扱う**事務局**を備えている。

(d) 固有の意思

第4に、国際機構は、常設の機関を通じて、自らの名において行動する。国際機構による決議の採択や条約の締結は、構成員の意思とは別個の、当該機構に**固有の意思**の表示（法律行為）とみなされる。国際機構は、この点においても国際会議とは異なる。国際会議そのものの名において決定はなされないからである。もっとも、そうした意思表示が、全体会において全会一致で行われる場合、機構に固有の意思と構成員の意思の総和（全構成員間の合意）との間に実質的な違いは見出しがたい。

以上は、一般的に国際機構と認識されている実体に共通してみられる要素を記述したものにすぎず、国際機構の法的要件ではない。ゆえに、ある実体が以上のような要素を備えている——したがって「国際機構」と呼ばれる——としても、特定の法的効果が当然に伴うわけではない。

(3) 国際機構の分類

実際、国際機構には、規模や性質の大きく異なる様々な実体が含まれる。国連のように、構成国の範囲を特定の地域に限定せず、実際に普遍的な参加を獲得している機構（**普遍的機構**）もあれば、EUのような、いわゆる**地域的機構**もある。国連のように、幅広い目的（国連憲章1条を参照）を達成するために設立される機構（**一般的機構**）もあれば、WHOのような、もっぱら特定の専門分野において活動することが想定されている機構（**専門的機構**）も数多く存在する。

第11章 国際機構

こうした分類は大いに相対的なものであるが，一口に国際機構といっても，実際には千差万別であるということを理解しておく必要がある。本章は，国連やEU，WHOといった個別の国際機構の詳細を解説するものではないが，次にみるように，国際機構一般（少なくとも大多数の国際機構）に妥当する原理を見出すことは不可能ではない。

2 国際機構法の基本原理

(1) 機能的必要性（機能主義）

(a) 主権国家と国際機構の違い

出発点は，国際機構がいかなる点において主権国家と異なるか，である。国際機構は，今や数において国家を上回り，国際社会において重要な役割を果たしている。それでもなお，国際機構は**派生的な**（derivative）または**二次的な**（secondary）**国際法主体**にとどまる，といわれるのはいかなる意味においてであろうか。

国家は，その行動こそ国際法によって制約を受けるものの，国際法がその目的を定めているわけではないし，ましてや，国際法によって生み出されたものでもない。その意味において，国家は前国際法的な実体といえる。これに対して国際機構は，特定の目的を達成するために，**原初的な**（original）**国際法主体**たる国家によって国際法に基づいて設立され，もっぱらその目的を達成するために活動する**機能的な**（functional）**実体**である。

かくして，原理的には，国際機構の権能（III参照）は，国家の場合とは異なり，その特定の目的を達成するために必要な範囲においてのみ認められるというべきである。このことはすべての国際機構にあてはまる。ICJが**国連経費事件勧告的意見**において指摘したように，国連のように，幅広い目的を達成するために設立された機構（一般的機構）であっても，その目的はあくまで創造主たる国によって「特定された」ものであり，それを実現するために付与される権能にもそれに伴う限界がある（ICJ Reports 1962, p. 168 ［百選39］）。

(b) 国際機構法発展の原動力

国際機構の権能には以上のような原理的な限界がある一方で，国際機構の機能的な性質は，反対に，その権能を拡大する方向にも作用してきた。すなわち，

必要がなければ認められないが，他方で，国際機構が実効的に（あるいはより効果的に）機能するために必要と考えられるならば認めるべきである，と考えられてきた。**国際機構法**──国際機構の活動や組織を規律する国際法──は，この**機能的必要性**（functional necessity）の考え方，すなわち**機能主義**（functionalism）を原動力として発展してきたといってよい。

たとえば，国際機構は，その目的達成のために必要な権能であれば，それが設立文書に明示的に定められていないものであっても，保持しうると考えられている。ICJ が 1949 年の**国連の職務の遂行中に被った損害に対する賠償事件**（国連損害賠償事件）**勧告的意見**において定式化した**黙示的権能**（implied power）**の法理**（ICJ Reports 1949, pp. 182-183 ［百選 38］）は，まさにこの文脈において理解される（III 参照）。

(c) 国際機構の自律性

また機能主義は，国際機構の**自律性**（autonomy）の強調につながる。国際機構は，複数の国が，一国では対処することのできない，あるいは，他国と協力することでより効果的に対処することのできる共通の課題に直面した場合に設立される。もっとも，国際協力の必要が生じた場合に常に国際機構の設立が選択されるわけではなく，国際機構はあくまで国際協力の一形態にすぎない。国際協力の他の形態にはない，国際機構に固有の特徴は，すでにみたように，その機関を通じて自らの名において行動するという，その自律性にある。

国際機構は，国家によって特定された目的の範囲内において，しかし，それら構成国からは一定程度独立して行動する。こうした自律性を認めないのであれば，多大な経済的コストを伴う国際機構を設立する意義は乏しく，具体的な問題に直面するたびに，会議を開催したり，条約を締結したりして対処すればよい。

かくして機能的必要性は，国際機構の自律性を確保し，その活動の実効性を維持するための制度にも，その理論的根拠を提供してきた。国際機構に対する構成国の管轄権行使を制約する特権免除がその典型である。これにより，たとえば，国際機構がある構成国の国内裁判所で訴えられたとしても，当該裁判所は，その機構が裁判権免除を放棄しない限り，裁判を行うことができない（国際機構の特権免除については，V を参照）。

第11章 国際機構

(2) 立 憲 主 義

(a) 国際機構と個人

　機能的必要性の要諦は，国家主権と国際機構の実効性・自律性との間の均衡をいかに保つか，にある。国際機構の権能の拡大や自律性の強調は，とりもなおさず，国家主権への制約につながりうるからである。かくして，伝統的に国際機構法は，国と国際機構の間の法的関係に焦点を当ててきたといってよい。

　しかし，国際機構の活動が質的にも量的にも拡大し，国のみならず，個人（私人）もまた，直接にその影響を被るようになった。国際機構の活動は議場を飛び出し，たとえば国連平和維持活動のように，人々が日常生活を送る現場において展開されることもある。そして，国際機構の活動が，そうした人々に害をなすことは決して珍しくない。平和維持要員による性的搾取・虐待がその例である。

　われわれは，通常，他者の違法行為により損害を被った場合，国内裁判所を通じて救済を求めることができる。しかし，国際機構の裁判権免除ゆえに，その違法行為により損害を被った者は，原則として，国内裁判所を利用することはできない。となれば国際機構は，何らの司法審査も受けることなく，そして，何らの法的責任も負うことなく，思うがまま活動することができるのだろうか。

(b) 国際機構による公権力行使とその統制

　この観点から，近年有力になりつつある考え方が，いわゆる**立憲主義**（constitutionalism）である。立憲主義とは，政治権力は「憲法（constitution）」によって統制されねばならないとする理念であり，そこで想定されている政治権力は，何よりもまず，国家のそれである。しかし今日，国際機構の活動が立法的，執行的または司法的な性質を帯びた権力（公権力）の行使を伴うことは珍しくない。となれば，国際機構による公権力の行使を——主権国家からの自律性を維持しつつ——いかに統制するかが，国際機構法上の重要な課題として認識されるようになったのは，当然のことだといえよう。

(c) 立憲主義の規範命題

　立憲主義は，国際機構をめぐる言説に限っても，きわめて多義的に用いられる語だが，ここでいう立憲主義には，次の3つの規範命題が含まれうる。第1に，国際機構が公権力を行使する以上，それは，中立の第三者による審査に服

さなければならない。第2に，国際機構の行為は法的な基準に照らして審査されねばならない。国際機構は，自らが当事者となっている条約に拘束されるのみならず，国際法の一般的な規則によっても義務を課される場合がある（**WHOとエジプトとの間の1951年3月25日協定の解釈事件勧告的意見**，ICJ Reports 1980, pp. 89-90, para. 37）。

第3に，**強行規範**（*jus cogens*）や**基本的人権**に係る一定の規範は，国際機構の権能を規律する国際法規範よりも上位に位置づけられるから，両者の間に抵触が生じた場合には，前者の適用が優先すべきである。この考え方に基づけば，国際機構への裁判権免除の付与が裁判拒否につながり，したがって，人権侵害（裁判を受ける権利の侵害）を構成する場合，国内裁判所は裁判を行うべきである，ということになろう。

(d) 国際機構の正統性

もっとも，今日においてもなお，国際機構法の支配的な原理は機能主義であり，立憲主義（とりわけその第3の規範命題）が実践において広く受け入れられているとはいいがたい。しかし，国際機構の自律性を強調するあまり，あらゆる司法審査を排してしまえば，それは，国際機構の**正統性**（legitimacy）を揺るがしかねない。国際機構には民主的コントロールが及びにくいことに鑑みれば，この懸念を軽視することはできない。それゆえに，国際機構の実効性を確保する――そのためには正統性による裏打ちが必須である――観点からも，立憲主義は，国際機構法発展のもう一つの原動力として，強調されるようになっているといえよう。

II 法 人 格

自律性の観点からは，国際機構が固有の**法人格**（legal personality）をもつことは極めて重要である。法人格とは，一個の人格として，（構成国を含む）他の人格とは区別され，自ら権利義務の主体となることができる法的地位をいう。国際機構が，国内法上のみならず，国際法上も権利義務の主体となりうることは，今日もはや争われない。

第11章 国際機構

1 国際機構の国内法人格

国際機構は，国とは異なり，自らの領域をもたない。したがって，本部や事務所を置くにせよ，その職員を通じて何らかの活動を実施するにせよ，国際機構はいずれかの国（通常はその構成国）の領域において行動することになる。かくして国際機構は，事務所を賃借したり，物品を購入したりするために，領域国の国内法秩序において，自らの名で契約を締結する法律上の能力を有している必要がある。

国際機構の**国内法人格**は，設立文書に明記されていることが多い。たとえば，国連憲章104条によれば，国連は「その任務の遂行及びその目的の達成のために必要な法律上の能力を各加盟国の領域において享有する」。設立条約を補完する条約がより詳細な定めを置くこともある。1946年の**国連特権免除条約**は，その1条1項において，国連が「法人格を有」すると明記したうえで，具体的な能力として，「契約すること」，「不動産及び動産を取得し，及び処分すること」，および「訴えを提起すること」を掲げている。

条約がそのまま——立法などの国内法上の措置を介することなく——国内法秩序においても法規範となる国においては，関連の条約規定を直接の根拠として，国際機構に国内法人格が認められうる。他方で，変型方式を採用する英国においては，1968年国際機構法（International Organizations Act 1968）を通じて，国際機構に国内法人格が認められている。国際機構の法人格には，当該機構に法的能力を与える効果のみならず，**国際すず理事会事件**［百選41］で明らかになったように，構成国を保護する効果もある。

╡ Column 11-1 国際すず理事会事件 ╞

国際すず理事会（ITC）は，すずの急激な価格変動を抑制し，市場を安定させる目的で設立された国際機構であったが，多額の債務を抱えた状態で1985年に破産した。そこで債権者らは，本部所在地国である英国にて，ITCの加盟国を相手取って訴訟を提起したが，貴族院（2009年までは最高裁判所としての機能を兼ねていた）は全員一致で訴えを退けた。ITCについては，（1968年国際機構法に基づいて制定された）1972年国際すず理事会（免除特権）令（1972年令）

284

が，その5条において，「一法人としての法的能力（legal capacities of a body corporate）」を有すると定めていたところ，その効果として，英国法上，ITC はその構成国とは別個の法人格を有し，ITC が締結した契約について責任を負うのは ITC のみである，と判示された（[1989] 3 All ER, pp. 527-529, 545-551 [百選41]）。

この事件では，構成国は，設立文書において明示的に排除されていなければ，国際機構の債務に対して責任を負う，という国際法規則が存在するか否かも論点となった。しかしこれは，司法判断適合性を欠くと考えられた。なぜなら，ITC の設立文書である第6次国際すず協定は英国法に編入されておらず，また，1972年令が構成国にそのような責任を負わせていると解することもできないと判断されたからである（*ibid.*, pp. 529-530, 551-555）。

2 国際機構の国際法人格

(1) 国連損害賠償事件勧告的意見

国際機構の**国際法人格**について設立文書で明示的に規定する例は，近年増えてきたとはいえ，必ずしも多くない。国際法学においては，20世紀初頭まで，主権国家のみが国際法人格を有し，国際法上の権利義務の主体となることができる，という考え方が根強かった。戦間期においては，国際連盟を国際法上どのように位置づけるかについて議論が交わされたが，明確な結論は与えられず，国連憲章においても，国際法人格について規定が置かれることはなかった。

しかし，国連設立後まもなくの1949年，ICJ **国連損害賠償事件勧告的意見** [百選38] が，国連憲章の沈黙にもかかわらず，その国際法人格の存在を明確に肯定したことにより，以来，国際機構もまた国際法上の権利義務の主体となりうることは疑われなくなった。

この勧告的意見は，国連パレスチナ調停官として行動していたベルナドッテ伯爵（スウェーデン人）が，当時国連未加盟であったイスラエルにおいて殺害されたことを契機として，国連総会が ICJ に要請したものである。ベルナドッテ伯爵の死亡に対しては，領域国であるイスラエルが責任を負うと考えられたが，問題は誰がその責任を追及しうるかであった。

第11章　国際機構

そこで，国連のために行動する者（agent）が職務遂行中に損害を被った場合，国連は，国連に生じた損害および被害者個人に生じた損害の賠償を得るために，責任国に対して国際請求を提起する能力を有するかどうかが問われた。

(a)　国連の国際法人格

ICJ は，これらの問いに答えるためには，何よりもまず，国連の国際法人格の有無を明らかにせねばならないと考えた。そして，国連が当事者となって実際に条約が締結されていること，国連が重要な政治的任務を与えられ，広範な分野をカバーしていること，国連特権免除条約が国連と国との間の権利義務関係を創設していることなどから，国連は，国際法人格を有していなければ説明することができないような職務を遂行し，権利を享有することが意図されており，かつ，実際にそのような職務を遂行し，権利を享有しているとして，国連は**国際法人**（international person）であると結論づけられた（ICJ Reports 1949, pp. 178-179）。

しかし，ICJ によれば，国連が国際法人であるということは，国際法主体として国際法上の権利義務を「もつことができる」ということを意味するにすぎない（*ibid.*, p. 179）。つまり，ここで確認された国際法人格は，いわば「容れ物」であって，そこにどのような「中身」——具体的な国際法上の権利義務——が入っているかは，別途特定されなければならない。

(b)　客観的国際法人格

ICJ はさらに，国際社会の構成員の大多数を代表する 50 の国（当時の国連加盟国）には，国際法に従って，**客観的国際法人格**を有する実体を創設する権限があるという（ICJ Reports 1949, pp. 184-185）。したがって，国連の法人格は，国連加盟国のみならず，非加盟国（第三国）にも対抗することができる——国連が国際請求を提起する能力をもつならば，それは非加盟国に対しても提起することができる——ということになる。もっとも ICJ は，あらゆる国際機構の国際法人格が客観的性質を有すると述べたわけではない。

(2)　意思説と客観説

国際機構の国際法人格の根拠を何に求めるかについて，学説は大きく2つに分かれる。第1の見解は，**意思説**（**主観説**）と呼ばれるもので，国際機構の国

286

際法人格は，構成国の意思（構成国間の合意）に基礎づけられると考える。かくして，何よりもまず設立文書をみることになるが，国際法人格が明示的には定められていなかったとしても，当該機構が国際法人格をもつことを前提とした規定があれば，そこに構成国の意思が見出されることになる。他方で，意思説に立てば，国際機構がいかにして客観的国際法人格をもちうるか，説明は困難である（「合意は第三者を害しも益しもせず」。第3章を参照）。

　第2の見解は，**客観説**である。これによれば，一般国際法上の客観的な基準が充足されれば，国際機構は国際法人格をもつことになる。客観説には，法人格が第三国にも対抗できることを説明しやすいという利点はあるものの，客観的な基準の特定が困難であるという欠点は無視できない。本章の冒頭で述べたとおり，国際法は，国際機構の定義（法的要件）を一般的なかたちでは定めていない。

　近年，より現実に即した説明を提供するという観点から，意思説と客観説を折衷するような見解も提示されている。すなわち，国際機構が国際法人格を有していると考えなければ説明できないような行為を実行すれば，当該機構は国際法人格をもつものと推定される，といういわゆる**推定された法人格**（presumptive personality）**論**がそれである（Jan Klabbers, *An Introduction to International Organizations Law*（Cambridge University Press, 4th ed., 2022）, p. 49）。

III 権　　能

1　明示的権能と黙示的権能

　国際法人格という「容れ物」に入っている「中身」，すなわち，国際機構の具体的な権能は，設立条約の解釈を通じて特定される。設立条約が，ある権能を明示的に定めている場合，国際機構が当該権能を有することは争われない（第三国との関係は別途問題となりうる）。では，国際機構は設立条約が明示的に定めていない権能をもちうるか。これについて考える場合も，**国連損害賠償事件勧告的意見**［百選38］が出発点となる。

　国連憲章は，国連の国際請求権を明示的には規定していない。しかし ICJ は，

第11章 国際機構

国連自身に生じた損害の賠償について，国連が国際請求を提起する能力をもつことは疑いえないと述べた（ICJ Reports 1949, p. 180）。これに対して，国連のために行動する者（被害者個人）に生じた損害の賠償については，国連の国際請求権の存在を自明とは考えなかった。

ICJ は結論としてこれを肯定したが，そのリーズニングにおいて，いわゆる**黙示的権能の法理**に依拠した。すなわち，国連憲章が明示的に規定していない権能であっても，それが任務遂行に不可欠なものとして国連に付与されていると必然的に推論される場合には，国際法上，国連は当該権能を有するものとみなされねばならない（*ibid.*, p. 182）。そのうえで ICJ は，概要以下のような推論を展開した。すなわち，国連の任務には危険を伴うものがあり，そのような任務を遂行する者には十分な保護が与えらなければならない。そして，そのような保護は国連によって確保されているとその者が感じていなければならない。なぜなら，保護を受けるために国連以外の存在（たとえば国籍国）に依拠しなければならないとなると，その者の独立性は損なわれかねない。よって国連は，そのために行動する者が被った損害に対する賠償を得るために請求を提起する，すなわち，**機能的保護**（functional protection）の措置を講ずる権能を有する（*ibid.*, pp. 183-184）。

2　国際機構がもつ権能の具体例

ICJ はまた，**国連行政裁判所が下した賠償判断の効果事件勧告的意見**において，黙示的権能の法理に基づき，国連とその職員との間の紛争を処理する裁判所（行政裁判所）を設置する国連（総会）の権限を導き出した（ICJ Reports 1954, pp. 56-58）。

国際機構が（明示的または黙示的に）有する権能の一例として，**条約締結権**を挙げることができる。1986 年の**ウィーン国際機構条約法条約**（未発効）によれば，ある国際機構が条約を締結する能力を有するかどうかは，当該機構の規則——設立条約や当該機構の確立した慣行等から成る——による。たとえば国連憲章には，国連の条約締結権を前提とした規定が置かれている（43 条，63 条）。

国際機構が一定の領域を統治することもある。国連憲章 81 条は，国連自身が信託統治地域の施政権者となりうる旨を定めている。しかし国連による領域

統治は，1999年の北大西洋条約機構（NATO）空爆後のコソボにおいてみられたように，実際には信託統治制度の枠組みの外で行われてきた。したがって，そのような実行は黙示的権能の法理によって説明されることになるだろう。

また国際機構は，自らの国際違法行為に対して法的責任を負う（国際機構の責任能力については，VIを参照）。もっとも，理論的には国際機構が国際請求の名宛人になりうるとしても，実際に国際機構の法的責任が国際平面で追及されることは稀である。なぜなら，ICJの争訟手続において国のみが当事者となることができるということに象徴されるように，国際機構を相手取って，その責任を追及することができる国際的な手続は限られているからである。

3　権限内の推定と専門性原理

ICJ 国連経費事件勧告的意見によれば，国連の行動は，その特定された目的を実現するために適切なものであると正当に主張される場合，権限を踰越するものではないと推定される（ICJ Reports 1962, p. 168［百選39］）。もっとも，推定が及ぶ国際機構の範囲や反証可能性など，重要な法的問題について，明確な答えが与えられているという状況にはない（国際機構内部における機関間の権限配分については，IVを参照）。

ICJ 武力紛争時の核兵器使用の合法性事件（WHO 諮問）勧告的意見は，**専門性原理**——国際機構の権限は設立国が当該機構を通じて促進しようとする共通の利益に資するものであるか否かによって限界づけられる——を強調し，WHOに核兵器使用の合法性を取り扱う権限は認められないと結論づけた（ICJ Reports 1996, pp. 78-79, para. 25［百選40］）。専門性原理は，専門的な国際機構のみならず，国連を含むすべての国際機構に妥当するが，そのあてはめにおいては，問題となる機構の性格や他の国際機構との関係が考慮されることになると思われる。

第11章　国際機構

IV　組　　織

1　構　成　国

(1)　参　　加

　国際機構の構成国とは，すなわち，当該機構の設立文書の当事国である。当初からの当事国を原構成国という。後の**参加**に係る要件や手続は，通常，設立条約が定めを置いている。設立文書がすべての国による加入のために開放されており，当該文書に拘束される旨の意思表示を行うことにより直ちに国際機構の構成国となることができる場合もある（ICC 規程 125 条）。

　これに対して，国連憲章 4 条 1 項には，加盟国の地位（membership）は，憲章義務を受諾し，かつ，憲章義務を履行する能力および意思があると認められたすべての平和愛好国に開放されているとあり，一定の実体的要件が定められている。同条 2 項は手続について定めており，それによれば，1 項にいう国が国連加盟国となることの承認は安保理の勧告に基づいて，総会の決定によって行われる。

　冷戦期，国連への加盟の承認を国連憲章 4 条 1 項に明示されていない条件にかからしめることが認められるかどうか，加盟国の間で見解の相違が生じたが，ICJ はこの点について否定的な勧告的意見を与えた（**国連加盟国となることの承認の条件事件勧告的意見**，ICJ Reports 1948, pp. 62-63）。

　また，安保理の勧告なしに総会が加盟承認を決定しうるかという問いに対しても，ICJ は否定的な見解を示した（**国連加盟承認に関する総会の権限事件勧告的意見**，ICJ Reports 1950, pp. 7-8［百選〈第 1 版〉92］）。たとえば，2024 年 4 月 18 日，パレスチナの国連加盟を勧告する安保理決議案が米国の拒否権行使により否決された。かくして，パレスチナは今や多くの場面で国家として取り扱われているものの，その国連加盟は未だ実現していない。

(2)　脱　　退

　脱退について，国連憲章は定めを置いていない。これは，国際連盟（連盟）

規約が，その1条で脱退について規定していたことと対照的である。1965年，インドネシアは国連からの脱退を事務総長に通告したが，翌年には国連との全面的協力を「再開する」旨の申入れを行った。総会議長はかくして，この間のインドネシアの不在が，脱退ではなく，協力の停止に基づくものであったと結論づけた。これによりインドネシアは，改めて加盟承認を得ることなく，国連に復帰した。

　脱退について定めを置く設立文書もある。たとえば欧州評議会規程によれば，加盟国は事前の通告を行うことにより欧州評議会から脱退することができる。脱退の効力が発生するのは，通告が1月1日から9月30日までの間になされた場合にはその年の終了時においてであり，それ以外の場合には翌年の終了時となる（欧州評議会規程7条）。

┨ Column 11−2　米国によるWHOからの脱退通告 ┠

　新型コロナウイルス感染症（COVID−19）は，国際機構にも大きな試練を与えた。なかでも，WHOには厳しい批判が向けられた。たとえば，ドナルド・トランプ米国大統領は，WHOが基本的な責務を果たさず，また「中国寄り」であるとして，2020年7月6日，WHOからの脱退を正式に通告した。

　WHO憲章は脱退に関する規定をもたない。しかし米国は，1948年にWHO憲章を受諾した際，1年前の通告をもってWHOから脱退する権利を留保する旨を明示した上下両院合同決議を受諾書に付していた。この条件つきの加盟について，保健総会では批判の声も上がったが，米国の参加を欠いての船出など考えられないという現実を前に，詳細な法的検討は回避され，結果的に米国の批准は全会一致で認められた。こうした経緯を踏まえると，米国はWHOから脱退しえないと主張することは難しいだろう。もっともこの脱退通告は，2021年1月に就任したジョー・バイデン大統領により直ちに撤回された。

⑶　資格停止および除名

　設立文書が構成国の**資格停止**および**除名**について規定を置く場合がある。欧州評議会規程8条によれば，同3条（法の支配および人権享有の原則等）の深刻

第11章　国際機構

な違反を行った国はその代表権を停止される場合があり，また，閣僚委員会はそのような国に対して同7条に基づく脱退を要請することができる。被要請国がこれに従わない場合，閣僚委員会は，自らが定める日をもって，当該国が欧州評議会の加盟国ではなくなる旨，すなわち除名を決定することができる。

　除名は滅多に行われるものではない。よく知られる例は，1939年，フィンランドへの侵攻を理由とするソ連の国際連盟からの除名にまでさかのぼる。連盟規約では，除名は「聯盟理事会ニ代表セラルル他ノ一切ノ聯盟国代表者ノ聯盟理事会ニ於ケル一致ノ表決ヲ以テ」行われると規定されており（16条4項），全会一致（5条1項）の例外の1つであった。

　国連憲章も，「この憲章に掲げる原則に執ように違反した国際連合加盟国は，総会が，安全保障理事会の勧告に基いて，この機構から除名することができる」と定めている（6条）。かつて安保理にて，アパルトヘイト政策を理由に，南アフリカの除名を総会に勧告する決議案が投票に付されたが，米英仏の反対により採択されることはなかった。かくして，今日に至るまで，加盟国が国連から除名された例はない。

▌Column 11-3　欧州評議会からのロシアの「除名」▐

　2022年2月24日に開始されたロシアによるウクライナ侵略を受けて，国際機構はロシアに対して様々な組織的制裁措置を講じてきた。たとえば**欧州評議会**の閣僚委員会は，侵略開始当日，ロシアを非難するとともに，軍事活動の即時かつ無条件の停止を求め，その翌日には，欧州評議会規程8条に基づいてロシアの代表権の即時停止を決定した。同年3月15日，欧州評議会の審議機関たる議員会議が，8条に基づくより強力な措置——脱退要請および除名——を講ずるよう閣僚委員会へ提案を行ったところ，ロシアはこの日のうちに脱退通告を行った。ところが翌3月16日，閣僚委員会は，同日をもってロシアが欧州評議会の加盟国ではなくなる旨，すなわち，即時除名を決定したのである。

　欧州評議会が人権，民主主義および法の支配という共有された価値の擁護・促進を目的とする国際機構であることに照らせば，それらの価値を深刻な形で損ない続けるロシアに対して，除名という断固たる措置をもって対処したことは理解できる。他方で，欧州評議会の加盟国としての地位の喪失は，ロシアが欧州人権条約の締約国でなくなることを意味し（欧州人権条約58条3項），人

IV 組 織

権保障の観点から懸念が表明されている。国際機構という国際協力の枠組みから特定の国を排除することの是非が問われている（岡田陽平「国際機構からの排除という『制裁』——資格停止，除名，あるいは脱退」YOLJ-L2306001〔2023 年〕を参照）。

2 機 関

国際機構は，**主要機関**（全体会，制限的機関および事務局）およびそれらによって設置される**補助機関**を通じて行動する。たとえば，国連平和維持活動は国連安保理（または総会）の補助機関として設置される。また，安保理によって設置された 2 つの国際刑事法廷——旧ユーゴ国際刑事裁判所およびルワンダ国際刑事裁判所——も補助機関の例である。

国際機構内部において，**機関間の権限関係**が問題となることがある。国連憲章は，国際の平和と安全の維持に関する主要な責任を安保理に負わせつつ（24条 1 項），総会もこの問題についての協力に関する一般原則を審議し，このような原則について加盟国もしくは安保理またはこの両者に対して勧告することができると定める（11 条 1 項）。ただし，国際の平和と安全の維持に関する問題で「行動」，すなわち強制措置を必要とするもの（**国連経費事件勧告的意見**，ICJ Reports 1962, pp. 164-165〔百選 39〕）は総会により安保理に付託されねばならず（国連憲章 11 条 2 項），また，安保理が憲章上の任務を「いずれかの紛争又は事態について遂行している間」，総会は，安保理の要請なくして，当該紛争・事態について，いかなる勧告もしてはならない（同 12 条 1 項）。これら安保理権限の優越に係る諸規定との関係で問題となるのが，総会が 1950 年に採択した**平和のための結集決議**である（平和のための結集決議については，第 15 章を参照）。

3 職 員

国連総会や安保理が加盟国の代表者によって構成されているのに対して，事務局は，いずれの加盟国も代表しない職員，すなわち，**国際公務員**を通じて行動する。国連憲章 100 条は，事務総長および職員に対して「その任務の遂行に

第 11 章　国際機構

当って，いかなる政府からも又はこの機構外のいかなる他の当局からも指示を求め，又は受け」ないよう義務づける（1 項）。同条はまた，加盟国に対しても，事務総長および職員の責任の「もっぱら国際的な性質を尊重」し，「これらの者が責任を果すに当ってこれらの者を左右しようとしない」義務を課している（2 項）。

4　意 思 決 定

(1)　一国一票制

　国際機構は，その機関を通じて，当該機構自身の——構成国の意思とは区別される——意思を表示する。もっとも，国家主権を重視すれば全会一致制が採用されることになり，この場合，機構に固有の意思を語る意味合いは薄れる。また全会一致は，言い換えれば，すべての国が拒否権をもつことになるから，一般的に，意思決定は困難になる。実際，国際連盟では，総会も理事会も全会一致で議決を行うものとされ（連盟規約 5 条），その結果，事態に適切に対応できなかったといわれる。

　その反省を踏まえ，国連では多数決制度が採用された。国連総会では，各加盟国が 1 個の投票権をもつことを前提に，一定の重要問題に関する決定は 3 分の 2 の多数によって，その他の問題に関する決定は過半数によって行われる（国連憲章 18 条）。

(2)　加重投票制

　国際機構においては，構成国が投じる票の重みに違いが設けられることも珍しくない。国際機構は特定の目的を追求するものであるが，その達成の観点から，特別な責任や能力をもつ国が投じる票に特別な重みを与える例がみられる。

　たとえば，国際復興開発銀行（世界銀行）や国際通貨基金（IMF）のような**国際金融機関**においては，出資額を主たる基準とする**加重投票制**が採用されている。これを**量的な加重**の例だとすれば，安保理常任理事国がもつ**拒否権**（veto）は，**質的な加重**の例だといえよう。国連憲章は「拒否権」の語を用いていないが，27 条は安保理の各理事国が 1 個の投票権を有する（1 項）としつつ，非手続事項に関する安保理の決定は「常任理事国の同意投票を含む」9 理事国の賛

294

成投票によって行われると定める（3項）。

(3) コンセンサス方式

国際機構の決議内容は，多くの場合，各構成国による自発的な履行を通じてのみ実現されうる。かくして，投票を行い，目に見える形で少数派をつくり出すことは，決議の実効性を害しこそすれ，これに資するとは考えにくい。そのため，今日では，多くの国際機構において，投票を行わない，いわゆる**コンセンサス方式**が採用されている。これは，正式に反対する国がない場合にのみ利用可能な方式であり，その状態に至るまでの意見調整が必要となる。決議の内容よりも採択それ自体が優先される場合，そうした調整の過程で行われる妥協により，決議が無意味なものになってしまうおそれがある。

Ｖ　特 権 免 除

1　形式的根拠

国際機構の設立条約は，当該機構およびその職員の特権免除を定めていることが多い。たとえば，国連憲章105条1項によれば，国連は「その目的の達成に必要な特権及び免除を各加盟国の領域において享有」し，また同条2項に基づいて，国連の「職員は，この機構に関連する自己の任務を独立に遂行するために必要な特権及び免除を享有する」。

国際機構の特権免除について，何よりもまず理解しておくべきは，これが，形式的および実質的根拠の双方において，国家免除（第5章Ｉを参照）とは異なるということである。まず**形式的根拠**（法的根拠）について，国家免除が今日においてなお，原則として慣習国際法によって規律されているのに対して，国際機構の特権免除の基礎は，もっぱら特定の条約（設立文書等）の規定に求められる。したがって，具体的な事案において，国際機構が免除を援用しうるかどうかは，常に関連する条約規定の解釈を通じて確定されることになる。

第 11 章 国際機構

2 実質的根拠

より重要なこととして，国際機構の特権免除の**実質的根拠**（理論的根拠）は，**機能的必要性**に求められる（I 2 (1)を参照）。国際機構に特権免除が与えられるのは，それが，機構の自律性およびその活動の実効性の確保に不可欠だからである。国際機構に対して各構成国が自由に管轄権を行使しうるとなると，機構が構成国から独立して活動することは困難になり，ひいては，機構による職務遂行が阻害されかねない。そうなれば，国際協力において，あえて国際機構という形式を選択することの意味が失われてしまう。

したがって，国際機構の特権免除を，国家免除——国家が相互に他国の主権を尊重してきたことを反映する制度——の延長線上において理解することはできない。それゆえ，国家免除の文脈において発展してきた制限免除主義が，国際機構の裁判権免除についても当然に妥当すると考えることはできない。国際機構の特権免除の射程は，ある特定の事案において，免除の付与が当該機構の自律的かつ実効的な機能の確保のために必要かどうかという観点から画する必要がある。

3 特権免除の内容と射程

特権免除の内容と射程は，国際機構ごとに様々である。たとえば，国連憲章 105 条を具体化するために採択された**国連特権免除条約**によれば，国連およびその財産・資産は「免除を明示的に放棄した特定の場合を除き，あらゆる形式の訴訟手続の免除を享有する」（2 条 2 項）として，広範な裁判権免除を定める。

これに対して，世界銀行などの国際金融機関の場合，裁判権免除は極めて限定的な射程をもつものとして規定される。**世界銀行**の場合，たとえば領域内に銀行が事務所を有している加盟国の裁判所においてであれば，銀行に対して訴えを提起することができる。ただし，「加盟国若しくはその代理人又は加盟国から請求権を承継した者」は訴えを提起してはならない（世界銀行協定 7 条 3 項）。国際機構が金融アクターとして市場で活動する場合，国連のように広範な裁判権免除をもってしまうと，取引相手から忌避されることになる。**機能的必要性**が機構ごとに異なるということを示す好例である。

296

V 特権免除

職員について，たとえば国連特権免除条約は，「公的資格で行なった口頭又は書面による陳述及びすべての行動に関して，訴訟手続を免除される」と定める（5条18項(a)）。同条約はまた，事務局職員ではないが「国際連合のための任務を遂行する**専門家**」についても，「任務を独立して遂行するために必要な特権及び免除」を与えている（6条22項）。国連の職員であれ専門家であれ，いずれかの（構成）国の国民である。そして，職員や専門家の特権免除がその本国からもこれらの者を保護するということは重要である（**国連特権免除条約6条22項の適用可能性事件勧告的意見**，ICJ Reports 1989, pp. 195-196, paras. 51-52；**人権委員会特別報告者の訴訟手続からの免除事件勧告的意見**，ICJ Reports 1999, p. 84, para. 46）。

4 国際機構の裁判権免除と裁判を受ける権利

国家免除の場合，ある国で外国を訴えようとして阻まれた場合，当該外国の国内裁判所に訴えを提起する余地が残されている。他方で，国際機構の場合，機構と職員との間の雇用契約をめぐる紛争——これはいわゆる行政裁判所等によって処理される——を除けば，ほとんどの場合，機構内部に利用可能な紛争解決手続は備わっていない。

かくして，国内裁判所への提訴が国際機構の裁判権免除により阻まれた場合，**裁判拒否**の状態に陥ることが珍しくない。そのため，一方で，国際機構の構成国は当該機構に裁判権免除を付与する義務を設立文書等によって課されているが，他方で裁判権免除を付与することで人権条約上の義務——**裁判を受ける権利を保障する義務**——に違反する可能性が拭いきれない。

┨ **Column 11-4　代替手段テスト** ┠

　ドイツの国内裁判所において欧州宇宙機関（ESA）を相手取って提訴した原告が，裁判権免除を理由に訴えを却下されたことを受けて，ドイツによる欧州人権条約6条1項（裁判を受ける権利）の違反を主張して，欧州人権裁判所に申立てを行った。

　欧州人権裁判所は，裁判を受ける権利に対する制約が欧州人権条約と両立するためには，制約の目的が正当であり，かつ，当該目的とその達成のために用いられる手段との間には合理的な比例関係が存在しなければならないとした。

第 11 章　国際機構

国際機構への裁判権免除の付与は機構の適切な機能を確保するために不可欠の
手段であるとして，目的の正当性を肯定したうえで，比例関係の判断において
決定的な要因は，申立人が合理的な代替の紛争解決手段を利用することができ
たかどうかであると判示し，**代替手段テスト**を定式化した。そして，本件にお
いては，ESA 内部の紛争解決手段が利用可能であったと認定し，ドイツの条約
違反はないと結論づけた（Waite and Kennedy v. Germany, 18 February 1999,
App. No. 26083/94, paras. 59–74）。

　この代替手段テストは，あくまで裁判を受ける権利を保障する義務の違反の
有無を判断するための基準である。代替手段が存在しない場合において，法廷
地国（構成国）が人権条約上の義務の違反を回避するために国際機構に対して
裁判権を行使したとしても，当該機構に裁判権免除を付与する義務の違反は当
然には正当化されない。国連の場合には，むしろ，国連憲章 103 条に基づき，
同 105 条が定める裁判権免除付与義務が裁判を受ける権利を保障する義務に優
先すると考えられる。もっとも，欧州人権裁判所は国連憲章 103 条の適用には
消極的である（岡田陽平「国際機構の裁判権免除と裁判を受ける権利——欧州
人権裁判所判例法理の分析」国際協力論集 24 巻 2 号〔2017 年〕15–37 頁を参
照）。

VI　国際責任およびアカウンタビリティ

1　国際機構の責任

　国連損害賠償事件勧告的意見［百選 38］において国連の国際請求権が認められ
て以来，学説上，それとは反対に国際機構が国際請求の名宛人となる可能性が
指摘されてきた。もっとも，国家責任に比して，国際機構責任に係る実行は僅
少であり，したがって，この問題を規律する国際法は不明確であった。しかし，
国家責任に関する作業を終えた ILC が引き続き国際機構責任の問題に着手し，
2011 年，**国際機構責任条文**が採択された。国際法の漸進的発展と性格づけられ
る規定を多く含むものの，いくつかの条文は実際の国際および国内裁判におい
てすでに参照されている。

国際機構のすべての国際違法行為は，その機構の国際責任を生じさせる（国際機構責任条文3条）。国際機構の国際違法行為は，行為（作為・不作為）が当該機構に帰属すること，および，その行為が当該機構に課せられた国際義務の違反を構成することという2つの要素から構成される（同4条）。この基本枠組みは国家責任の場合と同一である。

もっとも，国際機構責任条文には，国際機構責任に固有の規定も少なからず置かれている。たとえば国際機構責任条文7条は，主に国連平和維持活動を念頭に置きつつ，国際機構の利用に供された国家機関の行為は，当該機構が「その行為に対して実効的支配を行使する場合には」当該機構に帰属すると定める。

2 国際機構の構成国の責任

もっとも，国際機構の法的責任を追及することは通常困難である。国際平面において，国際機構を当事者とすることのできる紛争解決手続は，一定のカテゴリーの紛争——機構と職員との間の雇用契約をめぐる紛争——を除いて，ほとんどの場合利用可能でない。また，裁判権免除により，国内法秩序における責任追及も阻まれる。

かくして，国際機構の活動によって違法に損害を被ったと主張する者は，その構成国の責任を追及せざるをえなくなる。これを可能にする方法の1つとして，問題となる特定の行為が，国際機構ではなく，その構成国に帰属すると主張することが考えられる。たとえば，国連平和維持活動のために提供された部隊構成員の行為が，国連ではなく，その派遣国に帰属するとして，後者の国家責任を当該国の裁判所等において追及することが考えられる。

もう1つの方法は，いわゆる国際機構の**法人格否認の法理**への依拠である。すなわち，問題の行為が国際機構に帰属するとしても，一定の場合には，構成国もそれに対して法的責任を負うという考え方である。しかし，国際機構の法人格否認は，とりもなおさず国際機構の自律性を損ない，したがって機能主義に真っ向から反する。ゆえに，国際機構責任条文は法人格否認の法理を採用せず，構成国は自ら受け入れた場合にのみ国際機構の行為に対して責任を負うとした（62条）。

第 11 章　国際機構

3　国際機構のアカウンタビリティ

　国際機構がその構成国とは別個の法人格を有し，自律的に活動する（すべき）実体である以上，機構の活動に対しては当該機構自身が責任を負うことが望ましい。もっとも，国際機構の法的責任の追及には，前述の手続的困難に加え，国際機構を拘束する国際義務の不十分さまたは不明確さといった実体的な障害もある。さらに，それらの困難を乗り越えたとしても，国際機構が責任履行能力——十分な金銭賠償を行う資力——をもっているとは限らない。

　かくして，国際機構の**アカウンタビリティ**を向上させることが重要であり，実際，そのような試みがみられるようになっている。すなわち，責任（responsibility）の追及とは違い，法的拘束力ある基準に拘泥せず，多様な主体の参加が確保された勧告的な制度を通じて，国際機構による権限行使をコントロールしようとする試みである。

　その一例として，**世界銀行アカウンタビリティ・メカニズム**を挙げることができる。これを通じて，世界銀行が融資するプロジェクトにより被害を受けたと主張する者は，世界銀行に対して直接に異議申立てを行うことができる。そこで審査されるのは，世界銀行による国際義務違反の有無ではなく，プロジェクト実施において世界銀行の内部的な基準が遵守されていたかどうかである。紛争当事者の合意を基礎とする柔軟な紛争解決が可能となっていることも，この手続の特徴である。また，最終的に世界銀行の内部的な基準の不遵守が認定されたとしても，どのような対応を講じるかは世界銀行理事会の裁量に委ねられている（佐俣紀仁「世界銀行アカウンタビリティ・メカニズム——その制度と特徴について」武蔵野法学 18 号〔2023 年〕97-119 頁を参照）。

VII　グローバル公私パートナーシップ

1　グローバル公私パートナーシップとは

　国際機構に類似するが，しかし国際機構とは区別すべき国際協力の形態として，**グローバル公私パートナーシップ**（public-private partnership, **PPP**）がある。

保健（公衆衛生）分野を中心に，1990年代後半からみられるようになった。

　一般的に受け入れられたグローバルPPPの定義は存在しないものの，おおむね，公共目的を追求するために公的アクター（政府，公的機関，国際機構等）と私的アクター（私企業，慈善団体，NGO，市民社会等）の両方を含む多様なステークホルダーの間で結ばれる国境を越えた協力関係を広く指す用語と理解されている。

　たとえば保健分野をみれば，今日，製薬会社や慈善団体——もっともよく知られた例としてビル＆メリンダ・ゲイツ財団がある——が果たす役割は大きく，これら私的アクターが公的アクターと同じ立場で参加することを可能にする国際協力の枠組みが必要とされた。国際機構において，私的アクターはときに**オブザーバー**としてその活動に参加するが，主権国家と同じ地位を与えられるわけではない。新自由主義的時代思潮のもと国際機構の非効率性が強調されたこともあり，私的アクターを取り込みつつ，柔軟に運用することのできる新しい国際協力の形態が模索されたのである。

2　法的地位

(1)　国内法上の地位

　PPPはその組織化の程度においてきわめて多様である。既存の国際機構のもとネットワークが構築され，関連するアクターが定期的に会合の機会をもつという緩やかな協力関係もあれば，法的に独立した——固有の法人格をもつ——アクターとして設立されるPPPも存在する。

　後者の例として，**グローバルファンド**（The Global Fund to Fight AIDS, Tuberculosis and Malaria）がある。これは，2000年のG8沖縄サミットにおいて三大感染症——HIV／エイズ，結核，マラリア——対策に取り組むパートナーシップの創設が謳われたことを受けて，スイス法上の非営利財団として設立されたものである。つまりグローバルファンドは，スイス国内法上，独立の法人格をもつということである。

(2)　国際法上の地位

　興味深いことに，グローバルファンドはスイスとの間で**地位協定**を締結して

第 11 章　国際機構

おり，それに基づいて，グローバルファンドおよびその職員はスイスにおいて
一定の**特権免除**を享有している。注目すべきは，この地位協定がグローバルフ
ァンドの**国際法人格**を明示的に認めていることである（1条）。

　2009年には，グローバルファンドの支援を受ける10か国が**グローバルファ
ンド特権免除協定**を締結し，その後さらに6か国がこれを批准している。この
協定は，その内容において，国連特権免除条約に類似している。

3　財政および意思決定

　財政の観点からみれば，グローバルPPPは，国際機構と大きく異なるもの
ではない。というのも，多くの場合，PPPの財政を主に支えているのは国だ
からである。たとえばグローバルファンドの場合，拠出の90％以上は公的セ
クターによって賄われている。

　他方で，意思決定において私的アクターが果たす役割はきわめて大きい。た
とえばグローバルファンド定款7条1項によれば，グローバルファンド理事会
において投票権をもつ理事20名のうち，5名は市民社会および私的セクター
から選ばれることになっている（それぞれ途上国NGO，先進国NGO，私的セクタ
ー，私的財団および三大感染症当事者団体の代表）。そして，同理事会の意思決定は
原則として**コンセンサス**で行われる（同定款7条6項）。つまり，私的アクター
の意思に反する決定がなされることはほとんどないということであり，その発
言権はきわめて大きいといえる。

4　正統性問題

　PPPは，多様なステークホルダーによる**参加**を確保しているという点にお
いて，国際機構よりも高い**正統性**を有しているとみることもできる。しかし同
時に，民主的正統性をもたない私的アクターが公的アクターと同等の発言権を
もち，グローバル・ガバナンスにおいて実際に大きな力を行使していることは
無視しえない。かくしてPPPには，意思決定やプロジェクトの実施において，
国際機構の場合以上に，**透明性**を確保し，**説明責任**を果たすことが求められよ
う。

　また，PPPが国際機構と同等の特権免除を享有することにも問題がないわ

302

けではない。グローバルファンドおよびその職員の裁判権免除を例にとると，スイスが地位協定を通じてこれに同意を与えている以上，同国との間では問題は生じない。しかし，その結果影響を受けるのは，グローバルファンドやその職員を相手取ってスイス国内裁判所に訴訟を提起しようとする者である。国際機構の裁判権免除を理由とする裁判を受ける権利の制約は，一般的に正当な目的をもつとみなされている。同じことが PPP にも当然にあてはまると考えてよいだろうか。

● 参考文献

佐藤哲夫『国際組織の創造的展開——設立文書の解釈理論に関する一考察』（勁草書房，1993 年）

小寺彰「『国際組織』の誕生——諸国家体系との相剋」『国際社会の組織化と法（内田久司先生古稀記念）』（信山社，1996 年）1-24 頁

植木俊哉「国際組織の概念と『国際法人格』」前掲・内田古稀 25-58 頁

位田隆一「国際連合と国家主権——国際機構の実効性と国家主権によるコントロールの対峙」国際法外交雑誌 90 巻 4 号（1991 年）435-481 頁

黒神直純「国際機構の内部的責任について」国際法外交雑誌 101 巻 2 号（2002 年）219-242 頁

濱本正太郎「国際法から見た公私パートナーシップ——21 世紀におけるグローバル・ヘルスの構造理解のために」法律時報 93 巻 1 号（2021 年）60-65 頁

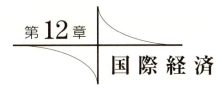

第12章 国際経済

I 国際通商

1 WTO体制

(1) 自由貿易の歴史的盛衰

　貿易とは，国境を越えて物品やサービスを取引する活動であり，現代では各国の生産活動や市場が貿易を通じて緊密に結びついている。もっとも，国家は領域主権を有しているため，他国との貿易に制限を課したり，国内市場において外国産品を不利に扱ったりすることも元来は可能である。実際に欧州では18世紀まで重商主義の考え方が強く，国富の流出を防ぐための広範な貿易制限が各国で行われていた。しかし，19世紀に入ると，貿易制限を撤廃して，各々の国が比較優位をもつ（＝自国内での生産効率が相対的に高い）分野に特化して国際分業を進めれば，すべての国に経済利得がもたらされると説く自由貿易理論が有力となる。これを受けて，貿易の促進を相互に約束する**通商航海条約**が二国間で数多く締結されていった。

　ところが，貿易の活発化に伴い，脆弱な産業を国際競争から保護するよう求める動き（これを**保護主義**という）も各国で強まった。とりわけ1929年に世界恐慌が発生すると，米国は輸入品への関税を大幅に引き上げるスムート＝ホーリー法を制定し，他の国々もそれに追随して保護主義政策による国内産業の防衛を図った。その結果，貿易は自国にとって脅威の少ない国や地域との間でのみ行われるようになり（ブロック経済体制），国家間の経済的な結びつきは従来に比べて著しく縮小した。

第12章 国際経済

(2) GATT の成立とその限界

貿易の衰退が国際平和を後退させ戦争を招いたという反省から，第二次大戦後は米国を中心に，国連体制の構築と並行して自由貿易の再生が追求され，1947年に23か国の署名を得て「**関税及び貿易に関する一般協定**」（**GATT**）が成立した。社会主義諸国が参加しなかったとはいえ，多数国間条約の形式をとることで貿易自由化に国際社会の共通利益としての性格を与えた点で GATT は画期的である。GATT 発効後も，貿易障壁の削減をさらに進めるための多角的貿易交渉（ラウンド交渉）が締約国間で繰り返し開催され，関税引下げなどを通じた貿易の拡大に大きく貢献してきた。

しかし，1970年代以降は GATT の不備や限界も目立つようになる。第1に，ラウンド交渉では GATT の規律を補うための追加的な規則（コード）がいくつか作成されたが，それは当該規則に合意した国のみを拘束するものであったため，GATT 締約国間で適用されるルールが不統一となった。第2に，GATT は物品の貿易を対象とする条約であるため，サービス貿易の自由化や知的財産権の国際的保護など，新たに重要性を帯びてきた課題に対処することができなかった。第3に，GATT の紛争解決制度は実効性が乏しく，協定違反の是正を図るうえで必ずしも有用ではなかった。この点への不満から，米国は他国の不公正な貿易政策に対し独自の判断により通商制裁措置を課すための国内法（通商法301条）を制定し，その脅威を背景に他国に譲歩を迫るなどの問題も生じた。第4に，GATT は事務局を有していたが，正式な国際機構であったわけではなく，機構面での整備を図る必要があった。

(3) GATT から WTO 協定へ

これらの課題がウルグアイ・ラウンド（1986～1994年）で協議された結果，新たな条約を作成することが合意され，1995年に**世界貿易機関**（**WTO**）**協定**が発効した。この条約は，「世界貿易機関を設立するマラケシュ協定」（WTO 設立協定）を本体とし，その下に物品貿易やサービス貿易に関する各種の協定が附属書として含まれるという構成をとる。そのなかに「1994年の関税及び貿易に関する一般協定」（GATT1994）があり，これは1947年の GATT を，その下で採択された法的文書等も含めて全体的に引き継ぐことを定めている（1項）。

306

Ⅰ 国際通商

それに加えて,「**サービスの貿易に関する一般協定**」(GATS) や「**知的所有権の貿易関連の側面に関する協定**」(TRIPS協定) など, GATT の対象外であった分野を扱う協定が新たに導入された。また, WTO 設立協定 2 条 2 項は, これらの附属書が (附属書 4 を除き) 設立協定の不可分の一部をなし, すべての加盟国を拘束するという一括受諾原則を定めており, GATT 時代のコード方式に見られた欠点を克服している。なお, WTO 設立後に新たにルールを追加する場合は, 原則として加盟国の 3 分の 2 が受諾した時に, 受諾国についてのみ効力を生じることとされ (WTO 設立協定 10 条 3 項), 2014 年に貿易円滑化協定, 2022 年に漁業補助金協定が採択されている。

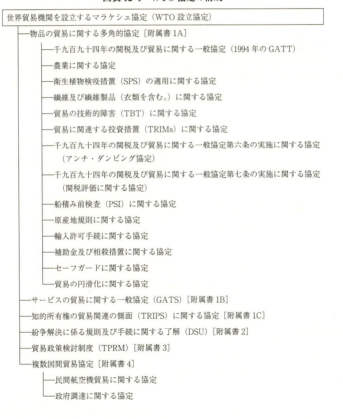

図表 12-1 WTO 協定の構成

第12章 国際経済

(4) WTO の組織構造

WTO は国際機構として設立され，機構や意思決定手続の明確化が図られている。最高の意思決定機関は閣僚会議であり，少なくとも2年ごとに開催される（WTO 設立協定4条1項）。より常設的な機関として一般理事会があり，これは同時に貿易政策検討機関および紛争解決機関としての機能も果たす（同条2項〜4項）。さらに一般理事会の下には，物品貿易理事会やサービス貿易理事会など部門別理事会が設けられ，各々の理事会の下に分野ごとの委員会・作業部会が設置されている。各機関における意思決定はコンセンサス方式が原則であるが（同9条1項），その例外として，協定解釈の採択（同条2項，4分の3の賛成）や，紛争解決機関における議決がある。次に述べるように，この紛争解決機関における意思決定手続は独特の方式を採用しており，それが WTO の紛争解決制度を格段に強化した要因ともなっている。

2　紛争解決制度

(1) GATT 時代の問題点

GATT 23条は，ある締約国が，他の締約国の協定違反等により利益を侵害された場合には，まず当事国間の協議による解決を図り，そこで解決が得られなければ，問題を締約国団（GATT の全体会合）に付託して審査を求めることができると定めていた。付託を受けた締約国団は，通常，専門家で構成される小委員会（パネル）を案件ごとに設置して審査を委任した。パネルが協定違反を認定すれば，締約国団はその是正を勧告し，勧告が履行されなければ，申立国が協定上の義務の適用を対抗的に停止するという仕組みもあった。しかし，これらの一連の手続（パネルの設置，パネル報告書の採択と是正勧告，義務停止の許可）は，いずれも締約国団がコンセンサスにより決定する必要があり，被申立国が異議を唱えることで容易に決定を阻止することができた。

(2) WTO 紛争解決制度の革新性

WTO 協定は，この GATT 23条の紛争解決制度をおおむね維持しつつも，**「紛争解決に係る規則及び手続に関する了解」**（DSU）を新たに作成し，意思決定手続の抜本的な転換を図った。すなわち，WTO の紛争解決機関では，パネル

308

I　国際通商

を設置「しないこと」をコンセンサスで決定しない限り，パネルは設置される（DSU 6条1項。パネル報告書の採択や義務停止の許可についても同様。DSU 16条4項，22条6項）。これは，GATT時代とは決定の対象事項を反転させたものであり，**ネガティブ・コンセンサス方式**と呼ばれる。この方式では，少なくとも申立国がパネルの不設置に異議を唱えることで確実にパネルが設置されるため，WTO加盟国はパネルによる紛争の審査を拒否できなくなる。

　このように，WTOではパネルが事実上の強制管轄権を持つことから，その判断の正確性を担保する必要も生じ，パネル報告書に含まれる協定解釈の当否について紛争当事国が再審査を求める機会が設けられた。この再審査（上訴）を扱う機関が，任期4年の7名の委員で構成される上級委員会であり，そのうち3名の委員で各案件の審査を担当する（DSU 17条1項・2項。上級委員会の報告書も紛争解決機関でネガティブ・コンセンサス方式により採択される。同条14項）。こうした常設の上級審の誕生は，協定解釈の精緻化と一貫性の向上に大きく寄与し，先例法理の蓄積・踏襲による紛争処理手続の司法化を進展させる結果となった。また，パネルの設置等が阻止できなくなったことに伴い，個別の加盟国が一方的に他国の協定違反を認定したり，紛争解決機関の許可なく対抗的な義務停止を課したりする行為は明確に禁止された（DSU 23条）。

(3)　上級委員会の機能停止問題

　これらの改革を背景にWTOの紛争解決制度は活発に利用されてきたが，2010年代半ばになると，一部の加盟国から司法化の行きすぎに対する懸念が示されるようになった。特に米国は，上級委員会の協定解釈には権利義務内容の変更に相当するものも見られるなどと批判し，問題が解消されるまで上級委員会の委員任命に関する決定に反対するとの姿勢をとっている（この決定には通常のコンセンサス方式が適用される）。このため，任期満了で退任する委員の後任補充が妨げられ，2019年12月には，委員数の不足により上級委員会が新たな案件を審理できない事態に陥った。これは，パネル判断に対する上訴がなされると当該案件の処理が停止することを意味し（「空上訴」と呼ばれる），WTO紛争解決制度の実効性にとって深刻な危機が生じている。EUなど一部の加盟国は，この状況への応急的対処として，パネル判断に不服がある場合には

第12章 国際経済

DSU 25 条が定める仲裁に付託することを約束する**多数国間暫定上訴仲裁アレンジメント（MPIA）**を立ち上げ，日本も 2023 年にこれに参加した。MPIA は上級委員会の手続をおおむね踏襲しているため，その参加国の間では円滑な紛争処理が期待できるが，米国等の非参加国との関係では依然として空上訴のリスクが残る。

　なお，EU は 2021 年に，MPIA 非参加国が空上訴によって WTO による終局的判断を回避した場合，対抗的貿易制裁を発動できることとする立法を施行した。しかし，DSU 23 条との関係でかかる一方的制裁措置が正当化できるか否かについては慎重な検討を要する。

3　基本原則

(1)　数量制限の禁止

　WTO 協定における自由貿易原則の根幹をなすルールは，貿易に対する数量制限の禁止である。数量制限とは，一定の数量（ゼロを含む）までに限って貿易を認める方式の通商規制であり，当該数量を超えた取引は一切できないという点で，関税や課徴金といった金銭徴収型の規制とは異なる。GATT 11 条 1 項によれば，WTO 加盟国は，他の加盟国からの輸入に対して数量制限を行うことができないだけでなく，自国から輸出される物品に対して数量制限を課すことも禁止される。

(2)　関税率の上限

　一方，数量制限とは異なり，関税を徴収することは WTO 協定上禁止されていない。ただし各加盟国は，自国が賦課する関税の上限となる税率を品目ごとにみずから約束し（これを**関税譲許**という），それを超える関税を課さない義務を負っている（GATT 2 条 1 項）。また，いったん約束された関税率も，その後の加盟国間の交渉を通じて相互に引下げが進められており，現在では多くの品目において関税の水準は大きく低下している。

(3)　無差別原則

　さらに，自由貿易を支える主要なルールとして無差別原則があり，これは一

般最恵国待遇と内国民待遇からなる。一般最恵国待遇とは，ある他国からの輸入産品に対して与える待遇・利益のなかで最も有利な待遇を，他のすべての加盟国から輸入される同種の産品にも与えることを意味する（GATT 1条1項。輸出についても同様）。最恵国待遇は，第二次大戦前から二国間の通商航海条約で規定されていたが，それは各々の国と条約を締結している国の間でのみ待遇を平等化するものであるのに対し，多数国間条約である GATT の最恵国待遇は，締約国全体に対し一般的に平等な待遇を保障する意義を持つ。他方，内国民待遇とは，輸入産品と国内産品が同種であれば，それらの間における差別的な取扱いを禁止するものであり，保護主義的な政策を禁じる趣旨である（GATT 3条1項・2項・4項）。最恵国待遇・内国民待遇のいずれも，産品間に同種性があることを適用の条件とするが，同種（like）か否かは，①産品の性質・形状・品質，②市場における最終用途，③消費者の選好・習慣，④関税分類といった指標に照らして判断される。

　なお，内国税に関する内国民待遇に関しては，GATT 3条2項および同条注釈が，同種の産品と直接的競争産品を区別している。この場合の同種の産品は，特に産品の性質・形状の共通性を重視して狭く解釈され，この意味での同種性が輸入産品と国内産品との間に認められれば，内国税の税率に差異が存在する事実のみで同項違反が成立する（日本－酒税事件，WT/DS 8, 10, 11/AB/R, 1996, pp. 18-19［百選76］）。他方，直接的競争産品の間における税率の差異が同項違反となるためには，当該差異が保護主義的な目的・効果を有していることが示される必要がある。

4　貿易救済制度

　WTO 協定は自由貿易を追求しつつも，輸入増加による損害から国内産業を保護する余地を一定の条件の下で認めており，これを貿易救済制度と呼ぶ。これは，**セーフガード・アンチダンピング措置・補助金相殺措置**からなり，いずれも当初から GATT に規定が置かれていたが，WTO ではそれをさらに詳細化したルールが作成された（セーフガード協定・アンチダンピング協定・補助金協定）。

第12章　国際経済

(1)　セーフガード

　セーフガードとは，関税譲許当時には予見されなかった事態に起因する輸入増加が，国内産業に重大な損害を与えている場合に，一時的に協定上の義務を停止して輸入制限措置を課すものである（GATT 19条1項(a)）。かかる措置は，すべての輸出国に対して無差別に適用しなければならないが，特定国からの輸入が均衡を失して急増しているときは，当該国に対して数量制限の割当枠を減らすことが認められている（セーフガード協定5条2項(b)）。なお，WTO成立前の時期には，輸入国ではなく輸出国の側が行政指導などを通じて自主的に輸出量を抑制する例も見られたが，これはセーフガードの発動条件を関係国間で迂回する「灰色」措置であると批判され，WTO協定の下で明確に禁止された（セーフガード協定11条1項(b)）。

(2)　アンチダンピング

　ある生産者が，みずからの産品を正常価額（一般的には国内販売価格）よりも低い価格で外国に輸出した場合，それは不当廉売（ダンピング）とみなされ，それにより国内産業に損害が生じた輸入国は，正常価額と輸出価格との差を上限としたアンチダンピング関税を賦課することができる（GATT 6条1項・2項）。なお，輸出国の国内市場で当該産品が販売されていない場合，もしくは市場が特殊な状況にあるため比較の対象として適切でない場合には，輸出国の国内市場価格に代えて，構成価額（生産費，管理費，販売経費，一般経費，妥当な利潤を足し合わせたもの）の算出をもって正常価額とすることができる（アンチダンピング協定2.2条）。

(3)　補助金規律

　補助金相殺措置とは，他国の生産者がその国の政府から補助金を受給し利益を得た場合に，当該生産者が輸出する産品により国内産業に損害を受けた輸入国が，補助金額を上限とする対抗関税を課す仕組みである（GATT 6条3項）。アンチダンピング関税が個々の生産者による値下げ行為を対象とするのに対し，補助金相殺関税は政府による利益供与を対象とする。補助金のうち，輸出または国産品優先使用を交付条件とするものは，特に貿易歪曲性が高いため交付自

Ⅰ　国際通商

体が禁止される（補助金協定3.1条）。それ以外の補助金は，他の加盟国に貿易上の悪影響を与えることが示された場合に，補助金相殺措置の対象とすることができる（補助金協定5条）。

5　価　値　調　整

　貿易救済制度が，国内産業の損害の救済を目的とした輸入規制を認めるものである一方，WTO協定には，貿易以外の他の正当な社会的価値を保護するための手段として貿易制限を用いることを認める規定がある。

(1)　一般例外条項

(a)　GATT 20 条各号

　まずGATT 20条は，数量制限の禁止や無差別原則といった他のGATT規定に対して適用されうる一般例外条項であり，(a)から(j)までの10項目を例外事由として列挙している。たとえば20条(b)は，「人，動物又は植物の生命又は健康の保護のために必要な（necessary）措置」を例外として許容する（保健衛生を目的とする貿易規制に関しては，「**衛生植物検疫措置の適用に関する協定**」〔SPS**協定**〕がより詳細な条件を定めている）。貿易規制に依拠することが「必要」であるか否かは，①当該措置によって追求される目的の重要度，②当該措置が目的の実現にどの程度寄与しうるか，③当該措置がもたらす貿易制限性の度合い，といった指標に照らして総合的に衡量される（韓国－冷凍牛肉事件，WT/DS 161, 169/AB/R, 2000, para. 164）。加えて，「当該措置と同程度に目的を達成でき，かつ貿易制限性のより小さい代替手段」が存在するかどうかが検討される（ブラジル－再生タイヤ事件，WT/DS 332/AB/R, 2007, para. 156）。

(b)　GATT 20 条柱書

　こうした例外事由ごとの要件を満たす場合には，次に20条柱書の要件が検討される。それは，問題となる貿易制限措置が，同様の条件の下にある諸国の間において，①恣意的もしくは正当化されない差別となるような方法で適用されないこと，②国際貿易の偽装された制限となるような方法で適用されないこと，の2点である。とりわけ争点となりやすいのは前者であり，恣意的もしくは正当化されない差別とは，GATT 20条の各例外事由の下で承認されている

313

第 12 章　国際経済

政策目的の追求とは関係のない，あるいはそれに反する性質の差別を指す。た
とえば，同種の産品のなかに健康上のリスクを含むものと含まないものがあっ
た場合，前者のみを貿易制限の対象とすることは GATT 20 条(b)の趣旨に適
った正当な差別であるが，仮にかかる健康上のリスクを含む物品のうち一部の
みが合理的な理由なく貿易制限の対象から免除されていれば，当該措置は例外
条項の趣旨に反する差別を含むことになる。つまり，個々の例外事由の趣旨に
照らして同様の状況にある対象には同様の処遇を行うことが求められる。

(2)　安全保障例外条項

　GATT 21 条は安全保障に関する例外を定めている。特に，同条(b)(iii)は
「戦時その他の国際関係の緊急時に執る措置」を例外事由とする。緊急時とは，
「国家その他の国際関係の参加者の間の関係における，実質的に破綻もしくは
ほぼ破綻と表現される状況であって，極度の重大性を有する状態」として定式
化される（米国－原産地表示事件，WT/DS 597/R, 2022, para. 7.306）。また 21 条(b)
の柱書は，「自国の安全保障上の重大な利益の保護のために必要であると認め
る」措置であることを要件として挙げる。「締約国が……認める（it considers）」
という自己判断的な文言の効果として，「自国の安全保障上の重大な利益」や
「必要」性の判断については各国に広範な裁量が認められるが，条約解釈にお
ける誠実性の原則（条約法条約 31 条 1 項）に照らし，それを完全な自由裁量と
解することはできない。それゆえ，①関係する緊急事態からいかなる「安全保
障上の重大な利益」が自国に生じたのかを明確に説明する必要があり，また必
要性に関しては，②当該措置が安全保障上の重大な利益の保護と関係があるこ
とを「最低限の確からしさ」をもって説明しなければならない（ロシア－通過
運送事件，WT/DS 512/R, 2019, paras. 7.130-132 ［百選 89］）。

(3)　WTO 協定以外の条約の位置づけ

　非貿易的価値が問題となる紛争では，当該価値に関して作成された多数国間
条約の援用可能性も争点となりうる。一般に，パネル・上級委員会は WTO
協定のみを適用法規としているため，それ以外の条約が直接的に適用される可
能性は低い。他方で，WTO 協定の解釈適用において他の条約が参照・考慮さ

314

Ⅰ　国際通商

れることはあり，たとえば米国−エビ・カメ事件で上級委員会は，絶滅のおそ
れのある野生動植物の種の国際取引に関する条約（ワシントン条約）を参照しな
がら，海亀は GATT 20 条(g)にいう「有限天然資源」に該当すると判断した
（WT/DS 58/AB/R, 1998, para. 132［百選 78］）。

6　地域経済統合

(1)　地域主義への誘因

　ブロック経済化を防ぐ目的から，GATT／WTO では最恵国待遇を基盤と
する多数国間主義が重視されている。その一方で，特定の国家間を単位として
一層の貿易自由化を図る地域主義の動きが特に 20 世紀末以降に活発化した。
その背景としては，第 1 に，企業が商品の製造工程を細分化し，それぞれの生
産コストが低い国へと分散させた結果，地理的に近接した国々の間で製品供給
サイドのネットワーク（サプライチェーン）が形成され，部品や半製品の地域内
貿易が大きく増加した。第 2 に，WTO の下で 2001 年に開始された新たなラ
ウンド交渉（**ドーハ開発アジェンダ**）が，加盟国数の増加や先進国と新興経済国
の利害対立の激化により頓挫したことで，より少数の国の間で貿易自由化やル
ール形成を進めようとする動きが強まった。第 3 に，実際に特定国間での貿易
自由化が進展すると，他の国々は貿易上の競争条件が不利になることを避ける
ためそれに追随せざるを得なくなる（ドミノ効果）。

　こうした背景から，二国間ないし少数国間の**地域貿易協定**（Regional Trade
Agreement: **RTA**）の締結が進み，世界全体では 400 以上が存在している。RTA
には，各締約国が域外国に対する関税率や通商規則を同一にする**関税同盟**
（Customs Union）と，それらを同一化しない**自由貿易協定**（Free Trade
Agreement: **FTA**）がある。関税同盟の代表例は EU であるが，RTA の大半は
FTA の形態をとる。貿易自由化以外の事項をも広く対象とする FTA には，
経済連携協定（EPA）といった条約名称が用いられることもある。

(2)　合法性の基準

　特定国のみの間で貿易自由化を進めることは，本来であれば最恵国待遇に違
反するが，GATT 24 条は，RTA が域外国との貿易に対する障害を引き上げ

315

第12章　国際経済

ることではなく，域内の貿易を容易にする目的を有する場合には，一定の要件
の下に GATT 1 条の例外としてこれを許容すると定める（サービス貿易分野に
おいても GATS 5 条が同様の趣旨を定める）。その要件は，RTA の締約国間におい
て実質上すべての貿易を自由化すること（GATT 24 条 8 項），および域外国に
対する通商規制が RTA 締結前よりも制限的なものとならないこと（同条 5 項）
である。これらの要件は，前者が貿易創出効果（自由化による需要喚起）の増大，
後者が貿易転換効果（本来は経済効率性の高い域外国の製品が域内の製品に置き換え
られること）の抑制に寄与するものであり，RTA が全体として世界貿易に対し
プラスの効果をもたらすことを企図している。もっとも，各 RTA が実際にこ
れらの要件を充足しているかにつき厳密な検証がなされるわけではなく，たと
えば，貿易自由化の対象外とされる品目が幅広く設けられることも多い。

(3) 貿易自由化から規制調和へ

近年の RTA では，環境保護，労働基本権の保障，知的財産権保護，競争法
制の整備など，国内規制の調和に関わる分野が扱われることも多い。これに従
って法改正等がなされれば，その効果は一般に，当該 RTA の域外国にとって
も波及することになる（スピルオーバー効果）。日本を含む 12 か国によって署名
された**環太平洋パートナーシップ（TPP）協定**も，幅広い分野における規制調和
の促進を図っており，とりわけ国有企業に関して，商業的考慮に従った行動の
確保や，政府による非商業的援助の禁止を締約国に義務づけた点が注目される
（17.4 条，17.6 条）（なお，TPP 協定は原署名国である米国の離脱により発効しなかった
が，同協定の内容をほぼ完全に引き継ぐことを定めた環太平洋パートナーシップに関す
る包括的及び先進的な協定〔**包括的・先進的 TPP 協定，CPTPP**〕が残余の 11 か国によ
り締結され，2018 年に発効した）。

II 国際投資

1 外国人財産の法的保護をめぐる歴史

(1) 古典的な議論と制度

19世紀前半以降，欧米諸国の私人が他の地域（主にラテンアメリカ）に進出し，そこで天然資源開発等に携わることが多くなったが，他国領域内での事業活動には，当該国政府から理不尽な財産権侵害を受けるなどのリスクが随伴していた。そこで当時の欧米諸国は，外国人の処遇に関する一般国際法上の最低基準が存在すると主張し，具体的には，欧米諸国の国内法水準に従って外国人投資家の生命・身体・財産を保護すること，投資家に対する不当な侵害に対しては司法的救済を保証することが投資受入国に求められるとした。こうした考え方は，**文明国標準主義**または**国際標準主義**と呼ばれる。他方，ラテンアメリカ諸国は，自国領域内に所在する外国人投資家には自国の国内法に従った処遇を与えればよいとする立場をとり，これは**国内標準主義**と呼ばれる。

こうした論争が続く中で欧米諸国は，自国民が外国で損害を被り適切な司法的救済を得られなかった場合には，本国政府が相手国政府に対して国際法上の賠償請求を行うことができるとの立場をとり，これが**外交的保護**の制度として定着した（第13章V参照）。これに対しラテンアメリカ諸国は，外国投資受入れの際の国家契約（コンセッション）の中に，投資家は外交的保護権を放棄し，国内裁判所の裁定に服するという「**カルボ条項**」を含めることで対抗しようとした。しかし，外交的保護権は国家の権利であるため，私人があらかじめ放棄することはできないとの説が有力である（ただし，テキサス北米浚渫会社事件では，投資受入国の契約違反を理由とする請求と国際法違反を理由とする請求とが区別され，前者に関してはカルボ条項は有効だとされた〔RIAA, Vol. IV, p. 26, paras. 13-15［百選68］〕）。

(2) 現代の新たな展開

第二次大戦後には，植民地から独立した発展途上国が，領域内で欧米企業が

第12章 国際経済

所有する生産設備などの大規模な収用（国有化）を推進したため，収用の補償基準をめぐって議論が対立した。欧米諸国は，収用を行う際には「適正・実効的・迅速な補償」を支払う必要があると主張した（1940年に米国務長官ハルが提唱したためハル三原則と呼ばれる）。このうち「適正（adequate）」な補償とは，収用された資産の公正市場価値（fair market value）に相当する金銭を支払うことを意味する。これに対して発展途上国は，各国国内法の基準に基づく「適当な（appropriate）」補償を支払えばよいとする立場を主張し，やはり議論は平行線をたどった。1962年の「**天然資源に対する恒久主権に関する決議**」（国連総会決議1803）4項でも，収用に際して「所有者は，主権を行使してかかる措置をとる国家で実施されている規則に従って，かつ，国際法に従って，適当な補償を支払われるものとする」という形で先進国と発展途上国の主張が併記されている。

　その後，1970年代には石油危機等により発展途上国の発言力が高まり，国連総会において，発展途上国の立場を採り入れた「**新国際経済秩序（NIEO）**」樹立に関する宣言が採択された。しかし1980年代以降，多くの発展途上国が相次いで債務危機に陥り，従来の経済開発政策は根本的な見直しを迫られた。途上国政府は，外国資本と対立するのでなく，むしろ外国資本を積極的に誘致することで工業化の基盤を整備しようとする立場へと転換した。これにより，先進国の従来の主張をほぼとり込んだ投資協定が先進国と途上国の間で数多く締結されることになった。

2　投資協定における紛争解決制度

(1)　制度の概要

　投資協定とは，外国投資の保護を相互に約束する二国間（あるいは地域的な）条約であり，1990年代からその数が急増した。未発効のものも含めれば，世界全体でその数は約3000に達する。日本は約80か国との間で投資協定（もしくは投資章を含むRTA）を締結している。

　投資協定の特徴は，その紛争解決の仕組みにある。かつては，外国投資家と投資受入国政府との間で紛争が生じたとしても，基本的に投資受入国の国内法廷で争うほかなく，そこでは往々にして政府寄りの判断が下されてきた。そう

Ⅱ　国際投資

した国内手続を回避し，より公平で中立的な観点からの紛争解決を可能にしたのが今日の投資協定である。つまり，紛争が生じた際には，外国投資家は投資受入国政府を相手取って，独立した仲裁法廷へと一方的に紛争を付託することができる（投資受入国政府の仲裁付託合意は投資協定で事前に与えられている）。これは，一般に**投資家対国家の紛争解決（ISDS）条項**と呼ばれ，これに依拠した「**投資仲裁**」が年間 50 件程度行われている。通常，仲裁廷は 3 名の仲裁人で構成され，投資家と投資受入国政府が 1 名ずつを選任し，その両名の合意により 3 人目が選ばれる。

(2)　投資仲裁の手続規則

投資仲裁を行うための手続規則は，投資協定が指定するいくつかの既存の制度の中から投資家が任意に選択する。なかでも，**投資紛争解決国際センター（ICSID）**は，投資家対国家の紛争に特化した唯一の仲裁手続を運営している。同センターは，「**国家と他の国家の国民との間の投資紛争の解決に関する条約**」（**ICSID 条約**）に基づき，世界銀行グループの一組織として設立されたものであり，この条約の中で仲裁の基本的な手続が定められている。ICSID 仲裁を行うには，当該紛争における投資家の国籍国（投資母国）と投資受入国の双方が，ICSID 条約を批准していなければならない。

一方，こうした国家間の条約に基づかない仲裁制度として，たとえば国連国際商取引法委員会（UNCITRAL）が作成した仲裁規則があり，一般には私人間の商事仲裁で利用されるが，投資仲裁もしばしばこれに依拠して行われる。また，民間団体が運営する仲裁制度の代表的な例として，パリに本部を置く国際商業会議所（ICC）の仲裁規則があり，これも投資仲裁で度々利用されている。実際の投資紛争では，6 割程度が ICSID 条約に基づく仲裁，25 ％程度が UNCITRAL 仲裁規則に基づく仲裁，残りがその他の仲裁規則に基づく仲裁として行われている。

(3)　投資家の救済と主権免除の関係

投資仲裁では，投資受入国の行為が投資協定違反であると認められた場合，一般に投資家への損害賠償が命じられる。投資受入国は，通常それに従ってき

第12章　国際経済

ているが，履行しない場合には，ICSID 仲裁であれば ICSID 条約のいずれの締約国の国内裁判所に対しても仲裁判断の承認・強制執行を請求することができる（ICSID 条約54条）。非 ICSID 仲裁の場合も，**「外国仲裁判断の承認及び執行に関する条約」**（ニューヨーク条約）の締約国の国内裁判所に対してであれば承認・強制執行の請求が可能である（同条約3条）。

　もっとも，執行対象が主権国家の財産であるため，一般国際法上の免除規則との関係が問題となる（第5章 I 参照）。**国連国家免除条約**（未発効）は，主権国家が他国における判決後の強制的措置からの免除を享有することを原則としつつ，その例外も定めており，そこには，①強制的措置がとられることについて当該国が明示的に同意した場合，または，②対象財産が当該国により商業的目的のために特定的に使用される場合，が含まれる（19条(a)(c)）。投資仲裁判断の承認・強制執行手続では，投資家側が後者を主張することが多く，たとえばロシアの国有企業が保有するウォッカ関連の商標・著作権の差押えが認められた事例がある（Hulley Enterprises Ltd., et al. v. FKP, Judgment of the Hague Court of Appeal, 28 June 2022）。

　なお，ICSID 条約27条1項は，投資家が投資仲裁に付託した紛争に関し，投資家本国は外交的保護権を行使することができないと規定するが，ただし書において，投資受入国が当該紛争に関する仲裁判断に従わなかった場合には，外交的保護権が復活すると述べる。もっとも，外交的保護権の行使により損害が回復できる可能性は高いとはいえず，実例も乏しい。

⑷　投資仲裁の適用法規

　投資仲裁において，仲裁廷が審査の準則として，投資受入国の国内法を用いるのか，国際法（特に投資協定上の規則）を用いるのかという点は，判断の結果に大きく影響しうる。ICSID 条約42条1項は，「紛争当事者である締約国の法……及び該当する国際法の規則」を適用すると定め，両者が適用法規となる可能性を残した。しかし，2000年の Wena Hotels 事件では，投資家が投資受入国の投資協定違反を請求原因として仲裁を提起する場合は，当該投資協定が第一義的な適用法規になるという見解が示された（Wena Hotels Ltd. v. Arab Republic of Egypt, Award, 8 Dec. 2000, para. 78）。

II 国際投資

3 国際投資保護の基準

投資協定の規定内容には協定ごとに多少の差異も見られるが，大半の場合，外国投資の保護に関する基本的な義務として，収用の禁止，公正かつ衡平な待遇の付与，無差別原則（最恵国待遇・内国民待遇）が定められている。

(1) 収用に関する規律

収用規定は一般に，原則として収用を禁止したうえで，(a)公目的性，(b)無差別性，(c)手続の正当性，(d)適正・実効的・迅速な補償の支払，といった条件を満たす場合に限り収用を認める。これらの条件のうち補償の支払をめぐっては，先進国と発展途上国が長く対立してきたが，現代の投資協定は，先進国側が主張する立場を端的に採用し，適正（adequate）な補償を支払うことを合法収用の要件としている。

また投資協定は，収用に加えて，「収用と同等の措置」をとることも禁止する。これは，国家が行う経済規制などによって，実質的に収用と同等と言えるほどに私人の財産権を侵害する行為を指す。こうした，国家への財産の移転を伴わない収用は，**「間接収用」**ないし**「規制収用」**と呼ばれる。投資仲裁の先例は，ある政府規制により追求される公益的価値と，用いられる規制手段（投資家の損害）との間に合理的な比例性の関係があれば，間接収用を構成しないという考え方を示している（テクメド［Tecmed］事件，ICSID Case No. ARB (AF)/00/2, 2003, para. 122［百選75］）。

(2) 公正かつ衡平な待遇

公正かつ衡平な待遇の付与に関しては，投資受入国政府の行動に関して外国投資家が抱くに至った「正当な期待（legitimate expectation）」の保護が判断基準として重視されてきた。つまり，通常であれば投資家が想定してよい状態の実現が政府の行為により阻害された場合（たとえば，恣意的な許認可取消しにより投資家の計画が頓挫したり，透明性や合理性を欠く行政決定により事業が損害を被るなど）に，公正衡平待遇義務の違反を問うことができる。もっとも，投資家がいかなる期待を抱くことが「正当」であるかは，個々の状況に応じて決まる。

321

第12章 国際経済

一般論としては，投資を行った時点で投資家が前提とした法的環境が，その後もまったく変化しないことまでは期待できない。投資受入国は公益のために，事後的に規制を導入する正当な権限を持ち，投資家の期待はこれを考慮に入れて分析されねばならない。ただ，たとえば，従来の法制度の下で投資家に対して投資誘致のための特別な約束や保証がなされており，それが投資を実行する重要な誘因になっていた場合には，それを変更することは公正衡平待遇違反を構成しうる。つまり，法制度の安定性に対して投資家が正当な期待を抱きうる特段の理由があった場合には，それが公正衡平待遇規定で保護される。

なお，投資家の「正当な期待」の内容には，規制措置が比例原則に従ってとられることも含まれうる。たとえば，Saluka 事件の仲裁判断は，公正衡平待遇違反の有無を決定するには，「一方で申立人の合理的かつ正当な期待と，他方で被申立国の正当な規制上の利益とを，比較衡量（weighing）」する必要があると述べる（サルカ［Saluka］事件，ICSID Reports, Vol. 15, 2006, para. 306［百選72]）。これは，受入国の公益規制権限と投資家の財産権侵害との関係についてバランシングを要求するものであり，追求される公益に比して均衡を失するような過大な権利侵害を被らないことは正当に期待しうる。

(3) 無差別原則

無差別原則に関する仲裁判断では，仮に同様の状況にある投資家の間で異なった取扱いが行われていても，それが国の正当な規制関心に即した合理的な区別であれば，違法な差別待遇とはならないとする立場が示されてきた（Pope & Talbot Inc. v. The Government of Canada, Award on the Merits of Phase 2, 2 Oct. 2001, paras. 78-79）。ただし，正当な政策目的を実現する手段には様々な選択肢がありうるため，その中で投資家に対する不利益が可能な限り小さくなるような手法を選ぶことが求められる。

4 ISDS 改革

(1) 抜本的改革の試み

投資仲裁に関しては，①条約解釈の非一貫性，仲裁判断の予測可能性の欠如，②仲裁判断の法的過誤に対処する上位審査制度の欠如，③私法的アプローチ

Ⅱ　国際投資

（高い秘匿性，当事者主導のプロセス），④仲裁人の人的偏り，利益相反・非中立
性への疑義，といった点でその正統性に対する批判がなされてきた。とりわけ，
投資仲裁の一方の当事者は私人であり，かかる私人が選任した仲裁人を含む仲
裁廷により国家の公的な規制措置が審査されるという点が，民主的正統性の観
点から問題視されている。こうした問題を解消するため，EU は仲裁という仕
組みを放棄し，個別の投資協定ごとに**常設投資裁判所**を設けるという方式を考
案し，実際にカナダ・シンガポール・ベトナムとの協定において導入している。
この裁判所では，常任の裁判官を各締約国政府が任命するため，投資家側が裁
定者を選任する権利は失われる。また，上訴審が導入され，第1審判決の再審
査を求める機会が確保されている。

(2)　漸進的改革の諸事例

　もっとも，こうした試みは仲裁の利点である迅速性を損なうことをも意味す
るため，EU 以外の国々は必ずしもそれを受け入れることに積極的ではない。
一部の国々は，仲裁の形式を保ったまま透明性や中立性を向上させる漸進的改
革案を提唱している。具体的な改革として，UNCITRAL 透明性規則（2013 年）
は，投資仲裁における弁論書面や仲裁判断については，ビジネス上の秘密情報
等を除き，すべて一般に公開する旨を規定している（3条1項）。また同規則6
条1項は，投資仲裁における口頭審理も公開することとしている。これに対し，
ICSID 条約の下で行われる仲裁の場合は，依然として紛争当事者が仲裁判断の
公表を拒む権利を持ち（ICSID 条約 48 条 5 項），非公表となったときは仲裁廷の
判断理由の抜粋のみが公開される（ICSID 仲裁規則 48 条 4 項）。もっとも，こう
した ICSID 仲裁の透明性の低さは，個別の投資協定において追加的な規律を
設けることで改善することが可能であり，たとえば日本も加入する TPP 協定
は，投資仲裁の弁論書面や仲裁判断，および口頭審理を一般に公開する旨を定
めている（9.24 条）。

第 12 章　国際経済

III　通貨・金融

1　通貨に関する国際制度

(1)　IMF 体制の成立

　国家には通貨主権があるとされ，その内容には，①自国の法定通貨やその発行量を決定すること，②自国通貨を他国通貨と交換するための仕組み（外国為替制度）を定めること，③国境を越える資金の流入や流出（国際資本移動）を規制すること，などが含まれる。もっとも，国際経済活動を促進する観点からは，これらの権能に一定の規律を及ぼすことも必要になる。たとえば，貿易における国際的な支払や，他国への（あるいは他国からの）国際投資が行われるためには，資本移動の自由が保障されなければならない。また，通貨価値が急激に変化すれば，貿易や国際投資による収益の予見可能性が失われるため，外国為替制度の安定性を確保することが国際経済活動を支える重要な基盤となる。

　歴史的に見れば，1929 年に世界恐慌が発生した際，各国は自国通貨の価値を切り下げることで自国産品を貿易面で有利にしようとしたが，そうした通貨切下げ競争は貿易を混乱させ，国際経済活動を縮小させることになった。その反省から，1944 年に米国のブレトン・ウッズで開催された連合国通貨金融会議では，第二次大戦終結後の国際通貨制度として，米ドルを基軸通貨とする固定相場制を採用することが諸国により合意された（**ブレトン・ウッズ体制**）。この体制を管理するために設立された国際機構が，**国際通貨基金**（**IMF**）である。

(2)　IMF 体制における規律の概要

　ブレトン・ウッズ体制の固定相場制は，金と米ドルとの兌換を保証したうえで，米国以外の諸国が自国通貨の価値を米ドルに対し固定するものであり，IMF 協定の締約国はそうした固定相場の維持を義務づけられた。しかし，その後米国の経常収支赤字が増大してドルの流出が続き，金準備の不足が顕著になったことや，国際経済の実勢と離れた固定相場を維持することが米国の負担となっていたことから，1971 年にニクソン米大統領は金とドルの兌換停止を

324

III　通貨・金融

宣言した（ニクソン・ショック）。これを契機として，主要国は為替レートの決定を市場の需給に委ねる変動相場制へと移行し，ブレトン・ウッズ体制は崩壊した。IMF協定もこれを追認する形で1978年に改正され，固定相場制を維持する義務が撤廃された（IMF協定4条2項(b)）。

　もっとも，改正後のIMF協定は変動相場制の採用を義務づけているわけではなく，今日でも固定相場制やそれに準ずる制度を維持している国は多数存在する。また，変動相場制をとる国であっても，為替相場の急激な変動の緩和などを目的として，政府の資金を用いて市場に介入することがある。仮に，こうした政府の関与により形成された為替相場が，自国産業の競争力を人為的に高めるようなものになっていれば，それは健全な国際経済秩序の維持にとって脅威となる。この点についてIMF協定4条1項(iii)は，「国際収支の効果的な調整を妨げるため又は他の加盟国に対し不公正な競争上の優位を得るため」に為替相場を操作しないよう締約国に義務づけている。しかし，これらの意図を持って為替相場の操作が行われたことの立証は難しく，本規定の明白な違反が成立する余地は限られている。

　その一方で，IMF協定4条1項の義務の遵守はIMFの監督に服するものとされており（同条3項(a)），各加盟国は，この監視のために必要な情報を提供するとともに，IMFの要請があったときは，自国の為替相場政策についてIMFと協議しなければならない（同項(b)）。この協議はIMFと各加盟国との間で原則として年1回実施されており，その対象は為替政策だけでなく，為替制度に影響を与える経済政策全般に及ぶ。こうした対話メカニズムの存在は，加盟国が不適切な為替・経済政策を導入しようとすることに対する一定の抑止力となっている。

(3)　IMFによる資金提供

　IMF加盟国は，それぞれの経済力に応じた割当額を拠出する（IMF協定3条1項）。これにより形成された基金は，国際収支不均衡に陥った加盟国が，自国通貨と引換えに他国通貨（主に米ドル）を調達する際に利用することができ（同5条3項），為替相場の安定性の維持に寄与している。さらにIMFは，米ドルの信認低下を補うため，数種類の主要通貨の組合せからなる新たな国際準備資

第12章 国際経済

産として**特別引出権**（SDR）を 1969 年に創設し，各加盟国の出資比率に応じて
これを配分した。加盟国はいつでも，SDR と引換えに他の加盟国の保有通貨
を引き出すことができる。

IMF ではその後，開発援助等を目的とする各種の中長期的な融資制度も設
けられ，特に債務危機に陥った発展途上国の資金需要に対応してきた。しかし，
そうした融資を受ける際の条件（**コンディショナリティ**と呼ばれる）として，広範
な経済構造改革の実施が求められることもあり，発展途上国の経済体制に大き
な影響を与えた。

(4) 国際資本移動の自由化

IMF 協定は，加盟国が経常取引（主に貿易）に関する支払および資本移動に
制限を課すことを原則として禁止したが（8 条 2 項(a)），それ以外の国際資本移
動（国際投資等）に対する制限は許容していた（6 条 3 項）。しかし先進諸国間で
は，1961 年に採択された **OECD**（経済開発協力機構）**資本移動自由化規約**の下で，
各国の自発的な約束を通じて漸進的に国際資本移動の自由化が達成された。も
っとも，対内直接投資に関しては，インフラや安全保障に関わる産業分野を中
心に，ほとんどの国が外資規制を維持している。

(5) 通貨危機への対処

通貨危機とは，ある国の通貨価値が，政府外貨準備を用いた市場介入によっ
ても買い支えられないほど急激に下落し，当該国や関係諸国の経済活動に深刻
な悪影響が及ぶ状況を指す。1994 年のメキシコ通貨危機や，1997 年のアジア
通貨危機（タイ・インドネシア・韓国など）の際は，IMF が緊急融資を行うとと
もに，緊縮財政や政策金利の引上げといった通貨価値安定化のための施策を指
導した。また，近時では二国間の**通貨スワップ取極**（自国通貨に急激な減価圧力が
生じた場合に，あらかじめ定めた相場により外貨準備を融通し合う仕組み）も数多く
締結されており，特にアジア諸国の間では，2000 年に合意された**チェンマイ・
イニシアティブ（CMI）**の下で通貨スワップ取極の体系的な整備が進展した。
2009 年には CMI のマルチ化がなされ，二国間取極のネットワークから単一の
多国間取極へと移行した。

326

III　通貨・金融

2　世界銀行による開発援助

　ブレトン・ウッズ会議では，IMF に加えて，第二次大戦後の復興に必要な資金を国に融資するための国際機構として，**国際復興開発銀行（世界銀行）**が設立された。世銀の当初資本は 100 億米ドルとされ，これを株式に分割したうえで，各加盟国がその経済力に応じて出資する（世界銀行協定 2 条 2 項・3 項）。実際の世銀の融資業務は，戦後復興よりも発展途上国への開発援助を中心とするものになり，特に途上国に対する低利融資を行う機関として国際開発協会（IDA）が，また途上国の非政府（民間）部門への融資を担う機関として国際金融公社（IFC）が，世銀グループの新たな組織として設立された。

　加えて，アジア・アフリカ・欧州・米州の各地域にも国際開発金融機関が設置されており，このうちアジア開発銀行（ADB）は日本が最大の出資国である。一方で，新興経済国を中心に新たな国際開発金融機関を設立する動きも見られ，中国が主導するアジアインフラ投資銀行（AIIB）や，いわゆる BRICS 諸国が主導する新開発銀行（NDB）が，2015 年に相次いで発足した。

　世銀協定は，世銀が加盟国の政治問題に関与することを禁止している（4 条10 項）。しかし，IMF 融資と同様に，経済面での構造改革等はコンディショナリティとしてしばしば課されてきた。また，世銀の融資を受けた開発プロジェクトにより環境破壊が生じたり，現地住民が居住地からの立退きを迫られたりするといった問題も表面化し，世銀の管理責任が問われるようになった。

　そこで世銀は，融資の環境・社会面での適切性を確保するための内部基準を策定するとともに，当該基準との不適合が疑われるプロジェクトについては，関係する住民等が世銀に審査を求めることができる制度（**インスペクション・パネル**）を 1993 年に設けた。さらに 2020 年には，この制度を発展させ，借入人と被害者との間の直接的な紛争解決を促進する仕組みを付加した「**アカウンタビリティ・メカニズム**」が導入された（第 11 章 VI 参照）。

3　国際金融システムの安定性確保

　国際経済秩序の安定性を維持するためには，国際的に活動する民間金融機関の破綻（の連鎖）を避けることも重要となる。主要国の金融当局が政策協調を

第12章　国際経済

図るためのフォーラムとして 1975 年に発足したバーゼル銀行監督委員会は，
1988 年に，国際業務に携わる銀行の健全な経営を確保するための基準として，
バーゼル合意を採択した（同委員会が拠点を置く組織〔国際決済銀行：BIS〕の名称
に因んで BIS 規制とも呼ばれる）。

　バーゼル合意は，銀行の破綻を防止するうえで必要と考えられる自己資本比
率の最低基準を 8 ％と定めた。バーゼル合意は法的拘束力を持つ文書ではな
く，各国がその内容を国内法上で自発的に採用することにより実施される。そ
の実効性は高い水準にあり，バーゼル銀行監督委員会の構成国はもとより，非
構成国の多くもこれを自主的に採用・実施している。なお，バーゼル合意の内
容は，新たなリスクや金融危機に対応するために継続的に改定が施されており，
これまでに 2004 年（バーゼルⅡ）および 2010 年（バーゼルⅢ）に改定が行われ
た。

4　マネー・ロンダリング規制

(1)　条約体制の整備

　マネー・ロンダリングとは，違法行為によって得た不正な金銭について，国
際送金を含む様々な経路を移動させることによりその出所を隠蔽し，合法的に
得た金銭であるかのように偽装する行為を指す。こうした行為を適切に取り締
まることは，犯罪の資金源を断ち，国際経済秩序の公正さを確保するうえで重
要な意義を持つ。

　1988 年に採択された**麻薬及び向精神薬の不正取引の防止に関する国際連合条約**
（**麻薬新条約**）は，締約国の義務として，薬物犯罪収益のマネー・ロンダリング
を国内法上で犯罪化するとともに（3 条 1 項），当該犯罪の容疑者を自国領域内
で発見した場合はその容疑者を訴追するか，他の関係国へ引き渡すよう定める
（6 条 9 項）。続いて，2000 年に採択された**国連国際組織犯罪防止条約**は，薬物犯
罪収益に限らず，犯罪収益一般のマネー・ロンダリングについて，それが犯罪
組織によって国際的に行われる場合を広く規律対象とした（3 条，6 条）。さら
に，2001 年の安保理決議 1373 は，テロ行為に対する資金提供の取締りを国連
加盟国に義務づける文脈において，国際テロとマネー・ロンダリングの密接な
関わり合いを指摘し，対策強化の必要性を強調した（4 項）。

328

Ⅲ　通貨・金融

⑵　政策協調を通じた規律の進展

　これらの取組みと並んで，1989 年に開催されたアルシュ・サミットでは，マネー・ロンダリング対策を強化するための新たな政策協調組織として，**金融活動作業部会（FATF）**を設置することが合意された。FATF は 1990 年に，「薬物犯罪収益に係るマネー・ロンダリング行為の犯罪化，薬物犯罪収益等の没収及び保全制度等の実施を求める **40 の勧告**」を策定した。この 40 の勧告では，国内法におけるマネー・ロンダリングの犯罪化や不法収益の没収，金融機関に対して顧客の身元確認と記録の保存，疑わしい取引の報告を求めることなどが要請された。40 の勧告は法的拘束力を有さず，加盟国がその内容を国内法上で自発的に採用・実施することを想定するが，加盟国が実施状況を自己評価し，それを加盟国間で相互審査する制度も設けられており，対話プロセスを通じた適切な実施の確保が目指されている。

　なお，40 の勧告は 1996 年，2003 年，2012 年に改定されており，継続的な規制の強化が図られている。

┤ Column 12-1　ビジネスと人権 ├

　2011 年 3 月，国連人権理事会において「**ビジネスと人権に関する指導原則**」が採択された。この文書は，企業が，自らの活動を通じて人権に負の影響を引き起こしたり，助長したりすることを回避するのみならず，取引関係を通じて自社の製品やサービスと人権への負の影響が結びついている場合には，関係者に対して影響力を行使して負の影響を防止・軽減するよう求めている（指導原則 13, 19）。すなわち，企業は自社のバリューチェーン（上流または下流の取引関係）の全体像を把握し，そこに存在しうる人権への負の影響を特定したうえで，それを可能な限り縮減するよう努める必要がある。これは「**人権デュー・ディリジェンス**」の取組みと呼ばれている。指導原則は法的拘束力のない文書であるが，これに従うことは市場における企業価値の向上にもつながるため，自発的に遵守する企業が増加している。さらに，近時は欧州等において，人権（および環境）デュー・ディリジェンスを義務づける法令を制定し，一定の条件を満たす他国企業にもこれを適用するという動きが現れ始めている。こうした取組みは世界的な人権状況の改善をもたらしうる一方で，私人たる企業が責任を負うべき人権保障の範囲や，デュー・ディリジェンス概念の内容の明確化な

329

第 12 章　国 際 経 済

　ど，今後検討すべき課題も残っている。

● 参考文献

内記香子『WTO 法と国内規制措置』（日本評論社，2008 年）

小寺彰編『国際投資協定――仲裁による法的保護』（三省堂，2010 年）

中川淳司『WTO――貿易自由化を超えて』（岩波新書，2013 年）

松下満雄 = 米谷三以『国際経済法』（東京大学出版会，2015 年）

中川淳司ほか『国際経済法〔第 3 版〕』（有斐閣，2019 年）

小林友彦ほか『WTO・FTA 法入門――グローバル経済のルールを学ぶ〔第 2 版〕』（法律文化社，2020 年）

伊藤一頼「投資仲裁における比例性原則の意義――政府規制の許容性に関する判断基準として」RIETI Discussion Paper Series 13-J-063（2013 年）

第13章 国家責任

I 序　論

　前章までは，各分野の国際法規範を解説してきた。そこでは，国家（および国際機構や個人などのアクター）が国際法上負っている数多くの義務を紹介してきた。たとえば，国家は他国の国内管轄事項に干渉してはならず（第4章参照），他国の外交使節団および領事機関の特権を尊重しなければならず（第5章参照），自国の領海で外国船舶の無害通航を妨害してはならない（第7章参照）。それでは，これらの国際義務の違反があった場合にはどのように対応するのか。

　法の違反があった場合，行為者は法的な責任を負うことになる。法的責任とは，法的な不利益を負わされることである。このことは国際法でも同じであり，国際法上の義務の違反者は国際法上の責任（＝国際責任）を負い，その義務を履行するという元々の負担を超えた不利益，つまり新たな義務を追加的に負う。そして自らの国際法上の権利を侵害された被害者は，この追加的な義務を履行するよう求める権利を得る。国内社会と違って警察組織や義務的な裁判制度が不足する国際社会において，このような国際責任の追及は国際法の実効性を確保するために重要である。具体的には，国際責任の追及によって被った損害が補塡されたり，合法な状態が回復されたり，違法行為の再発が抑止されたりする。

　国際法上の義務を負うアクターは，国家，国際機構，個人などである。個人の国際責任については第9章IV，国際機構の国際責任については第11章VIですでに触れた。そこで本章は，国家が負う国際責任（＝**国家責任**）の発生から追及までについての諸規則（＝国家責任法）を解説する。国際責任の中で最も

第13章　国家責任

議論されてきたのは国家責任である。本章では，国家責任法の歴史と特徴を概観した上で，第1に国家責任が発生する条件，第2に発生した国家責任の内容（責任を負う国の義務），第3に国家責任の追及方法，そして第4に国家責任追及の実効性を高める手段について説明する。

　国家責任法の大部分は慣習国際法（第2章I参照）として発展してきた。したがって，国家責任法の内容を明らかにするためには諸国の実行を分析する必要がある。同時に，国際裁判例も国家責任法の内容を明らかにするための補助資料として重要である。加えて重要な資料が，国連国際法委員会（ILC）（第2章参照）が作成し2001年に採択した**国家責任条文**である。同条文は国家責任法のうち一般性のあるものを抽出して体系化し，条文形式で規定したものである。同条文は条約として締結されていないので，それ自体では法的拘束力はないし，すべての規定内容が慣習国際法というわけでもないが，現在まで数多くの国際実践で依拠されているので，本章でも参照する。

II　国家責任法の歴史と特徴

1　歴　　史

　いかなる法システムも，その義務に違反する主体の責任を論じなければならない。事実，国際法上の国家責任を追及した実践は古くからある。ジェイ条約（1794年）7条による仲裁委員会（第14章III2参照）は，英仏戦争中の英国による数多くの米国船の拿捕・没収について金銭賠償義務を認定した（1799～1804年）。英国からのカナダ独立を求める反徒への援助に従事していた米国船を英国兵が急襲したキャロライン号事件（第15章III参照）では，米国が中立領域攻撃を理由として英国に金銭賠償を請求した（1838年）。

　とはいえ，19世紀後半までの学説の多くは，国家責任の問題を実体法に付随して扱うだけで，独立の研究主題としてその諸規則を体系的に理論化するには至らなかった。論者は海洋法，戦争法，外交関係，外国人の待遇などの実体的な分野に関わる規則や実行を特定し，ときには国家が復仇および戦争を通して自国の権利を主張するメカニズムを定めるにとどまった。そのような中で国

家責任についての諸規則が特に議論されたのは，外国人の待遇をめぐる国際請求を通してである。19世紀後半からの欧米諸国による中米・カリブ海地域への介入を背景として，同地域で欧米諸国の国民が受けた損害についての紛争が数々の混合請求委員会で処理された。それらの裁定は，国家責任についての規則の明確化や発展に貢献した。同時に，国際連盟や複数の学術団体が，外国人の損害についての国家責任に関する諸規則の法典化を試みた。第二次大戦後のILCでも，最初は外国人の損害についての国家責任の法典化作業が試みられた。

　他方で，20世紀初頭からは，多くの学説（アンチロッティ Dionisio Anzilotti, オッペンハイム Lassa F. L. Oppenheim, シュトゥルップ Karl Strupp など）が国家責任を国際法の独立した分野として扱い，国際法の様々な分野に横断的に適用される一般理論の体系化を進めた。ILC も，1963年に特別報告者になったアーゴ（Roberto Ago）の方針に従い，すべての分野に共通する国家責任の一般規則の法典化を目指し始めた。その成果として2001年に**国家責任条文**（全59条）がILCで採択され，同年に国連総会決議でテーク・ノートされた。

2　国内法と比べた特徴

　国内法における責任法は，民法での契約責任（債務不履行責任）や不法行為責任，刑法での刑事責任，行政法での国家賠償責任など，分野によって多元的である。それに対して，国際法上の国家責任法ではこのような分化はない。国家責任条文の作成過程では国家の「国際犯罪」概念を規定することが提案されたが，通常の国際違法行為との法的効果の相違や判定者などの諸問題があり，結局は削除された。あえて言えば，国際社会のアナーキーな構造（第1章参照）により，国際法上の国家責任は国内民法での契約責任と不法行為責任の両方に似ている（ロシア賠償事件常設仲裁裁判所判決〔ロシア／トルコ 1912年〕，RIAA, Vol. 11, pp. 440-441，レインボー・ウォーリア号事件仲裁判決，RIAA, Vol. 20, p. 251［百選 64］）。

　また，国内法での刑事責任や（特に大陸法系国での）不法行為責任では，責任を負う根拠（＝帰責根拠）の統一的な把握が重要な課題である。それに対して国際法では，国家の義務の多く（特に条約上の義務）の内容が関係国の意思によって様々に創出されるゆえに，違法性の要素が義務ごとに多様なので，違法性

第 13 章 国家責任

の要素をある程度は類型化できても，統一化するのは難しい。このような事情
から，後述するように，国家責任条文は国家責任の発生に「国際義務の違反」
が必要と規定するのみであり，違反に必要な要素は個々の国際義務の解釈に委
ねている。このような特徴は，国内民法上の契約責任に似ている。

III　国家責任の発生

1　要　　件

　国家責任が発生するためには，**国際違法行為**の成立が必要である（国家責任条
文 1 条）。国際違法行為が成立するための要件は，①問題の**行為**（作為または不
作為）**が国家に帰属**すること（＝国家の行為とみなされること），②当該行為がそ
の国家の**国際義務に違反**すること，の 2 つである（同 2 条）。つまり，国際義務
に違反する国家の行為が国際違法行為を構成し，そこから国家責任が発生する。
この 2 要件は国際判例で支持されている（常設国際司法裁判所〔PCIJ〕モロッコ燐
酸塩事件 1938 年先決的抗弁判決，PCIJ Series A/B, No. 74, p. 28, 在テヘラン米国大使
館員人質事件判決，ICJ Reports 1980, pp. 28-29, para. 56〔百選 62〕など）。

　以上のことは慣習国際法上の一般規則である。ただし，2 要件によらずに国
家責任を発生させる特別規則もある（国家責任条文 55 条参照）。高度に危険な活
動から生じる責任を規定する条約（宇宙条約 7 条，宇宙損害責任条約 2 条など）が
その例である。これらの規則は，「合法行為責任」の制度として本章が論じる
国際違法行為責任と対置して呼ばれることもあるが（第 8 章 III 2 参照），条約が
規定したもので慣習国際法上確立しているものではない。慣習国際法上の国際
違法行為責任の制度の特別規則と言える。

2　要件 1──行為の国家への帰属

　上述のように，国際違法行為が成立するためには，第 1 に問題の行為（作為
または不作為）が国家に帰属すること，つまり国家の行為とみなされることが
必要である。しかし，国家には自らの肉体がなく，実際に行為するのは人間で
ある。それでは，誰の行為が国家の行為とみなされるだろうか。

(1) 国家機関などの行為の国家への帰属

国家機関の行為は国家の行為とみなされる（国家責任条文4条）。国家機関であれば，その職務（立法・行政・司法など），地位，中央政府か地域的単位かなどは無関係である。たとえば日本では警察官は国家公務員と地方公務員で構成されるが，いずれの行為も国家機関の行為として日本国の行為とみなされる。国家機関か否かを判断するためには，国内法のみならず慣行なども参照される。

もっとも，国家は責任逃れのために正式な国家機関でない者に行為を任せるかもしれない。そこで，国内法上は国家機関でなくても，国家が特に高度な支配をして「完全な従属関係（complete dependence）」にある者は，同国の機関と同一視され，その者のあらゆる行為が同国に帰属する（ニカラグア事件本案判決，ICJ Reports 1986, pp. 62-63, paras. 109-110［百選107］，ジェノサイド条約適用事件［ボスニア対セルビア］，ICJ Reports 2007, pp. 204-206, paras. 391-394［百選63, 100］）。後者のジェノサイド条約適用事件では，原告領域内のセルビア系集団（スルプスカ共和国軍など）によるジェノサイド行為が被告国の行為とみなされるかが争われた。判決は集団が被告国と政治，軍事，兵站面で強い関係を持っていたことを認めつつも，戦略に意見の相違があるなど同国に完全には従属していないとして，帰属を否定した。

ある国の国家機関と同一視されなくても，同国の統治権限の一部を行使できる人や団体が実際にその資格で行動する場合，その行為は同国に帰属する（国家責任条文5条）。したがって，本来は国家が行う公的業務が民間に委託された場合でも，国家に帰属しうる。たとえば刑務所の看守として拘禁や懲戒などの公権力を行使する民間警備会社や，入国管理や検疫の権限を委託された航空会社の業務が考えられる。

また，他国からある国の利用のために提供された機関で，利用国の排他的な指揮・支配下で行動する者の行為は，利用国の統治権限の要素の行使であれば，利用国の行為とみなされる（国家責任条文6条）。たとえば，ある国の裁判官が特定の事件で他国の司法機関として働く場合，その裁判官の行為は当該他国に帰属する。

以上のように，国家機関または統治権限の一部を与えられた者の行為は国家の行為とみなされうるが，国内法令上の権限を超えたり指示に反したりして行

第13章 国家責任

動する場合はどうか。国家は古くから，政府の職員が犯した行為でも，その職員に与えられた権限の逸脱や指示違反を理由に自らの責任を免れようとしてきた。しかし，国家機関や統治権限の一部を与えられた者が外見上その権限で行動していれば，たとえ権限逸脱行為でも国家に帰属する（国家責任条文7条）。古典的事件としてはケール（Caire）事件仏・メキシコ請求委員会決定（1929年）がある。メキシコ人の将校がフランス人から現金をゆすろうとしたところ拒否されたため，彼を殺害した事件である。このように私的な動機かつ権限外での犯行にもかかわらず，委員会は，将校としての地位の外見で行動し地位により利用できる手段を用いていたことを理由に，メキシコの責任を認定した（RIAA, Vol. 5, pp. 529–531）。

(2) 私人の行為の国家への帰属

他方で，私人の行為は原則として国家に帰属しない。だから，たとえば民間の日本人の有害行為が日本国の行為とみなされて日本が国際法上の責任を負うということは，原則としてない。

ただし，例外的に私人の行為が国家の行為とみなされる場合がある。第1に，私人の行為でも，国家の指示に従っていたり，指揮または支配の下でのものであれば，国家に帰属する（国家責任条文8条）。たとえば，警察や軍隊の援軍として雇用された私人の行為は国家の行為とみなされうる。国家による指示や指揮は比較的イメージしやすいが，行為帰属に必要な国家の「支配（control）」とはどの程度かが問題となる。ニカラグア事件では，米国が支援していたニカラグアの反政府武装組織「コントラ」による人権法および人道法違反行為が米国に帰属するかが問題となった。本案判決は，米国がコントラの活動に密接な援助（資金援助や装備提供，活動計画の立案などへの関与）をしていて一般的な支配関係にあったことを認めつつも，それだけではコントラの行為が米国に帰属しないという。それ以上に，米国がコントラの行為を「指揮または強制」していたこと，すなわち違反が犯された活動に同国が「**実効的支配（effective control）**」を及ぼしていたことの証明が必要と述べて，米国への行為帰属を否定した（ICJ Reports 1986, pp. 64–65, paras. 115–116［百選107］）。つまり，一般的な支配関係のみならず，より具体的に問題行為への実効的な支配が必要なので

Ⅲ　国家責任の発生

ある。この実効的支配基準は，ジェノサイド条約適用事件（ボスニア対セルビア）でも採用された。本案判決は，セルビア系集団によるジェノサイド行為への被告国の実効的支配は証明されていないとして，同行為の帰属を否定した（ICJ Reports 2007, pp. 208-215, paras. 399-413 ［百選 63,100]）。

なお，行為帰属に必要な「支配」の程度について，タジッチ事件・旧ユーゴ国際刑事裁判所上訴裁判部本案判決（1999年）は，組織化された集団に対しては「全般的支配（overall control）」で十分であって，個々の行為の具体的な支配までは不要と述べた（Prosecutor v. Duško Tadić, Judgement, ICTY, Case No. IT-94-1-A, paras. 115-145 ［百選 54]）。これは一見するとニカラグア事件判決と対立する立場であり，実際にジェノサイド条約適用事件（ボスニア対セルビア）本案判決もタジッチ事件判決の基準を批判した。しかし，タジッチ事件判決での「全般的支配」は，組織集団のあらゆる行為が包括的に国家に帰属するとみなされるための基準である点で，国家責任条文8条よりもむしろ4条の解釈に当たり，上述したニカラグア事件判決での「完全な従属関係」基準と対立することになる。8条の解釈，つまり私人の行為それぞれが国家に帰属するか否かを個別に判断する際の基準については，タジッチ事件判決はニカラグア事件判決と同じく実効的支配基準を支持しており，両判決間で対立はない。

第2に，革命などによる混乱で公的当局が存在せず，それでも統治権限を行使する必要がある場合に，事実上統治権限を行使する私人の行為は，国家の行為とみなされる（国家責任条文9条）。

第3に，反乱活動が成功して新政府が樹立された場合，反乱活動行為はその国家の行為とみなされる（国家責任条文10条）。これは反乱活動とその後の新政府の継続性を根拠とする。

第4に，私人の行為を国家が自己のものとして承認および採用した場合，その私人行為は当該国家の行為とみなされる（国家責任条文11条）。この規則のきっかけとなったのが，イラン革命後に私人の武装集団がテヘランの米国大使館を占拠し外交職員を人質にとった事件である。ICJ は，最高指導者ホメイニなど政府高官が占拠・監禁行為について支持を表明した後は，占拠・監禁行為はイラン国の行為に転換したとみなした（在テヘラン米国大使館員人質事件判決，ICJ Reports 1980, p. 35, para. 74 ［百選 62]）。

337

第13章 国家責任

(3) 国家に帰属しない私人行為についての国家責任

私人の行為がそれ自体として国家に帰属しない場合でも，国家が自己の注意義務違反について責任を負うことがある。この場合，国家に帰属するのは私人の行為ではなく，注意を怠るという国家機関などの行為である。注意義務の内容は，関連する実体的規則の内容や事件の状況によって様々である。たとえば，ジェノサイド条約適用事件（ボスニア対セルビア）判決は，上述のとおりセルビア系集団によるジェノサイド行為の被告国への帰属を否定したが，被告国が集団の行動に影響力を有していたことなどに鑑みてジェノサイド条約1条上の防止義務の違反を認定した（ICJ Reports 2007, pp. 225-226, para. 438［百選63, 100]）。つまり被告国は，ジェノサイド行為そのものではなく，それを防止する義務の不履行という自己の不作為について責任を負わされることになった。

その他にも，自国内の私人による外国人への侵害を防止・排除・処罰するための相当の注意（due diligence）義務，自国領域が交戦国の戦争遂行に利用されることを防止する中立国の義務（第16章VI参照），越境汚染損害に対する領域管理責任（第8章参照），外交関係に関するウィーン条約・領事関係に関するウィーン条約が規定する保護義務（第5章参照），人権条約上の積極的義務（自由権規約2条3項など）など，数多くの注意義務がある。

3 要件2──国際義務の違反

(1) 国際義務違反の認定

国際違法行為が成立するには，以上述べてきた行為の国家帰属に加えて，その行為が当該国の国際義務に違反する必要がある。国際義務には，条約および慣習国際法上の義務に加えて，国際裁判所の判決や安保理の決定なども含まれる。ある行為が国際義務違反となるのは，その行為が国際義務により要求されているものと一致しない場合である（国家責任条文12条）。国際義務がなにを要求しているかはそれぞれの義務の解釈による。したがって，国家のある行為が国際義務に違反するかどうかを判断するためには，その行為を本書の他の各章が解説する国際義務の内容と照らし合わせることになる。

国際義務の種類によっては，国家責任の発生のために行為国の故意や過失といった心理的要素や他国への具体的な損害の発生が必要なこともある。しかし，

338

故意・過失も具体的損害もすべての国際義務の違反に必要な一般的条件ではないので，国家責任条文はこれらを一般的な要件としては規定せず，国際義務違反の判断の際に必要に応じて考慮される要素と位置づけている。

国家は，自国の国内法を理由に国際法の遵守義務を免れない（国家責任条文3条）。また，国際義務は遡及適用されないので，行為時に行為国が当該義務に拘束されていなければ，たとえその後に拘束されるようになっても違反はない（同13条）。

(2) 違反の類型

国際義務違反にはいくつかの類型がある。第1が即時の違反行為である。第2が継続的性格の違反行為である。この場合の違反期間は，行為が継続し国際義務に一致していない間である（国家責任条文14条2項）。違反期間は金銭賠償の算定や裁判管轄権の認定などの際に考慮される。例として，条約義務と一致しない国内法令の放置，外国公務員の違法な拘留，大使館の違法な占拠，武力による植民地支配の維持などがある。第3が合成行為からなる違反行為である（同15条）。これは全体として違法とされる一連の作為または不作為による義務違反である。例として，ジェノサイド（集団殺害），アパルトヘイト，人道に対する犯罪などがある。

4 例外——違法性阻却事由

ただし，国家責任条文によれば，次の場合には違法性が阻却されて国家責任が発生しない。

(1) 相手国の事前の同意

行為について事前に相手国の同意があれば，その違法性は阻却される（国家責任条文20条）。たとえば，他国での暴動や革命などを鎮圧するために軍隊を派遣する行為は，通常は国連憲章2条4項の武力行使禁止義務に抵触するが，他国政府の要請による場合は違法とされない。なお，国際違法行為の後に被害国が同意しても違法性は阻却されず，単に責任追及権の放棄になる。

第13章 国家責任

(2) 自 衛

国連憲章51条は，武力攻撃が発生した場合の個別的または集団的自衛の権利を認める。したがって，本来であれば武力行使禁止などの諸義務に反する武力行使であっても，自衛権の行使であればその違法性は阻却される。（国家責任条文21条）。自衛権について詳しくは第15章Ⅲを参照してほしい。

(3) 対 抗 措 置

対抗措置とは，責任国が負う義務（後述）を履行させるために被害国がとる，国際義務に反する措置である（国家責任条文49条）。対抗措置について詳しくは本章最後に述べる。

(4) 不可抗力・遭難

国家責任条文23条（不可抗力）は，国家の統制を超える抵抗しがたい力または予測されない事態の発生により義務履行が物理的に不可能な場合を規定する。同じく24条（遭難）は，行為の実行者が遭難状態にあって自身の（または保護を任された他者の）生命を救うために合理的な他の方法を持たない場合を規定する。前者の例として，軍用機が悪天候でコントロールを失って他国の領空を侵犯してしまう場合，後者の例として軍艦が嵐を避けるために許可なく他国の港に入る場合がある。ただし，ILCでは過失を国際違法行為の要件とするかの議論を避ける代わりに両規定が提案された事情があり，両事由とも慣習国際法上確立してきたかには疑問もある。

(5) 緊 急 避 難

国家責任条文25条（緊急避難）は，問題の行為が重大かつ急迫した危険に対して不可欠の利益を守るために行為国にとっての唯一の手段であり，かつ義務の相手国または国際社会全体の不可欠の利益を深刻に侵害しない場合を規定する。緊急避難理論は，濫用の懸念などゆえに古くから少なからず批判されてきた。しかし，ガブチコボ・ナジマロシュ計画事件判決（ICJ Reports 1997, p. 40, para. 51［百選65]）が緊急避難を慣習国際法が認める違法性阻却事由と述べて以来，25条の内容を慣習法と位置づける国家実行や裁判例が見られる。この

340

背景の一つとして，25条が濫用などの懸念に配慮して厳しい要件を設けていることがあるだろう。ただし，同条の要件のすべてが現在の国際実践で十分に受け入れられているかには疑問もある。

Ⅳ　国家責任の内容

1　責任国の義務

　前節までは国家責任の発生について論じてきた。Ⅰで述べたように，国際義務に違反して国家責任を負うことになった国（＝責任国）は，その国際義務を履行するという元々の負担を超えた不利益，つまり新たな義務を追加的に負わされることになる。それでは，責任国はどのような義務を負うのだろうか。

　国家責任条文は，責任国の義務として，①違法行為停止・不反復（non-repetition）保証（30条）と②賠償（reparation）（31条）の2つのカテゴリーを規定する（non-repetition は「再発防止」と訳されることが多いが，直訳でない上に，他者行為の防止のようなニュアンスを含んで「国家自身が違法行為を繰り返さない」という本来の意味と若干ずれるように思われるので，ここでは「不反復」と訳す）。違法行為停止・不反復保証を賠償と別カテゴリーにしたのは，前者は違反により影響を受けた法的関係の回復・修復の側面が強いからだという（30条注釈 para. 1）。より具体的には，違法行為停止は被害国の利益のみならず法の支配維持という国際社会全体の利益も保護する点，不反復保証は将来に向けての予防を目的とする点が，賠償と異なる特徴だという（30条注釈 paras. 5, 9, 11）。

　もっとも，賠償の諸形式（原状回復，金銭賠償，サティスファクション）にも法的関係の回復・修復の機能がなくはない。事実，第一読草案は，不反復保証を賠償の一形式として規定していた。国家責任条文注釈も，違法行為停止と原状回復，および不反復保証とサティスファクションには，それぞれ重複部分がありうることを認める（30条注釈 paras. 7, 11，37条注釈 para. 5）。

　しかし，国家責任条文の採択後の裁判例を見る限り，2つのカテゴリーの区別が採用されるようになっている（例：パレスチナの壁事件勧告的意見，ICJ Reports 2004, pp. 197-198, paras. 150-152 ［百選110］，コンゴ領域での軍事活動事件

第13章　国家責任

〔対ウガンダ〕判決 ICJ Reports 2005, pp. 254-257, paras. 254-261)。そこで以下，2つのカテゴリーに分けて解説する。

2　違法行為の停止・不反復保証

責任国は，国際違法行為を継続しているときはそれを停止しなければならない（国家責任条文30条(a)）。たとえば，他国の領域を占領していたり，他国の港を違法に封鎖していた場合は，それらを止めなければならない。このような違法行為の停止義務は多くの裁判例で認定されている。ICJ による認定として次のような例がある。

- ・アヤ・デ・ラ・トーレ事件判決―リマのコロンビア大使館でのペルー人被疑者の庇護の停止（ICJ Reports 1951, p. 83 主文［百選〈第1版〉95]）
- ・ナミビア事件勧告的意見―南アによるナミビアの施政・占拠の停止（ICJ Reports 1971, p. 58, para. 133 主文1［百選60]）
- ・ニカラグア事件本案判決―米国による義務違反行為の即時停止（ICJ Reports 1986, p. 149, para. 292 主文12［百選107]）
- ・パレスチナの壁事件勧告的意見―イスラエルによるパレスチナ占領地域での分離壁の建設停止（ICJ Reports 2004, p. 201, para. 163 主文3B［百選110]）
- ・訴追か引渡しかの義務事件判決―セネガルによるチャド元大統領の訴追（＝不引渡時の訴追義務の違反停止）（ICJ Reports 2012, p. 463, para. 122 主文6）
- ・チャゴス諸島事件勧告的意見―英国によるチャゴス諸島の施政の停止（ICJ Reports 2019, p. 140, para. 183 主文4［百選13]）

不反復の保証（30条(b)）は，責任国が違法行為を将来繰り返すと想定する理由がある場合にのみ例外的に求められる（通航権事件判決, ICJ Reports 2009, p. 267, para. 150［百選59］参照）。

3　賠　償

(1)　賠償義務とは

PCIJ ホジュフ（ホルジョウ）工場事件1928年本案判決によれば，「違法行為

のすべての結果を消し去り，もし当該行為がなされなければおそらく存在した
だろう状態を回復するものでなければならない」（PCIJ Series A, No. 17, p. 29
［百選66］）。つまり，責任国は**違法行為がなければ存在しただろう状態を回復する
義務**を負う。この定式はその後のICJの判断で何度も明示的に引用され，確立
している。たとえば，ガブチコボ・ナジマロシュ計画事件判決（ICJ Reports
1997, p. 80, para. 149 ［百選65］），逮捕状事件判決（ICJ Reports 2002, pp. 31-32, para.
76 ［百選〈第2版〉2］），パレスチナの壁事件勧告的意見（ICJ Reports 2004, p. 198,
para. 152 ［百選110］），アヴェナ事件判決（ICJ Reports 2004, p. 59, para. 119），ジ
ェノサイド条約適用事件（ボスニア対セルビア）判決（ICJ Reports 2007, pp. 232-
233, para. 460 ［百選63, 100］），ディアロ事件本案判決（ICJ Reports 2010, p. 691,
para. 161）などである。この義務は，国家責任条文31条1項では「完全賠償
（full reparation）」の義務として規定されている。

(2) 賠償義務履行の諸手段

それでは，責任国の賠償義務は具体的にどのような手段で履行されるのか。
以下に手段を挙げるが，どれが選ばれるかは責任を追及する側の請求内容，違
反された国際義務の種類，生じた損害の性質や範囲によって様々である（アヴ
ェナ事件判決，ICJ Reports 2004, p. 59, para. 119 参照）。

(a) 原 状 回 復

原状回復（restitution）とは，違法行為がなされる前の状態を回復することで
ある（国家責任条文35条）。たとえば，ICJ はパレスチナの壁事件勧告的意見に
おいて，上述の分離壁の建設停止（＝違法行為の停止）のみならず，すでに建設
した分離壁の撤去や関連の立法・規制措置の撤廃まで命じた（ICJ Reports 2004,
pp. 201-202, para. 163 主文3B ［百選110］）。

ただし原状回復は，物理的に不可能でなくかつ責任国に不衡平な負担を強い
ない程度に限られる（国家責任条文35条）。ジェノサイド条約適用事件（ボスニ
ア対セルビア）判決は，ジェノサイドの性質に鑑みて被告に原状回復義務を負
わせるのは不適当と判断した（ICJ Reports 2007, p. 233, para. 460 ［百選63, 100］）。

(b) 金 銭 賠 償

金銭賠償（compensation）は国内の民事訴訟では基本的な救済方法であり，

第13章 国家責任

国家実行や国際裁判でも古くから見られる。たとえば，アラバマ号事件仲裁裁判所 1872 年判決は，英国による中立国義務の違反を理由にして，直接的損害について 1550 万米ドルの支払義務を命じた（J. B. Moore, History and Digest of the International Arbitrations to Which the United States Has Been a Party, Vol. 1, pp. 658-659［百選 6］）。ICJ で金銭賠償額が判示されたのは，コルフ海峡事件判決（ICJ Reports 1949, p. 250［百選 30］），ディアロ事件判決（ICJ Reports 2012, p. 345, para. 61 主文 1, 2），国境地帯でのある種の活動事件判決（ICJ Reports 2018, pp. 59-60, para. 157 主文［百選 82］），コンゴ領域での軍事活動事件（対ウガンダ）判決（ICJ Reports 2022, pp. 137-138, para. 409 主文）である。

ただし，国家間での金銭支払のすべてが国家責任による賠償とは限らない。たとえば，米国の水爆実験により被爆した第五福竜丸事件では，1955 年の日米交換公文で，米国が 200 万米ドルを「法律上の責任の問題とは関係なく，慰謝料により (ex gratia)」日本政府に提供するとされた。2011 年の東日本大震災に伴う漂流物が北米西海岸に漂着した際には，日本政府は米国に「善意に基づく見舞金」として 500 万米ドルを支払った。これらはいずれも責任国としての義務履行とされていない。

国家責任条文 36 条によれば，金銭賠償は国際違法行為から生じる金銭的に評価可能な損害を対象とする。同条注釈によれば，金銭評価可能な損害には国家自身の物質的損害および自国民の物質的・非物質的損害を含むが，国家の非物質的損害は含まれないという。非物質的損害については，自国民の損害か国家の損害かで金銭賠償の適否が分かれるのである。ディアロ事件 2012 年判決は，ディアロ氏の非物質的損害について具体的証拠がなくても確定しうると述べ，「衡平の考慮」により 8 万 5 千米ドルという額を提示した（ICJ Reports 2012, pp. 334-335, paras. 21-25）。他方で通航権事件 2009 年判決は，サンファン河でのコスタリカ（原告）の自由航行権を規定した 1858 年条約に被告ニカラグアが違反したと認定する一方で，原告が自国が被った金銭的に評価可能な被害を立証しなかったことを根拠として，金銭賠償請求を棄却した（ICJ Reports 2009, p. 267, para. 149［百選 59］）。

同じく 36 条注釈によれば，金銭賠償の対象は，違法行為と「遠過ぎない十分な因果関係（a sufficient causal link which is not too remote）」のある損害に限ら

IV 国家責任の内容

れる。ジェノサイド条約適用事件（ボスニア対セルビア）本案判決は，被告によるジェノサイド条約上の防止義務違反についての賠償義務を認めるには，防止義務を履行すればスレブレニツァでのジェノサイドが実際に回避されたということを十分な程度の確実性をもって結論できる必要があるとする。その上で判決は，セルビア系集団に影響を与えうる手段を被告が有していることを認めつつも，それらの手段が本件の具体的状況においてジェノサイド回避のために十分だったとは証明されていないとして，金銭賠償義務を否定した（ICJ Reports 2007, pp. 233-234, para. 462［百選 63, 100］）。

(c) そ の 他

その他の諸手段（「サティスファクション」と総称される）の例として，謝罪，象徴的金銭賠償，関係者の処罰が挙げられる。象徴的金銭賠償とは，金銭賠償（上述）とは異なり，行為と損害の間の因果関係に基づく算定を経ない金銭支払である。

これらが認められた例としてレインボー・ウォーリア（Rainbow Warrior）号事件がある。南太平洋でのフランスの地下核実験に抗議するため国際的環境保護団体グリーンピースが派遣していた同船が，ニュージーランドのオークランド港に係留中に爆破により沈没し，乗組員 1 名が溺死した（1985 年 7 月）。これはフランス対外治安当局の工作員 2 名による犯行だった。NZ・仏両国で賠償額と工作員の処遇で対立が生じたため，紛争を国連事務総長の裁定に委ねることになった。裁定（1986 年 7 月）は，仏首相による NZ 首相への謝罪，両国が主張する金銭賠償額の間を取った 700 万米ドルの支払（＝象徴的金銭賠償），工作員を仏領ポリネシアの孤島に 3 年間隔離すること（＝関係者の処罰）を命じた（RIAA, Vol. 19, pp. 213-214［百選 88］）。

責任国ではなく第三者が主導するものだが，国際裁判などの第三者機関が責任国の義務違反（違法性）を宣言することもサティスファクションになりうる。コルフ海峡事件判決は，英国海軍の掃海行動によるアルバニアの主権侵害を宣言したこと自体が「適切なサティスファクション」だと主文で明言した（ICJ Reports 1949, p. 36［百選 30］）。ICJ 判決では，21 世紀になってから，違法性宣言を重要な救済方式と述べる例が増えている。たとえば，逮捕状事件（ICJ Reports 2002, p. 31, para. 75［百選〈第 2 版〉2］），ジェノサイド条約適用事件（ボ

第13章 国家責任

スニア対セルビア）（ICJ Reports 2007, p. 239, para. 471 主文9［百選63, 100]），刑事司法共助事件（ICJ Reports 2008, p. 247, para. 205 主文2［百選95]），パルプミル事件（ICJ Reports 2010, p. 106, para. 282 主文1, 3［百選〈第2版〉79]），暫定協定適用事件（ICJ Reports 2011, p. 693, para. 169），道路建設事件（ICJ Reports 2015, p. 739, para. 224［百選80]）である。

4 強行規範違反の場合

　国家責任条文41条は，一般国際法の強行規範上の義務の深刻な（つまり重大または組織的な）違反の場合に第三国が負う義務を規定する。すなわち，諸国は違反終了のための協力義務を負い（1項），違反が生み出す事態の承認や当該事態の維持への支援・援助が禁じられる（2項）。

　前者の1項の協力義務は，国際法の漸進的発達を目指す規定である（41条注釈 para. 3）。他方で，後者の2項との関連では，パレスチナの壁事件勧告的意見が，自決権尊重および一定の国際人道法義務が対世的義務であることに照らして，すべての国がイスラエルによる分離壁建設から生じた違法事態を承認しないおよび事態維持を支援・援助しない義務を負うと述べた（ICJ Reports 2004, pp. 199–200, paras. 155–159［百選110]）。違反された義務の強行規範性ではなく対世性を根拠にしているが，41条2項の趣旨に沿う判断と言える。

V　国家責任の追及

1　国家による追及

(1)　責任追及権を持つ国

　以上述べたような責任国の義務（違法行為停止や賠償など）の履行を請求する——つまり責任を追及する——のは誰か。国内社会であれば警察が被疑者を逮捕し，検察官が公訴し，義務的な刑事裁判に繋げることができる。しかし，国際社会ではそのような公権的な責任追及の制度がない。そこで，他の国が個別に責任国に対して責任を追及せざるを得ない。

　それではどの国が責任を追及できるのか。ある国の国際違法行為を国際会議

346

や記者会見などで非難することであれば，どの国にもその自由がある。しかし，国家責任を追及する法的な「権利」を有するのは，国際違法行為により自らの国際法上の権利を侵害された国（＝**被害国**）に限られる。被害国こそが責任国の義務の履行を請求する権利を持つのである。

　それでは，被害国はどのように特定されるのか。これは，違反された義務がどの国に対するものかによる。ある国が二国間条約上の義務に違反した場合には，他方締約国が被害国となる。二国間の個別的な権利義務関係を生み出すような多数国間条約や慣習国際法上の義務違反の場合は，その関係の相手国が被害国である。たとえば，接受国が外国公館を侵せば外交関係に関するウィーン条約22条（公館の不可侵）に違反するが，被害国は当該外国のみである。

　しかし，人権や環境のような共通利益保護のための多数国間条約や慣習国際法の違反の場合などでは，被害国の数が大幅に増える可能性がある。これらの義務はある国家集団（または国際社会全体）に対するものなので，当該集団のすべての国（または国際社会のすべての国）が被害国となりうるからである。そこで国家責任条文42条は，集団または国際社会のすべての国が被害国となるのは，義務違反がすべての他国の今後の履行についての立場を根本的に変更してしまう性質の場合に限る（42条(b)(ii)）。たとえば，非核兵器地帯条約（第16章 VII 参照）の一締約国が核兵器を保有・配備すれば，他の全締約国が保有・配備の禁止義務を守り続ける理由が根本的に揺らいでしまうので，それら全締約国それぞれが被害国となるだろう。このような性質以外の義務の場合には，被害国は違反により特別に影響を受ける国に限られる（42条(b)(i)）。たとえば，侵略を受けた国，公海汚染が沿岸まで及んだ国，人権条約違反による被害外国人の国籍国などが考えられる。

(2)　追及の場

　被害国が国家責任を追及する場は，外交ルートがほとんどである。追及は，被害国と責任国の外交当局同士でのやり取りにおいてのみならず，記者会見などでの声明や，国際機構など多国間の会議体での発言によってもなされる。2022年2月24日にロシアがウクライナに全面侵攻した際にウクライナ政府が即時撤退を求めたのも，法的には，国連憲章2条4項違反によるロシアの国家

第13章 国家責任

責任の追及として違法行為の停止を求めていることになる。

　国内での民事訴訟で損害賠償などを請求するのと同じく，ICJ などの国際裁判も重要な国家責任追及の場である。もっとも，多くの国際裁判所には義務的な裁判管轄権がないため，国際裁判での国家責任追及は，国内裁判での国内法上の責任追及よりも制約される。

(3) 第一次的被害者が自国民である場合の国家責任追及（＝外交的保護）

(a) 外交的保護とは

　国際違法行為により第一次的に被害を受けたのが国家そのものではなく私人である場合は，責任追及の際に特別な規則がある。国際違法行為によって自国の私人に被害を与えた他国の責任を追及することを，**外交的保護**という（2006年 ILC 外交的保護条文 1 条）。

　伝統的な多数説によれば，外交的保護は，自国民について国際法が守られるように確保する権利という国家自身の権利を行使するものである（マヴロマティス・パレスタイン事件 1924 年判決，PCIJ Series A, No. 2, p. 12 ［百選 67］など）。つまり，国家は自国民の権利侵害を代理で請求しているわけではない。したがって，外交的保護を発動するかどうかは国家の裁量である。被害を受けた自国民からの請願に応じる国際法上の義務はないし，被害者が固辞しても発動が可能である。責任国から得た金銭賠償を被害者に引き渡す義務もない（ただし実際にはほとんどの場合に分配している）。

(b) 要　　件

　外交的保護による責任追及には，2 つの要件を満たす必要がある。第 1 が継続的国籍である。被害者が，被害時点から国家責任追及の時点まで責任追及国の国籍を保持する必要がある（外交的保護条文 5 条 1 項）。この要件の趣旨は，被害者が事件後に強国に国籍を変更してその強国から責任を追及してもらおうとする企てを防ぐことである。強国が紛争に介入することを抑止する狙いがある。

　第 2 が国内救済の完了である。被害者が責任国内の救済手段を利用し尽くしたことが必要である。本要件の趣旨は，私人の損害を容易に国家間紛争に転化させないことである。国際違法行為により自国民および国家自身も被害を受け

348

ることが少なくないので，本要件は国際請求が「優越的に」自国民への被害に基づいている場合に適用される（外交的保護条文14条3項）。ただし，責任国内に実効的な救済手続がないときや，被害者が居住など責任国との自発的関係を持たないときなどは，同国内の救済手続を利用し尽くす必要はない（外交的保護条文15条）。たとえば1983年のソ連による大韓航空機撃墜事件において，日本人犠牲者の家族がソ連の裁判所に訴えていないのに日本国が直接的にソ連政府に謝罪や金銭賠償などを請求したのは，犠牲者がソ連と自発的関係を持っていなかったからである。

(c) 会社の外交的保護

国際違法行為により被害を受けるのが私人たる個人ではなく会社の場合，第1に外交的保護を発動できる会社国籍国はどの国か，第2に会社ではなく株主の国籍国も外交的保護を発動できるかが問題となる。

第1の問題について，バルセロナ・トラクション会社事件判決は，会社の設立準拠法国でありかつ本社所在の国（本件ではカナダ）と述べた（ICJ Reports 1970, p. 42, para. 70 [百選71]）。外交的保護条文9条は設立準拠法国を会社国籍国としつつ，会社が設立国で実質的に営業せず，他国民の支配を受けておりかつ経営本拠・財政的支配が他国の場合には，当該他国を国籍国とみなす。

第2の問題について，ICJは，株主国籍国は株主固有の権利（配当請求権，総会での議決権，解散後の残余資産分配請求権など）の侵害の場合を除き，外交的保護を発動できない（ただし会社が消滅したり会社国籍国が会社のために行為する能力を欠く場合は発動可能）と判示した（ICJ Reports 1970, pp. 36, 40, paras. 47, 64 [百選71] 参照）。外交的保護条文も11条，12条で同様の立場を採りつつ，会社が問題の被害と無関係の理由で法的に消滅した場合や責任国での設立が営業の条件となっていた場合には，株主国籍国が外交的保護を発動できると定める（11条）。

(4) 被害国以外の国家による責任追及の可能性

以上述べたように，国家責任を追及する権利を持つのは被害国のみだが，特に共通利益保護のための国際義務の違反の場合には，特別に影響を受ける国がないために被害国が存在しないことがある。たとえば，ある国が自国民の国際

第13章 国家責任

法上の人権を侵害したときには責任国と被害国が同一になってしまい，責任追及は望めない。公海での海洋汚染で沿岸には影響しない場合も，被害国の特定は難しい。そこで，特に共通利益保護の国際義務違反の場合には，被害を受けていない国にも責任追及権を認めるべきとの考えがある。

バルセロナ・トラクション会社事件判決は，傍論ながら，国際義務には国際社会全体に対する義務が含まれ，問題となる権利の重要性に照らしてすべての国がその保護に法的利益を持つと述べた。つまり**対世的義務**（obligations *erga omnes*）である。対世的義務の例として，侵略行為やジェノサイドの違法化，奴隷や人種差別の禁止などの基本的人権の原則および規則があるという（ICJ Reports 1970, p. 32, paras. 33-34［百選71］）。

対世的義務に違反した国に対して，世界のすべての国が責任追及する権利を持つか。持つとして具体的にどのような請求ができるか。国家責任条文48条によれば，対世的義務の違反に対しては被害国でなくてもすべての国が責任追及権を得る。また違反された義務が多数国間条約などのものでかつ締約国の集団的利益保護のための場合は当事国間対世的義務（obligations *erga omnes partes*）であり，いずれの締約国も責任追及権を得る。ただし，以下の表が示すように，前述の被害国の責任追及権（国家責任条文42条）よりも請求できる内容は限定されるという。

図表 13-1　責任国に対して請求できる内容

	被害国（42条）	被害国以外（48条）
違法行為停止，不反復保証の請求	○	○
賠償（原状回復，金銭賠償，サティスファクション）の請求	○	△（被害国 or 義務受益者の利益のためのみ）

つまり48条は，被害国以外の国が自己利益のために請求できる内容として，違法行為停止と不反復保証を認める。被害国以外の国による賠償請求は，被害国または違反された義務の受益者の利益のためにのみ認められる。以上のように，対世的義務（または当事国間対世的義務）の違反について，被害国以外にも（限定された内容ながら）責任追及権を認める見解がある。

しかし，ICJ などの国際実践では，必ずしも被害国以外の国に責任追及権が

認められていなかった。たとえば南西アフリカ事件では，エチオピアとリベリアが南アフリカによる委任統治受任国としての義務の違反を訴えたが，判決は，原告が自らが法的権利または利益を有することを立証していないとして訴えを退けた（ICJ Reports 1966, p. 51, para. 99［百選99]）。ゆえに，国家責任条文の採択時点（2001年）で48条の規定内容が慣習国際法として確立していたか疑問がある。

　もっとも，2012年のICJ訴追か引渡しかの義務事件判決は，拷問等禁止条約の義務を当事国対世的義務とし，いずれの締約国もその不履行を確認しそれを停止させる目的で他の締約国の責任を追及できるとして，原告ベルギーの訴えを受理した（ICJ Reports 2012, p. 450, paras. 69-70）。南極海捕鯨事件判決も国際捕鯨取締条約の義務を当事国間対世的義務と暗に認め，オーストラリアの訴えを受理した（ICJ Reports 2014, p. 246, para. 41［百選37]）。ジェノサイド条約適用事件（ガンビア対ミャンマー）先決的抗弁判決は，ジェノサイド条約の義務は当事国間対世的義務ゆえに全締約国に責任追及権があるとして，ガンビアに原告適格を認めた（ICJ Reports 2022, p. 516, para. 108. 2020年暫定措置命令は［百選101]）。このように，ICJは拷問等禁止条約とジェノサイド条約（そしておそらくは国際捕鯨取締条約も）上の義務を当事国間対世的義務と認め，被害を受けていない締約国にも一定の責任追及権を認めた。

　ただし，ICJはこれらの判決において国家責任条文48条に言及していない。また，今後ICJが同じ立場を両条約以外のどの多数国間条約に，さらには慣習法上の対世的義務にもとるのかは明らかではない。今のところ，ICJの判例法が慣習国際法上の国家責任法にどこまで影響を及ぼすかは明確でない。

2　国家以外のアクターによる追及

　国際違法行為により，国家以外のアクターの国際法上の権利が侵害される場合がある（国家責任条文33条2項参照）。これらのアクターは責任を追及できるか。

　国際機構については，国連損害賠償事件勧告的意見が，国際義務違反により国連に被害を与えた加盟国に対して，国連が国際請求をする能力を有していると認めた（ICJ Reports 1949, p. 180［百選38]，第11章参照）。

第13章　国家責任

　個人が国家責任を追及することも可能だが，この場合はいくつものハードルがある。まず実体面では，違反された国際法規則が直接個人に国際法上の権利を与え，さらに責任追及権まで認めていなければならない。また国籍国によって自国民の責任追及権が放棄されていないことも要する。次に手続としては，国際的手段と国内的手段がある。前者については，慣習国際法では手続が定められておらず，国籍国による外交的保護に頼るしかない。ゆえに国際的手段で個人が国家責任を追及するには，条約で手続が定められている必要がある。人権条約による個人通報制度や人権裁判所（第10章参照），ICSID などの国際投資仲裁（第12章参照）がその例である。後者（国内裁判所）への提訴については，国際裁判管轄や国際法の直接適用可能性（第1章 III 参照）の問題がある。特に責任国以外の国内裁判所に提訴する場合は，主権免除（第5章 I 参照）や外国判決の承認執行の問題が加わる。

VI　国家責任追及の実効性を高める手段

　今まで述べてきたとおり，責任国義務の履行を請求する，つまり責任を追及する権利があるのは，多くの場合において被害国である。

　しかし，アナーキーな構造の国際社会では，実効的な執行機関が整備されていない。ゆえに被害国が外交ルートで責任国に対して違法行為の停止や原状回復などを求めても，無視されることが少なくない。その場合にどのようにして責任国義務を履行させていくかが問題となる。交渉など外交的な手段（第14章 II）で解決できない場合に，いかなる手段があるか。

1　機構的手段

　国内と同様，被害国が国際裁判や準裁判的手続に訴えて責任を追及することがある。前述のとおり，国際裁判は原則として義務的な裁判管轄権を欠くという限界を持つ（第14章参照）。しかし成功する場合もある。たとえば，オーストラリアは日本による南極海捕鯨計画（JARPA II）が国際捕鯨取締条約上の義務に反するとして ICJ に提訴し，同計画の違反を宣言し停止を命じることを求めた。判決は，JARPA II に基づく特別許可付与が国際捕鯨取締条約の附表に

352

反すると認定した上で,「いかなる現存の認可, 許可, 免許も取り消し, 本計画に従ったいかなる許可の付与も控える」ことを日本に命じた (ICJ Reports 2014, p. 300, para. 247 主文 7 [百選 37])。現存許可の取消しと許可付与の差控えの 2 点のうち, 後者の差控えは違法行為の停止である (前者の現存許可の取消しは違法行為停止とも原状回復とも解しうる)。本判決後に日本は JARPA II を中止したので, オーストラリアによる責任追及は効果があったことになる。

　国際制度による監視制度に頼ることもある。いくつもの多数国間条約が, その義務・基準の履行確保を目的として, 多国間の国際制度による監視・指導の制度を設けている。これは必ずしも違法行為に対する責任追及を主たる目的としているわけではないが, 実際上は違法行為の停止など責任国義務の履行を導くことがある。特に, 国家責任の追及権国が存在しない場合の履行確保に有効である。監視制度の種類として次のようなものがある (それぞれの制度については, 第 8 章や第 9 章などを参照)。

① 定期的報告制度
　　自由権規約 40 条, 人種差別撤廃条約 9 条, 拷問等禁止条約 19 条, 国際労働機関 (ILO) 憲章 22 条, オゾン層保護条約 6 条 4 項・7 条, 気候変動枠組条約 4 条 2 項(b)・7 条 2 項, 生物多様性条約 23 条 4 項・26 条など

② 査察制度
　　国際原子力機関 (IAEA) 憲章 12 条 6 項, 南極条約 7 条, 拷問等禁止条約選択議定書など

③ 申立制度
　　自由権規約 41 条 (国家通報), 自由権規約第一選択議定書 (個人通報), 拷問等禁止条約 21 条 (国家通報), ILO 憲章 24 条 (使用者または労働者団体による不遵守の申立て)・26 条 (加盟国による苦情申立て) など

④ 遵守手続
　　オゾン層を破壊する物質に関するモントリオール議定書, ECE 長距離越境大気汚染条約, 有害廃棄物越境移動規制条約 (バーゼル条約), ECE オーフス条約, バイオセーフティに関するカルタヘナ議定書, 京都議定書, パリ協定など

第13章 国家責任

さらに，国連安保理の強制措置（第15章Ⅱ）も，それ自体は国家責任追及のための制度ではないが，実際上は重なる場合がある。たとえば，イラクがクウェートに侵攻した湾岸危機では，安保理決議に基づく多国籍軍の武力行動（湾岸戦争）により，イラク軍の撤退（＝違法行為の停止）に至った。

2 一方的手段——報復

責任国義務を履行させるために被害国などの国家が一方的にとる措置のうち，自国の国際義務に反しない合法措置は報復（retortion）と呼ばれる（第1章Ⅰ2⑵）。たとえば，開発援助の中断，外交官や国民の追放，外交関係の断絶，船の入港禁止，投資の削減，入国・移民の制限などの措置は，禁じる条約を締結していない限り，いずれも合法である。他国が国際違法行為を犯したと判断して何らかの措置をとる国は，ほとんどの場合で合法な措置をとっていると主張する。ゆえに報復措置は，少なくとも措置国の主観では非常に多くとられていることになる。しかし，本当に国際義務に反しない措置か否かは客観的に判断されなければならず，もし違反するようであれば報復とはみなされない。

3 一方的手段——対抗措置

⑴ 発 展 過 程

一方的な措置が自己の国際義務に抵触するものであるとしても，それは**対抗措置**（countermeasures）として正当化される可能性がある。対抗措置とは，責任国を義務の遵守に誘導するために被害国がとる国際義務に反する措置である（国家責任条文49条）。本来は違法な自力救済（自助）行為を認めることの基礎には，国際社会のアナーキー性がある。国内の社会では，原則として違法行為による自力救済は認められない。たとえば，盗まれた財布を取り戻すために相手の財布を盗み返す行為は窃盗罪になるので，警察に委ねなければならない。しかし，中央集権的な執行機関を欠く国際社会においては，自力救済をより広く認めざるを得ないのである。

武力行使が国際法で禁止されていなかった時代には，戦争や武力復仇による自力救済が認められていた。ドイツ軍によるポルトガル軍基地への攻撃が復仇として正当化されるかが問題となったナウリラ事件1928年仲裁判決（RIAA,

354

Vol. 2, p. 1011［百選83］）は，復仇の定義や条件を示しつつも，武力による復仇そのものを排除していない。

　しかし，1928年の不戦条約や1945年の国連憲章2条4項により戦争・武力行使の違法化が進み，自力救済も非武力に限るべきと主張されるようになった。1970年の友好関係原則宣言（国連総会決議2625）は，「国は，武力の行使を伴う復仇行為を慎む義務を有する」と定める。さらに，米仏航空業務協定事件1978年仲裁判決（RIAA, Vol. 18, p. 417［百選84］）は，復仇に代わって「対抗措置」という語を用いた。この語は在テヘラン米国大使館員人質事件判決（ICJ Reports 1980, p. 27, para. 53［百選62］），ニカラグア事件本案判決（ICJ Reports 1986, p. 127, para. 249［百選107］），ガブチコボ・ナジマロシュ計画事件判決（ICJ Reports 1997, p. 55, para. 83［百選65］）などの国際裁判例や国家責任条文で採用され，現在では定着している。武力行使をも正当化するイメージがある復仇よりも，非武力措置に限定する対抗措置という語の方が好まれたことが一因であろう。

(2)　要　　件

(a)　措置発動の要件

　国家責任条文49条1項によれば，被害国は，責任国義務（違法行為の停止や原状回復など）を履行するよう誘導するためにのみ対抗措置を発動できる。逆に言えば，措置発動後に責任国が義務を履行すれば，措置を終了しなければならない（同53条）。

　対抗措置を発動できる国は被害国に限られる。共通利益保護に関わる国際義務違反に対しては，被害を受けていない国（または国際機構）も対抗措置をとれるとの説があるが，多数の国が濫用を懸念したこともあり，国家責任条文はその可否について規定しなかった。最近の国家実行でもこのような説は必ずしも裏付けられていない。

　国家責任条文52条によれば，被害国は対抗措置を発動する前に責任国に義務履行を求め（1項(a)），措置発動の決定を通告して交渉を提案しておかなければならない（同項(b)）（自国の権利を保全するのに必要な緊急の対抗措置の場合を除く〔同2項〕）。国際違法行為が停止され，かつ拘束力ある判決を下す権限の

第13章 国家責任

ある裁判所に紛争が係属しているときは対抗措置を発動できず，すでに発動している場合は停止しなければならない（同3項）（責任国が紛争処理手続を誠実に実施しない場合を除く〔同4項〕）。

(b) 措置自体の要件

国家責任条文49条1項によれば，対抗措置の標的は責任国に限られ，その目的は責任国を義務履行に誘導することに限られる。ただし国際判例によれば，責任国義務の履行に導くために現実的な実効性がある措置かどうかは問われず，措置国が主観的にそれを意図していれば足りる。

措置は，できる限り国際義務の履行再開が可能な方法でなければならない（国家責任条文49条3項）。さらに，先行違法行為の重大性と問題となる権利に鑑みて，受けた被害と同等でなければならない（均衡性の要件。同51条）。加えて，武力行使禁止義務，基本的人権の保護義務，復仇を禁止する人道的性質の義務，強行規範に基づく義務に反してはならない（同50条1項）。措置国は，責任国との間で適用可能な紛争解決手続に基づく義務からも，外交または領事の職員，公館，公文書および書類の不可侵を尊重する義務からも免れない（同条2項）。

(3) 効　　果

上記の要件を満たす措置は対抗措置となり，国際義務に抵触する措置にもかかわらずその違法性が阻却される（国家責任条文22条）。ただし，措置の標的国以外のアクターへの義務にも違反する場合は，措置国は同アクターに対して責任を負う（同49条2項参照）。

(4) 現　　状

客観的な判断機関を欠く国際社会では対抗措置の要件の充足性は措置国の判断に委ねられることから，対抗措置は違法行為の口実となる危険があると指摘される。さらに，弱国が強国に違法行為で対抗するのは難しいとして，対抗措置は実際には強国の特権だとも言われる。これらの批判には一理ある一方で，現実には，国家は自己の行動が国際義務に適合して合法（つまり報復）だと主張することが多い。対抗措置だとの主張は，「たとえ自国の措置が国際義務に

抵触するとしても……」という代替主張に限られる。したがって，現実に飛び
交っているのは，安易な対抗措置の主張よりも，「義務違反などない」との強
弁である。とはいえ，いずれにせよ，違法行為の有無を第三者機関が判断する
ことが望まれる。

　また，国家責任条文は，対抗措置を責任国義務の履行に誘導する措置と位置
づけるが，実際には義務履行は，対抗措置のような一方的な非友好的手段だけ
でなく，交渉や国際裁判などの友好的手段も交えながら実現されることが多い。

　以上のことから考えると，国家責任の追及をより効果的にするためには，紛
争解決のための友好的手段，特に国際裁判などの第三者手続の整備が望まれる。
この点は次の第 14 章で論じられる。

● 参考文献

西村弓「国際責任」酒井啓亘ほか『国際法』（有斐閣，2011 年）第 4 編第 2 章

岩月直樹「国際法秩序における『合法性』確保制度としての国家責任法の再構成──国
　家責任条文第二部・第三部における国際法委員会による試みとその限界」『変革期の
　国際法委員会（山田中正大使傘寿記念）』（信山社，2011 年）167-192 頁

山田卓平『国際法における緊急避難』（有斐閣，2014 年）

山田卓平「国際違法行為の法的効果──国際司法裁判所による最近の判断の検討」浅田
　正彦ほか編『国際裁判と現代国際法の展開』（三省堂，2014 年）363-387 頁

萬歳寛之『国際違法行為責任の研究──国家責任論の基本問題』（成文堂，2015 年）

岩沢雄司『国際法〔第 2 版〕』（東京大学出版会，2023 年）第 15 章「国家責任法」

浅田正彦「非国家主体の行為の国家への帰属──包括的帰属関係と個別的帰属関係をめ
　ぐって」国際法外交雑誌 111 巻 2 号（2012 年）1-28 頁

第14章 紛争の平和的解決

I 紛争の平和的解決義務

1 紛争の平和的解決義務の成立

　国際社会においては，たとえば，領域の境界画定，高関税の賦課に起因する経済摩擦，国境を越える環境汚染，一国による他国への軍事侵攻など，様々な対立が国家間に生じている。これらを解消するため，1945年の国連憲章は，2条3項において，加盟国が紛争を平和的手段によって解決しなければならないと規定し，**紛争の平和的解決義務**を定めている。

　しかし，伝統的に言えば，国家は紛争を**平和的手段**によって解決しなければならなかったわけではなく，戦争または武力復仇などの**強制的手段**によって解決することが許されていた。実際，1907年の国際紛争平和的処理条約は締約国が紛争の平和的処理を確保するために全力を尽くすよう約束するにとどめ，強制的手段によって解決することは否定されなかった。紛争の平和的解決義務の成立は，戦争の違法化，さらに武力行使の禁止の成立まで待たなければならなかった。なぜならば，これによって，そもそも，戦争または武力復仇などの強制的手段に訴えることそれ自体が許されなくなったからである。国連憲章は，紛争の平和的解決義務を規定する2条3項に続く2条4項において，加盟国が「武力による威嚇」または「武力の行使」を慎まなければならないとし，武力行使の禁止を規定する。

　このように紛争の平和的解決義務の成立は武力行使の禁止の成立と密接不可分である。いずれの義務も国連憲章によって規定される一方で，現在において

第 14 章　紛争の平和的解決

は，慣習国際法上も確立しているとされる。この点については，国際司法裁判所によって確認される（ニカラグア事件〔本案〕，ICJ Reports 1986, p. 99, para. 188 and p. 145, para. 290 ［百選 107］）。

2　紛争の平和的解決手段

　国連憲章は，33 条 1 項において，交渉，仲介，審査，調停，仲裁裁判，司法的解決，地域的機関の利用その他当事者が選択する平和的手段によって紛争の解決を求めると規定する。同項は平和的解決手段を網羅しない一方で，同項の列挙する平和的解決手段は**非裁判手続**と**裁判手続**の 2 つに大きく分けることができる。非裁判手続としては，交渉，仲介，審査，調停などが，裁判手続としては，仲裁裁判と司法的解決がそれぞれ挙げられる。

　どのような平和的解決手段が用いられるかは，原則として，当事国の自由に委ねられる。実際，1970 年の友好関係原則宣言は「国際紛争は国家の主権平等を基礎として，かつ，手段の自由な選択の原則に従って解決する」と述べる。もっとも，このことは，個別の条約において一定の平和的解決手段を義務的とすることを排除しない。たとえば，国連海洋法条約は，286 条において，紛争が任意の手続によって解決されない場合は，義務的手続に付託されるとするとともに，287 条 1 項において，義務的手続として，国際海洋法裁判所，国際司法裁判所，仲裁裁判所，特別仲裁裁判所のいずれかに紛争が付託されるとする。

　国連憲章は，36 条 3 項において，「**法律的紛争**」が国際司法裁判所に付託されなければならないと規定する。そこで，何が「法律的紛争」であるか，言い換えれば，「法律的紛争」と「非法律的紛争」の分類が論じられた。この点については，**重大利益説**，**適用法規存否説**，**権利主張説**の立場が唱えられた。重大利益説は紛争が国家の重大な利益に関係するか否か（重大な利益に関係しない＝「法律的紛争」，重大な利益に関係する＝「非法律的紛争」），適用法規存否説は当該紛争に適用される国際法規則が存在するか否か（規則が存在する＝「法律的紛争」，規則が存在しない＝「非法律的紛争」），権利主張説は当事国が国際法上の権利義務を争う形式により紛争の争点を定式化するか否か（権利義務を争う形式による＝「法律的紛争」，権利義務を争う形式によらない＝「非法律的紛争」）を基準とする。

360

もっとも，国際司法裁判所の判決を考慮するならば，これらの論争はあまり重要ではない。在テヘラン米国大使館員人質事件において，武装勢力が在テヘラン米国大使館を占拠したことを受けて米国はイランが外交関係に関するウィーン条約などに違反したとしてイランを国際司法裁判所に提訴した。国際司法裁判所は「裁判所に提起された法律的紛争が政治的紛争の一側面にすぎないために裁判所は当事国間の法的問題を解決することを控えるべきであるという見解を採用すれば，国際紛争の平和的解決における裁判所の役割に不当な制約を課す」(ICJ Reports 1980, p. 20, para. 37［百選62］) とし，紛争の平和的解決における国際司法裁判所の役割を重視しつつ，紛争の政治性に基づく抗弁を認めなかった。

Ⅱ　非裁判手続

1　交　　渉

交渉は，紛争が発生した後に当事国が外交手続を通じて直接に実施する対話を意味する。交渉については，当事国の権力関係が反映されやすいという短所がある一方で，当事国が様々な要素を勘案しながら柔軟に紛争を解決することを促進するという長所がある。

交渉は，その他の平和的解決手段を用いるための条件とされることがある。たとえば，人種差別撤廃条約は，22条において，交渉によって解決されないものは，紛争当事国がその他の解決方法に合意しない限り，国際司法裁判所に付託されると規定し，交渉を国際司法裁判所への付託の条件としている。人種差別撤廃条約適用事件において，ジョージアはロシア連邦の行為が同条約上の義務に違反するとしてロシア連邦を国際司法裁判所に提訴した。国際司法裁判所は，事実を検討した上で，「ジョージアとロシア連邦は，人種差別撤廃条約上の実体的義務のロシア連邦による遵守に関して交渉に従事しなかった」(ICJ Reports 2011, p. 140, para. 182) とし，22条の条件不充足を理由に管轄権を認めなかった。

もっとも，条約において交渉が国際司法裁判所への付託の条件とされること

第14章　紛争の平和的解決

はあっても，一般国際法上，交渉は国際司法裁判所への付託の条件ではない。
カメルーンとナイジェリアとの間の領土と海洋境界事件において，カメルーン
はバカシ半島への主権の問題に関してナイジェリアを国際司法裁判所に提訴し
た。国際司法裁判所は「外交交渉を尽くすことが事案を裁判所に付託するため
の前提条件であるという内容の一般規則は，国連憲章上も国際法上も見出すこ
とができない」（ICJ Reports 1998, p. 303, para. 56）と述べる。

　また，交渉は義務ではないものの，**交渉義務判決**が裁判所によって出される
ことがある。北海大陸棚事件において，デンマークとオランダは大陸棚の境界
画定に関して西ドイツとともに国際司法裁判所に付託した。国際司法裁判所は，
「境界画定は衡平原則に従って，すべての関連状況を考慮しつつ，合意によっ
て実施されなければならない」（ICJ Reports 1969, p. 53, para. 101［百選2］）と述
べた。これは，当事国に交渉を義務づける判決である。

2　周旋・仲介

　周旋と**仲介**はいずれも第三者が当事国の交渉に関与し紛争解決を促進するも
のである。通常，周旋と仲介は，当事国の交渉への第三者の関与の度合いによ
って区別される。

　周旋は，第三者が当事国に対して交渉の機会・場所などを提供することによ
って便宜を図るものの，あくまでも交渉の内容に立ち入るわけではない。たと
えば，ヴェトナム戦争にあたってフランスが交渉の便宜を図った結果，米国と
ヴェトナムは平和条約を締結した。

　これに対して，仲介は，第三者が当事国の意見の調整を行い，当事国に解決
案を提示するなどして交渉の内容に立ち入るものである。ローマ法王がビーグ
ル海峡事件仲裁裁判判決［百選〈第2版〉83］に関連して仲介を果たしたのは著
名である。アルゼンチンとチリは島に対する主権などに関して紛争を仲裁裁判
に付託し，仲裁裁判所が判決を下した。判決は履行されなかったけれども，ロ
ーマ法王が解決案を提示し，両国はこれを受け入れて平和条約を締結した。

3 審 査

(1) 国際紛争平和的処理条約

審査は，非政治的・中立的な個人から構成される国際委員会が紛争の事実を調査し当事国に報告するものである。1899年の国際紛争平和的処理条約は，9条から14条までの6か条にすぎなかったものの，平和的解決手段として初めて審査を導入した。

審査が功を奏した例として有名なのが，ドッガー・バンク事件である。1904年，ロシアの軍艦は，ロシアと日本が戦争（日露戦争）中であったため，北海の浅瀬であるドッガー・バンクを航行中のイギリスの漁船を日本の水雷艇と誤って砲撃した。ロシアとイギリスが設置した審査委員会は，砲撃の責任がロシアの司令官にあるという内容の報告書を提出した。ロシアとイギリスの双方ともがこの報告書の内容を受け入れて，ロシアがイギリスに対して賠償金を支払うことによって最終的に紛争が解決された。

このように審査の有用性が認識されたことから，国際紛争平和的処理条約は1907年の改正にあたって審査に関して詳細な規定を置くことになった。同条約の審査に関する規定は，証人の手続などが加わり，9条から36条までの28か条に増補された。

もっとも，その後，国際紛争平和的処理条約に従って審査が用いられた事件は多くない。イタリアの水雷艇がフランスの蒸気船を拿捕したタビニアノ号事件（イタリア＝フランス），ドイツの潜水艦がスペインの近海においてノルウェーの船舶を撃沈したタイガー号事件（ドイツ＝スペイン），ドイツの潜水艦がオランダの蒸気船を撃沈したチュバンチャ号事件（ドイツ＝オランダ）の3件のみ，同条約に従って審査が用いられた。

(2) レッド・クルセーダー号事件

第二次世界大戦後，国際紛争平和的処理条約の下ではないものの，審査が用いられた事件として著名なのが，レッド・クルセーダー号事件である。1961年，デンマークの監視船は，違法な漁業に従事したとして嫌疑がかけられたイギリスの漁船であるレッド・クルセーダー号を追跡した後に，発砲に至った。

第 14 章　紛争の平和的解決

デンマークとイギリスが設置した国際審査委員会は，レッド・クルセーダー号が漁業に従事したという証拠はなく，さらにデンマークの監視船が行った発砲は正当な実力行使を超えるものであったという内容の報告書を提出した（RIAA, Vol. 29, pp. 498-499 ［百選 85］）。デンマークとイギリスの双方ともがこの報告書の内容を受け入れて，紛争はデンマークとイギリスの双方ともが請求権を放棄することによって最終的に解決されることになった。

　このレッド・クルセーダー号事件については，審査が紛争事実の調査のみならず法的な判断に及ぶものであったと理解することができる。なぜならば，報告書の内容の一部である，デンマークの監視船が行った発砲が正当な実力行使を超えるものであったという箇所は，法的な判断に実質的に立ち入るからである。この点を考慮すると，審査は，状況によっては，（後述する）調停または仲裁裁判に類似する性格を有することがある。

4　調　　停

　調停は，非政治的・中立的な個人から構成される国際委員会が紛争事実を調査しつつ，法的な側面を含め紛争のあらゆる側面を検討し当事国に解決案を提示するものである。

　1911 年に米国とイギリスの間に締結されたノックス条約，1913 年から 1914 年にかけて米国と諸国の間に締結されたブライアン条約が，紛争事実を調査することに加え，当事国に解決案も提示する国際委員会に関する規定を設けた。これらを契機として，1922 年，国際連盟の総会は紛争解決条約の中に調停を導入することを各国に奨励することになる。この結果，連盟時代，調停を導入する紛争解決条約が多数締結されることになった。

　この紛争解決条約の中でも，とりわけ，1928 年に締結され 1949 年に改正された国際紛争の平和的解決に関する改正一般議定書は，調停を詳細に規定する。国際紛争の平和的解決に関する改正一般議定書は，1 条において，締約国間のあらゆる紛争であって外交上の手段により処理できなかったものは調停に付託されると規定するとともに，2 条から 16 条にかけて，調停委員会の構成・委員の任命・付託の手続・審査手続・決定の方法・経費などを規定する。

　今日，この紛争解決条約とは別に，個別の条約において調停が平和的解決手

段として導入されている。この点については，1969 年の条約法条約と 1982 年の国連海洋法条約がよく知られている。前者は，66 条(b)において，条約の無効，終了・運用停止についての規定の解釈・適用に関する紛争が（附属書に定める）調停委員会に付託されると規定するのに対し，後者は，284 条において，当事国の合意による調停（附属書Ⅴ第 1 節の手続）を，297 条 3 項(b)において，一方的付託による調停（附属書Ⅴ第 2 節の手続）をそれぞれ規定する。

　しかし，審査と同様，当事国が調停を用いた事件は多くない。一例として挙げるならば，1981 年のヤン・マイエン調停事件がある。アイスランドとノルウェーが設置した調停委員会は，アイスランドとノルウェーの間の大陸棚の境界画定をすることなく，大陸棚の共同開発を解決案として提示した。アイスランドとノルウェーがこの解決案を受け入れたため，紛争は両国が共同開発協定を締結することによって最終的に解決された。

5　国際連合による紛争解決

(1)　安全保障理事会による紛争解決

　国連憲章は，33 条 1 項において，「その継続が国際の平和及び安全の維持を危くする虞のある」紛争については，紛争当事国が自由に選択する平和的手段によって解決を求めると規定する一方で，37 条 1 項において，紛争当事国が紛争を解決することができなかったときは安全保障理事会に紛争を付託しなければならないと規定する。国連憲章 37 条 2 項によると，安全保障理事会は，これに必ずしも対応しなければならないわけではなく，「紛争の継続が国際の平和及び安全の維持を危くする虞が実際にある」かどうかを審議し，これが認められるときは国連憲章 36 条に基づく行動，すなわち，「適当な調整の手続又は方法を勧告する」か，または「適当と認める解決条件を勧告する」かのいずれかを決定しなければならない。

　前者は，たとえば，仲介など解決に適当と思われる手段・方法を示すことである。この点に関連して国連憲章 36 条 3 項は，「法律的紛争」については，紛争当事国によって国際司法裁判所に付託されることを安全保障理事会が考慮に入れると規定する。コルフ海峡事件ではこれに基づき付託勧告が行われた（1947 年安保理決議 22）。これに対して，後者は解決案を示すことである。

第 14 章　紛争の平和的解決

　紛争当事国以外からの付託としては，国連憲章 35 条 1 項，11 条 3 項，99 条によると，紛争当事国以外の加盟国，総会，事務総長は安全保障理事会の注意を促すことができる。

　なお，国連憲章 27 条 3 項ただし書は，安全保障理事会が国連憲章第 6 章の下にこれらの行動をとる場合，紛争当事国である安全保障理事会の理事国は投票を棄権しなければならないと規定する。しかし，紛争当事国である安全保障理事会の理事国であっても多くの事例において表決に参加したという実行に鑑みると，実際上，この義務的棄権は形骸化している。

(2)　総会による紛争解決

　国連憲章は，24 条 1 項において，安全保障理事会が「国際の平和及び安全の維持に関する主要な責任」を負うとする。他方で，国連憲章は，10 条において，総会が「この憲章の範囲内にある問題若しくは事項」を討議・勧告できるとしつつ，11 条 2 項において，総会が「国際の平和及び安全の維持に関するいかなる問題」も討議・勧告できるとしている。このように総会は，国際の平和および安全の維持を含め広範な事柄を討議・勧告できる。

　この点に関連して国連憲章 12 条 1 項は，安全保障理事会がある紛争について任務を遂行する間，総会は安全保障理事会が要請しない限り，当該紛争について勧告をしてはならないと規定する。初期の実行において，同項は厳格に運用され，ある問題が安全保障理事会の議事に上がる間，総会は当該問題に関して勧告しなかった。しかし，その後，同項は柔軟に運用されている。パレスチナの壁事件において，総会はイスラエルにより建設された壁がいかなる法的効果を持つかに関して国際司法裁判所に勧告的意見を要請した。国際司法裁判所は，ある問題が安全保障理事会の議事に上がる間であっても，総会は当該問題に関して勧告してきたとし，「総会と安全保障理事会が国際の平和および安全の維持に関して同じ問題を並行して扱う傾向がある」（ICJ Reports 2004, p. 149, para. 27［百選 110］）と述べた。

(3)　事務総長による紛争解決

　事務総長が安全保障理事会の注意を促すことができることは，すでに確認し

た。他方で，国連憲章は，98 条において，事務総長が総会，安全保障理事会，経済社会理事会，信託統治理事会から委託されるその他の任務を遂行すると規定する。たとえば，イラン・イラク戦争にあたって事務総長は安全保障理事会との連携の下に周旋などの任務を実施した。

　レインボー・ウォーリア号事件における事務総長の裁定の性質をどのように捉えるかは見解が一致しない。環境保護団体のグリーンピースが派遣したレインボー・ウォーリア号は，ニュージーランドの港に停泊中，フランスの関与の下に沈没させられた。両国が紛争を事務総長に付託したため，事務総長は金銭賠償をフランスに求めるなどの内容の裁定を下した（RIAA, Vol. 19, p. 213 ［百選88]）。この裁定を仲介と見るか，（後述する）仲裁裁判と見るかは，意見が分かれる。

III　裁判手続

1　仲裁裁判と司法的解決

　非裁判手続による判断は原則として当事国を法的に拘束しないのに対し，裁判手続による判断は当事国を法的に拘束する。裁判手続は**仲裁裁判**と**司法的解決**に大別される。

　仲裁裁判と司法的解決の最大の違いは，裁判所の設置の仕方にある。仲裁裁判における裁判所は，当事国が事件ごとに**コンプロミー**（compromis）と呼ばれる付託合意に基づき選任する裁判官から構成されるため，常設性を持たない。これに対して，司法的解決における裁判所は，国際司法裁判所，国際海洋法裁判所，国際刑事裁判所などのように前もって決められた裁判官から構成されるため，常設性を持つ。この違いから，仲裁裁判は，司法的解決と比較して，構成・準則などが当事国の裁量に委ねられ柔軟である点に特徴を有する。

2　仲裁裁判

(1)　仲裁裁判の展開

　近代における仲裁裁判の実施は，1794 年のジェイ条約を端緒とする。ジェ

第14章　紛争の平和的解決

イ条約に基づき米国とイギリスが設置した委員会は，米国の独立戦争に伴う米国とイギリスの間の賠償問題，さらに国境問題などを処理した。

このジェイ条約の成功を契機として，仲裁裁判は，欧米諸国，さらにラテンアメリカ諸国において広範に用いられるようになる。とりわけ，1872年のアラバマ号事件仲裁裁判は，仲裁裁判の有用性を知らしめたケースとして良く知られている。裁判所は，南北戦争にあたって中立国のイギリスが南軍を支援したために中立法上の義務に違反したと認定した上で，イギリスに金銭賠償を支払うよう命じた（J. B. Moore, History and Digest of the International Arbitrations to Which the United States Has Been a Party, Vol. 1(1898), pp. 658–659 [百選6]）。イギリスが米国に金銭賠償を支払い，判決を遵守したことによって，最終的に紛争は解決された。

このアラバマ号事件仲裁裁判以降，仲裁裁判は一つの前進を遂げた。それは国際紛争平和的処理条約が**常設仲裁裁判所**（Permanent Court of Arbitration）を導入したことに関連する。同条約は，締約国が裁判官を4名まで任命し，このように任命された裁判官から構成される名簿を常設仲裁裁判所が準備すると規定した。この結果，締約国は，常設仲裁裁判所に紛争を付託するとき，この名簿の中から裁判官を選任する。このように常設仲裁裁判所は裁判官の任命を容易にすることによって，裁判を円滑にした。

しかし，常設仲裁裁判所については，「常設」という言葉が名称にあるにもかかわらず，裁判所の設置の仕方として常設性を持たないことに注意しなければならない。なぜならば，裁判官の名簿が常備されているだけであって，あくまでも当事国が事件ごとに選任する裁判官から構成される点において仲裁裁判の本質からは外れていないからである。

(2)　仲裁裁判の構成

仲裁裁判の構成は，当事国が事件ごとに付託合意によって決定するため，一定していない。しかし，一般的に裁判官は3名または5名とされることが多い。この場合，当事国がそれぞれ1名または2名を選び，当事国の合意によって残りの1名が選ばれることが多い。

また将来，紛争が発生するときを想定して，条約上，仲裁裁判が義務化され

ることがある。問題は一方の当事国が仲裁裁判を挫折させる目的から裁判官の任命を拒否することである。この問題に対処するため、条約によっては、一方の当事国が裁判官の任命を拒否するとき、他方の当事国が国際司法裁判所所長または国連事務総長に対して1名または2名以上の仲裁人の指名を要請することができると規定する（たとえば、原子力事故通報条約11条）。

(3) 仲裁裁判の判決

(a) 準 則

仲裁裁判の準則も、当事国が事件ごとに付託合意によって決定するため、一定していない。一般的に国際法が準則とされることが多い。もっとも、「衡平及び善」(*ex aequo et bono*) などを準則に仲裁裁判が行われることは排除されない。

いずれにせよ、仲裁裁判が何を準則として行われるかは当事国の付託合意に委ねられる。たとえば、トレイル熔鉱所事件は興味深い。大量の亜硫酸ガスがカナダのトレイルに建設された熔鉱所から発生した結果、米国の農作物・森林などに多大な損害が生じた。米国とカナダが締結した付託合意は、裁判所が「国際法と国際慣行のみならず米国において類似の問題を処理するにあたって従われる法と慣行も適用する」(Trail Smelter Arbitration, RIAA, Vol. 3, p. 1908 [百選24]) と規定したことから、裁判所は国際法と国際慣行のみならず米国の国内法と慣行も準則として扱った。

(b) 効 力

仲裁裁判の判決は、当事国に対して法的拘束力を有する。たとえば、国際紛争平和的処理条約は、37条において、当事国が仲裁裁判に依頼することは誠実に当該判決に服従するという約束を包含していると規定し、この点を確認する。

もっとも、仲裁裁判において裁判官が買収されていたなどの一定の事由が見られる場合、仲裁裁判の判決は拘束性を持たない。この論点は**無効原因論**として、学説上、これまで論じられてきた。問題は何が無効原因に当たるかである。

この点については、たとえば、1958年に国際法委員会が採択した「仲裁手続に関するモデル規則」が示唆を与える。「仲裁手続に関するモデル規則」は、

369

第14章 紛争の平和的解決

35条において，4つを無効原因として列挙する。すなわち，①裁判所が権限を踰越したこと，②裁判所の裁判官の側に腐敗があったこと，③判決理由が示されていないこと，または基本的な手続規則からの逸脱があること，④付託協定が無効であったことである。

実際，仲裁裁判の判決の効力が国際司法裁判所において争われたことがある。それが1906年12月23日スペイン国王仲裁判決事件である。1894年，ホンジュラスとニカラグアは，国境紛争を解決するためにガメス・ボニラ条約を締結した。同条約は混合国境委員会を設置する一方で，混合国境委員会が処理できない問題は仲裁裁判に付託すると規定する。混合国境委員会は審理を実施したものの，国境の一部を画定できなかったため，スペイン国王から構成される仲裁裁判が設置された。1906年，仲裁裁判が残りの国境を画定する判決を下したにもかかわらず，ニカラグアは，スペイン国王がガメス・ボニラ条約に違反し権限を踰越したことから，仲裁裁判の判決が無効だと主張した。

このニカラグアの異議申立てに対し，国際司法裁判所は，仲裁裁判の上訴審ではないと断りながら，「国際司法裁判所は仲裁者の決定が正しかったか，または間違っていたかについては，判断するよう求められていない」と確認する。その上で，スペイン国王はガメス・ボニラ条約に違反しておらず，権限を踰越したわけではないとし，ニカラグアの異議申立てに根拠はないと判断した（ICJ Reports 1960, pp. 214-216）。このように国際司法裁判所は，仲裁裁判の上訴審ではなく，仲裁裁判の判決の当否の検討は求められていない。あくまでも仲裁裁判が付託合意上の権限を踰越したかを検討する。

IV 司法的解決——国際司法裁判所をめぐって

1 司法的解決の展開

司法的解決は，国際連盟の時代に設立された常設国際司法裁判所（Permanent Court of International Justice）から本格的に始動した。1945年に国際連合が誕生し，常設国際司法裁判所を受け継いだのが，国際司法裁判所（International Court of Justice）である。

IV 司法的解決

　常設国際司法裁判所は国際連盟と法的に関連づけられなかった一方で，国際司法裁判所は国際連合と法的に関連づけられている。すなわち，国連憲章は，92 条において，国際司法裁判所が国際連合の主要な司法機関であること，さらに国際司法裁判所規程が国連憲章と不可分の一体を構成することを定める。この結果，国際司法裁判所は国際連合において紛争解決の中心的役割を果たすことが期待されつつ，さらに国際連合の加盟国は当然に国際司法裁判所規程の当事国となる。国連憲章は 93 条 1 項においてこの点を確認するとともに，93 条 2 項において，国際連合の加盟国でない国家も，安全保障理事会の勧告に基づいて総会の決定する条件に従い国際司法裁判所規程の当事国となりうると認める。

　現在，国際司法裁判所以外では，司法的解決として，国際海洋法裁判所，国際刑事裁判所などの様々なものを挙げることができる。その中で，本章では，国際法のすべての分野に多大な影響を与える司法的解決として，国際司法裁判所に焦点を絞って説明したい。

2　国際司法裁判所の構成

(1)　裁判官の選出

　国際司法裁判所は，国連の選挙において選出される 15 名の裁判官から成る。国際司法裁判所規程は，2 条において，国籍のいかんを問わず独立の裁判官が選出されるとする一方で，3 条 1 項において，同一国籍者が同時に 2 名以上裁判官であってはならないとする。

　裁判官の選出にあたって，世界の主要文明形態と主要法系が代表されるよう配慮される。国際司法裁判所規程は 9 条においてこの点を確認する。しかし，何が世界の主要文明形態と主要法系であるかが不明なこともあって，実際は，地理的配分により割り当てられ，西欧その他 5 名，東欧 2 名，アジア 3 名，アフリカ 3 名，中南米 2 名が慣行上維持される。

　裁判官の任期は 9 年であって，3 年ごとに 5 名が改選されるものの，再任は可能である。国際司法裁判所規程は 13 条 1 項においてこの点を確認する。裁判官の選出手続としては，第 1 に**候補者の指名**が，第 2 に**国連の選挙**がそれぞれ行われる。

371

第14章 紛争の平和的解決

候補者の指名は常設仲裁裁判所の裁判官として各国が任命した**国別裁判官団**が実施する。国際司法裁判所規程4条1項は，この点を確認し，5条2項は，国別裁判官団が4名まで候補者を指名できると規定する（自国籍を有する者は2名を超えてはならない）。

このように指名された候補者に対し，国連の選挙が実施される。国際司法裁判所規程は，8条において，総会と安全保障理事会がそれぞれ選挙を実施するとし，10条1項において，いずれの選挙でも絶対多数を得た候補者が当選するとする。なお，国際司法裁判所規程は，10条2項において，安全保障理事会の常任理事国と非常任理事国との区別なしにこの選挙が実施されると定めるため，常任理事国の拒否権はこの選挙において認められない。

これらの裁判官以外に，**特別選任裁判官**（judge *ad hoc*）が選任されることがある。国際司法裁判所規程は，31条2項と3項において，15名の裁判官の中に自国籍を有する者がいない場合，当事国が当該事件に限定して特別の裁判官を選任できると規定する。確かに，特別選任裁判官については，仲裁裁判の色彩が濃く，司法の解決の理念と相反するという批判はある。しかし，国際司法裁判所規程が31条6項において特別選任裁判官が独立の裁判官であることなどを要求する点に鑑みると，必ずしも不合理でない。

(2) 裁判部——簡易手続部・特定部類裁判部・特別裁判部

国際司法裁判所は，裁判官全員が出席する全員法廷以外に，いわゆる小法廷として3種類の裁判部の存在を認める。**簡易手続部，特定部類裁判部，特別裁判部**である。

簡易手続部は常時設置される裁判部であって，国際司法裁判所規程は29条においてこれを規定する。これまで，国際司法裁判所は簡易手続部を用いたことはない。

特定部類裁判部は，労働・通過などの特定の部類の事件を処理するために事件ごとに設置される裁判部である。国際司法裁判所規程は26条1項においてこれを規定する。これまで，国際司法裁判所は，簡易手続部と同様，特定部類裁判部も用いたことがない。

特別裁判部は，特定の事件を処理するために事件ごとに設置される裁判部で

あって，国際司法裁判所規程は 26 条 2 項においてこれを規定する。簡易手続部と特定部類裁判部とは対照的に，国際司法裁判所は特別裁判部を幾度か用いている。もっとも，国際司法裁判所規則は 17 条 2 項において「部の構成について両当事者の意見を確認」するとし，17 条 3 項において「裁判所は……当該裁判官の選挙を行う」とするため，特別裁判部の裁判官の選任については，国際司法裁判所が決定するものの，当事国の意見が反映されうる。たとえば，特別裁判部は，米国とカナダが海洋境界画定を争ったメイン湾境界画定事件［百選〈第 1 版〉101］において用いられた。しかし，この判決は，特別裁判部の裁判官の選任に当事国の意見が反映されたとして批判されている。これは国際司法裁判所が司法的解決であるにもかかわらず，仲裁裁判の要素を混在させることに起因する。司法裁判所の仲裁裁判所化という問題である。

3　国際司法裁判所の管轄権

　管轄権は国際司法裁判所が事件に判決を下すための権限である。国際司法裁判所の管轄権は当事国の同意（両当事国の合意）に基づき設定される。これを同意原則という。

　国際司法裁判所に管轄権を設定する形態としては，(1)付託協定，(2)裁判条約・裁判条項，(3)選択条項受諾宣言，(4)応訴管轄がある。

(1)　付 託 協 定

　付託協定は，紛争が発生した後に当事国が国際司法裁判所に紛争を付託する合意である。国際司法裁判所規程は 36 条 1 項において当事国が裁判所に付託するすべての事件に管轄権が及ぶと規定し，この点を確認する。請求主題などは付託協定において定められるものの，当事国がその範囲を争うことがある。国際司法裁判所の管轄権が付託協定に基づき設定された事件は，マレーシアとシンガポールが島の領有を争ったペドラ・ブランカ事件（ICJ Reports 2008, pp. 17-19, paras. 1-2［百選 28］），ブルキナファソとニジェールが国境画定を争った国境紛争事件（ICJ Reports 2013, pp. 49-52, paras. 1-2）など，少なくない。

373

第14章　紛争の平和的解決

(2)　裁判条約・裁判条項

裁判条約は，あらかじめ紛争を国際司法裁判所に付託することを約束して，二国間・多数国間において締結される紛争解決条約である。たとえば，1949年の国際紛争の平和的解決に関する改正一般議定書は，17条において，すべての紛争は（当事国が仲裁裁判所に付託することに合意しない場合に）国際司法裁判所に付託されると規定する。実際，核実験事件において，オーストラリアは，フランスによる南太平洋フランス領内の大気圏内核実験が国際法に違反するとしてフランスを提訴するにあたって，国際紛争の平和的解決に関する改正一般議定書17条を管轄権の根拠とした（ICJ Reports 1974, p. 254, para. 1 ［百選98]）。

裁判条項は，あらかじめ紛争を国際司法裁判所に付託することを約束して，特定の条約の中に挿入する当該条約の紛争解決条項である。たとえば，1963年の領事関係に関するウィーン条約選択議定書は，1条において，領事関係に関するウィーン条約の解釈・適用から生ずる紛争は国際司法裁判所の義務的管轄に属し，当事国が国際司法裁判所に付託することができると規定する。実際，アヴェナ事件において，メキシコは，米国がメキシコ人に領事通報権の告知を怠ったとして米国を提訴するにあたって，領事関係に関するウィーン条約選択議定書1条を管轄権の根拠とした（ICJ Reports 2004, p. 17, para. 1）。

裁判条約と裁判条項のいずれも国際司法裁判所の裁判義務を発生させる点において共通する。しかし，裁判条約の場合と異なって，裁判条項の場合，あくまでも当該条約の解釈・適用から生じる紛争が国際司法裁判所の裁判義務の対象となる。

(3)　選択条項受諾宣言

選択条項受諾宣言は，国際司法裁判所の管轄権を義務的であるとして国家があらかじめ受諾する宣言である。国際司法裁判所規程は，36条2項において，規程の当事国が国際司法裁判所の管轄権を義務的であるといつでも宣言できると規定する。この結果，選択条項受諾宣言を実施した国家間については，同一の義務を受諾する範囲内において，国際司法裁判所の管轄権が設定されることになる。選択条項受諾宣言は，元々は常設国際司法裁判所の設立にあたって，一般的な強制管轄権を信奉する諸国と同意原則に執着する諸国との間の妥協と

して導入され，これが国際司法裁判所に継承された。

(a) 選択条項受諾宣言に付される留保

選択条項受諾宣言に特定の紛争を除外する**留保**が付されることは慣行上よく見られる。たとえば，漁業紛争・領土紛争を除外する留保など，様々である。

選択条項受諾宣言に付された留保に対しては**相互主義**が適用される。この結果，原告の付した留保を被告が援用することによって国際司法裁判所の管轄権を否定することができる。この点については，ノルウェー公債事件が有名である。1900年頃ノルウェーはフランスその他の外国市場において公債（国家が財政収入不足を補う目的から金銭を借り入れること）を発行した。債権者のフランスは金約款（金価値の下落による債権者の損失を防ぐために特定の金価値に基づき債務者が支払うよう約束すること）が付されていると主張したものの，債務者のノルウェーがこれを争った。国際司法裁判所は，フランスの選択条項受諾宣言に留保が付されたことに注目しつつ，「裁判所の管轄権の基礎となる当事国の共通意思はフランスの留保が示したより狭い範囲内に存在する」とし，原告のフランスの付した留保を被告のノルウェーは援用できると判断した（ICJ Reports 1957, pp. 23-24 [百選93]）。

(b) 留保の分類

選択条項受諾宣言に付される留保は，対象に応じて，3つに分類することができる。これは**人的範囲**，**時間的範囲**，**事項的範囲**に関連する。

第1に，人的範囲に関連する留保は一定の国家との間に生じる紛争を除外する。たとえば，インドは，選択条項受諾宣言において，コモンウェルス構成国である国家との間に生じる紛争を除外する留保を付す（コモンウェルス留保）。実際，1999年8月10日航空機事故事件において，パキスタンはインドが航空機を破壊したとしてインドを国際司法裁判所に提訴したものの，国際司法裁判所は，コモンウェルス留保を考慮し，パキスタンがコモンウェルス構成国であることから管轄権を否定した（ICJ Reports 2000, pp. 29-30, paras. 34-39）。

第2に，時間的範囲に関連する留保は一定の時期以降に生じる紛争に限定する。たとえば，インドは，選択条項受諾宣言において，1930年2月5日以降に生じる紛争に限定している。実際，インド領通行権事件において，ポルトガルはインド領の飛び地の通行に関してインドを国際司法裁判所に提訴したもの

375

の，インドはポルトガルの主張が1930年2月5日前になされたと反論した。国際司法裁判所は，一方当事国の主張する権利の淵源となる事実ではなく，紛争の原因となる事実があくまでも重要であるとし，当該事実は1954年7月に生じたとしてインドの反論を退けて管轄権を肯定した（ICJ Reports 1960, pp. 35-36 [百選〈第1版〉3]）。

第3に，事項的範囲に関連する留保は一定の事項から生じる紛争を除外する。たとえば，米国は，選択条項受諾宣言において，多数国間条約の下に生じる紛争を除外する留保を付す。実際，ニカラグア事件（本案）において，米国は国連憲章の下に生じる紛争が国際司法裁判所の管轄権から除外されると主張した。国際司法裁判所はこの主張自体は認めたけれども，たとえ国連憲章と慣習国際法の内容が同じでも，慣習国際法に関する紛争の審理は妨げられないと判断した（ICJ Reports 1986, pp. 92-94, paras. 172-175 [百選107]）。この判断は，留保の影響を少なくし管轄権を肯定したものである。

(c) 自己判断留保

選択条項受諾宣言に付される留保の中でも，特に問題とされるのが**自己判断留保**である。これは，あくまでも自国の判断によって一定の紛争を国際司法裁判所の管轄権から除外できるとするものである。この点は米国の選択条項受諾宣言がよく知られている。米国は，選択条項受諾宣言において，米国の決定に従って国内管轄権内にあると判断される事項に関する紛争を国際司法裁判所の管轄権から除外する。この自己判断留保の有効性は国際司法裁判所によって直接評価されてはいない。しかし，学説上，国際司法裁判所規程が36条6項において管轄権があるかは国際司法裁判所が決定すると規定することと合致しないなどとして，無効を主張する見解がある（また無効であるとして，選択条項受諾宣言全体を無効とする立場と留保のみを無効とする立場がある）。

(d) ノッテボーム原則

なお，いったん有効に設定された管轄権は，その後一方または双方の選択条項受諾宣言が期間満了・廃棄によって失効しても影響を受けない。これは**ノッテボーム原則**と呼ばれる。ノッテボーム事件において，リヒテンシュタインはノッテボーム氏の財産返還などを求めてグアテマラを国際司法裁判所に提訴した。グアテマラは選択条項受諾宣言の期間満了から失効を主張したものの，国

際司法裁判所は，リヒテンシュタインとグアテマラの選択条項受諾宣言が訴状受理の時点において有効であったとしつつ，「期間満了・廃棄を理由とする選択条項受諾宣言の事後的失効はすでに設定された管轄権を裁判所から奪わない」とし，グアテマラの主張を退けて，管轄権を肯定した（ICJ Reports 1953, pp. 122-123）。

⑷ 応 訴 管 轄

応訴管轄（*forum prorogatum*）は，紛争が発生した後に一方当事国の提訴に対して他方当事国が同意を与えることである。応訴管轄は，紛争が発生した後に管轄権を設定する点において付託協定と共通するものの，提訴前の協定の締結という共同行為ではなく，提訴後の2つの別個の連続した行為による点において付託協定とは異なる。

同意は，明示的な方法による必要はなくて，たとえば，管轄権を否定しないまま本案を争うなどの黙示的な方法でも十分である。応訴管轄は濫用の危険を伴うことから，国際司法裁判所規則は38条5項において一定の要件を設ける。

たとえば，コルフ海峡事件において，イギリスは，自国の軍艦が海峡を通航中に触雷したことを受けて，アルバニアを国際司法裁判所に提訴した。アルバニアはイギリスの提訴を否認する一方で，裁判を受ける準備があると述べたため，国際司法裁判所はアルバニアがイギリスの提訴を受諾したとして管轄権を肯定した（ICJ Reports 1947-1948, pp. 26-27 ［百選〈第1版〉94］）。

またたとえば，刑事司法共助事件において，ジブチは刑事司法共助条約違反を理由にフランスを国際司法裁判所に提訴した。フランスが国際司法裁判所規則38条5項に基づいて国際司法裁判所の管轄権に同意を与えたため，国際司法裁判所はフランスがジブチの提訴を受諾したとして管轄権を肯定した（ICJ Reports 2008, pp. 203-206, paras. 60-64 ［百選95］）。

4　国際司法裁判所の訴訟手続

国際司法裁判所の訴訟手続は，国際司法裁判所規程，さらに同規程に依拠しつつ裁判所が作成した国際司法裁判所規則によって規律される。

裁判は訴えの提起によって開始される。国際司法裁判所規程40条1項によ

第14章　紛争の平和的解決

ると，訴えの提起は，合意提訴と一方的提訴からなる。前者は，管轄権の基礎を付託協定に求める場合であるのに対し，後者は，管轄権の基礎を付託協定以外，すなわち，裁判条約・裁判条項，選択条項受諾宣言，応訴管轄に求める場合であって，通常は当事国の請求訴状の提出による。いずれであっても，「紛争の主題」と「当事者」が示されなければならない。

　裁判の本案審理は，書面手続と口頭手続からなる。国際司法裁判所規程43条によると，書面手続においては，原告の申述書（Memorial）と被告の答弁書（Counter-Memorial）が提出され，必要があれば原告の抗弁書（Reply）と被告の再抗弁書（Rejoinder）が提出される。口頭手続においては，各当事国の代理人，補佐人，弁護人，鑑定人などの聴取がある。

　たとえ一方の当事国が法廷に出廷しない場合（欠席裁判）であっても，裁判は認められる。たとえば，在テヘラン米国大使館員人質事件においては，一方の当事国（イラン）は法廷に出廷しなかった。国際司法裁判所規程53条1項は，この場合，他方の当事国が自己の請求に有利に裁判するよう裁判所に要請できると規定する。しかし，同条2項は，この場合，裁判所が管轄権を有することのみならず，請求が事実上・法律上，十分に根拠を持つことを確認しなければならないと規定する。

　なお，国際司法裁判所規程55条によると，すべての問題は，出席した裁判官の過半数により決定され，可否同数の場合は裁判長またはこれに代わる裁判官が決定投票権を有する。国際司法裁判所規程57条は，判決に賛成しない裁判官，判決に賛成しても理由が異なる裁判官は個別の意見を表明する権利を持つと定める。

5　国際司法裁判所の付随手続

　付随手続は，本案の審理に随伴して当事国が提起する申請を処理するための手続である。本案の判決の前の手続と後の手続とに区別される。

　5では，前者，すなわち，(1)先決的抗弁，(2)暫定措置，(3)訴訟参加，(4)反訴を説明する（後者については，6において説明したい）。

(1) 先決的抗弁

先決的抗弁（preliminary objections）は，本案の判断を妨げる目的から国際司法裁判所の権限を否認するために一方当事国（通常は被告）が提起する抗弁である。先決的抗弁は，**管轄権に対する抗弁**と**請求の受理可能性に対する抗弁**に分けられる。

管轄権に対する抗弁は，国際司法裁判所の管轄権の基礎に対する異議申立てを意味する。たとえば，紛争が裁判条項の範囲外にある，または選択条項受諾宣言が存在するものの，紛争が選択条項受諾宣言に付された留保に当たるなどの抗弁である。

請求の受理可能性に対する抗弁は，たとえ国際司法裁判所に管轄権があるとしても，本案を審理すべきでない事由があれば，請求を受理すべきでないという異議申立てを意味する。この点については，代表的事由として4つがある。

(a) 国内救済完了原則

第1に，国内において救済手続が完了していないため，請求が受理されないことがある。たとえば，インターハンデル事件において，スイスは，米国がスイスの在米インターハンデル社の株式を接収したことを受けて，米国を国際司法裁判所に提訴した。国際司法裁判所は，米国最高裁において訴訟係属中であることを踏まえ，「国際的な手続が実施される前に国内救済が完了していなければならないという規則は確立した慣習国際法規則である」とし，国内救済未完了を理由に請求を受理しなかった（ICJ Reports 1959, pp. 26-27［百選70］）。

(b) 第三者法益原則

第2に，第三国の法益が裁判の主題となるとき，当該第三国の同意なしに裁判できないため，請求が受理されないことがある。これは**第三者法益原則**と呼ばれる。たとえば，1943年ローマから移送された通貨用金塊事件において，アルバニア銀行の金の帰属先に関して，イタリアは，フランス，イギリス，米国を国際司法裁判所に提訴した。国際司法裁判所は，「本件においてアルバニアの法益は決定によって影響されるのみならず決定のまさに主題も構成している」とし，第三国であるアルバニアの同意が存在しないことに注目することによって請求を受理しなかった（ICJ Reports 1954, p. 32）。

第14章　紛争の平和的解決

(c) ムートネスの法理

　第3に，一定の事情により訴訟の目的が消滅したため，請求が受理されないことがある。これは**ムートネスの法理**と呼ばれる。たとえば，北部カメルーン事件において，カメルーンは，信託統治協定違反に関して，旧施政国のイギリスを国際司法裁判所に提訴した。国際司法裁判所は，信託統治協定が有効に終了したとし，「裁判所が下すことのできるいかなる判決も目的を有しない」とし，請求を受理しなかった（ICJ Reports 1963, pp. 36-38［百選97］）。この請求の不受理は信託統治協定の有効な終了により訴訟の目的が消滅したからである。

(d) 当事者適格

　第4に，当事者適格，とりわけ，原告適格がないため，請求が受理されないことがある。これは**民衆訴訟**（国際社会の共通利益の侵害による訴訟）が認められるかと密接に関連する。かつては，国際司法裁判所は民衆訴訟に否定的であった。実際，南西アフリカ事件において，エチオピアとリベリアは，アパルトヘイト政策に関して，南アフリカを国際司法裁判所に提訴したものの，国際司法裁判所は，エチオピアとリベリアに原告適格がないとして，請求を受理しなかった（ICJ Reports 1966, p. 51, para. 99［百選99］）。しかし，その後，国際司法裁判所はこの方針を転換し民衆訴訟を肯定する。実際，訴追か引渡しかの義務に関する問題事件において，ベルギーは，セネガルがチャドのアブレ元大統領に対して刑事手続を開始しないことに関して，拷問等禁止条約に違反したとしてセネガルを国際司法裁判所に提訴した。国際司法裁判所は「拷問等禁止条約上の関連義務の遵守という共通利益に基づき条約の各締約国はその他の締約国による違反の停止に関して請求を提起する資格を有する」とし，ベルギーの原告適格を認めて，請求を受理した（ICJ Reports 2012, pp. 449-450, paras. 68-70）。

(2) 暫定措置

　暫定措置（provisional measures）は，本案判決まで待っていては当事国の権利が破壊される危険性があることから，当該権利を保全するために国際司法裁判所が指示するものである。国際司法裁判所規程は，41条1項において，国際司法裁判所が各当事者のそれぞれの権利を保全するために暫定措置を指示する権限を持つと規定する。暫定措置が指示される要件のほとんどは，国際司法裁

判所の判例において確立されてきた。

(a) 暫定措置の指示の要件 1

第 1 に，本案管轄権の存在が一見したところ（*prima facie*）確認されなければならない。確かに，初期の判決は，本案管轄権の存在の実質を重視しなかった。たとえば，アングロ・イラニアン石油会社事件においてイギリスがイランによる石油会社の国有化を不服として暫定措置を求めるにあたって，国際司法裁判所は「〔イギリスの請求は〕完全に国際的管轄権の範囲外にあるとア・プリオリに認められない」（ICJ Reports 1951, p. 93）とし，本案管轄権の存在の実質をほぼ検討することなく暫定措置を指示した。しかし，その後，たとえば，核実験事件において国際司法裁判所が「原告の援用した規定が裁判所の管轄権の基礎となりうる根拠を一見したところ与えなければ，暫定措置を指示すべきでない」（ICJ Reports 1973, p. 101, para. 13）としたように，本案管轄権の一応の存在は確認される必要がある。もっとも，本案管轄権の存在を完全に確認することまでは求められないため，人種差別撤廃条約適用事件のように，暫定措置においては，本案管轄権の存在が一見したところ確認された（ICJ Reports 2008, p. 388, para. 117）ものの，先決的抗弁においては，本案管轄権の存在が否定される（ICJ Reports 2011, p. 141, para. 187 (2)）ことは稀に起こりうる。

(b) 暫定措置の指示の要件 2

第 2 に，暫定措置の申請の内容が本案の訴訟主題となる権利を保全しなければならない（国際司法裁判所規程 41 条 1 項の「権利」の文言から確認される）。これは訴訟主題との連結性と呼ばれ，1989 年 7 月 31 日仲裁判断事件がよく知られている。フランスとポルトガルが，フランス領セネガルとポルトガル領ギニアビサウ間の海洋境界画定の協定を締結した。しかし，両国の独立後に境界紛争が生じたため，両国は協定の有効性を争い仲裁裁判に付託した。仲裁裁判は協定を有効と判断したものの，裁判長の宣言が仲裁裁判判決の有効性を疑う内容であったため，ギニアビサウは仲裁裁判判決の有効性を争いセネガルを国際司法裁判所に提訴するとともに暫定措置を要請した。国際司法裁判所は，「暫定措置の主題として主張された権利は本件の本案の訴訟主題ではない」（ICJ Reports 1991, p. 70, para. 26）と述べて，ギニアビサウによる暫定措置の要請を退けた。

第14章　紛争の平和的解決

(c)　暫定措置の指示の要件3

第3に，本案の訴訟主題となる権利が破壊される緊急性が必要である。国際司法裁判所規則は74条2項において暫定措置の要請を「緊急事項」として取り扱う。緊急性は「償い得ない侵害」の存否を基準とする。たとえば，フランスにおける刑事手続事件において，コンゴは，フランスが人道に対する罪などを理由にコンゴ大統領などの捜査・訴追に及んだことを受けて，捜査・訴追の停止を求めて国際司法裁判所に提訴するとともに暫定措置を要請した。国際司法裁判所は「現時点において，緊急性の問題として暫定措置の指示を正当化するための償い得ない侵害のリスクはない」(ICJ Reports 2003, p. 110, para. 53) とし，緊急性も存在しないと判断した。

(d)　暫定措置の指示の要件4

第4に，本案の訴訟主題となる権利の存在に蓋然性が必要である。これは要請国が保全対象となる実体法上の権利を持つことに見込みがあることを意味する。近年まで，国際司法裁判所は，この点を要件として必ずしも明確化してこなかった。しかし，たとえば，訴追または引渡しの義務に関する問題事件において，国際司法裁判所は「暫定措置を指示する裁判所の権限は，当事国の主張する権利が少なくとももっともらしいことに裁判所が満足する場合にのみ行使されるべきである」(ICJ Reports 2009, p. 151, para. 57) と判断した。

(e)　暫定措置の法的拘束力

これまで暫定措置に法的拘束力があるかについては争われてきた。しかし，ラグラン事件において，国際司法裁判所は暫定措置が法的拘束力を持つことを認めた。ドイツは，ドイツ国民が米国において犯罪を実行し死刑判決を受けたことに関して，領事の援助を受ける権利がドイツ国民に告知されなかったために領事関係に関するウィーン条約36条1項に違反したとして米国を国際司法裁判所に提訴するとともに，暫定措置を要請した。国際司法裁判所は，主に国際司法裁判所規程の目的（法的拘束力ある決定によって紛争を司法的に解決する任務を達成すること）に照らし，国際司法裁判所規程41条の文言を解釈しつつ，「裁判所は41条の下の暫定措置に関する命令が拘束力を持つという結論に達した」と判断した (ICJ Reports 2001, pp. 498-506, paras. 92-109 ［百選44］)。

IV 司法的解決

(f) 暫定措置の目的——紛争の悪化・拡大の防止

なお，暫定措置が主に紛争の悪化または拡大を防止する目的から指示されることがある。この点はカメルーンとナイジェリアとの間の領土と海洋境界事件が有名である。カメルーンは領土・海洋境界画定に関して，さらにカメルーン領からのナイジェリア軍の撤退に関してナイジェリアを国際司法裁判所に提訴するとともに，暫定措置を要請した。国際司法裁判所は，「特定の権利を保全するために当事者によって提起される暫定措置の指示の要請とは無関係に，裁判所は状況が求めると判断する時はいつでも紛争の悪化または拡大を防止するために暫定措置を指示する権限を規程41条に基づいて有する」(ICJ Reports 1996, pp. 22-23, para. 41) とし，紛争の悪化または拡大の防止を主な目的とする暫定措置を指示した。

(3) 訴訟参加

国際司法裁判所における訴訟は，第三国の権利・利益に一定の影響を及ぼすことがある。これに対処するため，国際司法裁判所規程は，**第三国の訴訟参加**(intervention) を認める。具体的に2つの参加制度が設けられる。すなわち，国際司法裁判所規程は，62条において，**許可方式の参加制度**を，63条において，**権利方式の参加制度**を規定する。

許可方式の参加制度は，事件の裁判によって影響を受ける法律的性質の利害関係を持つ国が国際司法裁判所に参加の許可を要請するものである。問題は，法律的性質が何かである。この点については，必ずしも明確な定義はない。もっとも，陸・島・海洋境界紛争事件において，エルサルバドルとホンジュラスが国境画定を争ったところ，ニカラグアは国際司法裁判所に参加の許可を要請した。国際司法裁判所は「本案に関する決定によって影響を受ける法的利害の明確な特定化が必要である。一般的な懸念は十分でない」(ICJ Reports 1990, p. 118, para. 62) とし，フォンセカ湾の地位の問題についてのみニカラグアの参加を認めた。

この許可方式の参加制度は2つに分けられる。すなわち，**請求提起による参加**と**意見陳述による参加**である。前者は，第三国として国際司法裁判所に対して請求を提起するのに対し，後者は，第三国として国際司法裁判所に対して利

第 14 章　紛争の平和的解決

害関係を陳述する。

　前者は，請求を提起することになるため，原当事国との間に管轄権のリンク
が求められる。これに対して，後者は，請求を提起するわけではなく，利害関
係を陳述するにとどまるため，原当事国との間に管轄権のリンクは求められな
い。実際，カメルーンとナイジェリアとの間の領土と海洋境界事件において，
両国はバカシ半島の主権問題を中心に紛争を抱えていたところ，赤道ギニアが
国際司法裁判所に意見陳述による参加の許可を要請した。国際司法裁判所は，
「訴訟参加手続は，たとえ管轄権のリンクがないとしても，影響を受けるかも
しれない利害関係を持つ国が参加できるよう確保するものである」（ICJ
Reports 1999, pp. 1034-1035, para. 15［百選103］）とし，赤道ギニアに意見陳述に
よる参加を許可した。

　なお，前者の場合，第三国は当事者であるため，判決に拘束される一方で，
後者の場合，第三国は当事者でないため，判決に拘束されない。

　権利方式の参加制度は，国際司法裁判所の裁判において条約の解釈が問題と
なる場合に当該条約の締約国が当該裁判に参加する権利を持つものである。し
かし，訴訟参加は自動的に認められるわけではない。訴訟参加が認められた一
例として，南極海捕鯨事件が挙げられる。同事件において，オーストラリアは
日本が国際捕鯨取締条約に違反したと主張したところ，ニュージーランドが権
利方式の参加制度に従って訴訟参加を申請した。国際司法裁判所は国際司法裁
判所規程 63 条の下に申請を受け入れた（ICJ Reports 2012, p. 10, para. 23）。なお，
国際司法裁判所規程 63 条 2 項は訴訟参加した第三国が判決の示した解釈に拘
束されると規定する。

⑷　反　　訴

　反訴（counter-claim）は，被告が本訴に関連して提出する新たな訴えである。
国際司法裁判所規則は，80 条 1 項において，反訴が裁判所の管轄権の範囲内
にあって，かつ，他方の当事者の請求と直接に関連する場合にのみ，当該反訴
が認められると規定する。

　反訴は，被告からすれば，原告からの請求への防御としてよりも，原告への
攻撃として機能する。反訴が受理される場合，当該反訴は本案と併合されて一

緒に審理されることになる。原告は，反訴への異議を申し立てることができる。

6　国際司法裁判所の判決

(1)　準　　則

　国際司法裁判所は，国際法に従って裁判することを任務とし，条約，慣習国際法，法の一般原則，（法則決定の補助手段として）判決と学説を**準則**とする。国際司法裁判所規程は，38条1項において，この点を確認しながら，38条2項において，当事国の合意がある場合は「**衡平及び善**」により裁判を行うことは排除されないと規定する。

(2)　効　　力

　国際司法裁判所規程は，59条において，判決が「当事者間において且つその特定の事件に関してのみ拘束力を有する」とし，判決の拘束性を述べるとともに，60条において，判決は「終結とし，上訴を許さない」とし，判決の終結性を述べる。この拘束性と終結性は，一般的に判決の**既判力**（*res judicata*）と呼ばれる。

　既判力は，当事国が紛争を再び争うことを禁止することによって法的安定を図りながら，当事国の利益を確保することを目的とする。ジェノサイド条約適用事件（ボスニア対セルビア）において，ボスニアはセルビアがジェノサイド条約に違反したとしてセルビアを国際司法裁判所に提訴した。国際司法裁判所は既判力の目的として「法的関係の安定」と「各当事国の利益」に言及した（ICJ Reports 2007, p. 90, para. 116［百選63, 100]）。

　既判力の範囲については，人的範囲と事項的範囲を分けて論ずる必要がある。まず，人的範囲に関して言えば，既判力は事件の当事国にのみ生じ，第三国に及ばない。

　次に，事項的範囲に関して言えば，既判力が判決の主文に生ずることに疑いの余地はない。しかし，判決の主文の意味は判決の理由と照合することによって把握できるため，既判力は判決の主文のみならず判決の主文と密接な関係を持つ判決の理由にも生ずる。

第 14 章　紛争の平和的解決

(3)　解釈と再審

　国際司法裁判所規程は，60 条において，「判決の意義又は範囲」に関して争いがある場合，いずれかの当事国の要請により国際司法裁判所がこれを解釈すると規定する。この手続は一般的に**判決の解釈**（interpretation）と呼ばれる。

　判決の解釈の目的は，原判決の意義または範囲を明確化することであって，新しい問題についての判断を得ることではない。実際，庇護事件 1950 年 11 月20 日判決の解釈要請事件において，コロンビアは，ペルーのコロンビア大使館において庇護をした革命指導者を引き渡す義務がないという意味において原判決を解釈してよいかを国際司法裁判所に求めた。国際司法裁判所は，「〔判決の解釈の〕目的は裁判所が拘束力とともに決定したことの意味と範囲の明確化を得ることのみであって，決定されない問題への解答を得ることではない」（ICJ Reports 1950, p. 402）とし，コロンビアによる解釈要請を認めなかった。

　解釈の対象は，判決の主文のみならず判決の主文と密接な関係を持つ判決の理由も含む。たとえば，カメルーンとナイジェリアとの間の領土と海洋境界事件 1998 年 6 月 11 日先決的抗弁判決の解釈要請事件において，ナイジェリアは原判決である先決的抗弁判決に関して国家責任が争点となるかを国際司法裁判所に求めた。国際司法裁判所は，「いかなる解釈要請も判決の主文に関係しなければならず，また主文と不可分である限り，判決の理由にも関連する」（ICJ Reports 1999, p. 35, para. 10）と判断した。

　これに対して，**再審**（revision）は，決定的要素となる新事実の発見により判決の改変を審理する手続である。この点については，時間要件と実体要件がある。

　まず，時間要件に関して言えば，国際司法裁判所規程は，61 条 4 項において，再審の請求は新事実発見から 6 か月以内に行わなければならないとし，61条 5 項において，判決日から 10 年が経過した後は再審の請求を行うことはできないとする。

　次に，実体要件に関して言えば，国際司法裁判所規程 61 条 1 項によると，「決定的要素となる性質をもつ事実」が発見されたこと，さらに判決の時に「その事実を知らなかったことが過失によらなかった」ことがそれぞれ求められる。たとえば，大陸棚事件 1982 年 2 月 24 日判決の再審と解釈の請求事件に

386

おいて，チュニジアは，リビア閣僚評議会が境界線を定めていたという事実が原判決後に発見されたとし，国際司法裁判所に原判決の再審を要請した。国際司法裁判所は，当該事実が決定的要素ではなく，チュニジアが当該事実を知らなかったことに過失があるとして再審の要請を退けた（ICJ Reports 1985, pp. 199–214)。

(4) 執　行

国連憲章は，94条2項において，一方の当事国が判決を履行しない場合は，他方の当事国が安全保障理事会に訴えることができるとし，安全保障理事会は**判決の執行**のために勧告し，または措置を決定できると規定する。もっとも，国連憲章27条3項の拒否権が適用される。実際，ニカラグア事件（本案）の後，ニカラグアは米国の判決の履行を求める訴えを安全保障理事会に提起したものの，米国は拒否権によってこれを阻止した。

7　国際司法裁判所の勧告的意見

国際司法裁判所は，国際機関からの要請に基づき，法律問題に関して勧告的意見を与えることができる。総会と安全保障理事会のみならず，総会の許可を得た国連のその他の機関と専門機関も，**勧告的意見**の要請が認められている。国連憲章は96条においてこの点を確認する（万国郵便連合以外のすべての専門機関と国際原子力機関が総会の許可を得ている）。判決と異なり勧告的意見は法的拘束力を持たない。

(1) 法 律 問 題

勧告的意見の要請は**法律問題**に限定される。国連憲章は，96条1項において，総会と安全保障理事会は「いかなる法律問題」に関しても勧告的意見の要請が可能であると規定する一方で，96条2項において，総会の許可を得た国連のその他の機関と専門機関は「その活動の範囲内において生ずる法律問題」に関して勧告的意見の要請が可能であると規定する。実際，国際司法裁判所は，核兵器の威嚇・使用の合法性に関して，総会からの勧告的意見の要請は認めた（核兵器の威嚇・使用の合法性事件〔国連総会諮問〕，ICJ Reports 1996, pp. 232–238,

387

第 14 章　紛争の平和的解決

paras. 10–19［百選 104］）ものの，世界保健機関からの勧告的意見の要請は世界
保健機関の活動の範囲でないとして認めなかった（武力紛争時の核兵器使用の合
法性事件〔WHO 諮問〕，ICJ Reports 1996, pp. 75–81, paras. 20–26［百選 40］）。

(2)　国際司法裁判所の裁量権

　勧告的意見の要請に応えるかどうかは，国際司法裁判所が裁量権を持つ。国
際司法裁判所規程は 65 条 1 項において団体の要請があったときに国際司法裁
判所は勧告的意見を「与えることができる」と規定し，勧告的意見の付与を義
務づけてはいない。もっとも，国際司法裁判所は，国連の主要な司法機関とし
て，「**決定的な理由**」がない限り，勧告的意見を付与すべきとの立場にある。
たとえば，西サハラ事件において，総会は西サハラがスペインにより植民地と
された時に無主地であったか，無主地でなかったとして西サハラはモロッコと
モーリタニアとの間にいかなる法的結びつきを持ったかに関して国際司法裁判
所に勧告的意見を要請した。国際司法裁判所は，裁判所が国連の主要な司法機
関であることを確認しつつ，「『決定的な理由』のみが要請された勧告的意見の
付与を拒絶するよう裁判所を導くべきである」と述べた（ICJ Reports 1975, p.
21, para. 23［百選〈第 2 版〉13］）。

(3)　「決定的な理由」

　論点は，何が「決定的な理由」に当たるかである。この点については，国際
司法裁判所の勧告的意見において様々な事由が提起されたものの，とりわけ，
次の 2 つに言及する。

　第 1 に，勧告的意見の要請は問題の政治的な性格を理由に拒絶されるべきで
あると主張されることがある。しかし，たとえば，パレスチナの壁事件におい
て，国際司法裁判所は，「提示された問題の『政治的な』性格を理由として裁
判所が管轄権を持たないという見解……を受け入れることはできない」と判断
した（ICJ Reports 2004, p. 155, para. 41［百選 110］）。

　第 2 に，勧告的意見の要請は関係国の同意が欠けるとして拒絶されるべきで
あると主張されることがある。実際，東部カレリアの地位事件において，国際
連盟理事会は，フィンランドとソ連の間に東部カレリアについての紛争が生じ

たことを背景にソ連が条約上の義務を負うかに関して，常設国際司法裁判所に
勧告的意見を要請した。常設国際司法裁判所は，「いかなる国家も，同意なし
に，他国との紛争を仲介または仲裁裁判またはその他のいかなる種類の平和的
解決にも付託することを強制されない」とし，ソ連が同意を拒否していること
を理由に勧告的意見の要請に応えられないと判断した（PCIJ Series B, No. 5, pp.
27-28）。

　しかし，国際司法裁判所は，常設国際司法裁判所とは若干異なる姿勢を示す。
たとえば，ブルガリア，ハンガリーおよびルーマニアとの平和条約の解釈事件
において，総会は，東欧諸国に連合国との平和条約に違反する人権侵害の疑い
があることを受けて，平和条約の紛争解決条項が適用される紛争は存在するか
に関して国際司法裁判所に勧告的意見を要請した。国際司法裁判所は，「裁判
所の勧告的意見は国家に対してではなく要請権限を持つ機関に対して与えられ
る」ことを確認した上で，「『国連の一機関』である裁判所の回答は，国連の活
動への参加であって，原則として拒絶されるべきではない」と判断した（ICJ
Reports 1950, p. 71）。このように国際司法裁判所は勧告的意見が国家ではなく国
際機関に付与されることを理由に国連の機関として勧告的意見の要請に応える
積極的な姿勢を示す（もっとも，国際司法裁判所は東部カレリアの地位事件と区別し，
ブルガリア，ハンガリーおよびルーマニアとの平和条約の解釈事件が国家間の紛争に関
係しないことを指摘した上で，勧告的意見の要請に応えた点については，注意すべきで
ある）。

第 14 章　紛争の平和的解決

図表 14-1　ICJ 訴訟手続概要

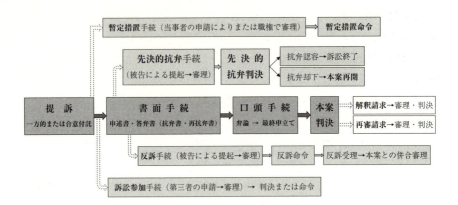

参考文献

杉原高嶺『国際裁判の研究』（有斐閣，1986 年）

杉原高嶺『国際司法裁判制度』（有斐閣，1996 年）

Yoshifumi Tanaka, The Peaceful Settlement of International Disputes（Cambridge University Press, 2018）

John Merrills and Eric De Brabandere, Merrills' International Dispute Settlement（Cambridge University Press, 2022）

第15章 安全保障

I 武力行使禁止

1 武力行使禁止の歴史的展開

現在，武力行使は1945年の国連憲章2条4項において一般的に禁止されている。武力行使が禁止されるに至るまで国際社会は長い道のりをたどることになった。

(1) 正 戦 論

戦争を規制する考え方は中世の時代にまでさかのぼる。当時，神学者は戦争を正戦と不戦とに区別し，前者を許容する**神学的正戦論**を提唱した。たとえば，著名な神学者のトマス・アクィナスは，①戦争は私的に行われてはならないこと，②戦争は正当原因に基づく必要があること，③戦争は正しい意図の下に行われなければならないことを説いた。

神学的正戦論に影響を受けた近世の国際法学者のビトリア，スアレス，グロティウスなどは，正当原因を中心に**正戦論**をさらに精緻化することになる。たとえば，グロティウスは，著書『戦争と平和の法』において，正当原因として，①自己防衛，②奪われた財産の回復，③悪しき行為への処罰を挙げた。しかし，正戦論は理論的に大きな問題に直面する。

それは，正当原因を判定する上位の判定者がいないため，正戦論を適用すると，ある戦争において交戦当事者の双方ともが正当原因に基づくと主張する事態が生じたことである。そこで，「**やむを得ざる不知**」の考え方が正戦論に依

第15章　安全保障

拠する国際法学者によって示された。これは，たとえある戦争が正当原因に基づいていないとしても，自らは正当原因に基づいていると信じ，このように信じたことが法または事実の不可避的な不知による場合であれば，正当原因が存在するとみなすというものである。しかし，結局，上位の判定者が存在しない以上，交戦当事者が正当原因に基づいていると真に信じたのか，これが不可避的な不知に真によったのかは判定できない。この考え方は問題の解決策とならなかった。

(2)　無差別戦争観

　この結果，交戦当事者が正当原因に基づき戦争を遂行していると主張する限り，戦争の原因は正当であると認めざるを得ないことになった。正戦論は衰退することとなり，戦争の原因が正当であるかどうかにかかわらず，戦争に訴えることは国の権利または自由であるとする戦争観が提唱されることになった。これを一般的に**無差別戦争観**と呼ぶ。

　無差別戦争観の影響の下，戦争に訴えることそれ自体の合法性，すなわち，**ユス・アド・ベルム**（*jus ad bellum*）に対しては，国際法上の規制が及ばないと解されるようになった。無差別戦争観の提唱を受けて，ユス・アド・ベルムよりも，ひとたび戦争が発生した後の交戦当事者による戦争遂行方法の合法性，すなわち，**ユス・イン・ベロ**（*jus in bello*）を国際法上どのように規制するかという側面に論者の関心は比重を移した。

　もっとも，正戦論から無差別戦争観へと戦争観の転換があったと断言できるかは，論者の間に見解の一致が必ずしもあるわけではない。19世紀の時期であっても，たとえば，相手国の違法行為に対する自国の権利救済のための戦争，さらに防衛のための戦争が正当な戦争であると主張する論者は存在し，正戦論的な立場は少なからず見られたからである。

(3)　戦争モラトリアム

　20世紀に入ると，戦争に訴えることを一定程度規制する制度が出現する。この制度は，戦争に訴えることを一般的に禁止するのではなく，戦争に訴えることを紛争の平和的解決と関連づけながら一定程度制限する。これは**戦争モラ**

トリアムと呼ばれる。

1907 年の「契約上ノ債務回収ノ為ニスル兵力使用ノ制限ニ関スル条約」が戦争モラトリアムの契機となった。この条約は，1条において，自国民に支払われる契約上の債務を回収するために兵力に訴えることを禁止した。しかし，この条約は，同じく1条において，債務国が仲裁裁判の申出を拒絶する，回答を与えない，受諾しても仲裁契約を作成しない，仲裁裁判の判決に従わない場合を除外するため，これらの場合に兵力に訴えることは禁止されない。

1913 年から 1914 年にかけて米国と諸国の間に締結されたブライアン条約は，紛争の事実を調査することに加え，当事国に解決案も提示する国際委員会に関する規定を設けた。その上で，この条約は，国際委員会の結論が出されるまでの間，戦争を宣言し，または敵対行為を開始することを禁止する。しかし，これは国際委員会の結論が出た後であれば，戦争を宣言し，または敵対行為を開始することが禁止されないことを意味した。

1919 年の国際連盟規約は，12 条 1 項において，「国交断絶ニ至ルノ虞アル」紛争が生じた場合，仲裁裁判，司法的解決，または連盟理事会の審査に付さなければならないと規定する。その上で，①これらの紛争解決手段を尽くす前に訴える戦争（12 条 1 項参照），②裁判の判決・連盟理事会の報告書が出されてから 3 か月以内に訴える戦争（12 条 1 項），③裁判の判決に服する国・連盟理事会の全会一致（紛争当事国を除く）の報告書の勧告に従う国に対して訴える戦争（15 条 6 項）を禁止した。しかし，たとえば，連盟理事会の全会一致（紛争当事国を除く）の報告書の勧告に従わない国に対して戦争に訴えることは禁止されない。

(4) 戦争の違法化

このように戦争モラトリアムはあくまでも戦争に訴えることを一定程度制限するにとどまった。**戦争の違法化**は，1923 年の相互援助条約案，1924 年の国際紛争平和的処理議定書，1925 年のロカルノ条約を経て，さらに 1928 年の**不戦条約**によって達成されることになる。同条約は，1条において，「国際紛争解決ノ為戦争ニ訴フルコトヲ非トシ……国家ノ政策ノ手段トシテノ戦争ヲ抛棄スル」と規定し，戦争に訴えることを禁止している。

第15章 安全保障

　しかし，戦争の違法化については，例外が存在する。第1は，自衛，国際連盟規約などの条約上の義務に基づくもの，不戦条約違反に対するものである。これらは，米国を中心とする諸国が不戦条約を締結するにあたって交わした解釈公文に示された。

　第2は，不戦条約上禁止される「戦争」は何かに関係する。交戦意思を伴う**「法上の戦争」**のみが不戦条約によって禁止されると解釈する立場と「法上の戦争」のみならず交戦意思を伴わない**「事実上の戦争」**も不戦条約によって禁止されると解釈する立場との対立があった。前者の解釈に従うと，たとえ大規模な暴力行為が国家間に生じても，交戦意思がなければ，不戦条約によって禁止されない。このように不戦条約は，戦争の違法化を実現したものとして評価される一方で，「戦争」という文言の曖昧さに起因する問題を残した。

(5) 武力行使禁止の成立

　国連憲章は，2条4項において，「武力による威嚇又は武力の行使」を慎まなければならないと規定し，武力行使を一般的に禁止する。戦争の違法化を達成した不戦条約とは異なって，国連憲章については，いくつかの点において改善点を看取することができる。

　第1に，国連憲章は，2条4項において，「戦争」という文言を使用せず，「武力による威嚇」または「武力の行使」という文言を用いる。これによって国連憲章は「法上の戦争」のみならず交戦意思を伴わない「事実上の戦争」も禁止することを明確化した。

　第2に，国連憲章は，第7章において，平和に対する脅威，平和の破壊，侵略行為に対処する目的から強制措置をとる権限を安全保障理事会に付与する。強制措置は軍事的措置を含むことから，武力行使を正当化する例外となる反面，武力行使禁止に違反した国に対する制裁としての側面も有する。言い換えれば，武力行使禁止の実効性を確保する制度でもある。国連憲章は，集団安全保障に立脚して，武力行使禁止を手続的にも整備する。

I 武力行使禁止

2 武力行使禁止の内容

(1) 法執行活動に伴う実力行使の位置

では，国連憲章2条4項が禁止する武力行使はどのような内容か。まず，問題は，法執行活動，すなわち，国家管轄権に基づく国内法の執行活動に伴う実力行使が武力行使から区別されるかである。この点については，法執行活動に伴う実力行使と武力行使は区別されると一般的に解される。スペイン対カナダ漁業管轄権事件において，スペインはスペイン漁船エスタイ号がカナダ沿岸警備艇によって発砲されたことを受けて当該措置が国連憲章2条4項に違反するとしてカナダを提訴した。国際司法裁判所は，「カナダ法によって許可された実力行使は資源管理措置の執行として一般的に理解されるものの範囲にある」(ICJ Reports 1998, p. 466, para. 84〔百選94〕) と述べて，スペインの提訴を退けた。この点に鑑みると，法執行活動に伴う実力行使は武力行使から区別される。もっとも，どのような基準によって法執行活動に伴う実力行使が武力行使から区別されるか（たとえば，対象船舶が民間の場合は法執行活動に伴う実力行使であり，軍艦の場合は武力行使であるかなど）については，不明な点が多い。

(2) 武力行使禁止の範囲

この点を踏まえた上で，次に，国連憲章2条4項が禁止する武力行使については，いくつかの点に注意しなければならない。第1に，経済的な力の行使も含まれるかが問題となる。国連憲章2条4項の起草において「経済的手段による威嚇またはその行使」の文言を入れる提案が否定された点を考慮すると，経済的な力の行使は含まれないと解される。

第2に，外国を攻撃する叛徒への支援も間接武力行使として禁止されるかが問題となる。ニカラグア事件（本案）において，ニカラグアは，米国が武装勢力に支援するなどして主に武力行使禁止に違反したとして米国を国際司法裁判所に提訴した。国際司法裁判所は，「〔兵器または後方もしくはその他の支援の形態による叛徒への援助〕は武力による威嚇または武力の行使とみなされる」(ICJ Reports 1986, p. 104, para. 195〔百選107〕) と述べて，武器の供与は武力行使として禁止されるとした。なお，国際司法裁判所は，資金の供与は武力行使でなく

395

第15章　安全保障

干渉にすぎないとする (*ibid.*, p. 119, para. 228)。

　第3に，国連憲章2条4項は「武力による威嚇」も禁止する。何が「武力による威嚇」であるかは自明でない。核兵器の威嚇・使用の合法性事件（国連総会諮問）において，核兵器が国際法に違反するかが問われた。国際司法裁判所は，「一定の状況下の武力の行使それ自体が違法であれば，当該武力による威嚇も同様に違法である」(ICJ Reports 1996, p. 246, para. 47 [百選112]) とし，実際に行使すると違法となる武力によって威嚇することと把握する。

　第4に，国連憲章2条4項の「いかなる国の領土保全又は政治的独立に対するものも」，「国際連合の目的と両立しない他のいかなる方法によるものも」の文言が武力行使の範囲を制限するかが問題となる。学説上，在外自国民保護に伴う武力行使は外国の領土保全または政治的独立に対するものではないから禁止されない，また人道的干渉に伴う武力行使は人権保護という国連の目的の1つと両立するから禁止されないと主張されることがあった。しかし，国連憲章2条4項の起草にあたって，これらの文言は，武力行使の範囲を制限するために入れられたわけではなく，禁止を強調するために入れられたという経緯がある。この点を考慮すると，これらの文言は武力行使の範囲を制限するわけではないと解される。

　第5に，国連憲章2条4項は「国際関係」において武力行使を禁止する。「国際関係」は国家間の関係を意味すると一般的に捉えられる。それゆえ，一国の領域内において政府と叛徒との間に生じる内戦は国連憲章2条4項が禁止する武力行使ではない。しかし，外国が武器の供与によって叛徒を支援すれば，それは国連憲章2条4項が禁止する武力行使である。

II　集団安全保障

1　勢力均衡から集団安全保障へ

　安全保障を維持するにあたっては，戦争を違法化し，武力行使禁止を成立させるだけでは十分でなく，その実効性を確保する制度も必要となる。伝統的に安全保障は勢力均衡によって図られた。**勢力均衡**は，敵国の存在を前提として，

II　集団安全保障

第三国との同盟・自国の軍事強化などによって国の相互の力の均衡を保つことによって安全保障を維持する方式である。

　しかし，勢力均衡は，ほとんど同じ程度の力を有する国の間においては，ある程度機能するものの，軍拡競争の危険，さらにそれに伴う国際社会の緊張の危険を内包した。実際，18世紀から19世紀のヨーロッパにおいては，イギリス，フランス，オーストリア，プロシア，ロシアがほとんど同じ程度の力を有したため，勢力均衡が機能し，安全保障が維持された。しかし，19世紀後半に入ると，プロシア・オーストリア戦争とプロシア・フランス戦争のそれぞれを経験して勢いをつけたプロシアを中心にドイツが統一された。この結果，ドイツはドイツに対抗するイギリス，フランス，ロシアとの関係を悪化させ，第一次世界大戦が1914年に勃発することになる。このように勢力均衡によってでは安全保障を維持することは困難であることが判明し，勢力均衡に代替する方式が模索されることになった。

　そこで，第一次世界大戦後，新たに採用されたのが集団安全保障である。**集団安全保障**は，対立関係にある国も含めて集合体を作り出し，一国が他国に訴える武力行使を集合体の全体への侵害とみなし，当該国に制裁を科すことによって安全保障を維持する方式である。集団安全保障は国際連盟と国際連合の各国際機構において実践されることになる。

2　国際連盟の集団安全保障

　国際連盟規約は，12条などの国際連盟規約に違反して戦争に訴えた加盟国が，国際連盟のその他のすべての加盟国に対して戦争を行ったものとみなされると規定する（16条1項）。

　その上で，経済制裁と軍事制裁の2つが用意された。国際連盟のその他のすべての加盟国は，国際連盟規約に違反して戦争に訴えた加盟国に対して，通商上・金融上の関係の断絶，自国民と違約国民との間の交通の禁止などを行うとされた（16条1項）。他方で，連盟理事会は，連盟の約束擁護のために使用すべき兵力に対する加盟国の陸軍・海軍・空軍の分担の程度を関係国に提案するとされた（同条2項）。このように経済制裁は加盟国の義務として設定されたものの，軍事制裁は，連盟理事会の義務として設定されて，加盟国の義務として

397

第15章 安全保障

設定されなかった。国際連盟の集団安全保障はあくまでも経済制裁を軸に据える。

もっとも，経済制裁それ自体いくつかの点において不備を抱えた。1921年に連盟総会は「**連盟規約16条適用指針**」と呼ばれる決議を採択する。この決議は，国際連盟規約に違反する戦争が起こされたかは各加盟国がそれぞれに決定し，さらに経済的な圧迫が長期に及ぶ場合は各加盟国が経済制裁を自由に調整できるとした。このため，経済制裁は，国際連盟の集団統制の下に置かれる可能性が少なくなって，さらに実効性も失われることになった。

実際，イタリア゠エチオピア戦争に対する経済制裁はこれらの問題点を含んだ。1935年にイタリアがエチオピアに侵攻したことを受けて連盟理事会はイタリアが国際連盟規約12条に違反するという内容の報告書を採択し，この結果，経済制裁を実施する状況となった。しかし，イタリアに友好的な国が制裁に参加しなかったこと，さらに経済制裁はほとんど重要でない物資を対象として石炭・石油・鉄などの重要な物資を対象としなかったことから，経済制裁は失敗に終わったと一般的に評価される。

3 国際連合の集団安全保障

(1) 概　　観

そこで，国際連盟の失敗を反省し，国際連合は集団安全保障のあり方を新たに見直した。具体的に述べると，国際連盟においては，加盟国に個別的な決定が委ねられたものの，国際連合においては，安全保障理事会があくまでも集権的な決定をとることになった。

国連憲章は，24条1項において，加盟国が国際の平和と安全の維持に関する主要な責任を安全保障理事会に負わせるとしつつ，25条において，加盟国が安全保障理事会の決定を受諾・履行することに同意する，すなわち，決定に法的拘束力があるとしている。

その上で，国連憲章は，39条において，平和に対する脅威，平和の破壊，侵略行為を認定する権限を安全保障理事会に与えるとするとともに，40条・41条・42条において，暫定措置，非軍事的措置，軍事的措置をとる権限を安全保障理事会に与えるとしている。

(2) 平和に対する脅威・平和の破壊・侵略行為

平和に対する脅威，平和の破壊，侵略行為は，運用上は，武力行使禁止に違反する事態にとどまらない。それ以外の事態も認定されている。

(a) 平和に対する脅威

安全保障理事会は国家間の紛争と内戦の双方ともに平和に対する脅威を認定してきた。中身に注目すると，概要，①テロ関連，②人権侵害，③国際人道法違反などに分類できる。①に関しては，たとえば，リビアが民間航空機の爆破の容疑者の訴追・引渡しの要請に応じないことなどが平和に対する脅威と認定された（1992年決議748）。②に関しては，たとえば，ハイチの軍事独裁政権による人権侵害（1993年決議841）などが，③に関しては，たとえば，旧ユーゴスラビア領域内における民族浄化による国際人道法違反（1993年決議808）などが平和に対する脅威と認定された。全体的な傾向として言えば，平和に対する脅威は多様な事態を含んでいるのであって，徐々に拡大している。

(b) 平和の破壊

安全保障理事会が平和の破壊を認定したのは数件にとどまる。朝鮮戦争（1950年決議82），フォークランド紛争（1982年決議502），イラン゠イラク戦争（1987年決議598），イラクによるクウェート侵攻（1990年決議660）に関して安全保障理事会は平和の破壊を認定した。これらは国家間の武力行使または武力紛争である。

(c) 侵略行為

安全保障理事会が明確に侵略行為を認定した例は見られない。確かに，1970年代において南アフリカまたは南ローデシアの近隣諸国への攻撃が安全保障理事会によって侵略行為などの言葉を用いて非難されたことがある（1976年決議387など）。しかし，これらが国連憲章39条の下の認定として実施されたのかどうかは必ずしも明確でない。

1974年，国連総会は，安全保障理事会が侵略行為を認定するための指針として，侵略の定義に関する決議を採択した（1974年決議3314）。この決議は，1条において，侵略を「一国による他国の主権，領土保全若しくは政治的独立に対する，又は国際連合憲章と両立しないその他の方法による武力の行使」と定義する（武力による威嚇は含まれない）。その上で，3条において，侵略の具体的

第15章 安全保障

行為として，他国の領域への侵入，他国の領域への砲爆撃，封鎖，陸海空軍・船隊または航空隊への攻撃，駐留合意違反の軍隊の駐留，第三国への侵略行為のための領域使用の許容，武装部隊などの国家による派遣または国家の実質的関与を列挙する。これらは網羅的ではなく安全保障理事会はその他の行為を侵略行為と認定することができる。

なお，侵略の定義に関する決議の1条と3条の内容は，国際刑事裁判所規程8条の2において，侵略犯罪が成立するための前提となる侵略行為の定義としても用いられている。

(3) 暫定措置・非軍事的措置・軍事的措置

安全保障理事会は，平和に対する脅威，平和の破壊，侵略行為を認定した後，強制措置，言い換えれば，国連憲章41条の非軍事的措置，国連憲章42条の軍事的措置を発動できる。

(a) 暫 定 措 置

しかし，その一方で，国連憲章40条は，安全保障理事会が強制措置を発動するに先立って事態の悪化を防ぐために暫定措置に従うよう関係当事者に要請できると規定した上で，関係当事者が暫定措置に従わない場合は，安全保障理事会がこのことに妥当な考慮を払わなければならないと規定する。一例を挙げれば，パレスチナ紛争に関連して安全保障理事会は，国連憲章40条に言及しつつ，休戦の締結を当事者に対して要請した（1948年決議62）。暫定措置に法的拘束力があるかについては争いが見られる。

(b) 非軍事的措置

冷戦期において非軍事的措置が安全保障理事会によって発動された例はわずかであった。南ローデシアに関して，安全保障理事会は，産品の輸出入禁止，武器の供給禁止などを中心とする制裁を科している（1966年決議232）。また南アフリカに関して，安全保障理事会は，武器その他の関連物資の供給停止などを中心とする制裁を科している（1977年決議418）。

これらは主に禁輸措置を内容とした一方で，冷戦終結後は，非軍事的措置の発動例が増加し，内容も豊富化している。主要な例を挙げれば，第1に，旧ユーゴスラビアとルワンダに関して，安全保障理事会は戦争犯罪人を処罰する目

的から，旧ユーゴスラビア国際刑事裁判所（ICTY），ルワンダ国際刑事裁判所（ICTR）という裁判所を設置した（ICTY が 1993 年決議 827 により設置されたのに対し，ICTR は 1994 年決議 955 により設置された）。

第 2 に，アルカイダ・タリバンに関して，安全保障理事会は，制裁委員会を設け，特定の個人・団体を対象に，資産凍結措置，旅行禁止措置などを科している（1999 年決議 1267）。これはスマートサンクションと呼ばれる。もっとも，スマートサンクションは実施にあたって個人の人権を侵害することがあることから，国際人権法との抵触を惹起することがある。そこで，オンブズパーソンが創設されている。オンブズパーソンがある個人・団体を制裁リストから削除するよう勧告すると，当該個人・団体が制裁リストから削除されることになる。

(c) 軍事的措置

軍事的措置については，当初，国連憲章 43 条の特別協定によって加盟国から提供される兵力が，国連憲章 47 条の軍事参謀委員会の指揮・命令の下に置かれることが予定された。しかし，東西冷戦のため，この兵力は存在しない。

国連は，加盟国に対して，軍事的措置を勧告または授権することによって対応してきた。朝鮮国連軍と湾岸多国籍軍がよく知られている。朝鮮国連軍は，朝鮮戦争にあたって北朝鮮が韓国に侵攻したことを受けて必要な支援の提供の「勧告」に基づいたものである（1950 年決議 83）。他方で，湾岸多国籍軍は，湾岸危機にあたってイラクがクウェートに侵攻したことを受けて必要なすべての手段の「授権」に基づいたものである（1990 年決議 678）。

これらの軍事的措置については，①国連憲章に合致しない，②国連憲章 42 条に基づいて国連憲章に合致する，③国連憲章 51 条（集団的自衛権）に基づいて国連憲章に合致するとそれぞれ主張する見解が提起されたものの，②が有力説である。その後の実行においては，「授権」に基づく軍事的措置が定着している。たとえば，リビアに関して，安全保障理事会は必要なすべての手段を多国籍軍に授権した（2011 年決議 1973）。この実行は，国連憲章 42 条への明示の言及はないものの，同条に関する事後の慣行と捉えることも不可能ではない。軍事的措置は，当初の予定から外れながらも発展を示している。

第 15 章　安全保障

(4)　総会の権限

安全保障理事会の常任理事国は拒否権を有するため，常任理事国が拒否権を行使すれば，安全保障理事会は機能できない。実際，朝鮮戦争において，朝鮮国連軍はソ連が欠席したことから派遣が可能となるものの，ソ連が復帰した後は拒否権の行使のため，朝鮮関連決議の採択は阻止されることになった。そこで，米国を中心に，1950 年に**平和のための結集決議**が総会によって採択された（1950 年決議 377）。同決議は，総会の勧告に基づいて集団的措置を可能にする。

具体的に述べると，平和のための結集決議は，平和に対する脅威，平和の破壊，侵略行為があるにもかかわらず，安全保障理事会が拒否権の行使により機能できない場合は，総会が 3 分の 2 の多数に基づいて集団的措置（平和の破壊または侵略行為があれば兵力の使用を含む）をとるよう加盟国に勧告できることを定めている。

もっとも，平和のための結集決議が国連憲章に合致するかについては，争いがなくはない。国連憲章は，11 条 2 項において，総会が「行動」，すなわち，強制措置を必要とする問題を安全保障理事会に付託すると規定するため，総会は強制措置を勧告できないと批判される。しかし，国連憲章は，10 条において，国連憲章の範囲内のあらゆる問題に関して勧告する権限を総会に与えるとする。また国連憲章は，11 条 4 項において，同条（11 条 2 項を含む）に掲げる総会の権限が 10 条の一般的範囲を制限しないとする。これらの条文に鑑みると，総会が強制措置を勧告できないという批判は，説得力に欠ける。

III　自　衛　権

1　武力行使禁止の例外

国連憲章は 2 条 4 項において武力行使を一般的に禁止する一方で，例外を是認している。第 1 が，国連憲章 42 条における集団安全保障の軍事的措置であって，第 2 が国連憲章 51 条における（個別的または集団的）自衛権である。ここでは後者を説明する。なお，これら以外に国連憲章 53 条・107 条の旧敵国に対する行動が武力行使禁止の例外とされることがあるものの，現在すべての

402

旧敵国が加盟国となったため，死文化したとされる。

2 自衛権の歴史的展開

自衛権は，歴史上の長い過程を経て現在まで展開を遂げてきた。時代区分として，(1)第一次世界大戦以前，(2)戦間期，(3)国連憲章に大きく分けることにする。

(1) 第一次世界大戦以前

第一次世界大戦以前の時期，特に19世紀のいくつかの事件において自衛権が行使されることがあった。1837年の米国とイギリスとの間の**カロライン号事件**が最も著名である。しかし，この時期においては，いまだ戦争が違法化されていなかった点を考慮すると，自衛権は戦争を正当化する機能を果たすものではなかったと捉えるべきである。

カロライン号事件は，この当時イギリスの植民地であったカナダにおいてイギリスからの独立を企てる叛徒が反乱を起こしたことを発端とする。叛徒は，米国において調達した武器弾薬の輸送などの目的から，米国船籍のカロライン号を使用していた。これを受けて，イギリスは，同船が米国の港に停泊している最中，米国国内に侵入し，同船を襲撃した。この襲撃に関連して米国の国務長官を務めたWebsterは「即時の，圧倒的な，手段の選択の余地のない，熟慮する時間もない自衛の必要性」があること，さらに自衛が「必要性によって限定され，明確にその限界内になければならない」ことを唱えている。この説示はWebsterフォーミュラと呼ばれている。そこで，イギリスは，この襲撃がWebsterフォーミュラに合致するものであったと主張して正当化することになった。

注目すべきことに，イギリスは，米国の側に国際法上の義務違反，すなわち，国際違法行為が存在したとは主張しなかった。この点に鑑みると，カロライン号事件は，先行行為の違法性を前提とする自衛権の先例よりも，緊急避難の先例と捉えるべきであろう。実際，国家責任条文の作成にあたって国際法委員会は同事件を緊急避難の先例と捉えた（Yearbook of ILC 1980, Vol. II (2), p. 44, para. 24）。もっとも，同事件それ自体は緊急避難の先例と捉えるとしても，

第15章 安全保障

Webster フォーミュラは，ニュルンベルク国際軍事裁判所判決（International Military Tribunal（Nuremberg），Judgment and Sentences，American Journal of International Law, Vol. 41（1947），pp. 205-207）などのその後の展開を通じて，自衛権に当てはまるものとして，とりわけ，必要性と均衡性の要件を反映するものとして一般的に受容される。

(2) 戦 間 期

戦争を正当化する機能を果たす自衛権の誕生は，戦間期，とりわけ，戦争の違法化まで待たなければならない。不戦条約は戦争に訴えることを禁止した。不戦条約は自衛権に関する規定を置いてはいないものの，不戦条約を締結するにあたって米国を中心とする一定の諸国は，不戦条約が自衛権を毀損するものではないことを明言している。

たとえば，不戦条約の締約国との間に交わされた解釈公文において，米国は，国が自国の領土を攻撃または侵入から守る自由を有し，自衛権によって戦争に訴えることができるという趣旨のことを述べた。このことは，たとえ不戦条約が戦争を違法化しても，国は自衛権を行使することによって戦争に訴えることができることを意味している。

しかし，その一方で，注意を要するのは，米国を中心とする一定の諸国は，不戦条約を締結するにあたって自衛権の内容については様々なものを念頭に置いていたことである。先行行為にだけ着目しても，すでに確認した自国の領土に対する攻撃・侵入のみならず，自国の財産・利益に対する侵害，さらに自国民に対する侵害も対象とされた。

(3) 国 連 憲 章

戦間期の後，国連憲章は武力行使を一般的に禁止し，例外的に武力行使を正当化するものとして自衛権を位置づける。国連憲章51条は自衛権の行使を武力攻撃の発生に条件づける。そこで，問題は，国連憲章以前の慣習国際法上の自衛権と国連憲章上の自衛権の関係である。前者は（米国を中心とする一定の諸国が不戦条約を締結するにあたって自国の財産・利益に対する侵害なども対象としたことから分かるように）それほど重大でない事態も対象とするのに対し，後者はあ

404

くまでも武力攻撃を対象とする。それゆえ，学説上，国連憲章の下において武力攻撃以外の法益侵害に対しても自衛権の行使が認められるかが争われてきた。

この点は，大きく立場が分かれる。第1は，国連憲章が国連憲章以前の慣習国際法上の自衛権を制限し，武力攻撃以外の法益侵害に対する自衛権の行使は認められないと主張する。この立場は**制限説**と呼ばれる。第2は，国連憲章によって国連憲章以前の慣習国際法上の自衛権は制限を受けないまま存続し，武力攻撃以外の法益侵害に対する自衛権の行使は認められると主張する。この立場は**許容説**と呼ばれる。

当然，この対立は，国連憲章以前の慣習国際法上の自衛権の内容と国連憲章上の自衛権の内容が異なるという前提に立つ。もっとも，あくまでも現在に焦点を移すと，この対立はあまり重要ではないかもしれない。慣習国際法上の自衛権の内容と国連憲章上の自衛権の内容の双方とも武力攻撃の発生を要件とするものと解されるからである。ニカラグア事件（本案）において，国際司法裁判所は，慣習国際法上の自衛権の内容と国連憲章上の自衛権の内容はまったく同一ではないけれども，違いは大きくはないとし，両者はそれぞれ武力攻撃を要件とする点において一致すると判断した（ICJ Reports 1986, pp. 92-97, paras. 172-182 and pp. 101-104, paras. 191-195［百選107］）。このように慣習国際法上の自衛権の内容と国連憲章上の自衛権の内容が武力攻撃の発生を要件とすると解すると，いずれにせよ，武力攻撃以外の法益侵害に対する自衛権の行使は認められない。

3　個別的自衛権

(1)　武 力 攻 撃

国連憲章51条は「武力攻撃が発生した場合」に自衛権の行使を認める。問題は武力攻撃とは何かである。事項的範囲，時間的範囲，人的範囲の観点から説明する。

(a)　事項的範囲

武力攻撃の事項的範囲は，武力攻撃がどの程度の敷居の高さを有するかという論点に関連する。ニカラグア事件（本案）において，国際司法裁判所は，「武力行使の最も重大な形態（武力攻撃を構成するもの）をその他のより重大

第15章 安全保障

でない形態から区別する必要がある」(*ibid.*, p. 101, para. 191 [百選107])と述べて、規模と効果の観点から、武力行使の中でも最も敷居の高いものとして武力攻撃を把握している。

(i) 武力攻撃の敷居の柔軟性

もっとも、実際は、武力攻撃の敷居は一定の柔軟性を持っていると解することもできる。この点については、オイル・プラットフォーム事件が示唆を与える。イランは、イランからの攻撃を理由とした米国によるオイル・プラットフォームの破壊が両国の友好条約などに違反したとして米国を国際司法裁判所に提訴した。国際司法裁判所は、米国の軍艦と商船への攻撃がイランによるものでなかったとする一方で、軍艦と商船への攻撃が武力攻撃に該当するかを検討した。

まず、軍艦に関しては、国際司法裁判所は、「一艘の軍艦の触雷が『自衛の固有の権利』を発動させるのに十分かもしれない可能性を排除しない」(ICJ Reports 2003, p. 195, para. 72 [百選108])とし、一艘の軍艦への攻撃であっても武力攻撃に該当しうると明示する。

次に、商船に関しては、国際司法裁判所は、「テキサコ・カリビアン号は……米国の旗を掲げなかったため、当該船舶への攻撃それ自体は当該国への攻撃と同視できなかった」(*ibid.*, p. 191, para. 64)と述べた。この判断は、当該商船への攻撃が米国への攻撃ではなかったと言っているのみであって、あくまでも規模と効果の観点からは武力攻撃の敷居に達していたと解釈する余地を残す。言い換えれば、明示されてはいないものの、一艘の商船への攻撃であっても武力攻撃に該当しうることが暗示される。

(ii) 武力攻撃に至らない武力行使

なお、武力攻撃に至らない武力行使に対して、犠牲国は武力行使によって対応できるか。ニカラグア事件(本案)において、国際司法裁判所は、「ニカラグアが非難される行為は……当該行為の犠牲となった国、すなわち、エルサルバドル、ホンジュラスまたはコスタリカによる均衡のとれた対抗措置を正当化できただけであった」(ICJ Reports 1986, p. 127, para. 249 [百選107])と述べた。先行行為が武力行使であったことに鑑みると、これは、犠牲国が武力行使を**「均衡のとれた対抗措置」**であるとすることによって正当化できると判断したと

III 自衛権

解せなくはない。しかし，その後，核兵器の威嚇・使用の合法性事件（国連総会諮問）において，国際司法裁判所が「平時における武力復仇は違法と考えられる」（ICJ Reports 1996, p. 246, para. 46 [百選112]）と述べたことから，現在のところ，犠牲国が武力攻撃に至らない武力行使に直面して対抗措置によって武力行使を正当化できると評価するのは困難である。

(b) 時間的範囲

　武力攻撃の時間的範囲は，武力攻撃が発生する前に自衛権を行使できるかという論点に関連する。**先制的自衛権**の合法性に関する論点である。この点は概略上2つの類型がある。第1は「**急迫しない脅威**」を対象とするのに対し，第2は「**急迫する脅威**」を対象とする。前者は2003年のイラク戦争において米国が武力行使に関して言及したのを端緒とするのに対し，後者はWebster フォーミュラが急迫性に類似する用語に付言したのを契機とする。

　（ⅰ）　**先制的自衛権──「急迫しない脅威」**

　「急迫しない脅威」に関しては，2005年の国連事務総長報告書と世界サミット成果文書から手がかりが得られる。国連事務総長報告書は「脅威が急迫せず潜在的である場合，国連憲章は……予防的に武力を行使することを含め武力を行使する完全な権限を安全保障理事会に与える」（UN Doc. A/59/2005, para. 125）と述べた。この判断に異論を唱える国はほとんどなく，この結果，世界サミット成果文書は「国連憲章の関連規定は国際の平和と安全に対するすべての範囲の脅威に対処するのに十分である」（UN Doc. A/RES/60/1, para. 79）と述べる。この一連の経緯は，「急迫しない脅威」については，安全保障理事会に武力行使を含めて対応を委ねること，言い換えれば，あくまでも自衛権の行使としては肯定しがたいことを表す。

　（ⅱ）　**先制的自衛権──「急迫する脅威」**

　論争があるのは「急迫する脅威」である。この点は国際司法裁判所の判決が示唆を与える。ニカラグア事件（本案）において，国際司法裁判所は，「武力攻撃の急迫する脅威への対応の合法性の問題は提起されなかった。それ故，裁判所は当該問題に関して見解を表明しない」（ICJ Reports 1986, p. 103, para. 194 [百選107]）とし，「急迫する脅威」に対して自衛権の行使を認めるかは判断を回避すると断る。しかし，続けて国際司法裁判所は，「個別的自衛の場合，こ

407

第15章　安全保障

の権利の行使は武力攻撃の犠牲国となった関係国を前提とする」(*ibid.*, p. 103, para. 195) と述べた。このように国際司法裁判所は判断を回避すると断る一方で,「急迫する脅威」に対して自衛権の行使を認めることに消極的な姿勢を含意する。

(c) 人 的 範 囲

武力攻撃の人的範囲は,武力攻撃が(国家によってのみならず)非国家主体によっても行われるかという論点に関連する。**非国家主体に対する自衛権**の合法性に関する論点である。とりわけ,2001 年の 9 月 11 日同時多発テロ事件がきっかけとなって論じられている。

パレスチナの壁事件において,国際司法裁判所は,「国連憲章 51 条は一国による他国に対する武力攻撃の場合に自衛の固有の権利の存在を承認する」(ICJ Reports 2004, p. 194, para. 139 [百選 110]) と述べた。この説示は,一国による他国に対する武力攻撃の場合に「のみ」と言っていないことから,上記論点に対して判断を回避したと解釈されることがある。

しかし,この解釈については,疑義がある。第 1 に,国際司法裁判所は,「イスラエルは自国への攻撃が外国に帰属すると主張しない」と述べて,イスラエルの主張を確認した上で,「結果として,裁判所は国連憲章 51 条が本件において関連性を有しないと結論づける」と述べて,イスラエルの主張を棄却した(*ibid.*, p. 194, para. 139)。

第 2 に,国際司法裁判所の判断に対しては,何人かの裁判官が個別意見または宣言を付すことによって非国家主体に対する自衛権が認められるべきであると批判した。この事実は,あくまでも国際司法裁判所の判断としては,非国家主体に対する自衛権が認められない(＝武力攻撃は国家によってのみ行われる)という立場に依拠していることの証左となる。

コンゴ領域での武力活動事件において,コンゴは,ウガンダが武力行使禁止などに違反したとしてウガンダを国際司法裁判所に提訴した。国際司法裁判所は「裁判所は現代国際法が不正規兵による大規模な攻撃に対する自衛権を与えるかどうか,またどのような条件の下に与えるかについての当事国の主張に答える必要はない」(ICJ Reports 2005, p. 223, para. 147 [百選〈第 2 版〉112]) と述べた。この説示も,上記論点に対して判断を回避したと解釈されることがある。

408

III 自衛権

確かに国際司法裁判所は判断を回避している。しかし，コンゴもウガンダも非国家主体を支援する国に対する自衛権を争って，そもそも，非国家主体に対する自衛権の合法性の問題は提起されなかった背景を考慮する必要がある。むしろ，本件の争点は，非国家主体に国がどの程度関与すれば，国による武力攻撃を認めることができるかにあった。

この点については，国際司法裁判所は，ニカラグア事件（本案）の判断を踏襲し，1974 年の侵略の定義に関する決議 3 条(g)，すなわち，「前記の諸行為に相当する重大性を有する武力行為を他国に対して実行する武装部隊，集団，不正規兵又は傭兵の国による派遣若しくは国のための派遣又はこのような行為に対する国の実質的関与」が要求されると述べた（*ibid.*, p. 223, para. 146)。派遣または実質的関与は，武器の供与では十分でなく，より密接な関与を求める（ニカラグア事件〔本案〕，ICJ Reports 1986, p. 104, para. 195 ［百選 107］)。

(2) 必要な措置

国連憲章 51 条は，「安全保障理事会が国際の平和及び安全の維持に必要な措置をとるまでの間」，加盟国が自衛権を行使できると規定する。「必要な措置」は，安全保障理事会による集団安全保障の措置を意味する。しかし，非軍事的措置があれば十分であるとする説，軍事的措置まで求められるとする説などが対立する。

(3) 安全保障理事会への報告

国連憲章 51 条は，自衛権の行使にあたって加盟国がとった措置は「直ちに安全保障理事会に報告しなければならない」と規定する。この安全保障理事会への報告という手続的義務の遵守は，当該国それ自身が自衛の下にあると確信しているかを表す指標の 1 つとされる（*ibid.*, p. 105, para. 200 ［百選 107］)。

(4) 必要性と均衡性

国は，国連憲章 51 条に従って自衛権を行使するにあたっても，慣習国際法上，必要性と均衡性の要件をそれぞれ満たすことが求められる。

409

第15章　安全保障

(a)　必要性

必要性は自衛権の行使以外にとるべき手段がないことを意味する。ニカラグア事件（本案）において，国際司法裁判所は，米国による措置が必要性を満たさなかったと判断するにあたって，当該措置が武装勢力によるエルサルバドルへの攻撃が撃退されてから数か月経過して行われたことに言及した（*ibid.*, p. 122, para. 237 ［百選 107］）。

またオイル・プラットフォーム事件において，国際司法裁判所は，同様に米国による措置が必要性を満たさなかったと判断するにあたって，米国がオイル・プラットフォームの軍事活動に関してイランに対して苦情を申し立てたという証拠はなかったことに言及した（ICJ Reports 2003, p. 198, para. 76 ［百選 108］）。

いずれの判決も，自衛権の行使以外にとるべき手段があった（前者の場合は，数か月経過していることから，この間に別の手段に基づいて目的を達成できた一方で，後者の場合は，オイル・プラットフォームが軍事的に重要でないため，破壊という手段に訴えないまま目的を達成できた）と捉えて，必要性を満たさないと判断したと解される。

(b)　均衡性

均衡性については，何と何とを比較の対象とするかによって2つの方法がある。1つは，先行する武力攻撃の程度とこれに対応する自衛権の行使に基づく措置の程度を比較する。もう1つは，自衛権の行使の目的と手段を比較する。これらの2つの方法は必ずしも相互に排他的というわけではないものの，どこに重点を置くかという観点からは一応区別される。

国家責任条文の作成にあたって国際法委員会（特別報告者 Ago）が自衛権の行使の目的と手段を比較する方法を採用したことは有名である（Yearbook of ILC 1980, Vol. II (1), p. 69, para. 121）。もっとも，この方法は，自衛権の行使の目的が拡大する（たとえば，直近の武力攻撃の撃退を超える）ことに応じて，手段として許容される範囲も同時に拡大するリスクを伴う。

III 自衛権

4 集団的自衛権

(1) 経　緯

　条約上，集団的自衛権が明文化されたのは国連憲章51条が歴史上初めてのことであった。国連憲章の草案であるダンバートン・オークス提案は自衛権に関する規定を含まなかった。この時期，米州諸国においては，共同防衛を約束したチャプルテペック協定が締結されたことに示されるように地域的機関・地域的取極による強制行動が想定された。

　地域的機関・地域的取極による強制行動は，集団安全保障との関係から，安全保障理事会の許可を必要とした。当初，米州諸国は安全保障理事会の許可に懸念を抱いてはいなかったものの，その後，ヤルタ会談において5大国による拒否権が導入されたがゆえに，米州諸国は拒否権によって安全保障理事会の許可が得られず，地域的機関・地域的取極による強制行動が機能しないのではないかと憂慮するようになった。

　そこで，安全保障理事会の許可がなくとも，各国が自律的に共同防衛を実施できるように国連憲章51条に集団的自衛権を規定することが合意された。このように国連憲章51条は，個別的自衛権よりも，むしろ集団的自衛権を主に念頭に置いて作成された。国連憲章において自衛権に関する規定は特定の事情から設けられた。

(2) 法 的 性 質

　集団的自衛権の法的性質については，学説上，3つの立場がある。第1は**個別的自衛権共同行使説**と呼ばれる。集団的自衛権は，他国への攻撃が自国の法益も侵害する場合，それぞれの国が個別的自衛権を共同して行使するものと捉える立場である。この立場に対しては，集団的自衛権が個別的自衛権に還元されるため，独自の意義が失われるという批判がある。

　第2は**他国防衛説**と呼ばれる。集団的自衛権は，自国ではなく，あくまでも他国を防衛する権利と捉える立場である。この立場に対しては，集団的自衛権が他国を防衛する権利であるならば，濫用されるおそれがあるという批判がある。

411

第15章　安全保障

　第3は**死活的利益説**と呼ばれる。集団的自衛権は，自国と密接な関係性を有する他国への武力攻撃によって，自国の死活的利益が侵害される場合，行使できると捉える立場である。この立場に対しては，どの程度の密接な関係性が存在すれば，自国の死活的利益が侵害されたと評価できるかが不明確であるという批判がある。

　このように集団的自衛権の法的性質は諸説あるものの，ニカラグア事件（本案）において，国際司法裁判所は，集団的自衛権が武力攻撃の犠牲国のために行使されることに言及した（ICJ Reports 1986, p. 104, para. 195 ［百選 107］）ことから，他国防衛説に立つと解される。

(3)　要　　件
(a)　個別的自衛権の要件との重複

　では，集団的自衛権の要件として，どのようなものが求められるか。この点については，集団的自衛権の行使にあたっても，個別的自衛権の要件，すなわち，武力攻撃，必要な措置，安全保障理事会への報告，必要性と均衡性が重複してそれぞれ求められる。

(b)　宣言と要請

　もっとも，ニカラグア事件（本案）において，国際司法裁判所は，集団的自衛権の行使にあたって，さらに2つの要件が求められると判断した。すなわち，武力攻撃の犠牲国による（武力攻撃を受けた旨の）宣言が求められることに加えて，武力攻撃の犠牲国による集団的自衛権を行使する国への要請が求められる（*ibid.*, p. 105, para. 199 ［百選 107］）。

　この宣言と要請の要件については，慣習国際法上の要件として存在することを国際司法裁判所が十分に証明していないなどとして批判されることがある。しかし，国際司法裁判所はこの宣言と要請の要件に基づいて集団的自衛権の要件を厳格化することによって，濫用されるおそれがあるという問題（他国防衛説への批判）に一定程度対処していると解される。

Ⅳ　平和維持活動

1　伝統的平和維持活動

　冷戦期，集団安全保障は，安全保障理事会の常任理事国による拒否権のため，十分に機能しなかった。そこで，集団安全保障を補完する目的から平和維持活動（PKO）が創設される。

　伝統的平和維持活動，すなわち，冷戦期の平和維持活動は，軍事監視団（非武装部隊から構成される）と平和維持軍（武装部隊から構成される）に分類できる。伝統的平和維持活動は，スエズ危機にあたって派遣された国連緊急軍（UNEF）が休戦ラインの監視などを行ったことに始まって，国連レバノン監視軍（UNOGIL），国連コンゴ活動（ONUC），国連キプロス平和維持軍（UNFICYP）などによって確立された。

　伝統的平和維持活動の特徴として，いくつかの点が挙げられる。第1は**同意原則**である。これは，平和維持活動があくまでも受入国の同意を基礎とすることを表す。

　第2は**公平・中立原則**である。これは，平和維持活動の構成に紛争利害関係国は関与せず，平和維持活動が公平・中立的な立場でなされることを表す。

　第3は**自衛原則**である。これは，平和維持活動は紛争当事者に強制を行うものではなく，武器の使用はあくまでも自衛に限られることを表す。

　第4は**暫定原則**である。これは，平和維持活動は紛争当事者の戦闘を一時的に鎮静化するものであり，最終的に紛争を解決することを目的としないことを表す。なお，同意原則，公平・中立原則，自衛原則を併せて伝統的3原則とも呼ぶことがある。

　問題は，伝統的平和維持活動の国連憲章上の根拠である。組織上の根拠は，国連憲章22条（総会の補助機関に関する規定），または29条（安全保障理事会の補助機関に関する規定）に求めることができると解される。

　しかし，活動上の根拠については，必ずしも明確でない。伝統的平和維持活動は，紛争の平和的解決を規定する国連憲章第6章と集団安全保障を規定する

第15章　安全保障

第7章の中間地点にあるとされ，長らく国連憲章「6章半」の活動と言われて
きた。学説上は，国連憲章39条・40条・41条などの特定の規定を根拠とする
立場がある一方で，「後に生じた慣行」と説明する立場，「黙示的権能」と説明
する立場などがある。

　国連経費事件において，国連緊急軍（UNEF）と国連コンゴ活動（ONUC）の
派遣に伴う経費の支出を一部の加盟国が拒否したことから，総会は当該支出が
国連憲章17条2項における「機構の経費」であるかに関して国際司法裁判所
に勧告的意見を要請した。国際司法裁判所は，「国連が国連の明示された目的
の1つを達成するために適切であると判断して行動をとる時，当該行動は国連
の権限踰越ではないと推定される」（ICJ Reports 1962, p. 168 ［百選39］）と述べ
て，当該支出が「機構の経費」に該当することを認めた。この判断は，「黙示
的権能」の考え方につらなるものであると解される。

2　冷戦終結後の平和維持活動

　冷戦が終結するとともに，任務の多様化の要請に応じて，**複合型平和維持活
動**（平和構築型平和維持活動とも呼ばれる）と**強制型平和維持活動**（7章型平和維持
活動とも呼ばれる）という新たな平和維持活動が出現することになった。

　複合型平和維持活動は，平和構築と密接不可分であるため，伝統的平和維持
活動が暫定的性格であったのに対し，紛争の包括的な解決を実施する役割を果
たす。たとえば，国連ナミビア独立移行支援グループ（UNTAG），国連カンボ
ジア暫定統治機構（UNTAC）などがある。

　強制型平和維持活動は，要員の安全確保のため，伝統的平和維持活動が非強
制的性格であったのに対し，国連憲章第7章の強制権限が与えられる。たとえ
ば，第2次国連ソマリア活動（UNOSOM II），国連保護軍（UNPROFOR）など
がある。

　複合型平和維持活動については，紛争原因を除去するのに貢献したとして，
積極的評価が与えられている。しかし，強制型平和維持活動については，最終
的に失敗に終わったとして，消極的評価が与えられている。第2次国連ソマリ
ア活動（UNOSOM II）は，武器の使用は自衛に限られず，武装勢力の無力化な
どの任務が付与された一方で，装備が十分でないまま指揮系統も不十分であっ

IV 平和維持活動

たため，ソマリア内戦に巻き込まれ撤退を迫られることになった。

　強制型平和維持活動の反省に基づいて，伝統的平和維持活動に回帰する現象が見られる。しかし，多国籍軍が継続的に派遣されることは必ずしも多くないため，伝統的平和維持活動に十分な成果を期待するには難しい現実があった。この点を受けて「強化された平和維持活動」と呼ばれる平和維持活動が現れることになる。これは，複合型平和維持活動の側面を有するとともに，武装解除などの任務遂行にあたって国連憲章第7章の強制権限が与えられる。たとえば，シエラレオネ，リベリア，コートジボワールにおいて展開された。

● 参考文献

松井芳郎『武力行使禁止原則の歴史と現状』(日本評論社，2018年)

Robert Kolb, International Law on the Maintenance of Peace: Jus Contra Bellum (Edward Elgar, 2018)

Tom Ruys, Olivier Corten and Alexandra Hofer (eds.), The Use of Force in International Law: A Case-Based Approach (Oxford University Press, 2018)

Olivier Corten, The Law Against War: The Prohibition on the Use of Force in Contemporary International Law (Hart Publishing, 2nd ed. 2021)

第16章 武力紛争

I 武力紛争法とその適用

1 戦争法から武力紛争法へ

国際法は戦争の惨禍を食い止めるために発達してきたといっても過言ではない。とりわけ戦闘行為の規制については，1899年と1907年のハーグ平和会議で法典化が見られた。

国際法上，武力行使の違法性に関する国際法を**開戦法規**（*jus ad bellum*）と呼び，武力紛争中の戦闘の手段と方法の規制を行う国際法と，武力紛争中の交戦国と第三国の間を規律する中立制度に関する中立法を**交戦法規**（*jus in bello*）と呼んで両者の区別がなされてきた。かつて，ユス・イン・ベロは戦争法とも呼ばれた。しかし，現代国際法上，戦争が違法化され，武力行使が禁止されるとともに，**戦争法**という呼び方から**武力紛争法**（law of armed conflict），**国際人道法**（international humanitarian law）という呼称へと変わっていった。同様に，戦争が違法化された現代国際法においては，開戦法規の適用はできないことから，開戦法規は，ユス・アド・ベルムに代えて*jus contra bellum*と呼ばれるようになっている。伝統的に，戦争法は，軍事的必要性と人道的考慮の均衡を図る法として知られた。今日では，国際人道法の呼称が表すとおり，人道的考慮の強化が図られる。

ユス・イン・ベロとしての武力紛争法は，さらに，戦闘方法・手段の規制を行う**ハーグ法**と，捕虜・文民等の戦争犠牲者保護に関する**ジュネーブ法**に分類される。狭義の国際人道法はジュネーブ法を指す。19世紀後半以降に**赤十字**

第 16 章 武力紛争

国際委員会（ICRC）を中心にジュネーブ法が法典化された。

┤ **Column 16-1　ウクライナとロシアの武力紛争** ├

　2022 年 2 月 24 日に開始されたロシアによるウクライナへの特別軍事作戦は，国連総会から侵略として認定され，非難を受けた。したがって，ユス・コントラ・ベルムの点では，大多数の国がウクライナを支持した。伝統的には，武力行使の契機が侵略であるにせよ，自衛であるにせよ，一旦武力紛争が始まれば，いずれの紛争当事者も武力紛争法を遵守することが求められる。ところが，ウクライナへの侵略に際しては，ウクライナ軍の武力紛争法違反を指摘した国際人権団体，アムネスティ・インターナショナルの報告書が物議を呼び，アムネスティ・インターナショナルは報告書を撤回しないまでも，謝罪をする事態へと発展した。このような展開は，武力紛争法の平等適用に対する市民の違和感を顕在化したものといえよう。

　ウクライナとロシアの間の武力紛争では，ウクライナに対する外国からの義勇兵とロシアによる民間軍事会社などを通じた傭兵の行為とその戦闘員資格・捕虜資格も問題となった。

2　国際人権法との関係性

　武力紛争法は武力紛争時に適用される。そこで，平時に適用される国際人権法は武力紛争時に適用されないのかどうかが問題となる。国際司法裁判所は，自由権規約の適用が，その 4 条に規定される逸脱の宣言のある場合を除いて戦時においても停止されないが，戦時において何が 6 条にいう生命権の恣意的な剝奪に当たるか否かは，特別法である武力紛争法によって決定されなければならないとした（核兵器の威嚇・使用の合法性事件〔国連総会諮問〕・国際司法裁判所勧告的意見 1996 年 7 月 8 日，ICJ Reports 1996, pp. 239-240, paras. 24-25 ［百選 112］）。

　その後，国際司法裁判所はパレスチナの壁事件において，一般的には，もっぱら国際人道法の問題となる権利，もっぱら人権法の問題となる権利，および双方の問題となる権利があり，イスラエル占領地域において適用可能な人権法

と特別法としての国際人道法の双方を検討する必要があると述べた（国際司法裁判所勧告的意見 2004 年 7 月 9 日，ICJ Reports 2004, pp. 177-178, paras. 102-106 ［百選 110］）。

3　国際刑事法との関係性

　第二次世界大戦後に個人の刑事責任を国際法の名の下に問う形で発展してきた国際刑事法は，武力紛争法の義務を個人と国家に守らせる仕組み（履行確保手段）の 1 つといえる。たとえば，1949 年のジュネーブ諸条約は，締約国に対して，諸条約の重大な違反行為を行い，または行うことを命じた 疑 のある者を捜査する義務を国家に負わせ，国籍のいかんを問わず自国裁判所に対して公訴を提起することを義務づける（第 1 条約 49 条，第 2 条約 50 条，第 3 条約 129 条，第 4 条約 146 条）。ただし，国際刑事法の対象犯罪には武力紛争時に行われないものも含まれているため，国際刑事法が常に武力紛争法の履行確保手段として機能しているともいい切れない。

II　武力紛争の定義と適用

1　武力紛争の定義

　武力紛争法は，**国際的武力紛争**および**非国際的武力紛争**を適用対象としており，対象となる武力紛争の定義が問題となる。伝統的国際法において，戦争法は，戦争状態において適用されると考えられたため，宣戦布告がないと適用されず，交戦当事国の間で戦争の意思がないと適用されないなどの不都合が生じた。そこで，武力紛争法は，国家間の「すべての宣言された戦争又はその他の武力紛争」（ジュネーブ諸条約共通 2 条 1，ジュネーブ諸条約第 1 追加議定書 1 条 3 項・4 項，3 条(a)）に適用されることとされており，すべての国際的武力紛争に適用される。したがって，ジュネーブ諸条約は宣戦布告を伴わない戦争など紛争当事国の意図を問わず国家間の「武力紛争」に適用される。さらに，ジュネーブ諸条約共通 2 条 2 はジュネーブ諸条約を「一締約国の領域の一部又は全部が占領されたすべての場合について，その占領が武力抵抗を受けると受けない

第16章　武力紛争

とを問わず，適用する」と定め，占領軍に対する武力抵抗のない場合について
も適用されることとした。

　しかし，この射程から内戦すなわち非国際的武力紛争が漏れてしまうため，
ジュネーブ諸条約は**共通3条**を設け，内戦に適用される最低限の規定を置いた。
以前は，内戦において武力紛争法を適用するためには，**交戦団体承認**を通じて
紛争が国際的武力紛争と捉えられる必要があった。現在では，交戦団体承認で
はなく，共通3条などを通じて，内戦に対する規律が行われるのが通例である。

　その後，1977年にジュネーブ諸条約の非国際的な武力紛争の犠牲者の保護
に関する**第2追加議定書**（以下，第2追加議定書）が採択され，保護範囲が拡大
された。また，ジュネーブ諸条約の国際的な武力紛争の犠牲者の保護に関する
第1追加議定書（以下，第1追加議定書）は，いわゆる**民族解放戦争**と呼ばれる
「人民の自決の権利の行使として人民が植民地支配及び外国による占領並びに
人種差別体制に対して戦う武力紛争」を国際的武力紛争と位置づけ（1条4項），
その犠牲者をも保護対象下に置いた。このように現状では，武力紛争法が全面
的に適用される国際的武力紛争と，本来国内法の規律対象であった内戦のよう
な非国際的武力紛争との間で，武力紛争法の内容は一定程度区別されている。
第2追加議定書は，暴動，独立または散発的な暴力行為等の国内的な騒乱およ
び緊急事態は，武力紛争に該当しないとする（1条2項）。

　もっとも，近年では非国際的武力紛争を規律する武力紛争法の内容は，国際
的武力紛争を規律する武力紛争法の内容に近づきつつある。タジッチ事件中間
上訴判決は，国際的武力紛争を規律する慣習国際法が，非国際的武力紛争にも
適用可能な慣習国際法として認識されていることを示した（タジッチ事件・旧ユ
ーゴ国際刑事法廷上訴裁判部中間判決1995年10月2日，Case No. IT-94-1-AR72）。
ただし，国際刑事裁判所規程8条の戦争犯罪に該当する行為については，非国
際的武力紛争のほうが国際的武力紛争よりも列挙される犯罪行為が少なくなっ
ており，非国際的武力紛争に関する規律と国際的武力紛争に関する規律の間隙
が見てとれる。

420

2 武力紛争の烈度と空間別アプローチ

(1) 国際的武力紛争の存在

　ジュネーブ諸条約に武力紛争の定義がないため，解釈上，とりわけ武力紛争とみなしうる暴力行為の**烈度**（intensity）に関して争いがある。国際的武力紛争に関しては，ジュネーブ条約に対する ICRC コメンタリーも旧ユーゴ国際刑事法廷上訴裁判部も，一定の烈度を要件とせず，国家間で武力の使用があれば，国際人道法が適用可能であるとしている（タジッチ事件・旧ユーゴ国際刑事法廷上訴裁判部中間判決 1995 年 10 月 2 日，Case No. IT-94-1-AR72, para. 70, ICRC Commentary (2016) pp. 85-87, paras. 236-239）。このように烈度にかかわらず，一国が他国に向けて暴力行為を開始した**初撃**（first shot）によって武力紛争の存在を肯定する説が有力となる中，他国に対するいかなる初撃を武力行使と捉えるかどうかが問題の中心となりつつある。そして，国際的武力紛争の要件に関しては，**陸海空の空間**ごとに，武力紛争法以外に暴力行為を規律する国際法が存在するかという視点から，法の空白を生じさせないための武力紛争の要件を議論すべきであるという**空間別アプローチ**の必要性が唱えられている。近年では，サイバー空間におけるサイバー行動への武力紛争法の適用可能性と武力紛争の要件も国連などの場で議論されている。

　実際にも，サイバー空間に関するタリン・マニュアル，海上武力紛争に関するサンレモ・マニュアルのように，空間ごとに国際法規則とマニュアルが生じつつある。これらマニュアルの法的地位は必ずしも明らかではないが，一般的には，研究者や国際機構，NGO，赤十字国際委員会が特定の空間に適用可能な慣習国際法と考えられる武力紛争法を文書でまとめたものであり，マニュアルに示される規則・原則は慣習国際法規則が中心となる。

(2) 非国際的武力紛争の存在

　非国際的武力紛争の場合には，国による取締りの対象となる小規模な衝突と武力紛争法の適用される武力紛争を区別する必要性から，ジュネーブ諸条約共通 3 条と第 2 追加議定書は，**紛争の烈度**，**紛争当事者の組織性**に関して一定の要件を課しているという解釈が一般的となっている（ICRC Commentary (2016),

第16章　武力紛争

p. 154, para. 424）。

　非国際的武力紛争は外国の関与により国際化する場合もある。非国際的武力紛争が国際的武力紛争とみなされる基準として，国とその反徒との間の非国際的武力紛争において，外国政府が反徒に対して軍事行動の立案と監督を行っていれば，反徒に対する**全般的支配**（overall control）が肯定されて国際的武力紛争とみなされるとの見方が旧ユーゴ国際刑事法廷（ICTY）で示された（タジッチ事件・旧ユーゴ国際刑事法廷上訴裁判部本案判決1999年7月15日，Case No. IT-94-1-A, para. 145［百選54］）。

　武力紛争法の適用対象は，当該法に拘束されることに合意している武力紛争当事者すべてである。したがって，違法な武力行使を開始した当事国についても戦争犠牲者の保護に関する武力紛争法を平等に適用すべきであると考えられている（第1追加議定書前文）。かつては，慣習法化した条約規定を除いて，武力紛争当事国すべてが条約に参加していないと当該条約を適用できないという**総加入条項**（*si omnes*）の存在が障害となり，条約の実効性が問題となった。ジュネーブ諸条約共通2条3，第1追加議定書96条2項は総加入条項を排除し，非締約国を含む武力紛争においても締約国間では条約の適用を認めた。そして，非締約国たる紛争当事国が条約を受諾・適用する場合には，締約国はその国との関係で条約に拘束されるものとした。いずれにしても，ジュネーブ諸条約と第1追加議定書1条は，当事国に対して「すべての場合に」条約・議定書の尊重を求めている。

3　武力紛争法の適用の終期

　国際的武力紛争に適用される武力紛争法の適用の終了は，紛争当事国領域においては，軍事行動の全般的終了時である一方（第1追加議定書3条(b)），ジュネーブ諸条約共通3条は，その終了時に言及しておらず，非国際的武力紛争に適用される武力紛争法も武力紛争の終了時まで適用されるものと解釈されるが，その終期の決定においては困難が伴う。

4　占領地における武力紛争法の適用

　占領は，敵対行為が終了してから，国際的武力紛争が実際に終了するまでの

暫定的期間である。占領地とは，一定の領域が事実上敵軍の権力内に陥ること
を指し（ハーグ陸戦規則42条），占領地において敵軍は被保護者を保護すること
が求められる（文民保護に関する，ジュネーブ第4条約〔文民保護条約〕3編3部）。

　武力紛争法の適用が終了する時点は，占領地域においては占領の終了時であ
る（第1追加議定書3条(b)）。ただし，文民保護条約で，「軍事行動の全般的終
了」後1年でその適用を終えると定められている（6条3項）。

　パレスチナについては，イスラエルの軍政はガザ地区から2005年に撤退し
ているものの，国際刑事裁判所の検察局も予審裁判部も同地区とヨルダン川西
岸地区におけるイスラエルの占領は続いていると考えており（ICC-01/18-143,
para. 118），さらにヨルダン川西岸地区のイスラエルによる占領については一
般に争いがない状況である。2023年10月には，イスラエルに対する抵抗組織
であるハマスがイスラエルの人々を人質にとる事件を契機として，イスラエル
がガザ地区へ大規模な攻撃を行う武力衝突に発展し，この武力紛争に占領法が
適用されるのか，非国際的武力紛争に関する国際法が適用されるのか，といっ
た紛争の性質と適用法に関する問題を再燃させた。

III　戦闘手段・方法の規制

1　武力紛争法の基本原則

　戦争法は**軍事的必要性**と**人道的考慮**の均衡を図るための法であり，軍事的必
要性の考慮に力点を置く法であった。すなわち，軍事的必要性とは，必要最小
限の資源で武力紛争の早期終結を目指すよう紛争当事者に求める経済効率性に
基づく原則である。だが，戦争違法化後に発展してきた武力紛争法は，人道的
考慮へと軸足を移していく。

　ロシアの呼びかけで召集され，戦闘手段・方法を規制するハーグ法を生み出
すこととなった第1回万国平和会議では，戦争法規を検討する委員会の委員長
を務めたロシアのフレデリック・ド・マルテンスがいわゆる「**マルテンス条
項**」を1907年の陸戦ノ法規慣例ニ関スル条約（以下，ハーグ陸戦条約）の前文
に挿入し，武力紛争の人道化を図った。マルテンス条項は「締約国ハ，其ノ採

第16章 武力紛争

用シタル条規ニ含マレサル場合ニ於テモ，人民及交戦者カ依然文明国ノ間ニ存立スル慣習，人道ノ法則及公共良心ノ要求ヨリ生スル国際法ノ原則ノ保護及支配ノ下ニ立ツコトヲ確認スル」と定める。そして，ハーグ陸戦規則22条および第1追加議定書の35条1項は，戦闘手段すなわち害敵手段（ハーグ陸戦規則の第2款第1章では「害敵手段，攻囲及砲撃」，第1追加議定書では「戦闘の方法」）に一定の制限があることを認めている。国際司法裁判所は，核兵器の威嚇・使用の合法性事件（国際司法裁判所勧告的意見1996年7月8日，ICJ Reports 1996, p. 259, para. 84［百選112]）で，この原則の慣習法性を示唆したことがある。

武力紛争法には，戦闘手段・方法の規制に関する慣習法に根ざした中核的原則が存在する。国際司法裁判所は，核兵器の威嚇・使用の合法性事件に関する勧告的意見において，国際人道法の中核的原則として，①軍事目標のみを軍事行動の対象にすべきという**軍事目標主義**を支柱とする**目標区別原則**と②**不必要な苦痛を与える兵器の禁止**を慣習法と認め，すべての国を拘束することを確認した（国際司法裁判所勧告的意見1996年7月8日，ICJ Reports 1996, p. 257, paras. 78-79［百選112]）。以上2つの原則と関係するものとして，③**均衡の原則**も存在するとされている。均衡の原則は，紛争当事者に対して，軍事行動において文民や民用物に対して与える損害を予測することを求め，その損害予測を上回る軍事的利益が予想されない軍事的手段を均衡のとれないものとして禁止する原理である。このほか，④**背信の禁止**も基本原則として挙げられる場合もある。背信とは，敵の信頼を裏切る意図をもって，法的に保護される権利を有するかまたは保護を与える義務があると敵が信ずるように敵の信頼を誘う行為である（第1追加議定書37条1項）。

2 戦闘手段の規制

(1) 軍事目標のみを対象とすることのできない無差別な兵器の禁止

戦闘手段について，ハーグ陸戦規則の22条は「交戦者ハ，害敵手段ノ選択ニ付，無制限ノ権利ヲ有スルモノニ非ス」と定め，兵器の使用が無制約ではないことを示しており，第1追加議定書35条1項もこれを確認している。

軍事目標主義の観点からは，特定の軍事目標に限定しえない兵器の違法性が確認されている。第1追加議定書は，文民と軍事目標を区別しえない手段によ

III 戦闘手段・方法の規制

る攻撃を禁止している（51条4項(b)）。

(2) 不必要な苦痛を与える兵器の禁止

戦闘手段の規制の中で最も重要であるのが不必要な苦痛を与える兵器の禁止の原則である（ハーグ陸戦規則23条1項ホ，第1追加議定書35条2項）。しかし，「不必要な苦痛を与える兵器」の定義が存在しないため，その意味が問題となる。1868年のサンクト・ペテルブルク宣言は，交戦国の目的を「敵の軍事力を弱めること」とした上で「すでに戦闘外におかれた人の苦痛を無益に増大し，またはそれらの人の死を不可避とする兵器の使用はこの目的の範囲を超える」とし，不必要な苦痛を与える兵器の意味について，軍事的効果を超えて苦痛（危害）をもたらす兵器であることを示唆する。

(3) 通 常 兵 器

軍事目標主義，不必要な苦痛を与える兵器の禁止原則は，一般的な原則を定めており，新たに開発された兵器にも適用できる可能性を有する反面，兵器の特定性を欠くため，この原則から兵器の違法性を直ちに導き出すことには困難が伴う可能性がある。そこで，特定の兵器の使用ひいては生産，開発，貯蔵，移譲なども規制する条約を作成することが望ましい。

特定通常兵器の規制は，19世紀後半から投射物を中心に進められてきた。①サンクト・ペテルブルク宣言（1868年，400グラム未満の炸裂弾・焼夷弾の禁止），②ダムダム弾禁止宣言（1899年，人体内で展開または扁平となる弾丸の禁止），③自動触発水雷禁止条約（1907年），④特定通常兵器使用禁止制限条約（1980年），同条約議定書Ⅰ（1983年，検出不可能な破片によって傷害を与えることを第一義的な効果とする兵器の使用禁止），同条約議定書Ⅱ（1983年発効，1993年改正，地雷，ブービートラップ等の使用の禁止または制限），⑤対人地雷禁止条約（1997年），⑥クラスター弾に関する条約（2008年）などがある。

通常兵器に関しては，その不正な取引等を防止するため，通常兵器の輸出入等を規制する措置等について定める武器貿易条約（ATT）が2013年に採択され，翌年に発効している。通常兵器とは，戦車，装甲戦闘車両，大口径火砲システム，戦闘用航空機，攻撃ヘリコプター，軍艦，ミサイルおよびその発射装

第16章 武力紛争

置，小型武器および軽兵器のことであり（ATT 2条1項），「国際貿易」として
それらの輸出，輸入，通過・積替え，仲介行為が規制されるほか（同2条2項，
1条），弾薬類および部品・構成品の輸出も規制される（同3条，4条）。

⑷ 大量破壊兵器

　通常兵器に加えて，大量破壊兵器である化学兵器，生物兵器，核兵器の規制
が重要である。大量破壊兵器とは，物理的破壊力の大きさとともに制御しえな
い方法で拡散する非物理的作用や効果を及ぼす兵器を指す。

　化学兵器は，化学作用によって人・動植物を殺傷する性質を有する兵器を指
す。化学兵器については，1899年の毒ガス禁止宣言があり，この宣言はもっ
ぱら窒息性・有毒ガスの散布を目的とする投射物の使用を自制する義務を課し
た。この宣言の規制は制限的であり総加入条項も付されていたため第一次世界
大戦では事実上死文化したとされる。第一次世界大戦を踏まえ，1925年の毒
ガス等禁止議定書は有毒ガスについて使用の禁止を含む包括的な宣言を行い，
総加入条項も付されない。1992年に「化学兵器の開発，生産，貯蔵及び使用
の禁止並びに廃棄に関する条約」（化学兵器禁止条約 Chemical Weapons
Convention: CWC）が採択された。締約国は化学兵器の開発・生産・貯蔵・移
譲・使用の禁止が求められるほか（1条1項），廃棄も義務づけられる（同条2
項・3項）。さらに条約は化学兵器の生産施設の廃棄も義務づけた（同条4項）。
この条約は，暴動鎮圧剤を戦争の方法として使用しないことを締約国に求める
一方（同条5項），国内の暴動の鎮圧を含む法の執行のための目的で化学兵器を
使用することを例外的に認める（2条9項(d)）。本条約は履行確保のための制
度として，査察などにより条約の遵守を検証する機関として**化学兵器禁止機関**
（Organisation for the Prohibition of Chemical Weapons: OPCW）を設立した（8条）。

　生物兵器（細菌兵器）とは，細菌，ウイルス，微生物，それらに由来する感
染物質の増殖により人・動植物を死亡または発病させる性質のものを指す。化
学兵器と生物兵器はその性質・効果の点で類似することから両者を併せて BC
兵器と呼ぶことがある。したがってその法的規制の歴史も一定程度重複し，生
物兵器の使用も，1925年の毒ガス等禁止議定書で化学兵器の使用とともに禁
止されていた。ただし，条約策定の過程で両者を区別して禁止する必要性が認

III　戦闘手段・方法の規制

識され，1972年に「細菌兵器（生物兵器）及び毒素兵器の開発，生産及び貯蔵の禁止並びに廃棄に関する条約」（**生物毒素兵器禁止条約，Biological Weapons Convention: BWC**）が採択された。条約成立時には，検証制度の必要性が認識されていなかったため，同条約は検証制度を欠いている。

(5)　核 兵 器

　核兵器とは，核分裂兵器（原子爆弾）と核融合兵器（水素爆弾）を指し，核分裂または核融合から生ずる巨大なエネルギーを利用するものである。核兵器の効果は，爆風，熱線，初期および残留放射線の同時・相乗的なものであり，残留放射線の影響は長期にわたる。

　1990年代に非核兵器保有国を中心に核兵器廃絶の動きが高まり，世界保健機関（WHO）と国連総会はそれぞれ1993年と1994年に国際司法裁判所へ勧告的意見を請求することとなった。1996年7月8日，国際司法裁判所はWHOと国連総会双方の諮問に対する意見を出し，WHOに対してはWHO憲章に定められた同機関の活動範囲内の問題ではないとしてWHOの要請した勧告的意見を下さなかった（武力紛争時の核兵器使用の合法性事件〔WHO諮問〕，ICJ Reports 1996, p. 66 [百選40]）。国際司法裁判所は国連総会の諮問に対しては意見を下した。国連総会は国際司法裁判所に対して「核兵器の威嚇または使用は，国際法の下でいかなる状況においても許容されるか」という問題への勧告的意見を請求していた。国際司法裁判所は，核兵器の威嚇または使用は，武力紛争に適用される国際法の規則，特に人道法の原則および規則に一般的に違反していると結論した。ただし，「裁判所は，国家の存在そのものが危機に瀕する自衛の極限状態においては，核兵器の威嚇または使用が合法か違法かについて結論できない」とした。本意見に対しては，*jus ad bellum* 上の考慮を *jus in bello* の害敵手段の規制に持ち込んだこと等から批判的な見解が示されている。

　日本国内では，アメリカによる日本の広島・長崎に対する原爆投下について，無防守都市に対する無差別爆撃の禁止についての慣習法や不必要な苦痛を与える害敵手段を禁ずる戦争法の基本原則に反するとして国際法上の違法性を認めた**下田事件判決（原爆判決）**がある（東京地判1963〔昭和38〕年12月7日下民集14

427

第16章 武力紛争

巻12号2435頁［百選113］）。下田事件は，被爆者の下田氏らが日本政府に国家
賠償を求めた事件であり，請求自体は棄却されているものの，判決が真正面か
ら原爆投下行為に対して国際法的評価を下した点で，今日，広く世界中に知ら
れる判決となっている。

(6) 最新兵器

　近年では，無人機（ドローン），自律型致死兵器システム（Lethal Autonomous
Weapons Systems: LAWS），サイバー攻撃に関して，その手段の規制を国際法上
いかにして行うか議論が進行している。

3　戦闘方法の規制

(1) 軍事目標主義

(a) 概　要

　軍事目標主義は戦闘方法の規制に関する原則としても妥当し，第1追加議定
書にも規定されている（第1追加議定書48条，52条2項）。戦闘方法において
「敵に対する暴力行為」（同49条1項）である攻撃の対象となるのは，軍事目標，
すなわち人でいえば戦闘員に限られる。軍事目標に対しては警告なしに攻撃す
ることができる。武力紛争時，戦闘員以外の人を文民と呼ぶが，文民と戦闘員，
民用物と軍事目標とを区別しないで攻撃することを無差別攻撃といい，これも
禁止されている（同51条4項）。

　さらに特別の保護に置かれるものとして，第1追加議定書53条および54条
は，文化財，文民たる住民の生存に不可欠な物を軍事目標とすることを禁じ，
同55条および56条は，自然環境およびダム，堤防，原子力発電所といった危
険な力を内蔵する工作物および施設について，特定の場合に軍事目標とするこ
とを禁ずる（第1追加議定書35条3項も参照）。

　2023年11月には，イスラエルがパレスチナのガザ地区最大のシファ病院を
イスラム組織ハマスの軍事拠点となっているとして大規模に攻撃したことが問
題となった。一方で，紛争当事者が軍事目標を攻撃から保護することを企図し
て医療組織を利用することは国際的武力紛争の文脈では禁じられる（第1追加
議定書12条4項）。そして，赤十字，赤新月などの特殊標章は保護すべき標章

とされ，国は濫用を防止する措置をとる義務がある（第1条約44条，第1追加議定書38条，第2追加議定書12条）。他方で，非国際的武力紛争であっても，傷者および病者は収容して看護しなくてはならず（ジュネーブ諸条約共通3条2），国際的武力紛争においても，文民の中でも特に傷者，病者，虚弱者および妊産婦は，特別の保護および尊重を受ける（第4条約16条1項，第1追加議定書10条）。また，傷者，病者，虚弱者および妊産婦を看護するために設けられる文民病院は，いかなる場合にも，攻撃してはならず，常に紛争当事国の尊重および保護を受けるものとする（第4条約18条，第1追加議定書12条1項，第2追加議定書11条1項）。そして，「医療組織，医療用輸送手段及び要員を故意に攻撃すること」は国際的武力紛争においても非国際的武力紛争においても戦争犯罪を構成する（ICC規程8条2項(b)(xxiv)，(e)(ii)）。

(b) 児童の保護

児童についても，特別の保護が与えられている。特に，ジュネーブ第4条約の50条は「占領国は，国又は現地の当局の協力の下に，児童の監護及び教育に充てられるすべての施設の適当な運営を容易にしなければならない」（1項）など占領地域における児童の適切な措置を求めている。さらに，第1追加議定書は「紛争当事者の権力内にある」児童を保護しており，77条，78条で児童の保護と避難に関する規定を置く。児童の権利条約38条や武力紛争における児童の関与に関する選択議定書においても，15歳未満の児童を敵対行為に直接参加させないようにする規定が置かれる。

(c) 日本との関係

日本の自衛隊は，憲法上，軍隊でないという解釈がとられているにせよ，日本が紛争当事国となった場合に軍事目標となるかという問題がある。政府は自衛隊が国際法上，一般にはジュネーブ諸条約上の軍隊に該当すると理解している（第155回参議院本会議録第13号（その1）2002〔平成14〕年12月11日46頁）。国際法上，日本が武力紛争の当事国となれば，自衛隊が軍隊に該当し，自衛官は戦闘員とみなされる。国連海洋法条約29条で軍艦は「一の国の軍隊に属する船舶であって，当該国の国籍を有するそのような船舶であることを示す外部標識を掲げ，当該国の政府によって正式に任命されてその氏名が軍務に従事する者の適当な名簿又はこれに相当するものに記載されている士官の指揮の下にあ

り，かつ，正規の軍隊の規律に服する乗組員が配置されているもの」と定義されており，自衛隊が国際法上の軍隊であるならば，海上自衛隊の自衛艦も国連海洋法条約上の軍艦とみなされる。

海上自衛隊が防衛省に属するのに対して（防衛省設置法3条，19条），海上保安庁は国土交通省に属し，非軍事機関である（海上保安庁法25条）。他方で，自衛隊法80条1項は海上保安庁が防衛大臣の統制下に入る場合があることを定める。問題はその統制が第1追加議定書43条3項にいう軍隊編入に該当するかどうかであり，その規定に従って他の紛争当事者に編入を通知すれば，海上保安庁法にかかわらず，国際法上は海上保安庁自体が軍隊とみなされよう。もう1つの問題は海上保安庁船舶が軍艦とみなされるかどうかである。海戦における軍事目標としての船舶については，軍艦，軍の補助艦，商船という船舶の種類で判断するカテゴリー主義と船舶の機能で判断する機能主義がある。カテゴリー主義に基づけば，軍艦と補助艦は軍事目標である。だが，現在の有力説は機能主義とされており，武力紛争時または統制下で海上保安庁船舶が海上警察任務に専念し，その船員である保安官が敵対行為へ直接参加していないことを証明できれば攻撃からの保護を受ける余地はある（第1追加議定書51条3項）。しかし，敵対行為に参加したり，船舶が軍事的に貢献する機能を備えたりすれば，武力紛争法上の軍艦や補助艦とみなされて軍事目標となる可能性がある。アメリカ，イギリス，フランス，デンマークなどは海上警察と軍艦との区別を柔軟に行っているとされる。特に2021年海警法を施行した中国では，海警を中央軍事委員会の一元的な指揮を受ける武警の隷下へ編入し，海警法83条によって海警機関に防衛作戦などの任務の遂行を認めている。したがって，中国海警は海上警察としての法執行活動と軍事的活動の二重機能を持つと考えられる。

(2) 戦闘員資格

(a) 戦 闘 員

軍事目標主義の下で，**戦闘員**は軍事目標となるが，文民（文民たる住民）は保護されなければならないため，戦闘員資格の決定が問題となる。ハーグ陸戦規則の3条は「交戦当事者ノ兵力ハ，戦闘員及非戦闘員ヲ以テ之ヲ編成スルコト

ヲ得」と定め，兵力（armed forces）が戦闘員と非戦闘員から構成されるとする。第1追加議定書は43条2項で戦闘員を「紛争当事者の軍隊の構成員（第3条約第33条に規定する衛生要員及び宗教要員を除く。）」と定める。戦闘員の地位を特徴づけるのは，戦闘員の場合に認められる敵対行為への直接参加の資格と捕虜資格である。戦闘員は，国際法上合法に敵対行為に従事する権利を有し，戦闘行為において殺傷を行うことなどについて犯罪として訴追されることのない特権を認められている。戦闘員，軍隊構成員たる非戦闘員は敵の権力内に陥った場合，捕虜資格を認められる（ハーグ陸戦規則3条，第3条約4条A(1)）。軍事目標主義の貫徹のために，戦闘員資格の明確化，そして戦闘員と文民との区別は重要である。文民の保護を目的として，第1追加議定書44条3項は，戦闘員に対して「攻撃又は攻撃の準備のための軍事行動を行っている間，自己と文民たる住民とを区別する義務を負う」と定めている。この区別を怠った場合，戦闘員は捕虜資格を失う（44条4項）。逆に，文民は「敵対行為に直接参加していない限り」，武力紛争法において敵対行為からの保護を受ける（第1追加議定書51条，第2追加議定書13条3項）。

(b) **非戦闘員**

非戦闘員とは，伝統的には戦闘員以外のすべての者を指すと考えられたが，軍事目標から保護される文民の概念が登場してからは，戦闘行為以外で従軍している者を指し，軍医，従軍看護士などの衛生要員と宗教要員が含まれる（第3条約33条，第1追加議定書43条2項）。**文民**とは，「敵対行為に参加せず，且つ，その地帯に居住する間いかなる軍事的性質を有する仕事にも従事していない」者を指し（第4条約15条(b)），非戦闘員と違い，従軍していない者を表す。

(c) **交戦者資格**

戦争法上，正規軍以外に，ゲリラ兵，パルチザンの敵対行為への参加をどう扱うかが問題となり，武力紛争において軍事行動ないし敵対行為を行う資格が正規軍構成員に限られるのかという交戦者資格の問題が生じた。軍事大国は組織された正規軍にのみ交戦者資格を制限しようとしたのに対し，小国は占領地域での人民の防衛の権利を認めるよう求め，この対立を反映させる形でハーグ陸戦規則第1款「交戦者」の1条と2条に交戦者資格の規定が置かれた。これにより，戦争の法規の権利義務は単に軍にこれを適用するのみならず，次の要

431

第16章 武力紛争

件を具備する**民兵**と**義勇兵団**にも適用される。その4要件は，①部下のために責任を負う者がその頭にあること，②遠方より認識しうる固着の特殊徽章を有すること，③公然と武器を携行すること，④その動作につき戦争の法規慣例を遵守することである。2条によれば，占領されていない地方の人民であり敵が接近するにあたり1条の要件を満たす時間がなく，公然武器を携行し，かつ戦争の法規慣例を遵守するとき，交戦者と認められるとした。したがって，戦争法においては，無条件に交戦資格を認められる正規軍と条件つきで認められる非正規軍という二元構造となっていた。

第二次世界大戦中，占領軍に占領地のパルチザンを交戦者として認めさせることは容易ではなかったため，1949年ジュネーブ第3条約（捕虜待遇条約）は，「この条約は，また，一締約国の領域の一部又は全部が占領されたすべての場合について，その占領が武力抵抗を受けると受けないとを問わず，適用する」（2条2項）とした上で，組織的抵抗運動団体の構成員を含む紛争当事国に属するその他の民兵隊および義勇隊の構成員がハーグ陸戦規則の交戦者資格と同様の4要件を満たす限り，敵の権力内に陥った場合，捕虜の資格が与えられるとした（4条A(2)）。もっとも，これは捕虜資格の規定であり，厳密には交戦者資格の問題とは区別される。ただし，ジュネーブ諸条約にも第1追加議定書にも戦闘員資格に関する包括的規定が置かれていないことを踏まえ，戦闘員資格を得た者が捕捉される時に捕虜となると考えれば，捕虜資格の規定を戦闘員資格の規定ともみなしうる。

国際法上の概念とはいえないが，戦闘員資格を有さないまま敵対行為に参加する者を，国家が**不法戦闘員**（unlawful combatant）と呼ぶことがある。たとえば，2001年9月11日以後，アメリカは同時多発テロに携わったとみなした者を，不法戦闘員とみなしてジュネーブ諸条約上の保護を受けられないと指摘した。しかし，武力紛争法上，不法戦闘員という分類は知られておらず，軍事目標主義の要である戦闘員資格の面からも，捕虜資格の面からも，戦闘員と文民という二元的理解が望ましい。

(d)　**付随的損害**

国際的武力紛争については，武力紛争中の戦闘員と軍事目標の殺傷破壊に伴う文民と民用物の損害であって軍事的利益と比べて過度でない不可避的損害を

III 戦闘手段・方法の規制

付随的損害と呼び，合法な損害として扱われる。したがって，攻撃の際，紛争当事者は予期される具体的かつ直接的な軍事的利益との比較において，巻き添えによる文民の死亡，文民の傷害，民用物の損傷またはこれらの複合した事態を過度に引き起こすことが予測される攻撃を行う決定を差し控える義務を負う（第1追加議定書57条2項(a)(iii)・(b)）。これらの行為を故意にした場合，重大な違反となり，戦争犯罪に該当する（第1追加議定書85条3項(b)(c)・5項，ICC規程8条2項(b)(iv)）。紛争当時者には，均衡の原則に基づき，付随的損害を可能な限り避け，最小限にするための予防措置をとることが求められる（第1追加議定書57条）。

(3) その他の戦闘方法の規制

ハーグ陸戦規則は，**奇計**を禁じないとする一方で（24条，第1追加議定書37条2項），背信行為を禁止する（23条）。そこで，武力紛争法上，禁じられない行為である奇計と禁じられる行為である背信行為の区別が問題となる。奇計の定義とその例は，第1追加議定書37条2項に挙げられる。奇計とは，「敵を欺くこと又は無謀に行動させることを意図した行為であって，武力紛争の際に適用される国際法の諸規則に違反せず，かつ，そのような国際法に基づく保護に関して敵の信頼を誘うことがないために背信的ではないものをいう。奇計の例として，偽装，囮（おとり），陽動作戦及び虚偽の情報の使用がある」。

背信の定義とその例は第1追加議定書37条1項に規定される。背信とは，「武力紛争の際に適用される国際法の諸規則に基づく保護を受ける権利を有するか又は保護を与える義務があると敵が信ずるように敵の信頼を誘う行為であって敵の信頼を裏切る意図をもって行われるもの」である。休戦旗を掲げて交渉の意図を装うこと，投降を装うこと等が挙げられる（37条1項(a)～(d)）。この規定は例示列挙であると考えられている。諜報活動（間諜行為，スパイ行為）は背信には含まれない（39条3項）。そして，奇計も背信も，偽装によって敵を欺く要素を含む点で共通しており，区別が難しい。

背信のほかに，「生存者を残さないよう命令すること，そのような命令で敵を威嚇すること又はそのような方針で敵対行為を行うこと」は禁じられる（ハーグ陸戦規則23条1項ニ，第1追加議定書40条）。

第16章　武力紛争

IV　武力紛争犠牲者の保護

1　傷　病　者

　武力紛争時の人と物の保護についても，武力紛争法の軍事目標主義に基づいて，戦闘員と文民，軍事目標と民用物の区別に則り，人（犠牲者）と物（財産）の保護が行われてきた。武力紛争法の中でも被攻撃対象の保護を目的とする国際法は，1949年の**ジュネーブ四条約**の成立に見るように**国際人道法**と呼ばれる。1977年のジュネーブ諸条約の追加議定書も戦争法から国際人道法への性質変化の中で成立した国際文書である。武力紛争法上，戦闘員であっても，ひとたび**戦闘外に置かれた者**（hors de combat）は保護されなくてはならない。

　武力紛争犠牲者の保護は，赤十字国際委員会の始祖であるアンリ・デュナンがイタリア統一戦争の惨状を目の当たりにしてまとめた書物『ソルフェリーノの思い出』（1862年）を契機として，傷病者を保護する第1回赤十字条約（1864年）が欧州諸国間で採択されたことに始まる。この条約を補完し改正する1906年，1929年の第2回，第3回赤十字条約を経て，第1回赤十字条約は**1949年のジュネーブ第1条約**（**傷病者保護条約**）に引き継がれた。傷病者保護条約は傷病者の範囲を，軍隊構成員，民兵隊，義勇隊，組織的抵抗運動団体構成員等のほか，一定の場合に，従軍記者等の「実際には軍隊の構成員でないが軍隊に随伴する者」（13条4項），「紛争当事国の商船の乗組員……及び民間航空機の乗組員」（同条5項）にも拡大した。第1追加議定書はこの範囲を一層広げて，「軍人であるか文民であるかを問わず」，看護を必要とするすべての傷者，病者および難船者で，敵対行為を行わない者を保護対象とした（8条(a)(b)）。**1949年のジュネーブ第2条約**は海戦傷病者保護を定める。傷病者・難船者などジュネーブ諸条約で保護される人に対する殺人，拷問または非人道的な待遇，重大な傷害を与えることは，今日，戦争犯罪として認識されている（ICC規程8条2項(a)(i)(ii)(iii)）。

434

IV　武力紛争犠牲者の保護

2　捕　　虜

　戦闘員は，敵の権力内に陥ると**捕虜**（Prisoner of War: POW）となる。今日，捕虜の取扱いを規定する主な条約は 1949 年の**ジュネーブ第 3 条約（捕虜待遇条約）**である。近代以前の戦争において，捕虜は殺害され，奴隷として扱われることもあった。18 世紀には，フランス革命を契機として捕虜に人道的待遇を保障する声が高まり，19 世紀に入り，本格的に捕虜の人道的待遇が保障されるようになった。ハーグ陸戦規則は，交戦者資格を満たす者に捕虜資格を与えて保護する方式を採用した（4 条〜20 条）。その後，捕虜待遇に関する条約規定は 1929 年の俘虜の待遇に関する条約を経て，捕虜待遇条約に引き継がれた。

(1)　定　　義
　捕虜待遇条約上の捕虜は，①当事国の正規軍の構成員とその一部をなす民兵隊・義勇隊の構成員のほか，②当事国のその他の民兵隊・義勇隊（組織的抵抗運動団体の構成員を含む）で，その領域が占領されているかどうかを問わず，その領域の内外で行動し，（交戦者資格の）4 要件（(a)指揮者の存在，(b)特殊標章の装着，(c)公然たる武器の携行，(d)戦争の法規の遵守）を満たす者，③正規の軍隊の構成員で，抑留国が承認していない政府または当局に忠誠を誓った者，④軍隊に随伴する者，⑤国際法のいかなる規定によっても一層有利な待遇を有することのない紛争当事国の商船の乗組員および民間航空機の乗組員，⑥占領されていない領域の住民で，敵の接近にあたり，正規の軍隊を編成する時日がなく，侵入する軍隊に抵抗するために自発的に武器を執る者となっている（4 条(A)(1)〜(6)）。
　その後，植民地からの民族解放戦争等のゲリラ戦の動向を受けて，捕虜資格条件の見直しが再度迫られ，第 1 追加議定書は，（民族解放戦争を含む）紛争当事国の軍隊の構成員すなわち「戦闘員であって敵対する紛争当事者の権力内に陥ったものは，捕虜とする」と明解な規定を置いた（44 条 1 項）。ただし，これら戦闘員は「攻撃又は攻撃の準備のための軍事行動を行っている間，自己と文民たる住民とを区別する義務を負う」（44 条 3 項）。私的利得を目的として外国軍隊に参加する**傭兵**に関して，第 1 追加議定書は 47 条 1 項で，「戦闘員であ

第16章 武力紛争

る権利又は捕虜となる権利を有しない」と定める。さらに，同議定書46条1項はスパイについて捕虜資格を否定しうる規定を置く。

(2) 待　遇

捕虜の待遇は「常に人道的」でなければならない（第3条約13条1項）。今日では捕虜の殺人，拷問，非人道的な待遇は戦争犯罪に該当し，捕虜その他の被保護者に対して強制して敵国の軍隊において服務させたり，公正な正式の裁判を受ける権利の剥奪をしたりすることなどは戦争犯罪に当たる（ICC規程8条2項(a)）。捕虜の待遇の責任について，捕虜待遇条約12条1項は，「抑留国は，個人の責任があるかどうかを問わず，捕虜に与える待遇について責任を負う」と定め，捕虜待遇に対する国家の責任を明確化した。

捕虜については，敵対行為終了後の解放や送還の問題もある。早くもハーグ陸戦規則20条は「平和克復ノ後ハ，成ルヘク速ニ俘虜ヲ其ノ本国ニ帰還セシムヘシ」と定めていた。1929年俘虜待遇条約は，可能であれば休戦条約締結時から送還されうるとの規定を置いたが（75条），第二次世界大戦では休戦条約ではなく無条件降伏による敵対行為の終結が見られたため，敗戦国の捕虜の抑留は敵対行為終了後も長期化した。1949年の捕虜待遇条約は118条1項で「捕虜は，実際の敵対行為が終了した後遅滞なく解放し，且つ，送還しなければならない」と定める。そして，休戦条約がない場合の抑留国の捕虜送還義務を明確化するため同条2項は「各抑留国は，前項に定める原則に従って，遅滞なく送還の計画を自ら作成し，且つ，実施しなければならない」とする。ただし，ICRCコメンタリーは，送還先の国で重大な人権侵害を受けることになるかもしれないという実質的な理由のある場合には送還すべきではないと考えるべきであるとの見方を示している（ICRC Commentary, 2020, p. 1637, para. 4469）。

(3) 日本との関係

日本の国内裁判例であるシベリア抑留等補償請求事件では，1949年捕虜待遇条約の66条と68条に定められる強制労働などに対する捕虜所属国による補償義務の慣習国際法性が問題となった。1997年に最高裁はこれを否定する判決を下したため（最判1997〔平成9〕年3月13日民集51巻3号1233頁〔1237頁〕

IV　武力紛争犠牲者の保護

［百選8］），立法府による解決が期待され，2010年には戦後強制抑留者に係る問題に関する特別措置法（平成22年法律45号）が成立し，シベリア・モンゴルの抑留者に対し，抑留期間に応じた一時金の支払がなされることとなった。

3　文　　　民

文民とは，敵対行為を行う資格を持たないすなわち戦闘員資格・捕虜資格のない者を指す（第1追加議定書50条1項）。文民の保護については，戦争法上，戦闘員と一般住民の区別原則を除いて具体的な保護の規定がなかった。第一次世界大戦後には，空襲からの文民保護の必要性などが痛感されたが，条約が成立しないまま，第二次世界大戦を迎えた。1949年の**ジュネーブ第4条約（文民保護条約）**が文民を直接保護する最初の条約となった。

文民保護条約上，保護の対象となる文民は，紛争時と占領時とを問わず「紛争当事国又は占領国の権力内にある者でその紛争当事国又は占領国の国民でないもの」とされている（4条1項）。第1追加議定書は，文民保護条約の被保護者を拡大し，難民と無国籍者を追加し（73条），「紛争当事者の権力内にある者であって諸条約又はこの議定書に基づく一層有利な待遇を受けないもの」（75条）に対しても基本的保障を与えることを明示した。

文民の取扱いに関して，1949年文民保護条約は27条で人道的取扱いを定めるとともに，紛争当事国にいる被保護者に対し，「その退去がその国の国家的利益に反しない限り」，退去する権利を認めている（35条）。占領地域にある被保護者については，個人的または集団的に強制移送すること等が禁じられている（文民保護条約49条）。2004年国際司法裁判所は勧告的意見を出し，占領地域でのイスラエルによる壁建設と自国民の入植行為が占領地への自国文民の追放・移送を禁じたジュネーブ第4条約49条6項の違反を構成すると認定した（ICJ Reports 2004, p. 183, para. 134［百選110］）。

第16章　武力紛争

V　武力紛争法の履行確保

1　戦 時 復 仇

　武力紛争法の中でも人々の保護を目的とした交戦法規を定める国際人道法は，相互主義に基づく履行の推定が働かないため，その履行確保が問題となる。武力紛争法の履行確保手段は，紛争当事国自身がとる措置と第三国にその適用の監視を委ねる方法に大別できる。前者は，戦時復仇，戦争犯罪人の処罰であり，後者は，利益保護国の制度，国際事実調査委員会の任務，国際刑事司法制度を含む。

　国際法上，**復仇**とは，相手の国際法違反行為を停止し義務履行を促すための他の手段のないとき，自国もやむを得ず違法行為に訴えることをいい，違法性阻却事由の一つとして合法なものと認識されてきた。戦争禁止および武力行使禁止が確立する以前の伝統的国際法においては，国際紛争を解決する手段としての戦争すなわち平時の武力復仇が認められていた時代もあった。しかし，現代国際法上，武力行使禁止の規範が確立しており（国連憲章2条4項），平時の武力復仇は認められない。

　これに対して，**戦時復仇**とは，相手国の武力紛争法違反を停止させるために自らも武力紛争法違反を行うことをいう。戦時復仇は必ずしも禁じられていないと考えられるが，戦時復仇行為の性質上，非人道性を帯びる可能性が高く，再復仇の可能性も生ずる。そのため，戦時復仇の要件として，復仇行為の相手国への事前警告，他に執りうる手段がないという補助性，敵国の違法行為との均衡性等を満たす必要がある。1949年のジュネーブ諸条約は復仇へ訴えることを制限しており，条約の被保護者に対する復仇行動を一律に禁止する（第1条約46条，第2条約47条，第3条約13条，第4条約33条）。第1追加議定書は制限対象を拡大し，傷病者・難船者に関係して保護される人や物（20条），文民たる住民や文民（51条6項），文化財・礼拝所，住民の生活必需物品，自然環境，危険な威力施設（ダム・原子力発電所）等に対する復仇行動を禁ずる（52条1項，53条(c)，54条(4)，55条(2)，56条(4)等）。以上のとおり，今日では戦時

438

復仇は極めて制限的にしか認められていない。

2 国 家 責 任

ジュネーブ諸条約の重大な違反は，国際法上，責任を有する個人に刑事責任を生じさせるのみならず，重大な違反の防止・処罰に関して国家責任も生じさせる（第1条約51条，第2条約52条，第3条約131条，第4条約148条，第1追加議定書85条1項）。

武力紛争法違反の結果生ずる国家責任に関して，ハーグ陸戦条約3条は「違反シタル交戦当事者ハ損害アルトキハ之カ賠償ノ責ヲ負フヘキモノトス」と定めており，武力紛争法違反の効果について，国家責任法上の賠償を違反国に請求することを認める内容となっている。本条文については，この規定に基づいて個人が加害国へ賠償請求する権利までをも認めた規定かどうか解釈上の争いがある。日本の最高裁は個人の出訴権を否定した（オランダ元捕虜等損害賠償請求事件・最判2004〔平成16〕年3月30日判例集未登載〔薬師寺公夫ほか編集代表『判例国際法〔第3版〕』（東信堂，2019年）[167]）。ハーグ陸戦条約3条と同様の規定は第1追加議定書91条にも見られる。

3 戦争犯罪人処罰

国際法上，国家は，国内で戦争法規の違反者を処罰する権限を認められてきた。その際，戦争法は，交戦国の個人についても戦争法規の違反の処罰を国内裁判において行うことを認めてきた。第二次世界大戦後には，1949年ジュネーブ諸条約が，戦争法規の違反の中でも「重大な違反」に対して，紛争当事国であるか否かにかかわらず国家が自国裁判所に公訴を提起すべき義務を課し，締約国に普遍的管轄権の行使または引渡しの義務を認めてその処罰の徹底を図った。同じく，第二次世界大戦後には，戦争法の重大な違反について特に重大な責任を有する個人が，国内裁判ではなく，国際的な裁判の場において責任を追及されることとなり，その意味で第三者による履行確保の側面も出てきた。1998年には常設の国際刑事裁判所を設立する国際刑事裁判所（ICC）規程が採択されており，条約体制という制約はあるものの，国際人道法の重大な侵害について個人の刑事責任を追及する国際場裡が制度化され，常設化された。

第16章　武力紛争

4　利益保護国

　第三国による履行確保として，**利益保護国**の制度がある。利益保護国の制度とは，紛争当事国がその利益の保護を任務とする利益保護国を指定（要求）し，利益保護国の協力と監視の下に武力紛争法の適用を確保する制度である（ジュネーブ諸条約共通8条〔第4条約のみ9条〕，第1追加議定書5条）。この制度は，利益保護国の同意を得ることが困難である等の理由から，活発には利用されていない。そこで，ジュネーブ諸条約は，利益保護確保のための代替的制度として，抑留国がICRCのような人道団体に対して，人道的活動を引き受けるよう要請する義務を課している（ジュネーブ諸条約共通10条3〔第4条約のみ11条3項〕，第1追加議定書5条4項）。

5　事実調査制度

　1949年ジュネーブ諸条約の違反容疑に関しては，紛争当事国の要請により，関係国の間で定める方法で調査をしなければならない（第1条約52条，第2条約53条，第3条約132条，第4条約149条）。しかし，この制度は利用されることがなかった。そこで，第1追加議定書は，申し立てられた事実を調査するための国際事実調査委員会を設置する規定を置き（90条2項(c)(i)），1991年に国際事実調査委員会が発足した。調査にあたっては，関係国の同意と委員会の権限を認める同意が必要となり，その活動範囲は限定的である。

VI　中　立　法

1　伝統的国際法における中立制度

　伝統的国際法において認められていた戦争状態の下，戦争に参加しない国が交戦国に対して有する法的地位を**中立**という。戦争に参加しない国は中立国と呼ばれ，中立国と交戦国の間では中立法が適用された。中立法は，交戦国の戦争遂行の自由・利益と中立国の領土保全ならびに通商の自由・利益との調和の上に成り立つ。中立制度は国にとって国民の生命・財産の保護，領土保全とい

440

VI　中立法

った観点から重要であり慣習法規則として発展してきた。19世紀末には，国境を越えた経済活動，交易が活発化するとともに，中立の利益が強く認識されるようになり，1907年の「陸戦ノ場合ニ於ケル中立国及中立人ノ権利義務ニ関スル条約」（陸戦中立条約）と「海戦ノ場合ニ於ケル中立国ノ権利義務ニ関スル条約」（海戦中立条約）が慣習法規則を法典化した。

　中立法上，中立国の負う義務は，一般に**黙認・避止・防止**の3種に分類される。後2者を合わせて公平義務ということもある。**黙認義務**とは，戦争法上認められる交戦国の行為から生じた損害を黙認しなければならないという義務である。例として，公海上での自国船舶に対する戦時禁制品の臨検・捕獲を黙認することが挙げられる。**避止義務**とは，交戦国に対する軍事的便宜の提供を避ける義務である。たとえば，軍備品の供給等が義務違反となる。**防止義務**とは，交戦国による自国領域の軍事利用を防止する義務である。したがって，港湾を作戦基地として使用させることは義務違反となる。これら3つの義務と区別する場合の**公平義務**とは，中立国が交戦国双方に公平な立場をとるべきことを意味する。

　伝統的中立制度に関するリーディングケースであるアラバマ号事件においては，南北戦争について中立を宣言していたイギリスにおいて民間企業が，南軍に利用される疑いのある軍艦，アラバマ号を建造・艤装して問題となった。アメリカが同船出港阻止をイギリスに求めたにもかかわらず阻止できぬまま出港し，その後もイギリスによる拿捕などの措置がなされず，敵対行為に参加したためイギリスの中立義務違反が問われた。米英仲裁裁判所が，イギリスの中立義務違反を認めた（米英仲裁裁判所判決1872年9月14日, John Bassett Moore (ed.), History and Digest of the International Arbitrations to Which the United States has been a Party, Vol. I, 1898, Government Printing Office, p. 653〔百選6〕）。

2　現代国際法と中立

　第一次世界大戦後の戦争違法化と国連の集団安全保障の下，国際法は中立法と中立制度を維持しうるかどうかが問題となる。第一次世界大戦後に設立された国際連盟は戦争違法化の下，連盟規約上違法な戦争に対して，他のすべての連盟国が制裁措置をとるよう求める規定を置く（国際連盟規約16条1項）。もっ

441

第 16 章　武 力 紛 争

とも，国際連盟の下では，戦争違法化と集団安全保障体制が不完全であったため，中立制度は動揺しなかった。実際，ロシア＝ポーランド間の戦争に中立を宣言していたドイツが交戦国の用に供される戦時禁制品を載せた船のキール運河通航を拒否したために，同盟国がドイツを訴えたウィンブルドン号事件では，中立制度自体は問題とされなかった（PCIJ Series A, No.1, P. 15［百選 16]）。

　1928 年の不戦条約は，違法な戦争を行う国とその犠牲国という明白な図式を提示したため，交戦国への公平な対応という中立制度の基盤を切り崩し，とりわけ締約国にとって，中立制度の維持を困難にした。

　第二次世界大戦後には，国連憲章の下で武力不行使原則が確立し，制度化された集団安全保障体制が構築されたため，中立法と中立制度は一層動揺することとなった。すなわち，国連憲章第 7 章下で，安保理が武力行使の違法性を認定し，それに対する強制措置の発動を決定すれば，国連加盟国はその決定に従う義務を負う（国連憲章 25 条）。この場合，国連加盟国は中立を維持することが難しい。たとえば，永世中立国であるスイスは長らく国連に加入していなかった（2002 年の国民投票により同年に国連へ加盟）。

　ただし，国連憲章第 7 章下の安保理による決定がない限り，加盟国は特定の武力紛争に対して中立類似の地位をとることも可能であると考えられている。このため，国連の集団安全保障体制の下でも中立法および中立制度が否定されたとはいい切れず，それらの動揺過程と表現されることが多い。国際司法裁判所も核兵器の威嚇・使用の合法性事件で，中立法の基本的性格を確認し，国連憲章の関係規定に従うことを条件に，中立法の原則は使用兵器によらずすべての国際的武力紛争に適用されるとした（国際司法裁判所勧告的意見 1996 年 7 月 8 日，ICJ Reports 1996, p. 226, para. 89［百選 112]）。

　2022 年 2 月のウクライナに対するロシアの攻撃に際して，永世中立国であるスイスは，EU の採択した対ロシア制裁措置をすべて導入すると発表し，中立と制裁のあり方について議論が生じた。

442

VII 軍備管理・軍縮

1 軍備管理と軍縮の意味

条約上の定義は存在しないが，**軍備管理**とは，軍事力の均衡を図りつつ，直接的な軍事対決を回避する目的で軍備・兵器の規制・制限を行うことをいう。軍備管理では，兵器の質・量・配置場所などで制限がなされたり，査察制度が設けられたりする。**軍縮**とは，究極的には軍備・兵器の完全撤廃を目指して，軍備・兵器の削減を行うことをいう。

国連憲章は，軍備・軍縮について加盟国に義務を課していない。ただし，「総会は，国際の平和及び安全の維持についての協力に関する一般原則を，軍備縮少及び軍備規制を律する原則も含めて，審議し，並びにこのような原則について加盟国若しくは安全保障理事会又はこの両者に対して勧告をすることができる」(11条1項)。この目的のため，総会会期中には，総会の第一委員会が軍縮と国際安全保障の議題を扱うこととなっている。また，総会の枠外で軍縮問題を扱う機関として1952年に設立された「**国連軍縮委員会**（United Nations Disarmament Commission: UNDC）」が存在する。このほか，国連の枠の外に国連が設立したジュネーブ軍縮会議（Conference on Disarmament: CD）が存在し，合意形成・条約策定の場として機能している。

2 核 軍 縮

(1) 核実験の規制

第二次世界大戦中の日本に対する2度の核兵器使用と戦後の冷戦突入，1954年のビキニ環礁でのアメリカの核実験による市民の被爆等を踏まえ，核実験の規制の必要性も認識されることとなる。

1963年の**部分的核実験禁止条約**（Partial Test Ban Treaty：PTBT）は，米英ソ間で締結され，大気圏内・宇宙空間・水中での平和目的を含む核実験を禁止した。だが，地下核実験については，実験国の領域外に放射性残渣が存在する場合に限って禁止とされ，完全な禁止には至らなかった（1条）。

第16章　武力紛争

　冷戦が終結した後，1996年9月になってようやく宇宙空間，大気圏内，水中，地下を含むあらゆる空間における核兵器の実験的爆発および他の核爆発を禁止する**包括的核実験禁止条約**（Comprehensive Nuclear Test Ban Treaty: CTBT）が国連総会で採択された。この条約は未臨界実験を禁止していないが，地下核実験を検証するための監視ネットワーク，査察制度を備えている。だが，条約の発効には，核兵器保有国のほか，特定の核疑惑国を含んだ44か国の批准が必要となっており（14条1項），発効の目処が立っていない。

(2)　核兵器不拡散

　1960年代半ばまでに，米ソ英仏中が核兵器保有国となり，冷戦中可及的速やかにこれら5か国以外の国々への核兵器の拡散を防ぐため，1968年に国連総会で**核兵器不拡散条約**（Treaty on the Non-Proliferation of Nuclear Weapons : NPT）が採択された。この条約は1970年に発効した。核兵器不拡散条約は，上記5か国を核兵器国とし，その他の非核兵器国と区別した義務を置く。**不拡散**とは，核兵器の一層広範にわたる分散の防止であり，本条約上，核兵器国も非核兵器国も不拡散の義務を負う。すなわち，本条約は核兵器国には核兵器の保有を認めた上で，他国へ移譲しない義務を課した（1条）。非核兵器国に対しては，核兵器・核爆発装置の受領・製造・取得を禁じた（2条）。本条約は核技術・原子力の平和利用を認めているので，2条の核兵器の製造の禁止に関連して原子力の平和的利用が軍事目的に転用されることを防止するため，非核兵器国が国際原子力機関（IAEA）の保障措置を受諾する義務を規定する（3条）。さらに，すべての締約国に核軍縮を誠実に交渉することを義務づけた（6条）。NPTの10条2項は，条約の効力発生の25年後，条約が無期限に効力を有するか追加の一定期間を延長するかを決定するための会議を開催することを求めており，1995年に再検討会議が開催され，NPTの無期限延長が決定した。北朝鮮はIAEAの査察受入れを拒否し，1993年，2003年にNPTからの脱退を表明した。NPTは，非核兵器国にとって不平等な内容であるとの継続的批判にさらされている。

　NPTでは，一部の国に核保有が認められているため，完全な核廃絶を目指し，2017年に国連で**核兵器禁止条約**が採択され，2021年1月に50か国の批准

を得て発効した。この条約は，核兵器のいかなる使用も武力紛争の際に適用される国際法の諸規則，特に国際人道法の諸原則および諸規則に反することを考慮し（前文），開発，実験，製造，取得，保有，貯蔵，移譲，使用または使用の威嚇，それらの行為の援助・奨励・勧誘をいかなる場合にも禁止する（1条）。したがって，この条約は武力紛争の当事者が戦闘の方法および手段を選ぶ権利が無制限ではないという原則に立脚しており（前文），核兵器自体を戦闘手段として禁止する。今のところ，核兵器保有国はもちろん日本もこの条約に参加していない。

　全世界で核兵器を廃絶することは難しくても，一部の非核兵器国間で条約により特定地域の核兵器廃絶を目指すことがあり，締約国間で核兵器の保有の禁止と領域内での配備の禁止を約束する。そのような地域を**非核兵器地帯**（**Nuclear Weapon Free Zone: NWFZ**）と呼ぶ。1967年のトラテロルコ条約は，締約国に対して核兵器の実験・使用・製造・生産・取得を禁じ，締約国または第三者が締約国のために核兵器を受領・保管・取付け・配備・所有することも禁じている（1条）。その追加議定書IIでは，核兵器国に対して，これらの地域の国に対して核兵器を使用または使用の威嚇をしないことを求め，核兵器国がこれを受諾している。非核兵器地帯を設定する条約として，1985年のラロトンガ条約，1995年のバンコク条約，1996年のペリンダバ条約，2006年のセメイ条約（中央アジア非核兵器地帯条約）がある。

　このほか，国際化地域において，締約国に当該地域の平和利用を求め，軍事利用が禁じられる場合がある。1959年の南極条約，1971年の海底非核化条約，1967年の宇宙条約，1979年の月協定が南極，海底，天体の軍事利用を禁じている。

　冷戦期，米ソ間では，戦略兵器制限交渉（SALT）を通じて，二国間で軍縮・軍備管理の努力が進められてきた。二国間で，1972年の第1次戦略兵器制限条約（SALT I条約），1979年の第2次戦略兵器制限条約（SALT II条約），1972年のABM条約が締結され，軍備の固定化，新規の特定の兵器製造を規制した。

　しかし，冷戦中には両国がすでに保有していた核兵器の軍備削減交渉は進まず，1982年にようやく両国間で戦略兵器削減条約（START: Strategic Arms

第16章　武力紛争

Reduction Treaty）交渉が開始する。1985年にソ連のゴルバチョフ共産党書記長がペレストロイカを提唱すると，米ソの関係が改善し，1987年に中距離核戦力（INF）全廃条約が締結された。これにより，射程500～5500kmの地上配備型のミサイルの配備が禁じられ，両国は中距離核ミサイルを廃棄した。なお，2019年2月1日，アメリカはロシアの弾道ミサイルなどがINF全廃条約に抵触することなどを問題視してロシアに同条約の破棄を通告した。この結果，ロシアも条約で定められた義務履行の停止を表明し，INF全廃条約は6か月後の2019年8月に正式に失効することとなった。

　ソ連崩壊を前に1991年に米ソ間で第1次戦略兵器削減条約（START I）が締結された。同条約は，両国が配備する大陸間弾道ミサイル（ICBM），潜水艦発射弾道ミサイル（SLBM）および重爆撃機の運搬手段の総数を，条約の発効から7年後にそれぞれ1600基（機）へ削減することを規定し，2001年12月に米露両国は義務履行の完了を宣言した。1993年に成立した第2次戦略兵器削減条約（START II）は米露関係の悪化から発効していない。2010年4月には米露で新START（米露核軍縮条約）が署名され，2011年2月に発効した。2021年2月には新STARTの5年間の延長が合意された。2023年2月28日，ロシア大統領は新STARTの履行停止を定めた法律に署名した。これを受けて，同年3月にはアメリカも新STARTに基づくロシアへの戦略核兵器の情報提供を停止した。冷戦後に東西対立の緩和を目指して策定された欧州通常戦力（CFE）条約についてもロシアは2023年11月7日に正式に離脱し，反発したNATO加盟国は共同声明で同条約を運用停止すると発表した。

● 参考文献

藤田久一『国際人道法〔新版再増補〕』（有信堂高文社，2003年）

村瀬信也＝真山全編『武力紛争の国際法』（東信堂，2004年）

村瀬信也＝洪恵子編『国際刑事裁判所——最も重大な国際犯罪を裁く〔第2版〕』（東信堂，2014年）

黒﨑将広ほか『防衛実務国際法』（弘文堂，2021年）

東澤靖『国際人道法講義』（東信堂，2021年）

VII　軍備管理・軍縮

新井京「武力紛争法を通じた共存──ハイブリッド戦争の時代」論究ジュリスト 37 号
（2021 年）83-90 頁

坂元茂樹「機能拡大する中国海警──中国海警法の狙いを探る」同志社法学 73 巻 1 号
（2021 年）33-51 頁

兼原敦子「自衛隊法 80 条と統制要領下での海上保安庁の任務遂行における安全確保」
ジュリスト 1593 号（2024 年）72-77 頁

事 項 索 引

A〜Z

ABS　218-220
accretion　⇒添付
acta jure gestionis　⇒業務管理行為
acta jure imperii　⇒主権的行為
ADB　327
agrément　⇒アグレマン
AIIB　327
airspace　⇒空域
ASEAN　259
Area　⇒深海底
BBNJ　18, 169, 170
blocking statute　⇒対抗立法
capacity building　⇒能力構築
CCAMLR　161
CD　443
CDM　221-223
CER　222, 223
cession　⇒割譲
CHM　163, 168, 170, 172, 181
CLCS　179
CoE　⇒欧州評議会
Commission on Human Rights　⇒国連人権委員会
compromis　367
constituent instrument　⇒設立文書
constitutionalism　282
contiguity　⇒近接性
contract treaty　⇒契約条約
COP　⇒締約国会議
COPUOS　162-164
counter-claim　⇒反訴
critical date　143
de facto recognition　⇒事実上の承認
de jure recognition　⇒法的な承認
de lege ferenda　42
de lege lata　42
derecho internacional　2
diritto internazionale　2
discovery　⇒発見
droit international　2

ECAFE　151
EEZ　⇒排他的経済水域
effective control　⇒実効的支配
effectivités　⇒エフェクティビテ
EIA　⇒環境影響評価
enterprise　⇒事業体
EPA　⇒経済連携協定
equity *contra legem*　56
equity *infra legem*　56
equity *praeter legem*　56
EU　⇒欧州連合
ex aequo et bono　⇒衡平及び善
failed state　87
FAO　169, 187
FATF　⇒金融活動作業部会
first shot　⇒初撃
formal sources　⇒形式的法源
forum prorogatum　⇒応訴管轄
FTA　⇒自由貿易協定
functional protection　⇒機能的保護
Global Fund to Fight AIDS, Tuberculosis and Malaria　⇒グローバルファンド
hors de combat　434
IAEA　⇒国際原子力機関
ICC　⇒国際刑事裁判所
ICJ　⇒国際司法裁判所
ICRC　⇒赤十字国際委員会
ICSID　⇒投資紛争解決国際センター
ICTR　⇒ルワンダ国際刑事裁判所
ICTY　⇒旧ユーゴ国際刑事裁判所
IDP　⇒国内避難民
IGY　161
ILC　⇒国際法委員会
ILO　⇒国際労働機関
IMF　⇒国際通貨基金
immunity from execution　⇒執行免除
IMO　⇒国際海事機関
implied power　⇒黙示的権能の法理
intensity　⇒烈度
intergovernmental organization　⇒政府間機関
international comity　⇒国際礼譲

international humanitarian law ⇒国際人道法
International Law　2, 3
international organization ⇒国際機構
international person ⇒国際法人
inter-temporal law ⇒時際法
ISA　⇒国際海底機構
ISDS　319, 322
ISS　165
ITC　284, 285
ITLOS　⇒国際海洋法裁判所
IUU　187, 189
IWC　187
JARPA II　⇒南極海捕鯨計画
JI　221, 222
judge *ad hoc*　⇒特別選任裁判官
jus ad bellum　392, 417, 427
jus civile　2
jus cogens　⇒強行規範
jus contra bellum　417
jus gentium　2, 227
jus in bello　392, 417, 427
jus inter gentes　2
jus sanguinis　⇒血統主義
jus soli　⇒出生地主義
law of armed conflict　⇒武力紛争法
law of nations　2
law-making treaty　⇒立法条約
LAWS　428
legal personality　⇒法人格
liability　⇒合法行為責任
MAT　218, 219
material sources　⇒実質的法源
MSR　178, 186
NATO　⇒北大西洋条約機構
NDB　327
NGO　29, 190, 249, 268, 271, 273, 274, 277,
　301, 302
NIEO　⇒新国際経済秩序
non-derogable rights　⇒免脱不可能な権利
NWFZ　445
OAS　⇒米州機構
obligations *erga omnes*　⇒対世的義務
obligations *erga omnes partes*　⇒当事国間対
　世的義務
occupation　⇒先占

OECD　326
OPCW　426
opinio juris sive necessitatis　43
original title　⇒原始権原
outer space　⇒宇宙
overall control　⇒全般的支配
pacta sunt servanda　35
par in parem non habet imperium　⇒対等な
　者同士は互いに支配権を持たない
PCIJ　⇒常設国際司法裁判所
Permanent Court of Arbitration（PCA）　⇒常
　設仲裁裁判所
persona non grata　⇒ペルソナ・ノン・グラー
　タ
PIC　218
PKO　⇒平和維持活動
POW　⇒捕虜
PPP　300–303
prescription　⇒時効
presumptive personality　⇒推定された法人格
puissance publique　⇒公権力の行使
ratione materiae　114, 127
ratione personae　113, 127
res judicata　385
responsibility　⇒違法行為責任
revision　⇒再審
RFB　187
RFMA　187
RFMO　187
right to development　⇒発展の権利
rights *erga omnes*　⇒対世的権利
RTA　315, 316, 318
rules of reference　⇒参照規則
SDGs　201
SDR　⇒特別引出権
self-contained regime　133
self-excuting　⇒自動執行
si omnes　⇒総加入条項
SOFA　⇒地位協定
sovereign immunity　⇒主権免除
State immunity　⇒国家免除
SUA　189–191
subjugation　⇒征服
sustainable development　⇒持続可能な開発
title to territory　⇒領域権原

事項索引

UNCITRAL　319, 323
UNDC　⇒国連軍縮委員会
UNHCR　235, 236, 238
unlawful combatant　⇒不法戦闘員
UPR　⇒普遍的定期的審査
uti possidetis juris　⇒ウティ・ポシデティス
　（*uti possidetis*）原則
veto　⇒拒否権
Völkerrecht　2
WHO　⇒世界保健機関
WTO　⇒世界貿易機関

あ 行

アカウンタビリティ　300
　——メカニズム　300, 327
アグレマン（agrément）　134
アパルトヘイト　91, 130, 248, 292, 339, 380
アフリカ人権委員会　259
アフリカ人権裁判所　259
アフリカ連合　250, 251
アラブ首長国連邦（UAE）　165
アルテミス計画　165
安全保障理事会（安保理）　5, 6, 77, 79, 246,
　247, 249, 250, 279, 290, 293, 294, 328, 338,
　354, 365, 366, 372, 387, 394, 398–402, 407,
　409, 411–413
アンチダンピング　312
域外適用　106, 261, 262
威厳説　136
一貫した反対国　45
一般慣行　38, 41, 43, 44, 52, 53, 79
一般国際法　18, 49, 70, 87, 91, 95, 96, 135,
　245, 287, 317, 320, 346, 362
一般的意見　270
一般的機構　279
一般的合意　37
一般的受容　25, 268
一方的行為　55–59
委任統治　15, 83, 84, 94, 351
違法行為責任　209
違法行為の停止　341, 342, 346, 348, 350–356
違法性阻却事由　339, 340, 438
違法・無報告・無規制漁業　⇒IUU
インスタント慣習法　162
インスペクション・パネル　327

ヴァッテル　11
ウィーン会議　13
ウェストファリア条約　10
ウェストファリア体制　9, 10
宇　宙　17, 154, 162–166, 443, 445
　——空間と天体に関する国際法　17, 160
　——空間平和利用委員会　⇒COPUOS
宇宙法　⇒宇宙空間と天体に関する国際法
ウティ・ポシデティス（*uti possidetis*）原則
　95, 143, 145
鬱陵島　149
英国主義　175
エストラーダ主義　92
越境天然資源　207
択捉島　146–148, 173
エフェクティビテ（effectivités）　145
欧州人権裁判所　17, 76, 125, 272, 297, 298
欧州評議会（CoE）　231, 252, 258, 262, 291,
　292
欧州連合（EU）　153, 222, 252, 258, 278–
　280, 309, 310, 315, 323, 442
応訴管轄（*forum prorogatum*）　373, 377,
　378
公の緊急事態条項　264
沖ノ鳥島　173
汚染者負担原則　211, 212
オープンスカイ　153
　——政策　153
オープンレジストリー登録船　170

か 行

外交官　7, 51, 119, 134–136, 138, 354
外交関係の開設　134
外交関係法　133
外交使節　111, 118, 133, 134, 136, 137, 331
外交使節団　118, 133, 134, 331
外交的庇護　41, 42, 135, 234
外交的保護　22, 29–31, 47, 228, 230–232,
　234, 255, 317, 320, 348, 349, 352
外交特権　111
　——免除　111, 136
外国人　227, 231–233
外国性を持つ犯罪　240
解釈宣言　57, 73, 76, 258
開戦法規　⇒*jus ad bellum*

451

海　賊　108, 129, 180-190, 241
害敵手段　424, 427
海洋汚染　194, 350
海洋の科学的調査　⇒MSR
海洋の自由　167
化学兵器　54, 55, 74, 426
──禁止機関　⇒OPCW
核軍縮　443, 444, 446
核兵器　97, 98, 204, 278, 289, 387, 396, 407,
　　418, 424, 427, 443, 444
加重投票　101
──制　294
割　譲　98, 141, 142, 147, 230
加　入　55, 66, 98, 238, 258, 278, 290, 442
仮保全措置　58, 272
カルボ条項　317
カロライン号事件（キャライン号事件）
　　403
簡易手続部　372
環境影響評価（EIA）　161, 211, 218
環境損害防止原則　204
勧告的意見　387, 388
慣習国際法　1, 4, 7, 23, 36, 40-45, 49-51,
　　114, 162, 261, 385
慣習法の条約化　50
関税譲許　310, 312
関税同盟　315
間接収用　⇒収用
間接適用　28, 268
奇　計　433
寄港国　187, 189, 192
気候変動　⇒地球温暖化
旗　国　44, 157, 169, 174, 180, 189-191, 198
旗国主義　169
規制収用　⇒収用
基　線　49, 59, 60, 172, 174, 175, 177-179,
　　181, 183
帰　属　142
北大西洋条約機構（NATO）　289, 446
機能主義　281
機能説　136, 162
機能的必要性　281, 296
機能的保護　286
既判力　⇒res judicata
基本的人権　283

客体的（客観的）属地主義　105
客観説　287
客観的国際法人格　286
九州・パラオ海嶺南部地域　179
義勇兵団　432
旧ユーゴ国際刑事裁判所（ICTY）　246, 247,
　　251, 260, 293, 337, 401, 422
境界画定　42, 56, 142, 183-185, 188, 362,
　　365
強行規範（jus cogens）　18, 70-72, 83,
　　123-125, 260, 283, 346, 356
強制型平和維持活動　⇒平和維持活動
強制管轄権　5, 195
──受託宣言　196
強制措置
──からの免除　126
　判決後の──　126
　判決前の──　126
強制的手段　359
行政取極　26, 67, 69
共通だが差異ある責任　101, 202, 220-222,
　　225
共同開発　188
共同実施　⇒JI
京都メカニズム　221, 222
業務管理行為（acta jure gestionis）　113,
　　114
共有天然資源　⇒越境天然資源
漁獲可能量　186
極海コード　159
極東国際軍事裁判所　16, 245
拒否権　246, 290, 294, 372, 387, 402, 411,
　　413
キール運河　155
緊急時の通報　205
緊急避難　340, 403
均衡の原則　424
近接性　144
金銭賠償　121, 300, 332, 339, 341, 343, 344,
　　348-350, 367, 368
近代国際法　13
金融活動作業部会　329
空　域　162
空間説　162
空間別アプローチ　421

事 項 索 引

国後島　146-148
国別裁判官団　372
国別手続　275
クラスター弾　425
クリーン開発メカニズム　⇒CDM
クリーン・スレート原則　97, 98
クレイマント　159-161
グロティウス　11, 12, 32, 33, 167, 227, 391
グローバル公私パートナーシップ　⇒PPP
グローバルファンド　301
軍　艦　7, 68, 132, 156, 176, 177, 190, 205,
　　234, 340, 363, 377, 395, 406, 425, 429, 430,
　　441
軍事的必要性　423
軍事目標主義　424, 425, 428, 430-432, 434
軍　縮　443
軍　隊　116-118, 122, 132, 176, 248, 336,
　　339, 400, 429-431, 434-436
群島航路帯通航権　178
群島国　178
群島水域　174, 177, 178
軍備管理　443
経済協力開発機構　⇒OECD
経済社会理事会　245, 257, 270, 273, 274, 367
経済制裁　102, 397, 398
経済連携協定（EPA）　40, 315
形式的法源　36, 37, 55, 57-59
継続の国籍　348
契約条約　40
結晶化効果　53
決定的期日　⇒critical date
決定的な理由　388
血統主義（jus sanguinis）　228-230
ケルゼン　20, 100
厳格責任　⇒無過失責任
権　原　183
原始権原　145
原状回復　210, 341, 343, 350, 352, 353, 355
原初的な国際法主体　280
現代国際法　14
権利主張説　360
コア・クライム　240, 241
行為性質説　116
合意法規範　8
行為目的説　115, 116

公　海　7, 22, 44, 52, 54, 104, 108, 154, 157,
　　159, 167-172, 174, 177-181, 186, 187,
　　189-191, 204, 205, 228, 347, 350, 441
　　──の自由　154, 172, 179, 180, 186
降河性魚種　188
効果理論　106
交換公文　39, 344
恒久主権　207
公　空　154
航空輸送自由化政策　153
公権力の行使　117
鉱　床　188
交　渉　361, 362
交渉義務判決　362
公正かつ衡平な待遇　321
交戦者　431
交戦団体承認　420
交戦法規　⇒jus in bello
公的行為　127, 129
公的資格の無関係　131
高度回遊性魚種　186
衡　平　55
　　──原則　48, 56, 184, 362
　　──利用原則　207, 208
衡平及び善（ex aequo et bono）　56, 369, 385
公平義務　441
公平・中立原則　413
合法行為責任　209
後法は前法を破る（後法優先の原則）26, 78
国際違法行為　334
国際宇宙ステーション　⇒ISS
国際運河　154, 155
国際海峡　174, 175, 177
国際海事機関（IMO）　159, 169
国際海底機構（ISA）　170, 172, 179, 181,
　　188
国際海洋法裁判所（ITLOS）　17, 180, 188,
　　193, 197-200, 360, 367, 371
国際化区域　154
国際河川　154, 155, 206-208
国際環境法　3, 18, 199
国際慣習法　⇒慣習国際法
国際関心事項　101
国際機関　277
国際機構　1, 29, 277

453

――法　281
国際行政連合　13
国際金融機関　294
国際経済法　3, 303
国際刑事裁判所（ICC）　16, 17, 31, 69, 131, 247, 367, 371, 423, 439
国際刑事法　3, 240
国際原子力機関（IAEA）　353, 387, 444
国際公域　154, 228
国際公法　3
国際公務員　293
国際私法　3
国際司法裁判所（ICJ）　5, 17, 370–389
　　――の管轄権　373
　　――の構成　371
　　――の訴訟手続　378
　　――の判決　385
　　――の付随手続　378
国際社会全体に対して負う義務　⇒対世的義務
国際人権
　　――保障　16, 253
国際人権法　3, 253
国際信託統治制度　94
国際人道法　16, 417
国際責任　278, 296, 329
国際組織　1, 275
国際仲裁裁判　14, 365
国際通貨基金（IMF）　101, 294, 324
国際的手続能力　30
国際的武力紛争　419
国際手続基準説　30
国際投資　317
国際犯罪　16, 17, 31, 130, 132, 240, 241, 249, 251, 333
国際標準主義　317
国際復興開発銀行　⇒世界銀行
国際紛争の平和的解決義務　⇒紛争の平和的解決義務
国際法委員会（ILC，国連国際法委員会）　5, 45, 51, 53, 58, 63, 64, 77, 79, 80, 96, 122, 128–130, 137, 168, 245, 277, 298, 332, 333, 340, 348, 369, 403, 410
国際法違反の犯罪　⇒コア・クライム
国際法主体　1, 28, 57, 87
国際法上の犯罪　240

国際法人　286
国際法人格　29, 88, 89, 91, 276, 278, 285–287, 302
国際法と国内法の関係　19, 268
国際法の一般原則　46
国際法の漸進的発達及び法典化　5, 51
国際法の創始者　10
国際法の断片化　17
国際法優位の一元論　19, 20
国際捕鯨委員会　⇒IWC
国際立法　4, 5, 49
国際礼譲（international comity）　7, 44
国際連合　1, 14, 277
　　――による紛争解決　365
国際労働機関（ILO）　16, 30, 192, 256, 353
国籍　227–232, 269
　　――唯一の原則　231
国内管轄事項　16, 101–104, 228, 229, 232, 234, 255, 331
国内救済の完了　348
国内人権機関の地位に関する原則　⇒パリ原則
国内的効力　23
国内的適用　23, 27
国内的編入　23
国内適用可能性　25
国内避難民（IDP）　236, 239
国内標準主義　317
国内法援用禁止の原則　21
国内法人格　284
国内法優位の一元論　19
国有化　156, 318, 381
国連アジア極東経済委員会　⇒ECAFE
国連安全保障理事会　⇒安全保障理事会（安保理）
国連環境開発会議　18
国連軍縮委員会　443
国連国際法委員会　⇒国際法委員会（ILC）
国連食糧農業機関　⇒FAO
国連人権委員会　257
国連人権高等弁務官　239, 271, 274
国連人間環境会議　18
個人
　　――の国際法主体性　29
　　――の出訴権　30
　　――の人権　30

454

事 項 索 引

——の申立権　30
個人通報　31, 81, 270, 271, 352, 353
国　家　28
　——からの自由　255, 257
　——の裁判権免除判決　112
　——の代表　114
国家管轄権　104
国家契約　62, 317
国家元首　109, 120, 127, 128, 130–132, 250
国家権能　129
国家承継　96, 230, 231
国家承認　88
国家責任　331
国家通報（国家間通報）　270, 273, 353, 354
国家（政府）報告制度　270
国家免除　111
国家領域　139
個別的自衛権　405
　——共同行使説　411
個別的受容　⇒変型方式
固有の意思　279
雇用契約　119
　——の終了　120
混合法廷　251
コンセンサス　302
　——方式　162, 163, 169, 295, 308, 309
コンディショナリティ　326

さ　行

細菌兵器　⇒生物兵器
最恵国待遇　29, 311, 315, 321
再　審　386
最大持続生産量　186
サイバー攻撃　122, 428
裁判拒否　126, 297
裁判権免除　111, 138
裁判準則　38
裁判条項　252, 373, 374, 378, 379
裁判条約　373, 374, 378
裁判手続　360
裁判不能　46
裁判を受ける権利　124–126, 237, 283, 297, 298, 303, 436
溯河性魚種　188
査　察　6, 353, 426, 443, 444

サティスファクション　345
サービス貿易　306, 308, 316
参照規則　169
残存主権　57
三段階アプローチ　185
暫定原則　413
暫定措置　194, 199, 200, 252, 351, 378, 380–383, 398, 400
自　衛　340
自衛権　5, 15, 402
自衛原則　413
ジェノサイド　74, 108, 241, 248
資格停止　291
死活的利益説　412
時間的範囲　375
事業体　181
自決権　15, 16, 93, 264, 266
時　効　141
事項の免除　127
自己完結的制度　⇒ self-contained regime
自国民不引渡しの原則　242
自己組織の自由　119
色丹島　146-148
自己判断留保　376
時際法（inter-temporal law）　143
事実上の承認（*de facto* recognition）　90
事実上の戦争　394
使節団の長　134
使節団の任期　134
事前協議　205
事前通報　205
自然法　10–12, 14, 19, 101, 227, 255
持続可能な開発　37, 201
執行管轄権　105, 180, 228
実効的国籍原則　288
実効的支配　336
執行免除　126
実質的根拠　296
実質的法源　36, 37
実体法基準説　30
自動執行　27
自動執行性　269
自動的受容　⇒一般的受容
自動的受容方式　23
児童の最善の利益　261

455

司法的解決　367, 370
私法的ないし業務管理的な行為　⇒業務管理行
　　為
島　172
事務局　279
社会権　257
自由権　⇒国家からの自由
重国籍　228-231, 234
周　旋　362
重大利益説　360
集団安全保障　396, 397
集団殺害犯罪　⇒ジェノサイド
集団的自衛権　411
自由貿易協定（FTA）　315
収　用　318, 321
主観説　⇒意思説
主　権　10
主権国家　1, 3
主権的権能　129
主権的権利　178
主権的行為（acta jure imperii）　113
主権平等原則　101, 112
主権免除　111
主体的（主観的）属地主義　105
出生地主義（jus soli）　228, 229, 230
ジュネーブ軍縮会議　⇒CD
ジュネーブ法　417
主要機関　293
遵守手続（不遵守手続）　215, 353
障害者　267
商業的取引　116
少数者保護　16, 256
常設国際司法裁判所（PCIJ）　17, 27, 32, 44,
　　157, 371
常設仲裁裁判所（PCA）　17, 368, 370
常設投資裁判所　323
尚早の承認　90, 92
常駐使節団　133
承認法による受容　25
条　約　39, 61
　　——からの脱退　83
　　——の改正　82
　　——の慣習法化　49, 50
　　——の終了・運用停止　83
　　——の締結および効力発生（発効）　65

　　——の適用と解釈　77
条約締結権　288
条約法　61
植民地化　12
職務説　136
初　撃　421
諸国の共通利益を害する犯罪　240
除　名　291
所有権　139
自力救済　5
深海底　18, 168, 181
神学的正戦論　391
信義誠実　46
　　——の原則　206
人権条約改革　273
人権デュー・ディリジェンス　329
人権の主流化　265
人権理事会（旧国連人権委員会）　273-275
人権理事会諮問委員会　275
新国際経済秩序（NIEO）　16, 318
審　査　363
真正な結合関係　228
身体の不可侵　⇒不可侵
信託統治制度　15, 83
人的免除　127
人道的介入　103
人道的干渉　396
人道の考慮　423
人道に対する犯罪　108, 130, 241, 245-248,
　　339
人　民　15, 29
侵略行為　6, 248, 350, 394, 398-400, 402
侵略犯罪　241, 245, 248, 400
人類の共同遺産　⇒CHM
推定された法人格　287
スエズ運河　155
スエズ戦争　156
ストラドリング魚種　186
スペース・デブリ　164
3R（採用，雇用契約の更新又は復職）　119,
　　120
請求提起による参加　383
請求の受理可能性に対する抗弁　379
制限免除主義　112
政治犯罪　242, 243

事 項 索 引

政治犯不引渡しの原則　242
正戦論　12, 13, 391
生息域内保全　218
正統性　283, 302
政府間機関　277
征 服　13, 142
政府高官の範囲　130
政府承継　99
政府承認　92
政府職員　127
生物多様性　217
生物兵器　426
政府の長　131
勢力均衡　396
世界銀行（国際復興開発銀行）　101, 294,
　　296, 300, 319, 327
世界貿易機関（WTO）　17, 80, 187, 203,
　　278, 305, 306, 308-312, 315
世界保健機関（WHO）　278-280, 283, 289,
　　291, 388, 427
赤十字国際委員会（ICRC）　29, 277, 417,
　　420, 436, 440
セクター主義　159
接受国　111, 133-138, 347
接続水域　174, 177
絶対免除主義　112
設立文書　278
セーフガード　312
セルデン　167
尖閣諸島　145, 150-152, 154
先決的抗弁　379
全権委任状　65
宣言的効果　53
宣言的効果説　88
1503 手続　276
戦時国際法　14
戦時復仇　438
先住民族　29, 267
漸進的発達　⇒国際法の漸進的発達及び法典化
先制的自衛権　407
先 占　13, 141
宣戦布告　419
戦 争　12
　──に訴える自由　13
戦争の違法化　393

戦争犯罪　108, 130, 241, 244, 245, 248, 400,
　　420, 429, 433, 434, 436, 438, 439
戦争法　417
戦争モラトリアム　392
選択条項受諾宣言　373-376, 378, 379
戦闘員　430
戦闘外に置かれた者　⇒hors de combat
船舶起因汚染　189, 194
船舶に対する武装強盗　190
全般的支配　422
専門機関　387
専門性原理　289
専門的機構　279
先例拘束性　49
総括所見　271
総加入条項（si omnes）　422, 426
早期釈放制度　198
相互主義　9, 46, 133, 375
創設の効果　53
創設の効果説　88
遭 難　340
双方可罰の原則　242
即時的義務　265
属人主義　107
属地主義　105
租 借　157
訴訟参加　383
訴追か引渡しかの義務　130, 260
ソフト・ロー　37, 163

た 行

第一次国連海洋法会議　168
第一世代の人権　264, 266
退去強制　233, 237
対抗措置　5, 9, 134, 340, 354-357, 406, 407
対抗立法　110
対抗力　109
第三国定住　238
第三国の訴訟参加　383
第三次国連海洋法会議　64, 168, 178, 197
第三者法益原則　379
第三世代の人権　266
大 使　134
対世的義務（obligation erga omnes）　18, 49,
　　264, 346, 350

457

対世的権利（rights *erga omnes*） 94
対等な者同士は互いに支配権をもたない 112
第二次国連海洋法会議 168
第2次国連ソマリア活動 414
第二次中東戦争 ⇒スエズ戦争
第二世代の人権 264, 266
代表説 136
対物的権利 139
大陸棚 18, 24, 52-54, 157, 168, 172, 174, 179, 180, 182-186, 188, 198
――の境界画定 ⇒境界画定
大量破壊兵器 191
台湾政府 150, 151
竹 島 145, 149-152
多国籍軍 354, 401, 415
他国防衛説 411
脱植民地化 15, 16
脱 退 290
田畑茂二郎 31
地域的慣習国際法 42
地域的機関 187, 360, 411
地域的機構 279
地域的漁業管理機関 ⇒RFMO
地域的漁業体 ⇒RFB
地域的人権条約 258, 259, 262, 270, 272
地域貿易協定 ⇒RTA
地位協定 132, 302
チェルノービリ（チェルノブイリ） 206
――原子力発電所事故 206, 213
治外法権説 136
地球温暖化（気候変動） 185, 220
地球環境条約 214, 215, 217, 220
地球環境の保護 17, 214, 215
千島列島 147, 148
地方政府（地方自治体） 114
中央銀行 114
仲 介 55, 360, 362, 365, 367, 389, 425
中華人民共和国政府 61
仲裁委員会 332
仲裁裁判 367
仲裁裁判所 30, 59, 93, 182, 195, 197-200, 204, 360, 362, 373, 374
中 立 440
調 査 272, 273

調整（等位）理論 19, 20
朝鮮戦争 399-402
調 停 196, 197, 360, 364, 365
直接適用 27, 268
直線基線 49, 58-59, 172, 175, 178
追跡権 180
追 放 231, 233, 237, 242, 244, 248, 251, 260, 354, 437
通貨スワップ取極 326
通過通航 174, 177, 178
――権 177, 178
通常基線 172
通商航海条約 305
通 信 137
通報手続 275
通例の戦争犯罪 245
津軽海峡 175
低炭素社会 221
低潮線 172
締約国会議（COP） 64, 216, 217, 221, 223, 250
適用法規存否説 360
手続的能力 32
テーマ別手続 275
デロゲーション条項 ⇒公の緊急事態条項
天然資源に対する恒久主権 6, 16, 65, 205, 316
添 付 141
同意原則 413
等距離原則 42, 52
投資家対国家の紛争解決条項 ⇒ ISDS
当事国間対世的義務（obligation *erga omnes partes*） 261, 350
投資仲裁 17, 30, 319
投資紛争解決国際センター（ICSID） 319, 320, 323, 352
統治権能 119, 129
同 盟 13, 315, 397, 442
透明性 302
特定海域 175
特定部類裁判部 372
特別協定 401
特別裁判部 372
特別使節団 ⇒臨時使節団
特別選任裁判官 372

事項索引

特別手続　275
特別引出権　326
特別法　36, 419
特別法優先の原則　26, 36
特権免除　302
ドーハ開発アジェンダ　315
トバール主義　92
トリーペル　19
トルーマン宣言　53, 179
奴　隷　136, 180, 191, 241, 248, 264, 265,
　350, 435

な　行

内国民待遇　29, 311, 321
内　水　154, 171, 172, 174-176
内　政　101
内的自決　95, 266
南　極　154, 156, 159-161, 445
南極海捕鯨計画（JARPA II）　352
南極の海洋生物資源の保存に関する委員会
　⇒CCAMLR
南北戦争　368, 441
難民高等弁務官　235, 238
難民審査参与員制度　238
難民認定　236
難民の定義　235, 236
難民保護制度　235
二元論　19-21
二酸化炭素貯留　185
ニュルンベルク国際軍事裁判所　245, 247
認可状　90, 137
ネガティブ・コンセンサス方式　309
能力構築　224
ノッテボーム原則　376
ノンクレイマント　160
ノン・ルフールマン原則　237, 238, 260

は　行

灰色の利益　236
排出量取引　219, 221
背　信　433
　──行為　433
　──の禁止　424
排他的管轄権　180
排他的経済水域（EEZ）　154, 157, 171-174,

　177-183, 185-187, 189, 196, 198
バインケルスフーク　11
迫　害　95, 103, 234-239, 252, 256
ハーグ国際法典編纂会議　168
ハーグ平和会議　14, 417
ハーグ法　417, 423
派遣国　133, 134, 136-138, 299
破綻国家　⇒ failed state
パッケージディール　168
発　見　141
発展の権利　266
パナマ運河　155
パリ原則　268
判決の解釈　386
判決の執行　387
万国公法　2
犯罪地国　107
犯罪人引渡し　241-243
反　訴　384
被害国　347
非核兵器国　98, 444, 445
引き渡すか訴追する義務　109
非軍事的措置　6, 398, 400, 409
非国際的武力紛争　247, 248, 419-423, 428,
　429
庇護権　264
非国家主体　408, 409
非裁判手続　360
ビザなし交流　148
避止義務　441
批　准　65
非常任理事国　372
非植民地化　⇒脱植民地化
非政府組織　⇒ NGO
非戦闘員　431
非手続事項　79, 294
非法律的紛争　360
フィッツモーリス　20
フェアドロス　20
フォローアップ制度　271, 272
不可抗力　340
不可侵　134, 135, 137, 138
不干渉原則　52, 101, 103, 112
幅員　168
複合型平和維持活動　⇒平和維持活動

父系血統主義　229
不遵守手続　⇒遵守手続
不処罰の禁止　249
付随的損害　433
付随手続　200, 378, 390
不遡及の原則　77
附属書Ⅰ国　221, 222
付託協定　370, 373, 377, 378
普通犯罪　243
復　仇　5, 9, 332, 354–356, 359, 407, 438, 439
不必要な苦痛を与える兵器の禁止　424
不平等条約　12, 13, 157
プーフェンドルフ　11
普遍的管轄権　109, 261, 439
普遍的機構　279
普遍的定期的審査（UPR）　275
不法戦闘員　432
父母両系血統主義　229
フランス主義　175
武力攻撃の発生　404, 405
武力不行使原則（武力による威嚇又は武力の行使）　14, 15, 50, 52, 53, 103, 442
武力紛争法　16, 255, 417, 434
ブレトン・ウッズ体制　324
分権的性格　4
紛　争　150, 152
　　──当事国の組織性　421
　　──当事国の同意　5
　　──の平和的解決義務　15, 357, 359
　　──の烈度　421
文　民　431
文明国　13, 28, 38, 45, 46, 141, 317, 424
併　合　70, 84, 142
併合条約　70
閉鎖海論　167
米州機構（OAS）　259
米州人権裁判所　17, 259
平和維持活動（PKO）　413, 414
平和的手段　359
平和に対する脅威　6, 394, 398–400, 402
平和に対する権利　266
平和に対する罪　245
平和のための結集決議　293, 402
平和の破壊　6, 394, 398–400, 402

ペルソナ・ノン・グラータ（*persona non grata*）　133
変　型　20
　　──方式　25, 268, 284
ベンサム　3
防空識別圏　154
防止義務　441
法実証主義　11
法上の戦争　394
法人格　283
法人格否認の法理　299
法則決定の補助手段　38, 47, 385
法的信念　43, 44, 52, 53, 65, 109, 162
法的な承認　90
法典化　5, 14, 50, 51, 63, 78, 84, 96, 97, 133, 137, 162, 168, 245, 333, 418, 441
法に反する衡平　⇒equity *contra legem*
法の一般原則　38, 45–47, 55, 385
法の外にある衡平　⇒equity *praeter legem*
法の抵触　19
法の下にある衡平　⇒equity *infra legem*
法律的紛争　360, 361, 365
法律問題　387
補完性の原則　248, 249
保護主義　305
保護する責任　103
保証金　198
保証国　188
保障措置　444
補助機関　293
補助金相殺措置　311
ボダン　10
北極海航路　158
北極評議会　158
北方領土　145–148
捕　虜（POW）　435
本案手続　390
本拠所在地主義　232

ま　行

マネー・ロンダリング　328
麻薬取引　191, 241
マルテンス条項　423
未承認国　115
箕作麟祥　2

事 項 索 引

南鳥島　173
民衆訴訟　380
民族解放戦争　420
民族自決　15
民兵　432
無害通航　176
　——権　152, 175-189
無過失責任　163, 212
無国籍者　231, 232, 239, 437
無差別原則　256
無差別攻撃　428
無差別戦争観　392
無主地　13, 57, 140, 141, 159, 388
ムートネスの法理　380
免脱不可能な権利　265
黙示的権能（権限）　281, 288
目的論的解釈　79
黙認　72, 144, 152, 441
目標区別原則　424

や　行

やむを得ざる不知　391
ヤルタ会談　411
有害物・廃棄物の国際規制　214
ユス・アド・ベルム　⇒ *jus ad bellum*
ユス・イン・ベロ　⇒ *jus in bello*
洋上風力発電　185
傭兵　409, 418, 435
横田喜三郎　30
4時間ルール　189
予防的アプローチ　203, 219-221
ヨーロッパ協調　13
ヨーロッパ主権国家体系　10

ら　行

利益保護国　440

陸は海を支配する　170
履行確保制度　6
李承晩ライン　149
立憲主義　⇒ constitutionalism
立法条約　4, 40, 49, 51-53
留保　72, 375
　——の許容性　49, 75-77
領域権原（title to territory）　140, 141-143, 183
領域主権　139
　——の継続的かつ（他国との関係で）平穏な表示　144
領域（使用の）管理責任原則　140, 201-204
領域性　121
領域内庇護　234
領海　175
領空主権　17, 153
領事関係の開設　137
領事関係の断絶　137
領事任務　137
領土紛争の解決基準　143
領土保全原則　94, 95, 140
領有意思　141
臨検　180, 189-191, 441
臨時使節団　133
ルソー　20, 93
ルワンダ国際刑事裁判所（ICTR）　16, 245-247, 251, 293, 401
歴史的湾　198
ローマ法　2, 10

わ　行

枠組条約と議定書の組合せ　215
湾岸危機　354, 401

461

判例・事例索引

※〔○事件〕は有斐閣国際法判例百選事件番号を示す。

1　国際司法裁判所（ICJ）

WHO とエジプトとの間の 1951 年 3 月 25 日協定の解釈事件（勧告的意見）(1980) ················ 283
アイスランド漁業管轄権事件　⇒漁業管轄権事件（管轄権）
アヴェナ事件（2004）··· 343, 374
アヤ・デ・ラ・トーレ事件（1951）〔第 1 版 95 事件〕································· 342
アングロ・イラニアン石油会社事件（1951）··· 381
インターハンデル事件（1959）〔70 事件〕··· 379
インド洋境界画定事件（2017）··· 196
インド領通行権事件（1960）〔第 1 版 3 事件〕·· 375, 376
エーゲ海大陸棚事件（1978）·· 62
オイル・プラットフォーム事件（2003）〔108 事件〕····································· 406, 410
核実験事件（仮保全措置）(1973)··· 381
核実験事件（1974）〔98 事件〕·· 58, 374
核兵器の威嚇・使用の合法性事件（国連総会諮問）(勧告的意見)(1996)〔104・112 事件〕
··· 204, 387, 388, 396, 407, 418, 424, 442
カシキリ・セドゥドゥ島事件（1999）··· 141, 144
カタール・バーレーン海洋境界・領土問題事件（1994）〔第 1 版 90 事件〕·············· 62
カタール対 UAE 事件（2019）·· 259
ガブチコボ・ナジマロシュ計画事件（1997）〔65 事件〕····· 155, 202, 340, 343, 355
カメルーンとナイジェリアとの間の領土と海洋境界事件（仮保全措置）(1996)················ 383
カメルーンとナイジェリアとの間の領土と海洋境界事件（先決的抗弁）(1996)················ 362
カメルーンとナイジェリアとの間の領土と海洋境界事件（訴訟参加命令）(1999)〔103 事件〕···· 384
カメルーンとナイジェリアとの間の領土と海洋境界事件 1998 年 6 月 11 日先決的抗弁判決の解釈要請
　　事件（1999）·· 386
漁業管轄権事件（管轄権）(1973)〔61 事件〕··· 70
漁業管轄権事件（本案）(1974)〔第 1 版 41 事件〕·· 22, 54
漁業事件（1951）〔4 事件〕··································· 22, 45, 48, 49, 58, 59, 172
刑事司法共助事件（2008）〔95 事件〕·· 346, 377
国連加盟国となることの承認の条件事件（勧告的意見）(1948)································ 290
国連加盟承認に関する総会の権限事件（勧告的意見）(1950)〔第 1 版 92 事件〕········· 290
国連行政裁判所が下した賠償判断の効果事件（勧告的意見）(1954)·························· 288
国連経費事件（勧告的意見）(1962)〔39 事件〕······················· 280, 289, 293, 414
国連損害賠償事件（勧告的意見）(1949)〔38 事件〕········· 281, 285, 287, 288, 298, 351
国連特権免除条約 6 条 22 項の適用可能性事件（勧告的意見）(1989)······················ 297
国連本部協定事件（勧告的意見）(1988)··· 21
コソボ独立宣言事件（2010）〔12 事件〕··· 95, 140
黒海境界画定事件（2009）〔第 2 版 34 事件〕·· 185
国家の裁判権免除事件（2012）〔1 事件〕····································· 112, 121-123
国境地帯でのある種の活動事件（2018）〔82 事件〕··· 344
国境紛争事件（ブルキナファソ対ニジェール）(2013)··· 373

462

判例・事例索引

コルフ海峡事件（先決的抗弁）（1948）〔第1版94事件〕 ································· 377
コルフ海峡事件（本案）（1949）〔30事件〕 ·············· 48, 49, 205, 344, 345
コンゴ領域での軍事活動事件（対ウガンダ）（本案）（2005）〔第2版112事件〕 ········ 341, 342, 408
コンゴ領域での軍事活動事件（対ウガンダ）（賠償）（2022） ····················· 344
コンゴ領域における軍事活動事件（対ルワンダ）（管轄権および受理可能性）（2006） ······ 71, 74, 75
在テヘラン米国大使館員人質事件（1980）〔62事件〕 ··············· 133, 334, 337, 355, 361, 378
暫定協定適用事件（2011） ··· 346
ジェノサイド条約上のジェノサイドに係る主張（ウクライナ対ロシア）（先決的抗弁）（2024） ···· 252
ジェノサイド条約適用事件（イスラエル対南アフリカ）（暫定措置命令）（2024） ············· 252, 253
ジェノサイド条約適用事件（ガンビア対ミャンマー）（先決的抗弁）（2022） ··············· 252, 351
ジェノサイド条約適用事件（ボスニア対セルビア）（本案）（2007）〔63・100事件〕
·· 335, 337, 338, 343, 345, 346, 385
ジェノサイドの留保事件（勧告的意見）（1951）〔57事件〕 ··········· 48, 49, 73, 74
シシリー電子工業会社事件（1989）〔第2版68事件〕 ························ 22–23
人権委員会特別報告者の訴訟手続からの免除事件（勧告的意見）（1999） ············ 297
人種差別撤廃条約適用事件（暫定措置）（2008） ····························· 381
人種差別撤廃条約適用事件（先決的抗弁）（2011） ························ 361, 381
スペイン対カナダ漁業管轄権事件（1998）〔94事件〕 ························ 395
1906年12月23日スペイン国王仲裁判決事件（1960） ······················· 370
1989年7月31日の仲裁判断事件（1991） ··························· 78, 381
1999年8月10日航空機事故事件（2000） ································ 375
訴追か引渡しかの義務事件（仮保全措置）（2009）〔第2版102事件〕 ·············· 382
訴追か引渡しかの義務事件（本案）（2012） ····· 71, 241, 261, 342, 351, 380
逮捕状事件（2002）〔第2版2事件〕 ················· 108, 109, 131, 343, 345
大陸棚事件1982年2月24日判決の再審と解釈の請求事件（1985） ············· 386, 387
チャゴス諸島事件（勧告的意見）（2019）〔13事件〕 ·········· 50, 54, 95, 342
チュニジア＝リビア大陸棚事件（1982） ·································· 56
通貨用金塊事件（1954） ··· 379
通航権事件（2009）〔59事件〕 ································· 342, 344
ディアロ事件（先決的抗弁）（2007） ···································· 30
ディアロ事件（本案）（2010） ···································· 233, 343
ディアロ事件（賠償）（2012） ··· 344
道路建設事件（2015）〔80事件〕 ·································· 211, 346
ナミビア事件（勧告的意見）（1971）〔60事件〕 ········ 37, 79, 84, 94, 142, 342
南極海捕鯨事件（2014）〔37事件〕 ················· 187, 351–353, 384
南西アフリカ事件（1966）〔99事件〕 ·························· 351, 380
ニカラグア・コロンビアの200海里以遠の海洋境界画定事件（2023） ··············· 183
ニカラグア事件（本案）（1986）〔107事件〕
············ 48–50, 52, 53, 102, 174, 335–337, 342, 355, 360, 376, 387, 395, 405, 409, 412
西サハラ事件（1975）〔第2版13事件〕 ····························· 94, 388
ノッテボーム事件（管轄権）（1953） ································· 376, 377
ノッテボーム事件（第2段階）（1955）〔69事件〕 ············· 22, 48, 228
ノルウェー漁業事件　⇒漁業事件
ノルウェー公債事件（1957）〔93事件〕 ································· 375
バルセロナ・トラクション会社事件（第2段階）（1970）〔71事件〕 ····· 23, 47, 49, 232, 264, 349, 350

463

パルプミル事件（2010）〔第2版79事件〕 ··· 210, 211, 346
パレスチナの壁事件（勧告的意見）（2004）〔110事件〕
······················· 261, 266, 341-343, 346, 366, 388, 408, 418, 437
東ティモール事件（1995）〔96事件〕 ··· 94
庇護事件（1950） ··· 41, 43, 234
庇護事件1950年11月20日判決の解釈要請事件 ·· 386
フランスにおける刑事手続事件（2003） ·· 382
武力紛争時の核兵器使用の合法性事件（WHO諮問）（勧告的意見）（1996）〔40事件〕
··· 78, 278, 289, 388, 427
ブルガリア，ハンガリーおよびルーマニアとの平和条約の解釈事件（1950） ·············· 389
ブルキナファソ゠マリ国境紛争事件（1986）〔5事件〕 ······················ 56, 143, 145
プレア・ビヘア寺院事件（1962）〔3事件〕 ·· 143
ペドラ・ブランカ事件（2008）〔28事件〕 ··· 145, 373
ベルギー逮捕状事件　⇒逮捕状事件
北部カメルーン事件（1963）〔97事件〕 ·· 380
北海大陸棚事件（1969）〔2事件〕 ······················ 42, 43, 52, 56, 170, 184, 362
メイン湾境界画定事件（1984）〔第1版101事件〕 ·· 373
免除および刑事手続事件（2020） ··· 134
ラグラン事件（2001）〔44事件〕 ·· 138, 382
陸・島・海洋境界紛争事件（1990）〔第2版100事件〕 ··································· 383
リビア゠チャドの領土紛争事件（1994）〔第2版58事件〕 ································ 144
リビア゠マルタ境界画定事件（1985）〔第1版42事件〕 ··································· 185
ロッカビー事件（仮保全措置）（1992）〔第2版105事件〕 ································· 77

2　常設国際司法裁判所（PCIJ）

ウィンブルドン号事件（1923）〔16事件〕 ··· 100, 157, 442
オーデル河の国際委員会に関する事件（1929）〔第1版37事件〕 ······················ 155
セルビア公債事件（1929） ·· 48
ダンチッヒ裁判所の管轄権事件（勧告的意見）（1928）〔43事件〕 ··················· 27, 32
チュニス・モロッコ国籍法事件（勧告的意見）（1923）〔45事件〕 ·················· 102, 228
東部カレリアの地位事件（勧告的意見）（1923） ······································· 388, 389
東部グリーンランドの法的地位事件（1933）〔第1版33事件〕 ························· 39
ポーランド領上部シレジアのドイツ人の利益事件（本案）（1926）〔第1版57事件〕 ·········· 22
ホジュフ（ホルジョウ）工場事件（管轄権）（1927）〔66事件〕 ······················ 46
ホジュフ（ホルジョウ）工場事件（本案）（1928）〔66事件〕 ····················· 342, 343
マヴロマティス・パレスタイン事件（1924）〔67事件〕 ·························· 29, 30, 348
モロッコ燐酸塩事件（先決的抗弁）（1938） ·· 334
ローチュス号事件（1927）〔17事件〕 ··· 44, 104

3　国際仲裁裁判その他

ARAリベルタード号事件（国際海洋法裁判所，2012） ····································· 200
ASほか対イタリア事件（自由権規約委員会，2017） ··································· 193
EC遺伝子組換食品事件（WTO紛争解決機関，2006） ··································· 80
Furundžija事件（旧ユーゴ国際刑事裁第一審部，1998） ································· 260
Nystrom対オーストラリア事件（自由権規約委員会，2011） ······························ 81

判例・事例索引

Pope & Talbot Inc. v. The Government of Canada（本案）（UNCITRAL 仲裁, 2001）……………… 322
Waite and Kennedy v. Germany（欧州人権裁判所, 1999）…………………………………… 297, 298
Warsame 対カナダ事件（自由権規約委員会, 2011）………………………………………………… 81
Wena Hotels 事件（ICSID 仲裁, 2000）…………………………………………………………… 320
アイム・アローン号事件（イギリス＝アメリカ合同委員会, 1935）〔34 事件〕………………… 189, 190
アラバマ号事件（アメリカ＝イギリス, 1872）〔6 事件〕………………………… 21, 344, 368, 441
アル＝アドサニ事件（欧州人権裁判所, 2001）…………………………………………………… 125
アル・バシール事件（ICC 上訴裁判部, 2019）……………………………………………… 131, 132
エンリカ・レクシー号事件（暫定措置）（国際海洋法裁判所, 2015）…………………………… 199, 200
エンリカ・レクシー号事件（本案）（仲裁裁（国連海洋法条約附属書Ⅶ）, 2020）………… 129, 130
オーストラリアと東ティモールの海洋境界画定（調停（国連海洋法条約附属書Ⅴ）, 2016-2017）
…………………………………………………………………………………………………… 197
ガーナ・コートジボワール海洋境界画定事件（国際海洋法裁判所, 2017）〔35 事件〕……… 182
ガイアナ・スリナム海洋境界画定事件（仲裁裁（国連海洋法条約附属書Ⅶ）, 2007）〔105 事件〕
…………………………………………………………………………………………… 182, 190
韓国―冷凍牛肉事件（WTO 紛争解決機関, 2000）……………………………………………… 313
キンドラー事件（自由権規約委員会, 1993）……………………………………………………… 243
ケール（Caire）事件（仏・メキシコ請求委員会, 1929）……………………………………… 336
サルカ（Saluka）事件（UNCITRAL 仲裁, 2006）〔72 事件〕………………………………… 322
ジャッジ事件（自由権規約委員会, 2003）〔49 事件〕…………………………………… 243, 244
深海底活動責任事件（勧告的意見）（国際海洋法裁判所, 2011）…………………………… 188, 189
スロベニア・クロアチア仲裁裁定（常設仲裁裁, 2017）………………………………………… 183
タイガー号事件（ドイツ＝スペイン）（国際審査委員会, 1917）……………………………… 363
タジッチ事件（中間判決）（旧ユーゴ国際刑事裁上訴裁判部, 1995）〔第 1 版 104 事件〕…… 246, 420,
421
タジッチ事件（本案）（旧ユーゴ国際刑事裁上訴裁判部, 1999）〔54 事件〕……… 337, 421, 422
タビニアノ号事件（イタリア＝フランス）（国際審査委員会, 1911）………………………… 363
チュバンチャ号事件（ドイツ＝オランダ）（国際審査委員会, 1922）………………………… 363
ティノコ利権契約事件（イギリス＝コスタリカ国際仲裁, 1923）〔15 事件〕………………… 93
テキサス北米浚渫会社事件（メキシコ＝アメリカ一般請求権委員会, 1926）〔68 事件〕…… 317
テクメド（Tecmed）事件（ICSID 仲裁, 2003）〔75 事件〕………………………………… 321
ドゥッツギット・インテグリティ号事件（マルタ対サントメプリンシペ）（常設仲裁裁, 2016）… 190
ドッガー・バンク事件（国際審査委員会, 1904）………………………………………………… 363
富丸事件（国際海洋法裁判所, 2007）〔102 事件〕……………………………………………… 199
トレイル熔鉱所事件（アメリカ＝カナダ仲裁裁, 1941）〔24 事件〕…………………… 203, 204, 369
ナウリラ事件（ポルトガル＝ドイツ仲裁, 1928）〔83 事件〕………………………………… 354, 355
日本―酒税事件（WTO 紛争解決機関, 1996）〔76 事件〕……………………………………… 311
ニュルンベルク国際軍事裁判所判決（ニュルンベルク国際軍事裁判所, 1947）……………… 404
ノースター号事件（国際海洋法裁判所, 2019）…………………………………………………… 180
パルマス島事件（1928）〔23 事件〕……………………………………………………………… 144
バングラデシュ及びミャンマー（ICC 第 3 予審裁判部, 2019）……………………………… 251
ビーグル海峡事件（アルゼンチン＝チリ仲裁裁, 1977）〔第 2 版 83 事件〕………………… 362
ブラジル―再生タイヤ事件（WTO 紛争解決機関, 2007）……………………………………… 313
ブリロ（ベリロス）事件（欧州人権裁判所, 1988）〔58 事件〕………………………………… 76
米国―エビ・カメ事件（WTO 紛争解決機関, 1998）〔78 事件〕……………………………… 315

465

米国―原産地表示事件（WTO 紛争解決機関，2022）······················ 314
米仏航空業務協定事件（アメリカ゠フランス仲裁裁，1978）〔84 事件〕········ 355
ベーリング海オットセイ事件（アメリカ゠イギリス，1893）·················· 59
ベンガル湾事件（バングラデシュ対インド）（仲裁裁（国連海洋法条約附属書Ⅶ），2014）〔33 事件〕
··· 185
豊進丸事件（国際海洋法裁判所，2007）···························· 199
南シナ海事件（仲裁裁（国連海洋法条約附属書Ⅶ），2016）〔36 事件〕····· 7, 173, 195, 198
みなみまぐろ事件（管轄権及び受理可能性）（仲裁裁（国連海洋法条約附属書Ⅶ），2000）··· 195, 196
みなみまぐろ事件（暫定措置）（国際海洋法裁判所，1999）·············· 193, 199
ヤン・マイエン調停事件（アイスランド゠ノルウェー調停委員会，1981）············ 365
ラヌー湖事件（スペイン゠フランス仲裁裁，1957）〔79 事件〕·············· 206
レインボー・ウォーリア（Rainbow Warrior）号事件（国連事務総長裁定，1986）〔88 事件〕
··· 345, 367
レインボー・ウォーリア（Rainbow Warrior）号事件（ニュージーランド゠フランス仲裁裁，1990）
〔64 事件〕··· 333
レッド・クルセイダー号事件（イギリス゠デンマーク国際審査委員会，1962）〔85 事件〕··· 363
ロウル・ケネディ事件（自由権規約委員会，1999）························· 76
ロシア―通過運送事件（WTO 紛争解決機関，2019）〔89 事件〕············· 314
ロシア賠償事件（ロシア／トルコ）（常設仲裁裁，1912）················· 333

4 国内判例

〔大審院・最高裁判所〕

訴状差戻命令ニ対スル抗告事件（大決 1928（昭和 3）年 12 月 28 日）·········· 113
砂川事件（最大判 1959（昭和 34）年 12 月 16 日）〔第 1 版 105 事件〕··········· 26
国籍存在確認請求事件（最大判 1961（昭和 36）年 4 月 5 日）················ 229
外国人登録法違反被告事件（最大判 1962（昭和 37）年 12 月 5 日）·········· 229
尹秀吉事件（最判 1976（昭和 51）年 1 月 26 日）····················· 242
森川キャサリーン事件（最判 1992（平成 4）年 11 月 16 日）··············· 233
シベリア抑留等補償請求事件（最判 1997（平成 9）年 3 月 13 日）〔8 事件〕····· 436
横田基地夜間飛行差止請求事件（最判 2002（平成 14）年 4 月 12 日）········· 113
オランダ元捕虜等損害賠償請求事件（最判 2004（平成 16）年 3 月 30 日）······ 439
パキスタン貸金請求事件（最判 2006（平成 18）年 7 月 21 日）〔20 事件〕··· 24, 113, 114, 117
退去強制令書発付処分取消等請求事件（最大判 2008（平成 20）年 6 月 4 日）····· 230
ジョージア州港湾局事件（最判 2009（平成 21）年 10 月 16 日）············ 121
ベルヌ条約事件（最判 2011（平成 23）年 12 月 8 日）〔14 事件〕············ 91
ブラウン管カルテル事件（最判 2017（平成 29）年 12 月 12 日）〔18 事件〕······ 106

〔高等裁判所〕

オデコ・ニホン事件（東京高判 1984（昭和 59）年 3 月 14 日）〔32 事件〕···· 24, 179, 180
塩見第一次訴訟（大阪高判 1984（昭和 59）年 12 月 19 日）············ 269, 270
張振海事件（東京高決 1990（平成 2）年 4 月 20 日）〔48 事件〕·········· 243
シベリア抑留補償請求事件（東京高判 1993（平成 5）年 3 月 5 日）·········· 25, 27
受刑者接見妨害国家賠償請求事件（高松高判 1997（平成 9）年 11 月 25 日）〔52 事件〕··· 25, 26
ジョージア州港湾局事件（東京高判 2007（平成 19）年 10 月 4 日）········· 120
豚肉差額関税事件（東京高判 2013（平成 25）年 11 月 27 日）〔9 事件〕········· 28

判例・事例索引

〔地方裁判所〕

原爆判決（下田事件）（東京地判 1963（昭和 38）年 12 月 7 日）〔113 事件〕 ················ 31, 427, 428
難民不認定処分取消請求事件（東京地判 1989（平成元）年 7 月 5 日）···················· 237
二風谷ダム事件（札幌地判 1997（平成 9）年 3 月 27 日）〔50 事件〕 ···················· 269
小樽入浴拒否事件（札幌地判 2002（平成 14）年 11 月 11 日）〔第 2 版 51 事件〕 ············ 263, 269
供託金還付請求却下処分取消等請求事件（東京地判 2004（平成 16）年 10 月 15 日）············ 71
京都ヘイトスピーチ事件（京都地判 2013（平成 25）年 10 月 7 日）〔53 事件〕 ·············· 269
北朝鮮帰国事業損害賠償請求事件（東京地判 2022（令和 4）年 3 月 23 日）················ 115

〔公正取引委員会事件〕

ノーディオン事件（勧告審決 1998（平成 10）年 9 月 3 日）························· 106
BHP ビリトン事件（2010（平成 22）年）····························· 106

5 外国国内判例

〔欧州国内判例〕

Basfar v. Wong（2022）····································· 136
Hulley Enterprises Ltd., et al. v. FKP（2022）·························· 320
République Arabe Unie c. dame X（1960）··························· 117
イラン大使館事件（1963）··································· 118
国際すず理事会事件（1989）〔41 事件〕····························· 284, 285
ピノチェト事件（1999）〔22 事件〕····························· 109, 130

〔アメリカ国内判例〕

Blenheim Capital Holdings Ltd. v. Lockheed Martin Corp.（2022）················ 118, 119
Republic Argentina v. Weltover Inc.（1992）··························· 117
アルコア事件（1945）···································· 106
シー事件（2008）····································· 191
スクーナー船エクスチェンジ号対マックファドン事件（1812）〔19 事件〕·············· 112, 113
ティンバーレン事件（1976）〔第 1 版 24 事件〕························· 106
パケット・ハバナ号事件（1900）··························· 23, 24
フジイ事件（1952）····································· 27

〔韓国国内判例〕

韓国慰安婦訴訟（ソウル中央地裁 2021 年 1 月 8 日判決）···················· 124
韓国慰安婦訴訟（ソウル中央地裁 2021 年 4 月 21 日判決）···················· 124
韓国慰安婦訴訟（ソウル高裁 2023 年 11 月 23 日判決）···················· 124

条約索引・その他

〈注〉「＊」は各国の国内法文書であることを示す。

A～Z

ABM 条約 ……………………………………………………………………………… 445

ASEAN 憲章　⇒東南アジア諸国連合憲章

ASEAN 人権宣言 ………………………………………………………………………… 259

ATT（武器貿易条約）………………………………………………………………… 425, 426

A規約　⇒社会権規約

BBNJ 協定　⇒国家管轄権外区域の生物多様性の保全及び持続可能な利用についての実施協定

BIS 規制 …………………………………………………………………………………… 328

BWC　⇒生物毒素兵器禁止条約

B規約　⇒自由権規約

CFE 条約　⇒欧州通常戦力条約

CMI　⇒チェンマイ・イニシアティブ

CPTPP　⇒包括的・先進的 TPP 協定

CTBT　⇒包括的核実験禁止条約

DSU（紛争解決に係る規則及び手続に関する了解）……………………………… 307-310

ECE オーフス条約 ……………………………………………………………………… 353

ECE 長距離越境大気汚染条約 ………………………………………………………… 353

EU 基本権憲章 …………………………………………………………………………… 258

FSIA ＊　⇒米国外国主権免除法＊

GATS　⇒サービスの貿易に関する一般協定

GATT（関税と貿易に関する一般協定）…………………………………… 203, 306-316

IAEA 憲章　⇒国際原子力機関憲章

ICC 規程（国際刑事裁判所に関するローマ規程；ローマ規程）
……………………… 64, 69, 131, 241, 247-251, 290, 400, 420, 429, 433, 434, 436, 439

ICC 仲裁規則　⇒国際商業会議所仲裁規則

ICJ 規程（国際司法裁判所規程）
……………………… 7, 22, 38-42, 45, 47, 48, 56, 181, 252, 371-374, 376-378, 381, 383-388

ICRW　⇒国際捕鯨取締条約

ICSID 条約（国家と他の国家の国民との間の投資紛争の解決に関する条約）…………… 319-321

ICSID 仲裁規則 ………………………………………………………………………… 321

ICTR 規程 ………………………………………………………………………………… 247

ICTY 規程 …………………………………………………………………………… 246, 247

ILC 第一草案　⇒政府職員の外国刑事管轄権からの免除に関する条文の第一草案

ILO 憲章　⇒国際労働機関憲章

IMF 協定 ……………………………………………………………………………… 324-326

INF 全廃条約　⇒中距離核戦力全廃条約

IUU 漁業の防止，抑止及び撲滅に関する行動計画 ………………………………… 187

LTS ガイドライン　⇒宇宙活動に関する長期持続可能性ガイドライン

MLC 条約　⇒海上労働条約

MPIA　⇒多数国間暫定上訴仲裁アレンジメント

468

条約索引・その他

NPT（核兵器不拡散条約）･･ 97, 444
OECD 資本移動自由化規約 ･･････････････････････････････････････ 326
PTBT　⇒部分的核実験禁止条約
RCEP 協定（地域的な包括的経済連携協定）･･･････････････････････ 40
SALT Ⅰ条約　⇒戦略兵器制限条約（第一次）
SALT Ⅱ条約　⇒戦略兵器制限条約（第二次）････････････････････ 445
SAR 条約　⇒海上捜索救助条約
SAR 条約附属書 ･･ 193
SIA ＊　⇒英国国家免除法＊
SPS 協定　⇒衛生植物検疫措置の適用に関する協定
START　⇒戦略兵器削減条約
START Ⅰ　⇒戦略兵器削減条約（第一次）
START Ⅱ　⇒戦略兵器削減条約（第二次）
STCW 条約　⇒船員の訓練及び資格証明並びに当直の基準に関する国際条約
SUA 条約　⇒海洋航行不法行為防止条約
TBT 協定　⇒貿易の技術的障壁に関する協定
TPP 協定（環太平洋パートナーシップ協定）････････････････････ 316, 321
TPRM　⇒貿易政策検討制度［附属書 3］
TRIMs 協定　⇒貿易に関連する投資措置に関する協定
TRIPS 協定 ･･ 307
UNCITRAL 仲裁規則　⇒国連国際商取引法委員会仲裁規則
UNCITRAL 透明性規則 ･･ 321
UNHCR 規程　⇒国連難民高等弁務官事務所規程
WHO 憲章 ･･ 291, 427
WTO 協定（世界貿易機関協定）････････ 63, 77, 80, 203, 278, 306, 308-314
WTO 設立協定（世界貿易機関を設立するマラケシュ協定）･･････････ 74, 306-308

あ 行

アジア海賊対策地域協定 ･････････････････････････････････････ 190
アフリカ人権憲章　⇒バンジュール憲章 ･････････････････････････ 233
アフリカにおける国内避難民の保護及び援助のためのアフリカ連合条約 ････ 236
アフリカ連合とセネガルの 2012 年の協定 ･･････････････････････ 251
奄美・小笠原・沖縄各返還協定（奄美返還協定，小笠原返還協定，沖縄返還協定）････ 57, 151
アメリカ独立宣言＊ ･･ 255
アルテミス合意 ･･･ 165
アンチダンピング協定 ････････････････････････････････ 307, 311, 312
安保理決議（安全保障理事会決議）

1947 年決議 22	365	1977 年決議 418	400
1948 年決議 62	400	1982 年決議 502	399
1950 年決議 82	399	1987 年決議 598	399
1950 年決議 83	401	1990 年決議 660	399
1966 年決議 232	400	1990 年決議 678	401
1969 年決議 264	84	1992 年決議 748	399
1970 年決議 276	84	1993 年決議 808	246, 399
1976 年決議 387	399	1993 年決議 827	246, 401

1993 年決議 841	399	2005 年決議 1593	132
1994 年決議 955	247, 401	2010 年決議 1966	247
1999 年決議 1267	401	2011 年決議 1973	401
2001 年決議 1373	328	2015 年決議 2256	247
2003 年決議 1503	247	2016 年決議 2329	247
2004 年決議 1534	247		

慰安婦問題に関する日韓合意 ……………………………………………………… 61

イギリス権利章典＊ ……………………………………………………………… 255

移住労働者権利条約 ……………………………………………………………… 258

イスラム児童人権条約 …………………………………………………………… 231

イタリア憲法＊ …………………………………………………………………… 23

一方的宣言に関する指導原則 …………………………………………………… 58

遺伝資源の取得と利益配分に関する名古屋議定書（名古屋議定書）…… 214, 219, 220

違法漁業防止寄港国措置協定 …………………………………………………… 187

ウィーン国際機構条約法条約（国際組織条約法条約）……………………… 61, 288

ウィーン条約　⇒条約法条約

ウィーン条約及びパリ条約の適用に関する共同議定書 ……………………… 213

ウィーン条約改正議定書 ………………………………………………………… 213

ウィーン条約法条約　⇒条約法条約

ウィーン宣言及び行動計画 …………………………………………………… 265, 266

ウェストファリア条約 …………………………………………………………… 8

ヴェルサイユ条約（ベルサイユ条約）……………………………………… 157, 244

宇宙活動に関する長期持続可能性（LTS）ガイドライン …………………… 164

宇宙基地協力協定 ………………………………………………………………… 165

宇宙救助返還協定 ………………………………………………………………… 163

宇宙空間の探査及び利用における国家活動を律する法的原則宣言（総会決議）… 162

宇宙条約 ……………………………………………… 17, 162–165, 334, 445

宇宙損害責任条約 ………………………………………………… 163, 212, 334

宇宙物体登録条約 ………………………………………………………………… 163

ウルグアイ川規程 …………………………………………………………… 210, 211

英国 1968 年国際機構法＊ ……………………………………………………… 284

英国 1972 年国際すず理事会（免除特権）令＊ ……………………………… 285

英国国家免除法（SIA）＊ ……………………………………………………… 112

衛生植物検疫措置の適用に関する協定（SPS 協定）……………………… 307, 313

欧州国籍条約 ……………………………………………………………………… 231

欧州国家免除条約 ………………………………………………………………… 112

欧州社会憲章 ………………………………………………………………… 258, 265

欧州人権条約 …………… 74, 76, 125, 258, 260, 262, 263, 265, 272, 292, 297

欧州通常戦力条約（CFE 条約）………………………………………………… 446

欧州評議会規程 ……………………………………………………………… 291, 292

小笠原返還協定　⇒奄美・小笠原・沖縄各返還協定

沖縄返還協定　⇒奄美・小笠原・沖縄各返還協定

オゾン層の保護のためのウィーン条約（オゾン層保護ウィーン条約；オゾン層保護条約）
……………………………………………………………… 214, 216, 353, 354

オゾン層を破壊する物質に関するモントリオール議定書 ……………… 216, 353

条約索引・その他

オタワ宣言 ··· 159
オープンスカイに関する了解覚書 ··· 153
オランダ憲法＊ ·· 26

か 行

外交関係条約（外交関係に関するウィーン条約）··········· 64, 133-137, 338, 347
外交的保護条文 ·· 29, 348, 349
外国人登録法＊ ··· 233
外国仲裁判断の承認及び執行に関する条約 ·· 320
海上人命安全条約 ··· 169, 191, 192
海上捜索救助条約（SAR 条約）··· 193
海上保安庁法＊ ··· 430
海上労働条約（MLC）·· 192
海戦傷病者保護条約　⇒ジュネーブ第2条約
海戦ノ場合ニ於ケル中立国及中立人ノ権利義務ニ関スル条約（海戦中立条約）········· 441
海底非核化条約 ··· 445
海洋汚染防止条約 ·· 194, 214
　　──追加議定書 ··· 214
海洋航行不法行為防止条約（SUA 条約）··· 189-191
海洋投棄規制条約 ··· 214
海洋法条約　⇒国連海洋法条約
海洋油濁防止条約 ··· 214
カイロ宣言 ··· 148
化学兵器禁止条約（化学兵器の開発，生産，貯蔵及び使用の禁止並びに廃棄に関する条約）
　·· 55, 64, 74, 426
核兵器禁止条約 ··· 444
核兵器不拡散条約　⇒ NPT
ガメス・ボニラ条約 ··· 370
樺太千島交換条約 ··· 141, 147, 148
カルタヘナ議定書　⇒バイオセーフティに関するカルタヘナ議定書
環境と開発に関するリオ宣言（リオ宣言）··············· 37, 201, 204, 212, 219
環境保護に関する南極条約議定書 ··· 161
韓国憲法＊ ·· 23
韓国併合条約 ·· 70
慣習国際法の同定に関する結論 ··· 45
関税及び貿易に関する一般協定　⇒ GATT
　　──第六条の実施に関する協定　⇒アンチダンピング協定
　　──第七条の実施に関する協定（関税評価に関する協定）················· 307
環太平洋パートナーシップ協定　⇒ TPP 協定
気候変動に関するパリ協定　⇒パリ協定
気候変動枠組条約 ······································· 74, 214, 220, 221, 223, 353
既婚女性の国籍に関する条約 ··· 230
旧日米安全保障条約 ·· 26
強制失踪条約 ·· 237, 258, 273
強制的紛争解決の選択議定書 ··· 168

471

京都議定書（気候変動に関する国際連合枠組条約の京都議定書）················ 64, 214, 220-224, 353
漁業補助金協定·· 187, 307
漁業労働条約··· 192
極東国際軍事裁判所憲章·· 245
勤労婦人福祉法＊·· 264
国の権利及び義務に関する条約　⇒モンテビデオ条約
国の財産，公文書及び債務についての国家承継に関するウィーン条約　⇒財産等承継条約
クラスター爆弾に関する条約··· 425
グローバルファンド特権免除協定·· 302
経済的，社会的及び文化的権利に関する国際規約　⇒社会権規約
契約上ノ債務回収ノ為ニスル兵力使用ノ制限ニ関スル条約································ 393
原産地規則に関する協定·· 307
原子力事故通報条約··· 205, 207, 369
原子力損害の民事責任に関するウィーン条約·· 213
原子力損害補完的補償条約·· 213
原子力電源使用制限原則··· 163
原子力の分野における第三者に対する責任に関するパリ条約····························· 213
憲　法＊　⇒日本国憲法
公海条約（公海に関する条約）·· 64, 168
公海生物資源保存条約··· 168
航空機不法奪取防止条約··· 27, 109
航空法規に関する条約··· 152
拷問禁止宣言··· 65
拷問等禁止条約·················· 109, 123, 130, 237, 242, 258, 260, 273, 351, 353, 380
──選択議定書··· 353
国際海洋法条約　⇒海洋法条約
国際関係を有する可航水路の制度に関する条約及び規程································· 155
国際機構責任条文（国際機構の責任に関する条文）················ 277, 278, 298, 299
国際軍事裁判所憲章　⇒ニュルンベルク裁判所憲章
国際刑事裁判所規程（国際刑事裁判所に関するローマ規程）⇒　ICC 規程
国際原子力機関憲章（IAEA 憲章）·· 353
国際航空運送協定··· 153
国際航空業務通過協定··· 153
国際司法裁判所規則··· 378, 382, 384
国際司法裁判所規程　⇒ICJ 規程
国際商業会議所（ICC）仲裁規則·· 319
国際人権規約················· 16, 94, 232, 258, 259, 262, 264, 266, 267, 274
国際水路非航行的利用条約（国際水路条約）···················· 155, 205, 208-210
国際すず協定··· 285
国際組織条約法条約　⇒ウィーン国際機構条約法条約
国際組織犯罪防止条約人身取引防止議定書··· 191
国際紛争の平和的解決に関する改正一般議定書······························· 364, 374
国際紛争平和的処理議定書··· 393
国際紛争平和的処理条約······························· 359, 363, 368, 369
国際捕鯨取締条約（ICRW）··························· 187, 351, 352, 384

472

条約索引・その他

国際民間航空条約　⇒シカゴ条約
国際連盟規約 ………………… 14, 15, 83, 94, 103, 256, 291, 292, 294, 393, 397, 398, 441
　──16条適用指針 ……………………………………………………………………… 398
国際労働機関憲章（ILO 憲章）…………………………………………………………… 353
国籍法＊ ……………………………………………………………… 228, 230-232, 264
国籍法抵触条約 ……………………………………………………………………………… 228
国籍法の抵触に関連するある種の問題に関する条約 ……………………………… 228, 231
国内強制移動（Internal Displacement）に関する指導原則 ………………………… 236
国民年金法＊ ………………………………………………………………………………… 269
国連安全保障理事会決議　⇒安保理決議
国連海洋法条約（海洋法条約；海洋法に関する国際連合条約）
　………………………… 4, 18, 59, 63, 64, 68, 169-172, 175-191, 193-199, 205, 214, 430

1 条 1 項(4) ……… 194		76 条 1 項 ……………… 179
2 条 3 項 ……………… 169		76 条 8 項 ……………… 179
5 条 ……………………… 172		83 条 …………………… 182
7 条 ……………… 49, 172, 175		83 条 1 項 ……………… 181
7 条 3 項 ……………… 172		87 条 …………………… 180
8 条 2 項 ……………… 175		91 条 …………………… 170
10 条 …………………… 175		91 条 1 項 ……………… 232
13 条 …………………… 172		92 条 …………………… 180
15 条 ……………… 181, 182		94 条 …………………… 191
18 条 …………………… 176		101 条 ……………… 190, 241
19 条 …………………… 176		102 条 ………………… 241
20 条 …………………… 176		103 条 ………………… 241
24 条 …………………… 176		104 条 ………………… 241
24 条 2 項 ……………… 49		105 条 ……………… 108, 241
25 条 3 項 ……………… 178		106 条 ………………… 241
29 条 ……………… 176, 429		107 条 ………………… 241
30 条 …………………… 132		110 条 ……………… 180, 189, 191
32 条 …………………… 132		111 条 ………………… 180
38 条 …………………… 177		120 条 ………………… 187
45 条 2 項 ……………… 178		121 条 ………………… 172
46 条 …………………… 178		137 条 ………………… 170
55 条 …………………… 178		192 条 ………………… 193
56 条 …………………… 178		194 条 ………………… 194
58 条 …………………… 179		208 条 ………………… 194
58 条 1 項 ……………… 154		209 条 ………………… 194
61 条 …………………… 186		210 条 ………………… 194
62 条 …………………… 186		211 条 ………………… 194
65 条 …………………… 187		212 条 ………………… 194
66 条 …………………… 188		213 条 ………………… 194
67 条 …………………… 188		240 条 ………………… 186
73 条 2 項 ……………… 198		246 条 ………………… 186
74 条 …………………… 182		280 条 ………………… 195
74 条 1 項 ……………… 181		281 条 ………………… 195

473

282 条 …………………………… 195	316 条 …………………………… 169
283 条 …………………………… 196	第 5 部 …………………………… 178
283 条 1 項 ………………………… 196	第 7 部 …………………………… 170
283 条 2 項 ………………………… 196	第 11 部 ………………………… 168
284 条 ……………………… 196, 365	第 12 部 ………………………… 193
286 条 ……………………… 197, 360	第 12 部第 5 節 ………………… 194
287 条 ……………………… 197, 198	第 13 部 ………………………… 186
287 条 1 項 ………………………… 360	第 15 部 ………………………… 195
290 条 …………………………… 199	第 15 部第 2 節 ……………… 195, 197
292 条 …………………………… 198	第 15 部第 3 節 ……………… 196, 198
297 条 ……………………… 196, 198	附属書Ⅲ ………………………… 188
297 条 3 項(b) …………………… 365	附属書Ⅴ第 1 節 …………… 196, 365
298 条 ……………………… 196, 198	附属書Ⅴ第 2 節 …………… 196, 365
298 条 1 項(a) …………………… 197	附属書Ⅵ ………………………… 197
309 条 ………………… 74, 168, 198	附属書Ⅶ ……………… 129, 197, 199
312 条 …………………………… 169	附属書Ⅷ ………………………… 197

国連海洋法条約第 11 部実施協定 ……………………………………………………… 168, 181
国連憲章
…… 40, 50, 65, 71, 77, 101, 270, 273, 285, 287, 288, 290, 359, 371, 376, 394, 401, 404, 405, 442, 443

前文 …………………………… 256	25 条 …………………… 398, 442
1 条 ……………………… 256, 279	27 条 1 項 ……………………… 294
1 条 2 項 ………………………… 15, 94	27 条 3 項 ……………… 79, 295, 387
1 条 3 項 ……………………………… 16	27 条 3 項ただし書 ……………… 366
2 条 3 項 ………………………… 15, 359	29 条 …………………………… 413
2 条 4 項 …… 15, 39, 70, 140, 190, 339, 347,	33 条 1 項 ……………… 360, 365
355, 359, 391, 394–396, 402, 438	35 条 1 項 ……………………… 366
2 条 7 項 ……………………… 103, 104	36 条 …………………………… 365
4 条 1 項 ……………… 89, 278, 290	36 条 3 項 ……………… 360, 365
4 条 2 項 ……………………… 89, 290	37 条 1 項 ……………………… 365
6 条 …………………………… 292	37 条 2 項 ……………………… 365
10 条 ……………………… 366, 402	39 条 …………………… 398, 399, 414
11 条 ……………………………… 94	40 条 …………………… 398, 400, 414
11 条 1 項 ……………………… 293, 443	41 条 ………………… 6, 398, 400, 414
11 条 2 項 …………… 293, 366, 402	42 条 ………………… 6, 398, 400–402
11 条 3 項 ……………………… 366	43 条 …………………… 288, 401
11 条 4 項 ……………………… 402	47 条 …………………………… 401
12 条 ……………………………… 94	51 条 …… 5, 15, 340, 401, 402, 404, 405, 408,
12 条 1 項 ……………………… 293, 366	409, 411
13 条 ……………………… 256, 274	53 条 …………………………… 402
13 条 1 項(a) …………………… 5, 50	55 条 …………………… 27, 265
17 条 2 項 ……………………… 414	55 条 c ………………………… 256
18 条 …………………………… 294	56 条 …………………… 27, 256
18 条 2 項 ………………………… 89	62 条 …………………………… 256
22 条 …………………………… 413	63 条 …………………………… 288
24 条 1 項 ……………… 293, 366, 398	68 条 …………………… 257, 274

条約索引・その他

70 条 ……………………… 274	100 条 1 項 ……………………… 294
71 条 ……………………… 274	100 条 2 項 ……………………… 294
73 条 ………………………… 15	102 条 1 項 ………………………… 69
76 条 ……………………… 256	102 条 2 項 ………………………… 69
81 条 ……………………… 288	103 条 ………………………… 77, 298
92 条 ……………………… 371	104 条 ……………………… 284
93 条 1 項 ……………………… 371	105 条 ………………………… 296, 298
93 条 2 項 ……………………… 371	105 条 1 項 ……………………… 295
94 条 2 項 ………………………… 5, 387	105 条 2 項 ……………………… 295
96 条 ……………………… 387	107 条 ……………………… 402
96 条 1 項 ……………………… 387	111 条 ………………………… 81
96 条 2 項 ……………………… 387	第 6 章 ……………………… 366, 413
98 条 ……………………… 367	第 7 章 …… 15, 103, 246, 249, 394, 414, 415,
99 条 ……………………… 366	442
100 条 ……………………… 293	第 12 章 ………………………… 15

国連公海漁業協定 …………………………………………………………………… 169, 187, 189
国連国際商取引法委員会（UNCITRAL）仲裁規則 ……………………………………… 319
国連国際組織犯罪防止条約 ………………………………………………………………… 328
国連国家免除条約（国及びその財産の裁判権からの免除に関する国際連合条約）
…………………………………… 4, 64, 112, 114–116, 119–122, 126, 127, 320

国連総会決議

96/I ……………………… 245	3314　⇒侵略の定義に関する決議
217 ……………………… 257	39/11 ……………………… 266
377　⇒平和のための結集決議	41/128 ……………………… 267
1472 ……………………… 162	60/51 ……………………… 275
1803　⇒天然資源に対する恒久主権に関す	68/268 ……………………… 273
る決議	ES-11/3 ……………………… 275
2625　⇒友好関係原則宣言	

国連特権免除条約 …………………………………………………………………… 284, 296, 302
国連難民高等弁務官事務所（UNHCR）規程 ………………………………………………… 235
戸籍法＊ ……………………………………………………………………………………… 231
国家管轄権外区域の生物多様性の保全及び持続可能な利用についての実施協定（BBNJ 協定）
…………………………………………………………………………… 18, 169, 170
国家承継に関連する無国籍の防止に関する欧州評議会条約 ………………………………… 231
国家責任条文 ………………… 18, 129, 134, 332–347, 350, 351, 355, 356, 359, 403, 410
国家と他の国家の国民との間の投資紛争の解決に関する条約　⇒ ICSID 条約
コンスタンティノープル条約 …………………………………………………………… 156

さ　行

細菌兵器（生物兵器）及び毒素兵器の開発，生産，及び貯蔵の禁止並びに廃棄に関する条約（生物
　毒素兵器禁止条約；BWC）………………………………………………………………… 427
財産等承継条約（国の財産，公文書及び債務についての国家承継に関するウィーン条約）…… 96, 98, 99
サイバー犯罪に関する条約 ………………………………………………………………… 241
サービスの貿易に関する一般協定（GATS）…………………………………………………… 307
サンクト・ペテルブルク宣言 ……………………………………………………………… 425

475

サンフランシスコ平和条約 ⇒対日平和条約

残留性有機汚染物質に関するストックホルム条約（ストックホルム条約）·················· 194, 214

ジェイ条約 ··· 332, 367

自衛隊法＊ ·· 430

ジェノサイド条約 ··························· 31, 54, 74, 75, 252, 258, 338, 345, 351

シカゴ条約（国際民間航空条約）·· 152, 153, 232

持続可能な開発のための 2030 アジェンダ ··································· 201

湿地保全条約 ⇒ラムサール条約 ·· 214, 217

自動触発水雷禁止条約 ··· 425

児童の権利及び福祉に関するアフリカ憲章 ···················· 231

児童の権利条約（児童の権利に関する条約）············ 231, 258, 261, 429

──通報手続選択議定書 ·· 273

児童の売買等に関する選択議定書 ·· 261

下関条約 ··· 150

社会権規約（A 規約；経済的，社会的及び文化的権利に関する国際規約）

·················· 27, 63, 64, 72, 257, 262–266, 269, 270, 273

自由権規約（B 規約；市民的及び政治的権利に関する国際規約）

······· 31, 40, 63, 64, 68, 73, 76, 81, 82, 231–233, 243, 244, 257, 260–264, 266, 268–272, 338, 353, 418

──第 1 選択議定書 ··· 31, 76, 272, 353

出入国管理及び難民認定法（入管法）＊ ·············· 232, 233, 236, 238

ジュネーブ海洋法 4 条約 ··· 168

──4 条約選択議定書 ··· 195

ジュネーブ諸条約 ··············· 108, 109, 246–248, 419–422, 428, 429, 432, 434, 438–440

ジュネーブ第 1 条約（傷病者保護条約）·············· 429, 434, 438–440

ジュネーブ第 2 条約（海上傷病者保護条約）··············· 434, 438–440

ジュネーブ第 3 条約（捕虜待遇条約）·············· 430–432, 435, 436, 438–440

ジュネーブ第 4 条約（文民保護条約）·············· 423, 429, 431, 437–440

ジュネーブ諸条約追加議定書 ··· 434

ジュネーブ諸条約第 1 追加議定書 ·············· 419, 420, 422–425, 428–435, 437–440

ジュネーブ諸条約第 2 追加議定書 ·············· 247, 420, 421, 428–431, 437

障害者権利条約 ·· 258, 267

──選択議定書 ··· 273

商業捕鯨モラトリアム ··· 187

傷病者保護条約 ⇒ジュネーブ第 1 条約

条約解釈に関する後にされた合意及び後に生じた慣行に関する結論 ·············· 79, 80

条約承継条約（条約についての国家承継に関するウィーン条約）·············· 64, 77, 96–98

条約の締結における軍事的，政治的又は経済的強制の禁止に関する宣言 ·············· 71

条約の留保に関する実行の指針 ·· 77

条約法条約（条約法に関するウィーン条約）·············· 61, 64, 65, 76

2 条 1 項(a) ·············· 61		7 条 2 項(a) ·············· 65	
2 条 1 項(d) ·············· 72		10 条(b) ·············· 65	
2 条 1 項(i) ·············· 277		11 条 ·············· 65	
3 条(a) ·············· 39		12 条 ·············· 65	
5 条 ·············· 278		13 条 ·············· 65	
7 条 1 項(a) ·············· 65		14 条 ·············· 65	

条約索引・その他

15条 ············· 65	33条4項 ············· 81
18条 ············· 69	34条 ············· 39, 68
19条 ············· 74	35条 ············· 68
19条(c) ············· 75	36条 ············· 68
20条 ············· 75	39条 ············· 82
20条4項(a) ············· 58	40条4項 ············· 82
21条 ············· 75	44条3項 ············· 72
24条 ············· 67	44条4項 ············· 72
26条 ············· 68	44条5項 ············· 72
27条 ············· 21, 68	45条 ············· 72
28条 ············· 77	46条 ············· 69, 71
30条1項 ············· 77	47条 ············· 69, 71
30条2項 ············· 77	48条 ············· 70, 71
30条3項 ············· 77	49条 ············· 70, 71
30条4項 ············· 78	50条 ············· 70, 71
30条5項 ············· 78	51条 ············· 70, 71
31条 ············· 78–81	52条 ············· 15, 70, 71
31条1項 ············· 79, 314	53条 ············· 18, 70, 71
31条2項 ············· 79	54条(a) ············· 83
31条3項(a) ············· 79	54条(b) ············· 83
31条3項(b) ············· 79–81	57条(b) ············· 83
31条3項(c) ············· 80	60条 ············· 83, 84
31条4項 ············· 80	61条 ············· 83
32条 ············· 78, 80, 81	62条 ············· 83
32条(a) ············· 80	64条 ············· 83
32条(b) ············· 80	65条 ············· 71
33条1項 ············· 81	66条(b) ············· 365
33条3項 ············· 81	

植民地独立付与宣言（植民地諸国及びその人民に対する独立の付与に関する宣言）
 ············· 15, 37, 50, 54, 94, 95, 266
女子差別撤廃条約 ············· 229, 230, 258, 260, 263, 264, 273
女性活躍推進法＊ ············· 264
新START　⇒米露核軍縮条約
深海底原則宣言 ············· 65
人権理事会決議11/4 ············· 266
人種差別撤廃条約 ············· 72, 75, 258, 259, 262–264, 269, 272, 273, 353, 361
新パナマ運河条約 ············· 157
侵略の定義に関する決議（1974年国連総会決議3314） ············· 65, 248, 399, 400, 409
スエズ運河条約 ············· 68
ストックホルム条約　⇒残留性有機汚染物質に関するストックホルム条約
スペース・デブリ低減ガイドライン ············· 164
スペース・ベネフィット宣言 ············· 163
政治分野における男女共同参画推進法＊ ············· 264
政府職員の外国刑事管轄権からの免除に関する条文の第一草案（ILC第一読草案） ············· 129, 130
政府調達に関する協定 ············· 307

477

生物多様性条約 ………………………………………… 205, 214, 217-219, 353
生物毒素兵器禁止条約　⇒細菌兵器（生物兵器）及び毒素兵器の開発，生産，及び貯蔵の禁止並びに廃棄に関する条約
世界銀行協定 …………………………………………………………… 296, 297, 327
世界サミット成果文書 ……………………………………………………………… 407
世界人権宣言 …………………………… 16, 65, 231-234, 257, 260, 264, 274, 275
世界貿易機関協定　⇒WTO 協定
世界貿易機関を設立するマラケシュ協定　⇒WTO 設立協定
赤十字条約 …………………………………………………………………………… 434
絶滅のおそれのある野生動植物の種の国際取引に関する条約（ワシントン条約；ワシントン野生動植物取引規制条約） ……………………………………… 214, 217, 315
セーフガード協定（セーフガードに関する協定） ………………… 307, 311, 312
セメイ条約（中央アジア非核兵器地帯条約） …………………………………… 445
繊維及び繊維製品（衣類を含む。）に関する協定 ……………………………… 307
船員の訓練及び資格証明並びに当直の基準に関する国際条約（STCW 条約） ……… 192
1994 年の GATT ……………………………………………………………………… 307
戦後強制抑留者に係る問題に関する特別措置法＊ ……………………………… 437
先住民権利宣言 …………………………………………………………………… 267
戦争放棄に関する条約　⇒不戦条約
戦略兵器削減条約（START） …………………………………………………… 445
戦略兵器削減条約（第一次）（START Ⅰ） …………………………………… 446
戦略兵器削減条約（第二次）（START Ⅱ） …………………………………… 446
戦略兵器制限条約（第一次）（SALT Ⅰ条約） ……………………………… 445
戦略兵器制限条約（第二次）（SALT Ⅱ条約） ……………………………… 445
相互援助条約案 …………………………………………………………………… 393

た　行

対外国民事裁判権法＊ …………………………………………………… 112, 115
対人地雷禁止条約 ………………………………………………………………… 425
第二次日韓協約（日韓保護条約） ………………………………………………… 70
対日平和条約（日本国との平和条約；対日サンフランシスコ平和条約）…… 57, 148, 149, 151, 160, 229
大陸棚条約（大陸棚に関する条約） ………… 18, 42, 52-54, 64, 168, 179, 183, 184
多数国間暫定上訴仲裁アレンジメント（MPIA） ……………………………… 310
ダニューブ河についてのパリ条約 ……………………………………………… 155
ダムダム弾禁止宣言 ……………………………………………………………… 425
男女共同参画社会基本法＊ ……………………………………………………… 264
男女雇用機会均等法＊ …………………………………………………………… 264
地域的な包括的経済連携協定　⇒RCEP 協定
チェンマイ・イニシアティブ（CMI） ………………………………………… 326
知的所有権の貿易関連の側面に関する協定　⇒TRIPS 協定
チャプルテペック協定 …………………………………………………………… 411
中央北極海無規制公海漁業防止協定 …………………………………………… 159
中距離核戦力全廃条約（INF 条約） …………………………………………… 446
仲裁手続に関するモデル規則 …………………………………………………… 369
直接放送衛星原則 ………………………………………………………………… 163

478

条約索引・その他

月協定 ··· 163, 165, 445
天然資源に対する恒久的主権に関する決議 ·································· 318
ドイツ憲法＊ ·· 23
東京宣言 ··· 148
東南アジア諸国連合憲章（ASEAN 憲章） ································· 259
逃亡犯罪人引渡法＊ ·· 242, 243
毒ガス禁止宣言 ··· 426
毒ガス等禁止議定書 ·· 55, 426
独占禁止法＊ ·· 106
特定通常兵器使用禁止制限条約 ··· 425
　──議定書Ⅰ ··· 425
　──議定書Ⅱ ··· 425
特定有害物質・駆除剤に関するロッテルダム条約 ····················· 214
特別使節団に関する条約 ·· 133
ドーハ議事録 ·· 62
トラテロルコ条約 ·· 445
　──追加議定書Ⅱ ··· 445
トルデシリャス条約 ··· 167

な　行

名古屋議定書　⇒遺伝資源の取得と利益配分に関する名古屋議定書
名古屋・クアラルンプール補足議定書 ·· 219
南極環境保護議定書 ··· 77
南極条約 ···································· 17, 77, 79, 160, 161, 353, 445
南極のあざらしの保存に関する条約 ··· 161
難民条約（難民の地位に関する条約） ······················· 235-239, 258
難民議定書（難民の地位に関する議定書） ································· 235
日米安全保障条約（日米安保条約） ··· 40, 68
日米交換公文 ·· 344
日米独禁協力協定 ·· 7, 107
日米犯罪人引渡条約 ··· 242
日露通好条約 ·· 146
日韓基本条約 ·· 70
日韓大陸棚南部協定 ··· 188
日韓犯罪人引渡条約 ··· 242
日ソ共同宣言 ·· 62, 148
日中共同声明 ·· 61, 62
日朝平壌宣言 ·· 61
日本刑法＊ ··· 108
日本国憲法＊ ···································· 7, 24-26, 230, 263, 268, 269
日本国との平和条約　⇒対日平和条約
入管法＊　⇒出入国管理及び難民認定法＊
ニューヨーク条約 ·· 320
ニュルンベルク原則 ··· 245
ニュルンベルク裁判所憲章（国際軍事裁判所憲章） ··················· 245

479

人間環境宣言 ··· 37, 204

農業に関する協定 ··· 307

ノックス条約 ··· 364

は 行

バイオセーフティに関するカルタヘナ議定書（カルタヘナ議定書） ··········· 214, 219, 353

爆弾テロ防止条約 ··· 242

ハーグ陸戦規則 ······················· 423–425, 430–433, 435, 436

ハーグ陸戦条約（陸戦ノ法規慣例ニ関スル条約） ··············· 423, 439

バーゼル合意 ··· 328

バーゼル条約（有害廃棄物越境移動規制条約） ··············· 205, 214, 353

バーゼル損害賠償責任議定書 ··· 213

パナマ運河条約 ··· 157

パナマ運河の永久中立と運営に関する条約（中立条約） ··············· 157

バラスト水管理条約 ··· 194

パリ協定（気候変動に関するパリ協定） ········· 39, 214, 220, 223–225, 353

パリ条約（原子力） ··· 213

　　——改正議定書 ··· 213

　　——補足条約 ··· 213

　　——補足条約改定議定書 ··· 213

バンコク条約 ··· 445

バンジュール憲章（人及び人民の権利に関するアフリカ憲章；アフリカ人権憲章）

··· 233, 259, 265, 266

ビジネスと人権に関する指導原則 ··· 329

人及び人民の権利に関するアフリカ憲章　⇒バンジュール憲章

武器貿易条約　⇒ ATT 条約

複数国間貿易協定［附属書 4］ ··· 307

不戦条約（戦争放棄に関する条約） ··········· 15, 244, 355, 393, 394, 404, 442

物品の貿易に関する多角化協定［附属書 1A］ ··························· 307

船積み前検査（PSI）に関する協定 ······································· 307

部分的核実験禁止条約（PTBT） ··· 443

ブライアン条約 ··· 364, 393

プラスチック汚染に関する条約 ··· 194

フランス＝シャム間の国境条約 ··· 143

フランス人権宣言＊ ··· 255

武力紛争における児童の関与に関する選択議定書 ··············· 261, 429

俘虜待遇条約 ··· 435, 436

紛争解決に係る規則及び手続に関する了解　⇒ DSU

文民保護条約　⇒ジュネーブ第 4 条約

米国外国主権免除法（米国 FSIA）＊ ······························· 112, 117

米国連邦憲法＊ ··· 25

米州人権条約 ··· 259, 260

米露核軍縮条約（新 START） ··· 446

平和のための結集決議 ··· 293, 402

ペリンダバ条約 ··· 445

条約索引・その他

ベルサイユ条約　⇒ヴェルサイユ条約
防衛省設置法* ……………………………………………………………………………… 430
貿易政策検討制度（TPRM）［附属書3］ …………………………………………………… 307
貿易に関連する投資措置に関する協定（TRIMs協定）……………………………………… 307
貿易の円滑化に関する協定（貿易円滑化協定）……………………………………………… 307
貿易の技術的障壁に関する協定（TBT協定）………………………………………………… 307
包括的核実験禁止条約（CTBT）……………………………………………………………… 444
包括的・先進的TPP協定（CPTPP）………………………………………………………… 316
法適用通則法（法の適用に関する通則法）* ………………………………………………… 3
補助金及び相殺措置に関する協定（補助金協定）…………………………… 307, 311, 313
北極海航空海上捜索救助協定 ………………………………………………………………… 159
北極海洋油濁汚染準備対応協力協定 ………………………………………………………… 159
ポツダム宣言 ……………………………………………………………………………… 148, 245
ポーツマス条約 ………………………………………………………………………………… 147
捕虜待遇条約　⇒ジュネーブ第3条約

ま　行

マグナカルタ* ………………………………………………………………………………… 255
麻薬及び向精神薬の不正取引の防止に関する国際連合条約（麻薬新条約）…… 189, 191, 328
水俣条約 ………………………………………………………………………………………… 194
民間航空機貿易に関する協定 ………………………………………………………………… 307
民生用月周回有人拠点のための協力に関する日本国政府とアメリカ合衆国航空宇宙局との間の了解
　覚書 …………………………………………………………………………………………… 166
民　法* ………………………………………………………………………………………… 269
無国籍者の地位に関する条約 ………………………………………………………………… 231
無国籍の削減に関する条約 ………………………………………………………………… 231, 239
モンテビデオ条約（国の権利及び義務に関する条約）……………………………………… 87
モントリオール議定書　⇒オゾン層を破壊する物質に関するモントリオール議定書

や　行

薬物犯罪収益に係るマネー・ロンダリング行為の犯罪化，薬物犯罪収益等の没収及び保全制度等の
　実施を求める40の勧告 ……………………………………………………………………… 329
ヤルタ協定 ……………………………………………………………………………………… 147
有害廃棄物越境移動規制条約　⇒バーゼル条約
友好関係原則宣言（国連総会決議2625）……………………… 15, 50, 53, 65, 94, 355, 360
油濁補償基金条約 ……………………………………………………………………………… 212
油濁民事責任条約 ……………………………………………………………………………… 212
輸入許可手続に関する協定 …………………………………………………………………… 307

ら　行

ライン河についてのマンハイム条約 ………………………………………………………… 155
ラムサール条約（湿地保全条約）………………………………………………………… 214, 217
ラロトンガ条約 ………………………………………………………………………………… 445
リオ宣言　⇒環境と開発に関するリオ宣言
陸戦中立条約（陸戦ノ場合ニ於ケル中立国及中立人ノ権利義務ニ関スル条約）………… 441

481

陸戦ノ法規慣例ニ関スル条約　⇒ハーグ陸戦条約

リスボン条約 ……………………………………………………………………… 258

リモート・センシング原則 …………………………………………………… 163

領海条約（領海及び接続水域に関する条約）………………………… 48, 59, 64, 168

領事関係条約（領事関係に関するウィーン条約）……………… 64, 137, 138, 338, 374, 382

連盟規約　⇒国際連盟規約

ロカルノ条約 …………………………………………………………………… 393

ロシア憲法＊ ……………………………………………………………………… 23

ローマ規程　⇒ICC 規程

ロンドン協定 …………………………………………………………………… 245

ロンドン条約・議定書 ………………………………………………………… 194

わ　行

ワシントン条約；ワシントン野生動植物取引規制条約　⇒絶滅のおそれのある野生動植物の種の国
際取引に関する条約

概説国際法
International Law

2024 年 12 月 20 日 初版第 1 刷発行

編　者	加藤信行・萬歳寛之・山田卓平	
発行者	江草貞治	
発行所	株式会社有斐閣	
	〒101-0051 東京都千代田区神田神保町 2-17	
	https://www.yuhikaku.co.jp/	
装　丁	宮川和夫事務所	
印　刷	萩原印刷株式会社	
製　本	大口製本印刷株式会社	
装丁印刷	株式会社亨有堂印刷所	

落丁・乱丁本はお取替えいたします。定価はカバーに表示してあります。
©2024, N.Kato, H.Banzai, T.Yamada.
Printed in Japan ISBN 978-4-641-04697-9

本書のコピー，スキャン，デジタル化等の無断複製は著作権法上での例外を除き禁じられています。本書を代行業者等の第三者に依頼してスキャンやデジタル化することは，たとえ個人や家庭内の利用でも著作権法違反です。

JCOPY　本書の無断複写(コピー)は，著作権法上での例外を除き，禁じられています。複写される場合は，そのつど事前に，(一社)出版者著作権管理機構(電話 03-5244-5088, FAX 03-5244-5089, e-mail:info@jcopy.or.jp)の許諾を得てください。